Courir pour les Nuls

$34

0-05-90

Lundi 30 min.

150-160

Courir

POUR LES NULS

Tere Stouffer Drenth

Adaptation par

Philippe Maquat

FIRST
Editions

Courir pour les Nuls
Titre de l'édition originale : Marathon for dummies
Publié par
Wiley Publishing, Inc.
111 River Street
Hoboken, NJ 07030-5774

ISBN : 978-2-7540-1044-3
Dépôt légal : 1er trimestre 2009
Nous nous efforçons de publier des ouvrages qui correspondent à vos attentes et votre satisfaction est pour nous une priorité. Alors n'hésitez pas à nous faire part de vos commentaires :

Éditions First
60 rue Mazarine
75006 Paris – France
e-mail : firstinfo@efirst.com
www.editionsfirst.fr
www.pourlesnuls.fr

Traduction : Dominique Taffin-Jouhaud
Correction : Correctif
Photographies (chapitre 5, figures 5-17 à 5-25) : Vincent Lyky
Mise en page : Stéphane Angot
Édition : Marie-Anne Jost
Production : Emmanuelle Clément

Imprimé en France par CPI - Hérissey à Évreux

À propos de l'auteur

Tere Stouffer Drenth a commencé à courir dès l'âge de 9 ans sans interruption, excepté durant ces quelques années à l'université, où elle s'est blessée à plusieurs reprises. Tere a remporté plusieurs compétitions dans le Michigan et décroché une bourse d'athlétisme à l'université du Tennessee. Elle a été distinguée par le *Harrier Magazine* à l'occasion de l'épreuve de cross-country All American.

Après avoir obtenu une licence en ingénierie industrielle à l'université du Tennessee, Tere a tenté durant quelques années de pratiquer la course en tant que professionnelle. Toutefois, disposant d'un diplôme qui lui promettait un bel avenir, elle a préféré embrasser une carrière scientifique, tout en considérant la course comme un moyen de rester en forme.

Quelques années plus tard, encouragée par son mari à entraîner avec lui l'équipe de cross-country de la Franklin Community High School (qui a remporté le championnat d'Indiana en 2001), elle a décidé de revenir à une pratique professionnelle de la course. Dans l'intervalle, elle avait terminé des études littéraires à l'université d'Indiana et travaillait en free-lance comme écrivain et correctrice, ce qui lui a permis de disposer d'un emploi du temps assez souple pour courir et s'entraîner. En décembre 2001, à l'âge de 35 ans, elle a remporté sa première victoire en compétition après plus de quinze ans d'expérience de la course. L'année dernière, Tere a été classée aux quinze premières places de presque toutes les compétitions professionnelles américaines auxquelles elle a participé, sur des distances allant de 3 km au marathon.

Tere vit à Charlevoix, dans le Michigan, avec son mari Doug et deux golden retrievers. Vous pouvez la contacter à l'adresse suivante : tdrenth@earthlink.net.

À propos de l'adaptateur

Philippe Maquat fut d'abord reporter sportif spécialisé en athlétisme et autres sports dans les quotidiens nationaux, notamment *Le Matin de Paris*, puis au *Journal du dimanche*. Depuis, il est rédacteur en chef adjoint au mensuel de course à pied populaire *Jogging international*. Par la force des choses, il est donc passé de l'athlétisme sur piste à la course sur route tant au niveau de l'écriture que de la pratique, devenant un marathonien expérimenté avec, toutefois, des chronos sans aucun rapport avec ceux des coureurs kényans ou éthiopiens. Mais comme l'essentiel reste bien de participer et de progresser, il s'est contenté de battre, au fil des années, ses records personnels. Ce que nous vous souhaitons de faire après avoir lu cet ouvrage.

Remerciements des auteurs

Courir vous rend tributaire d'autrui. J'étais enfant quand j'ai commencé à pratiquer la course. Aussi, mes parents, Richard et Anne Stouffer, m'ont acheté les équipements nécessaires ; ils m'ont aussi promenée par monts et par vaux pour que je puisse participer à diverses compétitions, et m'ont souvent massée quand mes mollets ne tenaient pas le choc. Pour me tenir compagnie, mon père me suivait à bicyclette pendant les courses et, quand je m'entraînais après la nuit tombée, ma mère venait à ma rencontre en voiture, dont les phares éclairaient alors mon chemin. Mes parents ont joué un rôle essentiel dans mon succès.

Adulte, j'ai eu la chance de bénéficier du soutien de mon mari, Doug Drenth, qui m'a consenti d'innombrables sacrifices. Doug est persuadé que chaque dollar dépensé pour les chaussures, les massages, les tapis de course ou les hôtels est absolument nécessaire et utile. Il garde la maison quand je me rends sur les lieux des différentes compétitions ; il fait les courses et m'expédie du matériel par FedEx lorsque le travail et l'entraînement me retiennent plus longtemps qu'à l'accoutumée. Enfin, il organise nos retrouvailles en fonction de mes courses d'entraînement. La plupart du temps, il me sert de coach et d'entraîneur, en m'aidant à choisir mes courses, à organiser mon calendrier, sans jamais brandir des « je te l'avais bien dit ! » quand ces compétitions ne donnent pas le résultat escompté. Je mentirais si je prétendais que j'ai pu gagner la moindre course sans compter sur la patience, le soutien et les encouragements de Doug.

Il a fallu toute une équipe de professionnels pour que ce livre voie le jour. Mon amie Pam Mourouzi s'est enthousiasmée pour mon idée et l'a présentée à l'éditrice Diane Steele, ainsi qu'à Joyce Pepple, responsable des achats. Chuck Stouffer, directeur de Stouffer Graphics à Rochester Hills, dans le Michigan, se trouve être mon frère. C'est lui qui a pris les superbes photos de cet ouvrage et qui les a mises en valeur. Mon ami et collègue marathonien Matt Ebersole, copropriétaire de la boutique Athletic Annex Running Store (à Indianapolis) a été mon conseiller technique et m'a apporté d'excellents conseils. Esmeralda St.Clair, responsable de la mise en forme des manuscrits, a corrigé toutes mes erreurs et a optimisé mon texte à 100 %. Kathleen Dboie, responsable du projet, a assuré une gestion professionnelle et dynamique, tandis que Chrissy Guthrie a finalisé les derniers détails.

J'aimerais également remercier mes collègues qui assurent avec moi l'encadrement de l'équipe d'adolescents du secondaire, Lou Miramonti, Doug Bonk, John Dunn et Kermit Ambrose, Walt Drenth qui assure le suivi des jeunes après le lycée, Steve Kramer qui est kinésithérapeute, les équipes de cross-country de la Franklin Community High School et Janet Stouffer Dunn, ma sœur et mon meilleur soutien.

Sommaire

Introduction

Vous courez pour le plaisir et souhaitez progresser ? Vous aimeriez vous y mettre mais avez besoin d'aide ? Vous voulez vous entraîner pour courir un marathon? Que vous soyez un vieux briscard des grandes distances ou que vous décidiez de relever le gant après avoir posé les yeux sur une brochure, un site qui parle de marathon dans votre ville ou votre région, *Courir pour les Nuls* peut vous aider à trouver le bon rythme pour vous entraîner (à quelle vitesse et avec quelle intensité), à améliorer votre forme et à vous préparer mentalement pour franchir la ligne d'arrivée avec succès.

À propos de ce livre

Même s'il existe toutes sortes de livres traitant de la course à pied, celui-ci, plus spécialement consacré au marathon, vous permettra aussi de débuter sur d'autres distances plus courtes, allant de 10 à 21,1 km, préalables de toute façon nécessaires avant d'imaginer affronter la distance mythique de 42,195 km. Chacune des pages de ce livre est conçue spécifiquement pour votre entraînement. Toutes les informations fournies dans cet ouvrage vous permettront de terminer un marathon, mais aussi, élément très important, de le courir dans de bonnes conditions. Vous apprendrez comment trouver les meilleures chaussures de course, comment entamer votre première course, améliorer votre « kilométrage », manger correctement, soigner vos petits bobos, vous préparer, et bien plus encore… Vous trouverez aussi des plans d'entraînement sur 10 km, semi-marathon et marathon, que vous adapterez à vos capacités et à vos objectifs. Et si vous êtes complètement novice, vous apprendrez à vous familiariser avec tout le jargon que vous entendez régulièrement dans la bouche des coureurs avertis.

Ce qui rend ce livre unique, c'est que nous allons vous accompagner, foulée après foulée. Car, même si nous courons depuis de longues années, même si nous avons eu la chance de décrocher quelques coupes ou autres récompenses, battant régulièrement nos records, nous allons ici repartir de zéro et analyser avec vous toutes les notions essentielles de l'entraînement, en commençant par les toutes premières foulées. Ce sera donc, en votre compagnie, un passionnant retour vers… le futur! À savoir le marathon qui sera peut-être le premier pour vous.

Les conventions utilisées dans ce livre

Ce livre n'utilise que quelques conventions particulières, dont voici la liste :

- **Coureur** : vous êtes un coureur, pas un joggeur. Le jogging, par définition, suppose de toujours courir, voire trottiner, à la même allure, ou presque. Mais, bien que sa pratique soit excellente pour la santé et que ce soit par là qu'il faille commencer, nous irons plus loin ensemble, et nous vous appellerons donc « coureur » tout au long de ce livre.
- **Kilométrage** : c'est la quantité de kilomètres que vous allez parcourir en une semaine. Que vous mesuriez la distance parcourue en temps, le cas le plus fréquent et le plus simple, ou en kilomètres (voir le chapitre 4), l'idée est la même : il est question de la distance hebdomadaire que vous parcourez en courant.
- **Séances pour la vitesse et travail de la foulée :** ces termes se réfèrent aux séances que vous allez effectuer afin d'augmenter votre vitesse, c'est-à-dire pouvoir courir plus vite plus longtemps, avec une foulée plus efficace. Le chapitre 7 décrit ces termes en détail, mais il suffit de savoir ceci : les séances de vitesse et le travail de la foulée vous apportent puissance et rapidité. Même si ces dernières sont plus difficiles que votre entraînement habituel, elles vous aideront beaucoup pour réussir et terminer votre marathon dans de bonnes conditions.
- **Marathon :** ce mot désigne la distance de 42,195 km, but ultime pour lequel nous vous proposerons de vous entraîner. D'ici là, vous pourrez commencer à vous entraîner pour un 10 km, puis pour un semi-marathon (21,1 km) et, pourquoi pas, vous aligner sur d'autres distances situées entre le 10 km et le semi-marathon. Il en existe…

Les présupposés

Nous partons seulement d'un principe vous concernant, cher lecteur : vous voulez vous lancer dans un marathon en souhaitant le courir le mieux possible. Peut-être êtes-vous en train de vous entraîner pour votre vingtième marathon, ou paniquez-vous un peu à l'idée d'envisager le tout premier ? Quelle que soit votre situation, ce livre vous aidera à concrétiser vos objectifs.

L'organisation de ce livre

Dans cet ouvrage, les informations sont logiquement classées en parties qui contiennent plusieurs chapitres. Vous trouverez les parties suivantes :

Première partie : Préparation à la course

Cette partie vous aide à vous extirper de votre canapé, à vous diriger vers la porte et à dérouler vos premières foulées. Vous y trouverez des chapitres relatifs aux divers équipements à acheter, aux endroits les plus adéquats pour courir, aux étirements, et à bien d'autres choses encore.

Deuxième partie : Progresser !

Dans cette partie, vous passerez de votre première course à votre premier marathon réussi. Vous apprendrez comment augmenter votre kilométrage, comment travailler et améliorer votre technique, votre vitesse et vos foulées, et aussi comment, en tant que coureur et marathonien, bien manger…

Troisième partie : Éviter et affronter les blessures

Les blessures sont la hantise de tout coureur à pied. Cette partie vous explique non seulement comment soigner tout ce qui va du simple bobo aux fractures de fatigue, mais vous rappelle également que, en suivant les conseils contenus dans le reste du livre, vous pourrez (presque) totalement éviter les blessures.

Quatrième partie : Mettre en place des stratégies de course

Ici, vous apprendrez encore un peu plus pourquoi vous vous entraînez. Vous choisirez votre marathon, déciderez de ce qu'il faut manger le jour J et saurez apaiser les « papillons » qui tournent dans votre estomac juste avant la compétition. Cette partie du livre fera de votre marathon une journée mémorable.

Cinquième partie : La partie des Dix

Tous les livres *Pour les Nuls* contiennent une délicieuse partie truffée de dix conseils de toutes sortes. Dans ce livre, la « partie des Dix » vous apporte des informations pour que la course reste toujours et plus que jamais une source de plaisir, pour trouver les meilleurs marathons, pour préparer un autre objectif et pour vous orienter vers des magazines et des sites web consacrés à la course.

Les icônes utilisées dans ce livre

Les icônes sont les petits dessins que vous apercevrez dans les marges de ce livre. Ceux-ci sont comme les panneaux de signalisation routière, qui vous indiquent qu'un chantier de construction est en vue, que le trafic est intense ou que la voie est dégagée. Dans cet ouvrage, les icônes suivantes vous livreront certains types d'informations :

Au cours de la trentaine d'années que nous avons passée à courir, nous avons entendu des histoires trop amusantes pour ne pas vous les raconter. Certaines évoquent nos propres expériences, d'autres nous ont été rapportées par des champions sélectionnés ou non pour les Jeux olympiques. Certains récits sont ceux de coureurs novices qui ont découvert des vérités à leurs dépens !

Cette icône souligne un terme particulier et vous l'explique. N'hésitez pas à utiliser ces mots lors de la prochaine réunion de votre club de course : vos amis vous prendront pour un gourou !

Il s'agit de conseils que vous devrez faire entrer dans votre cerveau, ou tout simplement placarder sur votre frigo, afin de ne pas les oublier.

Cette icône vous délivre des trucs, des astuces et des raccourcis qui vous permettront de gagner du temps, de l'énergie et parfois… de l'argent !

Faites ce que suggère cette icône et vous éviterez un bobo, la déshydratation et d'autres erreurs préjudiciables.

Par où commencer ?

Vous voulez savoir comment vous acheter une super paire de chaussures de course? Commencez par le chapitre 2. Si vous pratiquez déjà la course et que vous voulez améliorer votre kilométrage, passez au chapitre 6. Si vous vous demandez comment vous y retrouver au milieu de toutes les infos contradictoires à propos de la manière de vous nourrir, allez au chapitre 9.

En d'autres termes, l'intérêt d'un livre *Pour les Nuls*, c'est de vous laisser libre de commencer votre lecture par n'importe quel chapitre et de vous frayer ainsi un chemin jusqu'à la fin de l'ouvrage. Chaque chapitre étant indépendant, vous pouvez vous reporter directement à celui qui vous intéresse le plus.

Mais si vous ne savez pas où « donner des yeux », allez tout simplement au chapitre 1. Ou bien écumez le sommaire ou l'index pour trouver ce que vous cherchez. Autre solution: ouvrez le livre au hasard et mettez-vous à le lire. Mieux encore, lisez-le de la première à la dernière page. On a toujours quelque chose à approfondir ou tout simplement à découvrir dans le domaine de la pratique sportive, et plus particulièrement dans celui de la course à pied.

Première partie

Préparation à la course

« Je me demande si je vais pouvoir me passer de mes fringues de sport… »

Dans cette partie…

Vous apprendrez comment l'entraînement en vue du marathon changera votre vie, souvent en bien et, plus rarement, en moins bien. Vous sélectionnerez vos équipements de base, notamment les runnings, c'est-à-dire vos chaussures de course, le tee-shirt, le cuissard et le collant. Vous apprendrez aussi où et quand vous entraîner de manière efficace, et vous recevrez les meilleurs conseils pour votre première séance d'entraînement.

Cette partie de l'ouvrage vous offre également un exemple de plan d'entraînement de six semaines pour bien débuter, et vous explique l'un des mots parfois redoutés, de moins en moins toutefois, par les coureurs, mais que vous allez apprendre à aimer et à connaître : l'étirement.

Chapitre 1

Pourquoi et comment courir

Dans ce chapitre :

- Dix bonnes raisons de courir… et dix mauvaises excuses à bannir !
- Mesurer la distance
- Comprendre tout ce que la course peut vous apporter
- Investir du temps, de l'énergie et de l'argent
- Garder l'œil sur l'objectif

Vous avez de bonnes raisons d'être attiré par la course à pied et le marathon. Peut-être avez-vous feuilleté un numéro du magazine de votre ville annonçant le marathon qui va s'y dérouler, et avez-vous pensé que le moment était venu. Ou bien un ami ou un collègue de travail ont récemment décidé de participer à une course, de courir un marathon, et vous avez eu l'occasion d'en parler et même de courir avec eux. Peut-être avez-vous envie de relever un grand défi ou voulez-vous vérifier si vous êtes toujours en forme tout en repoussant vos limites. Bien d'autres éventualités sont possibles, toutes les raisons sont bonnes pour commencer à courir régulièrement avant d'affronter peut-être un vrai marathon.

Mais quelles que soient les raisons pour lesquelles vous souhaitez courir, ce chapitre vous aide à comprendre les bases indispensables à la pratique de la course à pied. Il vous dit aussi ce qu'est un marathon (et ce qu'il n'est pas), quels peuvent être les bénéfices d'un entraînement régulier, ce que cela vous coûtera, en temps et en argent, et comment vous fixer des objectifs pour votre premier marathon.

Stop aux idées reçues, vive la course à pied !

Les dix bonnes raisons de courir

Puisque vous avez acheté notre livre, c'est que vous avez très envie de courir et même de faire un marathon. Voici donc, d'entrée de jeu, dix bonnes raisons qui vous conforteront dans votre volonté et écarteront bien des idées reçues. Dix bonnes raisons que vous pourrez aussi faire lire à un proche, moins enthousiaste que vous à l'idée de pratiquer la course à pied. Il en reste!

C'est bon pour évacuer le stress

Le stress au travail, le stress à la maison, l'un des grands maux de notre époque pris en considération par les pouvoirs publics. C'est dire Or, la course à pied va vous aider à le combattre. Car courir, c'est, au rythme de ses foulées, se vider progressivement la tête des tracas quotidiens, les relativiser, dédramatiser, se sentir léger et, sous l'effet de la libération des endorphines (des antalgiques qui entraînent un état euphorisant), rentrer à la maison d'excellente humeur et en pleine forme.

Idéal pour perdre du poids...

Courir en endurance, à une allure modérée, c'est effectivement idéal pour perdre quelques kilos superflus. À condition toutefois de courir au moins 40 minutes, voire plus si possible, trois fois par semaine, et d'y associer une alimentation équilibrée et allégée. En bref, il faut éviter de consommer une viennoiserie ou autre gâteau bien crémeux, histoire de se récompenser après sa sortie.

... et éloigner les petits bobos

Renforcement de notre cœur et diminution des risques cardio-vasculaires, lutte contre l'hypertension, diminution du mauvais cholestérol... autant de maux combattus par la course à pied. On constate aussi que, même si cela ne repose sur aucune réelle étude scientifique, les coureurs à pied réguliers sont moins victimes de rhumes, de problèmes de constipation et autres petits bobos bénins mais perturbants que les personnes plus sédentaires. Être en forme au quotidien, grâce à la course à pied, fera donc votre bonheur, celui de votre patron et encore celui des comptes de la Sécurité sociale

Ou même lutter contre... le cancer

C'est l'une des grandes convictions de David Servan-Schreiber développées dans son livre *Anticancer. Prévenir et lutter grâce à nos défenses naturelles* (Éditions Robert Laffont, 2007). Le très médiatique neuropsychiatre, guéri d'une tumeur au cerveau, estime en effet que courir au moins 30 minutes trois fois par semaine aide notre organisme à lutter contre le cancer. À condition aussi d'y associer (on y revient toujours) une alimentation équilibrée, débarrassée des excès de graisses et de viande.

Important pour mieux dormir...

Le stress de la journée évacué après quelque 40 minutes de course ajouté à l'arrivée d'une bonne fatigue, c'est presque l'assurance de mieux dormir et d'être en forme au réveil le lendemain matin. On estime toutefois que si l'on court peu après sa journée de travail, mieux vaut éviter les allures trop rapides, trop explosives qui entraîneront des perturbations hormonales et vous empêcheront alors de vous endormir facilement.

Efficace pour arrêter de fumer

Les femmes hésitent plus encore à arrêter de fumer par crainte de prendre des kilos disgracieux pour la ligne. Double avantage de la course à pied : d'abord, vous compensez votre addiction au tabac par une nouvelle activité, en l'occurrence la course à pied. Laquelle, grâce à une allure d'endurance, pas trop rapide, mais bien conduite et assez longue (entrecoupée au début avec de la marche un peu rapide), vous permettra de repousser l'arrivée des kilos. Et bien sûr d'oublier la cigarette. À jamais !

Intéressant pour les capacités sexuelles...

Logiquement, le stress atténué, la forme retrouvée et le réchauffement de notre corps provoqué par la course à pied seraient autant d'atouts pour notre libido, hommes et femmes confondus. Rien que de très normal. Mais une étude américaine réalisée cette fois sur un panel de 34 000 hommes de 50 à plus de 80 ans a montré que les troubles de l'érection de ces coureurs étaient inférieurs à ceux des sédentaires. Surtout pour ceux qui courent au moins 30 km par semaine.

... et intellectuelles

« Un esprit sain dans un corps sain », c'est mieux et sans doute bien plus vrai que le fameux « tout dans les muscles, rien dans la tête ». Reste que, à défaut de certitudes, chercheurs, médecins et enseignants s'accordent pour reconnaître que la pratique d'un sport, la course à pied par exemple, oxygénerait autant le cerveau que les muscles à l'effort. Ce n'est d'ailleurs pas par hasard si c'est souvent en courant que l'on arrive à résoudre un problème ou à trouver la réponse à une question. Et plus on commence le sport jeune, mieux c'est !

Bon pour les os et les articulations

Contrairement à une idée reçue, courir est bénéfique pour notre système ostéo-articulaire et la prévention de l'arthrose. La course à pied bien pratiquée favorise en effet le renouvellement des cellules du cartilage et assouplit nos tendons sans compter qu'elle favoriserait aussi notre sens de l'équilibre. Intéressant lorsque l'on vieillit. Mais attention : course et surpoids sont en revanche néfastes aux articulations !

Conclusion : courir fait vivre plus longtemps

Forte de tous ces facteurs positifs, la course à pied ne peut que nous faire vivre plus longtemps et en meilleure santé. Forcément ! « Mangez équilibré et pratiquez une activité sportive » : ce slogan qui accompagne désormais la plupart des campagnes publicitaires pour aliments n'est pas un hasard. Il était temps ! Mais course à pied ne doit pas rimer avec excès et approximations, nous le répéterons tout au long de cet ouvrage.

Et les dix mauvaises excuses pour ne pas courir

Je n'ai pas besoin de maigrir

Sans doute et tant mieux pour vous ! Mais courir est aussi un gain pour votre santé, votre créativité, votre humeur. Courir améliore en effet votre santé physique et mentale, et une journée mal engagée peut devenir très positive après avoir couru.

Je suis trop lourd pour courir

Jetez un coup d'œil sur les pelotons des courses allant du 10 km au marathon, et vous verrez que tous les gabarits sont représentés. Cela étant, mieux vaut ne pas être en surpoids pour pratiquer ce sport et bien encaisser les chocs. Or, pour maigrir, le meilleur moyen d'y arriver est de courir (lentement au début) et de manger équilibré.

Je crains les chocs pour mes articulations

Selon les physiologistes, les hommes sont faits pour courir. Dans ces conditions Mais, pour atténuer l'impact des chocs sur les muscles et les articulations, voici une bonne solution : être bien chaussé dans des runnings confortables et amortisseurs. Impossible de ne pas en trouver. Et puis pratiquez d'autres sports (vélo, natation ou marche) et alternez les terrains (route, sentiers, herbe).

Je ne cours pas parce que c'est fatigant

Au début oui. Mais pas à la fin. Bizarre ? Non, car votre organisme a besoin de s'échauffer, surtout lorsque l'on avance en âge. Aussi, ne courez surtout pas trop vite au début, respectez vos pulsations cardiaques ou vos sensations, vous allez vous sentir de plus en plus à l'aise et finir avec l'envie de recommencer.

Je ne cours pas parce que c'est ennuyeux

Sûr que c'est ennuyeux si vous courez toujours à la même allure et sur le même parcours ! Durant la semaine, faites une séance à allure lente, une autre avec des séquences plus rapides (exemple : deux fois 10 minutes plus vite) et enfin une séance comprenant de petites côtes. Sans oublier de réaliser votre parcours habituel en sens inverse.

Je ne peux pas courir longtemps

Au début, il est effectivement impossible de courir 2 h 30 sans vous arrêter. Ni même 1 heure d'ailleurs. Il faut donc commencer à alterner course et marche (10 minutes en courant puis 2 minutes en marchant) quand on est essoufflé ou un peu fatigué, notre potentiel d'endurance évoluant petit à petit au fil des sorties. On pourra bientôt courir 30 minutes à l'aise, puis 45 minutes et 1 heure.

Je suis trop vieux pour courir

La retraite et le temps nouvellement disponible aidant, on peut très bien commencer à courir à 60 ans pour garder la forme et progresser régulièrement. Un examen médical préalable sera bien sûr indispensable. Cependant, il faut savoir que l'avancée en âge est un atout pour les efforts lents, en endurance, à défaut de l'être pour les allures plus rapides. Et si les pelotons des marathons vieillissent, ce n'est pas un hasard. Car, au marathon, il faut courir longtemps, mais pas forcément vite.

J'ai peur d'arriver dernier dans les compétitions

Il est certain que l'on a tous eu cette crainte en faisant notre première course: arriver dernier. Reste qu'il faut bien un dernier à chaque course organisée, et que, souvent, dans les grands marathons, le dernier de la course est presque autant courtisé par les médias que le premier, car perdre est parfois plus original Toutefois, cette crainte se dissipe à mesure que nous progressons.

Je ne veux pas courir parce qu'il fait trop froid

Bien sûr, trop froid en hiver et trop chaud en été! Idem quand il pleut. Mais on peut courir par tous les temps, à des allures différentes certes, pourvu que l'on soit bien équipé. Les textiles modernes et adaptés à la météo sont omniprésents aujourd'hui. Et les conditions météo alors très vite oubliées. Quand il fait froid, ne pas trop se couvrir car le corps se réchauffe très vite, mais, en revanche, ne jamais oublier les gants. Car, aux extrémités, on ne se réchauffe pas

Je ne veux plus courir parce que je ne progresse plus...

Il est certain que plus les années passent et plus la marge de progression se réduit. Archi normal, inéluctable. Quand on a couru son premier marathon en 5 heures, progresser est plutôt facile. Mais quand on établit son record à 2h45, ça devient plus difficile. Il faut s'y faire et on trouve alors d'autres plaisirs à la course et à la compétition: courir sans le stress du chrono, profiter au maximum du décor, du paysage, des autres coureurs, participer à des courses qui combinent course et tourisme. Ça se fait de plus en plus.

Commencer par les bases

Une fois ces quelques vérités posées, venons-en tout de suite à l'Everest de tout coureur du dimanche, le marathon, qui reste, qu'on le veuille ou non, le grand objectif de tout coureur. Le marathon se déroule sur 42,195 km. Même si cette distance ne vous a pas paru démesurée quand vous avez pris la voiture pour vous rendre à votre travail ou pour partir en week-end, c'est très, très long quand on la parcourt uniquement avec ses jambes, ses pieds et ses chaussures. Mais voilà, impossible de changer cette donnée, elle ne varie jamais, la distance est officielle, inchangeable, et si vous voulez terminer un marathon, il va falloir vous entraîner. C'est bien le sujet de ce livre.

Savoir ce que n'est pas un marathon

Un *ironman* est un marathon de 42,195 km précédé par une longue épreuve de natation en mer (3,8 km) et un parcours à bicyclette de 180 km. Les triathlons olympiques supposent des parcours plus courts à la nage (1500 mètres), à bicyclette (40 km) et à pied, la course finale ne faisant que 10 km. Par rapport à l'épreuve reine, l'ironman, cette dernière forme de triathlon est plus accessible – mais elle reste difficile.

Un *ultramarathon* s'étale sur 50, 80, voire 160 km ou encore davantage, et le parcours est parfois (mais pas toujours quand même) organisé dans un désert par des températures extérieures supérieures à 40 °C.

Toutefois, dites-vous que si ces épreuves paraissent avoir quelque chose en commun avec le marathon elles sont nettement plus délirantes, plus folles et ne vous concernent pas. Du moins pas encore… Car le marathon, lui, ne se court « que » sur 42,195 km, ce qui en fait un exercice difficile, mais raisonnable, envisageable. Plus raisonnable encore est le *semi-marathon* qui coupe exactement en deux la distance, soit 21,1 km. Le semi-marathon est une course très intéressante, et si vous en trouvez un près de chez vous qui soit organisé dans le mois qui précède le marathon auquel vous voulez participer (voir le chapitre 18), c'est une manière idéale de juger de l'efficacité de votre entraînement. Nous verrons cela plus loin. Mais c'est de toute façon une distance très accessible que vous aborderez dans les mois qui précèdent votre marathon pour vous habituer à l'effort en endurance.

Se concentrer sur un objectif !

Des milliers de courses et plusieurs centaines de marathons sont organisés un peu partout dans le monde et en France notamment. Dans notre pays comme ailleurs en Europe ou aux États-Unis, les marathons ont généralement lieu au printemps (avril, mai et juin) ainsi qu'à l'automne (septembre, octobre et novembre). En revanche, il ne s'en tient pas en hiver, du moins en France. Reportez-vous au chapitre 19 de cet ouvrage pour obtenir davantage de détails sur les principaux grands marathons qui sont programmés dans le monde et en France.

Se préparer

La vie moderne ne nous prépare pas exactement à pratiquer la course sur de longues distances. Les escaliers roulants, les ascenseurs et les automobiles ont fait du sport une option et non plus une nécessité. La « malbouffe » n'est pas vraiment conçue pour nourrir correctement le corps. Pour courir 42,195 km, prestation qui n'est quand même pas courante chez les êtres humains, il faut s'entraîner pendant au moins deux mois et beaucoup plus avant la préparation spécifique nécessaire à cette course. Car on ne se met pas à courir en préparant directement un marathon.

Si vous n'avez jamais couru de votre vie (ou si, comme c'est souvent le cas, vous n'avez pas couru depuis longtemps), passez au chapitre 4 pour y trouver des conseils et des astuces afin de bien gérer vos premières semaines d'entraînement. Puis allez aux chapitres 6, 7 et 8 pour y puiser des infos sur la teneur de votre entraînement pendant les mois qui suivent. Au chapitre 13, vous lirez une description de ce que peut être votre expérience du marathon et vous recevrez quelques conseils pour vous préparer au grand jour.

Si vous venez juste d'entendre parler d'un marathon qui sera organisé le mois prochain dans votre ville et si vous pensez qu'il vous suffira d'ouvrir ce livre et de courir un peu avant de vous y inscrire, nous vous demandons instamment d'y réfléchir à deux fois. Une course de 42,195 km peut occasionner de vrais dégâts pour votre corps et, si vous n'êtes pas préparé, vous pouvez vous faire très mal. Il est possible que vous vous blessiez (voir la troisième partie de cet ouvrage pour savoir comment gérer les blessures), que vous soyez déshydraté (ce qui peut entraîner un séjour à l'hôpital), ou même (comment puis-je dire ça délicatement ?) que vous vous retrouviez au plus mal. Jusqu'ici, les marathons n'ont pas tué beaucoup de gens (voir l'encadré intitulé « Le premier marathon de l'histoire ») mais, pour les personnes sous-entraînées, le risque est néanmoins réel. Accordez à ces 42,195 km le respect qu'ils méritent : il est difficile de courir un marathon, et seul un sérieux entraînement préalable peut vous protéger d'une blessure, d'une défaillance grave. Ou d'un accident…

Le premier marathon de l'histoire

Vous vous demandez sans doute pourquoi un marathon fait 42,195 km, au lieu de totaliser un chiffre rond, comme 30 ou 40 km ? Pour avoir la réponse, il faut revenir à la Grèce ancienne, vers l'an 500 avant J.-C., le 13 septembre 490, très précisément. C'est vraiment de l'histoire ancienne.

Selon la légende, Philippidès, qui était un soldat-messager grec, traversa les plaines depuis la ville de Marathon (une cité, si vous la visitez, sans grand charme, il faut le reconnaître) pour rapporter à Athènes même, qui se trouve à environ 40 km, l'issue inespérée d'une bataille livrée contre les envahisseurs perses et dirigée par le stratège grec Miltiade. Philippidès réussit donc à parcourir cette distance, à prononcer le mot *nikekamen* (« nous avons vaincu »), puis il s'écroula, et mourut (voilà qui va vous conforter dans votre décision de courir un marathon, non ?). Très probablement une légende, rassurez-vous.

Lors des premiers Jeux olympiques modernes, organisés en 1896 à Athènes à l'initiative du baron français Pierre de Coubertin, les concurrents retenus ont donc couru un marathon en hommage à la course de Philippidès. Les organisateurs de ces premiers Jeux modernes ont opté pour une distance de 40 km, et Spiridon Louis, qui était un berger grec, l'a remporté en un peu moins de 3 heures (2 h 58 min 50 s pour être précis).

La distance moderne de 42,195 km a été fixée en 1908, lors des Jeux olympiques organisés à Londres. Les Anglais voulaient commencer la course au château royal de Windsor et la terminer dans le stade de White City aujourd'hui disparu et remplacé par un site de bureaux ultramodernes. La mutation est surprenante quand on a connu le stade. 41,83 km séparaient Windsor de ce stade. Mais on a ajouté 3,218 km pour que la course puisse se terminer… juste aux pieds de la famille royale, soit devant la loge du stade qui leur était réservée. Après de nombreux débats internationaux, la distance officielle est vraiment et définitivement passée à 42,195 km en 1921. Celle que tout le monde court aujourd'hui sur tous les continents. Et qui n'est pas près de changer.

Vous avez compris que, si vous souffrez le martyre pour terminer les trois derniers kilomètres de votre marathon, vous n'aurez qu'à vous en prendre à la famille royale britannique !

Découvrir les bénéfices d'un marathon

Étant donné qu'un marathon est long et difficile, vous vous demandez peut-être pourquoi on peut éprouver un intérêt quelconque à en venir à bout. On s'entraîne tant, pendant des mois (voire des années), on sacrifie beaucoup de son temps libre, on dépense de l'argent en équipements et en inscriptions, on ensanglante (parfois) ses pieds et l'on épuise des muscles dont on n'avait même pas pris conscience qu'ils existaient. Et tout cela pour gagner une médaille après des heures d'efforts et parfois pas mal de souffrances. Ça a l'air génial, pas vrai ? Vous n'êtes toujours pas convaincu ? Cette partie du livre va vous aider à comprendre pourquoi on en fait toute une histoire.

Une activité incroyablement stimulante

Tout est là : on court un marathon parce que c'est difficile. C'est un exercice si exigeant que, lorsque vous en avez terminé un, vous avez conscience d'avoir réalisé quelque chose qui est seulement à la portée d'une minorité de personnes dans le monde et d'une poignée de gens dans votre quartier, votre commune ou votre entreprise.

ASTUCE

Pensez au marathon comme à la quête des chevaliers de la Table ronde. Un chevalier se voyait assigner un défi : il devait secourir une jeune fille, tuer un dragon, trouver un trésor, et partait accomplir sa tâche. S'il revenait vivant, il était fêté et admis au sein d'un groupe de chevaliers sans peur et sans reproche qui avaient réussi des exploits similaires. Un marathon est aussi une « quête » au sens moderne du terme. Le défi vous est proposé quand vous voyez arriver le dépliant, l'annonce dans le journal ou le plus souvent aujourd'hui sur Internet, vous informant de la tenue d'un marathon près de votre lieu de résidence. Ou du moins dans votre ville. Vous allez donc passer plusieurs mois à vous entraîner pour être à la hauteur, puis vous foncez et vous accomplissez votre tâche, vous courez 42,195 km. Le défi est relevé. À votre retour, vous êtes un héros, encore plus pour vos proches, qui n'ont jamais osé envisager une telle aventure.

L'entraînement vous donne une pêche d'enfer

L'une des conséquences les plus bénéfiques de l'entraînement en vue d'un marathon réside dans le fait que vous pouvez atteindre un niveau de forme absolument fantastique, si vous vous entraînez assez longtemps, avec suffisamment d'énergie tout en restant raisonnable. Vous réduirez votre masse graisseuse et donnerez des contours plus harmonieux à vos muscles. Votre système cardio-vasculaire vous en saura gré : vous ralentirez votre rythme cardiaque au repos et ferez baisser votre tension artérielle.

Oui, vous pourrez aussi maigrir, à condition que vous ne vous mettiez pas à manger davantage pour rattraper les calories que vous venez de brûler. Cependant, si vous avez vu quelqu'un s'entraîner pour un marathon, vous savez bien que le principal objectif n'est pas de perdre du poids. C'est avant la préparation spécifique ou surtout lorsque l'on commence à courir que l'on cherche à perdre quelques kilos très superflus. Reste que, en améliorant votre forme physique, vous vous sentirez mieux, plus fort, plus puissant, et plus sûr de vous.

Courir soulage le stress

Vous savez qu'il suffit parfois d'aller faire un tour à la campagne pour oublier ses problèmes. Eh bien ! courir à la campagne (ou même à la ville, dans un parc, voire dans une salle de sport) est encore plus efficace. L'entraînement pour le marathon vous donne énormément de temps pour penser positif et donc chasser les problèmes de votre esprit. Idéal pour préparer une prestation, un entretien important, résoudre un problème ou seulement pour vous détendre. Grâce à tous ces moments de calme, les préparations au marathon deviennent des monuments de décontraction et de libération.

Les personnes qui ne s'entraînent pas suffisamment et surtout sérieusement en vue d'un marathon seront plus stressées que les autres à l'approche de la course, ce qui aura tendance à annuler l'effet de détente produit par l'entraînement. Elles se rendront compte en effet qu'elles n'ont pas bien préparé leur corps à l'épreuve physique qui les attend. Mais si vous vous entraînez correctement (voir les chapitres 6 à 8), et si vous mangez de manière raisonnable et équilibrée (jetez un coup d'œil au chapitre 9), vous serez sûr que le marathon sera gratifiant, même si, bien entendu, il restera une épreuve difficile. Pas de miracle !

Vous pouvez collecter de l'argent pour une bonne cause

Très populaire aux États-Unis et en Angleterre, l'association entre course à pied et cause humanitaire se développe peu à peu dans d'autres pays, en France notamment. Mais sous des formes différentes. Voici quelques exemples :

1. **Aux États-Unis ou en Angleterre**, vous pouvez acheter votre dossard, non pas seulement à l'organisateur, mais aussi à une association caritative qui, elle-même, a acheté des dossards à l'organisation. Vous le payez plus cher, mais vous êtes sûr d'avoir le dossard recherché, à charge pour vous de récolter des fonds pour rembourser le prix du dossard et surtout pour aider l'association à qui vous l'avez acheté. En

exagérant un peu, on peut dire que presque tous les coureurs anglais du marathon de Londres, anonymes comme « people », portent un tee-shirt et un dossard en faveur d'une action humanitaire : maladies ou enfants dans la difficulté.

2. **Le marathon de Paris,** qui réunit 30 000 coureurs chaque printemps dans la capitale, ne fonctionne pas ainsi ; il n'est pas possible d'acheter son dossard auprès d'une association humanitaire, seul l'organisateur ASO (Amaury Sport Organisation) peut vous délivrer le dossard en question. Mais cela peut changer, évoluer. En revanche, ce marathon accueille chaque année dans son peloton beaucoup d'associations humanitaires qui courent en faveur de la lutte contre le diabète, pour aider les enfants handicapés…

3. **Toutefois, de plus en plus en France, course à pied et grandes causes, associations humanitaires ou de lutte contre la maladie sont associées.** À l'exemple d'Odyssea qui lutte contre le cancer du sein. Créée en 2002 par Frédérique Quentin, ancienne athlète de haut niveau et Frédérique Jules, kinésithérapeute du sport, l'association organise, chaque année dans onze villes françaises, des courses ou marches (la plus importante se déroule à Paris en octobre et rassemble 10 000 coureurs, ou marcheurs, des deux sexes, le produit des inscriptions étant intégralement reversé à l'Institut Curie, dans le cadre de la lutte contre le cancer du sein). www.odyssea.info

4. **Autre association, Les Souffles de l'espoir, courir contre la mucoviscidose,** qui se mobilise toute l'année pour les enfants privés de souffle. Tous les deux jours naît en effet un enfant atteint de mucoviscidose. L'association demande une cotisation annuelle de 50 euros auprès des coureurs « associés », somme qui permet de les inscrire à différentes courses hexagonales. Sur place, le jour de la course, l'association installe un stand d'où elle communique sur la maladie, les progrès réalisés et vend différents objets (tee-shirts, bracelets, jouets…), les fonds récoltés étant ensuite intégralement reversés à l'association nationale Vaincre la mucoviscidose. Les coureurs portent bien sûr un dossard au nom de l'association.

   Tous les deux ans, l'association Courir contre la mucoviscidose organise également un grand raid par étapes de plus de 1 500 km à travers la France et avec des équipes de deux coureurs. L'arrêt dans les communes est alors le prétexte à parler de la maladie, des progrès de son traitement et à collecter des fonds, les mairies étant alors des partenaires très actifs dans cette lutte. Cette association recherchant toujours de nouveaux coureurs intéressés par cette cause, un contact est possible si vous êtes disponible sur le site : www.souffles-espoir.org.

5. **Mais vous, coureur à pied, pourquoi ne pas faire de chaque course un « Téléthon » ?** Pourquoi en effet ne pas tenter vous aussi de créer une association défendant une grande cause, vous inspirant par exemple de celle citée plus haut, Les Souffles de l'espoir, courir contre la mucoviscidose, ou bien sûr du Téléthon, organisé chaque année en décembre pour lutter contre les myopathies et qui propose des défis sportifs dans toute la France, en course à pied bien sûr, pour récolter des fonds. (`www.telethon.fr`) ? Les organisateurs seront toujours favorables à ce genre d'initiatives. Il faut y croire et bien sûr se donner les moyens d'y arriver en regroupant toutes les bonnes volontés. Beaucoup de causes en valent la peine.

Les associations que nous venons de citer ne constituent que quelques exemples français de lutte contre la maladie ou contre une autre grande cause. Il en existe beaucoup d'autres, ces actions, nous l'avons dit, se développant de plus en plus en France. Mais il est impossible de recenser toutes les associations concernées. Toutefois, lorsque vous participerez à une course ou en lisant les annonces de courses sur le magazine *Jogging international* par exemple ou dans d'autres revues, ou encore lorsque, à la fin de votre course dominicale, on vous remettra un bulletin de participation pour une épreuve à venir, vous verrez clairement sur celui-ci si la lutte pour une cause est associée à cette course. Aux États-Unis ou en Angleterre, c'est un moyen, nous l'avons dit, d'avoir, à coup sûr, un dossard, souvent très difficile à obtenir dès lors qu'il s'agit d'un grand marathon. Cela n'existe pas en France, du moins pas encore, mais ce n'est pas le plus important, on l'a bien compris. L'important est de bien de courir et d'aider une association dans son combat.

Les gens vous prennent pour un « doux dingue »

Peut-être votre épouse, vos collègues de bureau, vos enfants et vos amis vous trouvent-ils un peu dingue, mais il ne faut surtout pas ranger cette donnée parmi les inconvénients du marathon. En effet, avez-vous jamais remarqué que, quand vous pensez à quelqu'un d'un peu fou ou d'un peu décalé, vous lui accordez davantage d'attention, d'espace dans votre vie. Cela pourrait donc être ce qui vous guette en tant que marathonien.

J'ai entendu parler d'une femme qui avait tout d'une excentrique. Elle vivait dans une belle maison décorée de poissons dans tous les coins. Même les poignées de porte et le heurtoir de la porte d'entrée étaient en forme de poisson. Ses tapis, ses tableaux, le rideau de douche et la vaisselle portaient des motifs aquatiques. Un aquarium géant occupait un mur du salon. Les invités, bien sûr, commentaient les motifs en termes élogieux. Pourtant, dès qu'ils lui faisaient des compliments, elle se bouchait les oreilles et disait : « Je déteste les poissons ! », en se précipitant hors de la pièce, sans plus revenir jusqu'à ce que les invités soient partis. Si vous connaissiez cette femme, vous la trouveriez un peu givrée, non ? N'oubliez pas que c'est un peu ce que ressentiront les gens quand ils apprendront que vous vous entraînez pour un marathon. Encore que les mentalités, les habitudes, les pratiques évoluent beaucoup. Y compris pour la course à pied. Rien que de très normal.

La nécessité de s'investir

Vous savez sans doute déjà que l'entraînement et la participation à une course, et en particulier à un marathon, ne sont pas une partie de plaisir. Cet événement est à la fois difficile à préparer et à concrétiser, et cette partie du livre vous montre comment votre vie peut changer si vous décidez de courir un marathon.

Le temps et l'énergie nécessaires pour s'entraîner

Si vous voulez vous entraîner pour un marathon, vous devez courir au minimum trois fois par semaine (voir le chapitre 6). Cela prend du temps et exige beaucoup de volonté. Prévoyez de passer plusieurs heures par semaine à vous entraîner, à pratiquer des étirements, à gérer vos allures, votre kilométrage, etc.

Si vous avez beaucoup de temps libre, ce qui peut arriver, ou si vous êtes retraité, votre emploi du temps n'en souffrira pas trop. Mais, à notre époque, comme la plupart des gens, vous avez peut-être un programme très serré, et il se peut que vous ayez du mal à y intégrer une telle dose d'entraînement toutes les semaines. Afin de vous entraîner correctement en vue du marathon, vous devrez sans doute renoncer à certaines activités. Voici quelques idées pour mieux intégrer la course à votre quotidien :

- Si vous regardez souvent la télévision, vous pouvez enregistrer certaines émissions à ne rater sous aucun prétexte et les regarder pendant que vous pratiquez vos étirements (voir le chapitre 5) ou que vous massez vos jambes (voir le chapitre 11). Ou quand vous vous reposez, tout simplement.

- Si vous voulez passer du temps avec votre compagne ou votre compagnon, vous pouvez lui demander de vous suivre à vélo pendant que vous courez, ce qui vous permettra de vous retrouver de cette manière.

- Si vous pratiquez une certaine partie de votre entraînement sur un tapis de course (jetez un coup d'œil au chapitre 3), vous pouvez regarder en même temps votre émission préférée à la télé ou sur une vidéo.
- Si le restaurant d'entreprise ferme tôt, mais que vous pouvez déjeuner dans votre bureau, faites une partie de votre entraînement à ce moment-là, c'est un très bon moment, et restaurez-vous après avoir effectué votre séance. Veillez simplement à disposer d'assez de temps pour vous détendre, vous étirer après la course, cela afin d'éviter d'être trop courbatu à l'issue de votre journée de travail.

Évitez, en revanche, de courir à midi en été si vous vivez dans une région chaude ! Dans ce cas, mieux vaut courir au petit matin (c'est très agréable) ou en fin de journée, afin de vous protéger de la chaleur qui atteint des sommets à l'heure du déjeuner. Il faut s'adapter et ne pas prendre de risques inutiles pour sa santé.

Davantage de sommeil

Il se peut que vous fassiez une découverte intéressante : plus vous êtes en forme, plus vous accumulez d'énergie. Vous prenez les escaliers au lieu d'emprunter les ascenseurs, vous marchez, vous randonnez, etc. Cependant, les exigences que demande l'entraînement pour le marathon peuvent aussi vous épuiser si vous ne dormez pas suffisamment, et si vous essayez de survivre en n'ayant que six heures de sommeil. Vous devrez alors lutter pour rester éveillé.

Si vous le pouvez – ce n'est pas toujours possible –, essayez de profiter d'au moins huit heures de sommeil par nuit. Vous vous sentirez mieux à chaque course, vous courrez plus vite, et vous aurez de l'énergie pour d'autres activités (voir le chapitre 10 pour découvrir les bénéfices du sommeil).

Bien sûr, si vous dormez dix ou douze heures de plus par semaine tout en vous entraînant dix ou douze heures, il faudra changer radicalement votre rythme de vie. Toutefois, n'oubliez pas que, à moins de devenir « accro » au marathon, ce changement est temporaire. Pendant une période donnée, vous allez pouvoir déléguer une partie de vos responsabilités à votre conjoint ou conjointe, faire appel à une personne extérieure pour tondre votre pelouse, voire nettoyer la maison, tout en cherchant (pourquoi pas ?) à réduire vos heures de travail. Tout dépend bien entendu de la nature du travail en question. Plus sérieusement, il faudra surtout faire preuve d'une organisation bien adaptée à votre nouveau loisir.

Et davantage de calories

Les marathoniens ont besoin de manger davantage que les gens qui ne s'entraînent pas de manière aussi intensive. Vous allez peut-être vous rendre compte que vous devez consommer un surcroît de 1 000 calories par jour pour rester à votre poids actuel. Cette idée peut vous paraître délicieuse, mais il faut tout de même vous assurer que ce que vous mangez nourrit correctement votre corps (voir le chapitre 9). Désolé, vous n'aurez pas le droit d'abuser des barres chocolatées et des sucreries. Des calories en plus qui peuvent aussi entraîner des dépenses (en argent) supplémentaires, mais comme c'est pour votre bien-être…

ATTENTION !

Si vous voulez maigrir en vous préparant pour le marathon, n'augmentez pas votre consommation alimentaire avant d'avoir atteint le poids que vous visez.

Des dépenses en équipements

Les coureurs à pied, et *a fortiori* les marathoniens, comptent beaucoup sur le confort et l'efficacité de leurs chaussures (nous commentons ce point dans les moindres détails au chapitre 2). Même si les 100 euros que vous investirez en moyenne dans ces chaussures vous paraîtront lourds, n'oubliez pas que vous devrez les remplacer au bout de 1 500 km environ (c'est aussi en fonction du type de chaussures choisies, de la manière dont vous les utilisez et de votre poids). Donc, si vous courez, disons environ 70 km par semaine, vous devrez remplacer vos chaussures tous les quatre à cinq mois, ce qui signifie, pour simplifier, l'achat de deux paires par an.

ATTENTION !

Si vous ne changez pas de chaussures assez régulièrement, vous risquez en effet de souffrir de douleurs articulaires (genoux, chevilles et hanches), de périostites, de douleurs dans les pieds et/ou de meurtrissures diverses (voyez les détails des blessures liées à la course au chapitre 10).

ANECDOTE

Quand les marathoniens amateurs demandent à quel rythme change de runnings un ou une athlète de haut niveau, la réponse est : toutes les quatre à cinq semaines, ce qui les laisse abasourdis. Ils disent souvent, quant à eux, n'acheter une nouvelle paire de chaussures qu'une fois par an. Ce réflexe date de l'époque où nous devions nous serrer la ceinture dans nos achats de vêtements, et où les nouvelles baskets de gymnastique devaient durer toute l'année scolaire. Mais les besoins dépendent bien du niveau de pratique.

En dehors des chaussures, les équipements pour la course sont plus facultatifs, même s'il est judicieux d'avoir plusieurs shorts ou cuissards de course en bon état (le genre de short qui ne vous cisaille pas les cuisses et qui est de toute façon démodé) et une bonne réserve de tee-shirts faits de textiles modernes dits « respirants » (pas du coton), tels qu'ils sont décrits au chapitre 2. Si vous êtes une femme, vous aurez absolument besoin d'un soutien-gorge confortable et adapté à la course. Vous pouvez vraiment vous débrouiller avec quelques cuissards et quelques tee-shirts mais, à moins de faire souvent la lessive ou de ne pas vous soucier de courir dans des vêtements qui sentent la transpiration, vous aurez sûrement envie d'en acheter davantage. Inévitable...

La dernière fois que j'ai les ai comptés, je disposais d'une bonne quinzaine de cuissards dans mon placard. N'y voyez pas d'obsession de ma part ni d'esprit de collection d'ailleurs : cette quantité me simplifie la vie. Je cours dix fois par semaine (ce qui ne sera pas le cas pour vous) et je n'aime pas porter des vêtements qui sentent mauvais. Avec un stock suffisant de tee-shirts et de shorts ou de cuissards, je me contente de faire une lessive par semaine, voire moins.

Des frais d'inscription et de déplacement

Les frais d'inscription et de déplacement pour les marathons s'additionnent vite. Si vous avez l'habitude de participer à de petites courses de 5 ou 10 km, vous payez des droits qui varient entre 5, 10 et 12 euros, ce qui peut sembler raisonnable parce que vous repartez avec un tee-shirt neuf, vous avez été ravitaillé pendant et après la course, vous avez gagné une médaille individuelle (pas toujours) et vous avez été bien informé sur votre temps final, parfois sur votre temps au kilomètre.

Cependant, un marathon exige pas mal de charges, de dépenses de la part des organisateurs, ce qui peut les conduire à augmenter les frais d'inscription. Si vous vous inscrivez tôt (parfois six, sept mois avant la course), il vous en coûtera 40 à 50 euros au bas mot selon la course, et 80 à 85 euros si vous vous enregistrez quelques semaines avant le marathon. Soit le double, tout simplement.

Si vous séjournez dans un hôtel, vérifiez que celui-ci ne soit pas trop éloigné du lieu de la course. Il existe régulièrement des hôtels partenaires, officiellement sélectionnés par les organisateurs du marathon. Même lorsque les chambres coûtent 20 euros de plus que dans les autres hôtels de la ville, n'hésitez pas, si vous le pouvez, à vous offrir la différence, car vous apprécierez le confort supplémentaire. Vous pourrez sans doute aller à pied jusqu'à la ligne de départ, ce qui veut dire que vous pourrez boire un peu avant l'heure dite, laisser vos affaires superflues dans votre chambre sans avoir recours aux vestiaires de l'organisation, et également aller aux toilettes sans devoir vous poster dans une file d'attente pour avoir le droit d'utiliser les W.-C. installés sur le lieu de la course. Ce qui n'est pas toujours très confortable. Moins que dans votre chambre d'hôtel, c'est sûr !

Définissez bien vos objectifs

Avant de choisir et de préparer votre plan d'entraînement (voir les chapitres 4 et 6), vous devez vous fixer un objectif pour votre premier marathon (si vous en avez déjà couru un ou plusieurs, vous allez chercher à améliorer votre performance). Le fait d'avoir un objectif vous est indispensable pour déterminer votre kilométrage, votre nombre de séances hebdomadaires, votre rythme d'entraînement et, bien évidemment, le type de séances que vous allez effectuer.

Toutefois, si vous n'avez jamais couru de marathon, vous vous demandez peut-être comment vous fixer un objectif. Le but de votre premier marathon peut rester un peu flou. Aussi, examinons les hypothèses suivantes :

- **Votre but est de terminer le marathon en combinant la marche et la course.**

  C'est un excellent objectif, qui devrait se refléter dans votre entraînement : vous alternerez la course et la marche, vous limiterez votre kilométrage par semaine (environ 60 km hebdomadaires avec trois séances) et vous pourrez vous concentrer sur votre endurance sans trop vous soucier de la vitesse.

  ATTENTION !

  Beaucoup de marathons imposent un temps limite qui va de 5 à 7 heures. De ce fait, si vous prévoyez de marcher vite ou alors de marcher et de courir en alternance, vérifiez que vous pouvez le faire dans le temps imparti. Car, lorsque la course est fermée (même si vous êtes toujours en route), le trafic automobile reprend (ce qui peut être dangereux pour vous), il n'y a plus de distribution d'eau (ce qui peut être également très préjudiciable par temps chaud) et personne ne viendra vous féliciter quand vous aurez terminé. Plus de médaille, ni d'enregistrement de votre temps.

- **Vous voulez courir, sans marcher, durant tout le marathon.** Cet objectif, encore plus difficile à atteindre pour un premier marathon, est en fait très différent de celui qui consistait simplement à terminer la course. Le temps que vous réussirez n'est pas de première importance, mais vous devez être sûr de disposer d'une base kilométrique suffisante (ce point est discuté en détail au chapitre 6) afin de garder le bon rythme pour parcourir 42,195 km. Courir un marathon sans marcher un peu, c'est très, très difficile pour un premier essai et même par la suite. De toute façon, beaucoup de coureurs marchent lors du passage aux tables de ravitaillement.

- **Vous voulez terminer le marathon en moins de quatre heures.**

  C'est également un objectif fantastique. Il vous faudra tenir un rythme de 5 minutes 40 par kilomètre pendant toute la durée du marathon. Connaissant cette donnée, vous allez pouvoir déterminer votre rythme d'entraînement hebdomadaire et celui de vos séances (voir le chapitre 7). Vous allez également vous inscrire à plusieurs courses préparatoires (voir le chapitre 19) avant de courir le marathon que vous avez en vue, cela afin de tester la manière dont vous réagissez au rythme prévu.

- **Vous voulez vous qualifier pour les championnats de France**

  Non, les championnats de France de marathon, de semi-marathon, de 10 km ne sont pas réservés à une élite qui court le marathon en 2 h 10 ou en 2 h 15 et le semi-marathon en 1 heure. Ces compétitions sont en effet accessibles aux seniors (30-39 ans), mais aussi aux vétérans 1 (40-49 ans), aux vétérans 2 (50-59 ans) et aux vétérans 3 (60-69 ans). Ils disputent les championnats de France et sont donc champions dans leur catégorie. Pour beaucoup de coureurs, la qualification pour les championnats de France est une belle récompense. Mais ce n'est pas si simple, car, pour participer au marathon qui, chaque année, accueille les championnats de France, deux conditions sont requises : être licencié dans un club et, plus difficile, réussir un temps de qualification minimum. En clair, si vous êtes vétéran 2 (de 50 à 59 ans), vous devrez avoir couru dans l'année, pour vous qualifier, un marathon en 3 h 20. Si vous êtes une femme, vétéran 2, votre temps de qualification sera de 3 h 52. Un temps minimal est requis pour chaque catégorie. Et, pour chaque distance, 10 km, semi-marathon aussi. Renseignez-vous auprès de la Fédération française d'athlétisme dont le siège est à Paris dans le XIIIe arrondissement (`www.athle.com`), pour connaître le nom du marathon « support » de ces championnats de France et toutes les modalités de participation. Mais si vous ne réussissez pas à atteindre cet objectif lors de vos premiers marathons, ou autres distances, ce peut être un but dans le futur et une motivation vraiment très intéressante pour franchir un cap. Sans, bien sûr, vouloir être champion, car ça c'est très difficile, mais avoir participé à un championnat de France de marathon, de semi-marathon ou de 10 km, c'est un peu aussi faire ses « Jeux olympiques » à soi. L'essentiel, c'est bien d'y avoir participé.

Le soutien psychologique du marathonien

Si vous connaissez quelqu'un qui s'entraîne en vue d'un marathon (votre mari, votre femme, votre fils ou votre fille, un parent proche, un frère ou une sœur, un collègue de travail), n'oubliez pas de respecter les consignes suivantes :

- **Ne lui mettez pas la pression**. Tout le monde s'implique différemment dans l'entraînement, et aucune exhortation ne forcera personne à consentir ce qu'il ne veut pas faire.
- **Comprenez qu'il est difficile d'être disponible.** Ne demandez pas toujours au marathonien de s'accorder du temps pour mener avec vous d'autres activités. Vous lui rendrez seulement le marathon plus difficile le jour venu.
- **Souvenez-vous que le marathonien s'entraîne pendant les vacances et les week-ends.** Le fait que vous preniez une semaine de vacances ne signifie pas que votre coureur de mari peut cesser de s'entraîner. Idem si c'est madame.
- **Connaissez les itinéraires d'entraînement du coureur**. Si la météo lui complique soudain la vie ou si votre marathonien n'est pas rentré à l'heure prévue, ne vous affolez pas, la durée de la sortie n'est pas forcément et rigoureusement minutée. On peut faire du « rab » si on se sent bien. Ou, cela arrive, se perdre dans la campagne. Mais, si le retard se prolonge trop et s'il ne court pas avec son portable, sautez dans la voiture et allez voir s'il a besoin d'aide.
- **N'ayez pas peur des embrassades un peu humides**. Le marathonien transpire beaucoup parce qu'il doit courir longtemps. Il faut s'en accommoder; consolez-vous en pensant que ça n'a qu'un temps. Un peu d'humour en passant...
- **Saluez les petits progrès.** Le marathonien a beaucoup d'étapes à franchir. Le premier entraînement, la première course de 10 km, de 20 km. Encouragez-le quand il aborde chaque tournant et en vient à bout.
- **Accompagnez-le dans les courses**. Comme ça, vous passerez plus de temps ensemble et le coureur y sera très sensible.
- **Soyez de bonne humeur avant la course de votre marathonien** Un marathon est une entreprise sérieuse. Souhaitez bonne chance à votre marathonien et encouragez-le avant qu'il soit sur la ligne de départ.
- **Allez en divers points du parcours**. Après le début de la course, continuez à encourager votre marathonien avec vigueur et en autant de lieux que possible. Criez son prénom et dites « bravo », « super », « vas-y ! ». Surtout, si vous pouvez lui parler, ne vous montrez pas critique pendant sa course. Cela le démoraliserait.
- **Restez jusqu'à la fin de la course**. D'accord, les marathons offrent un spectacle un peu ennuyeux pour le « non-coureur », mais ne rentrez surtout pas chez vous à la mi-course. Votre marathonien a besoin de votre soutien. Soyez à l'arrivée (il existe parfois une zone que l'on dit « réservée à la famille et aux amis »).
- **Souvenez-vous qu'il y a toujours une autre course**. Même si celle-là a été une déception, le marathonien aura forcément une autre chance de mieux faire. Dites-le-lui.

Chapitre 2

Choisir votre équipement pour la course

Dans ce chapitre :

- Connaître le magasin de sport le plus proche de chez vous
- Trouver les meilleures chaussures qui vous conviennent
- Se procurer un cardio-fréquencemètre
- Tirer au clair tous les choix vestimentaires possibles

Les équipements pour la course constituent aujourd'hui un véritable marché. Si vous cherchez ce qu'il y a de mieux, des chaussures dernier cri par exemple, que vous avez d'ailleurs l'intention de remplacer souvent, vous pouvez facilement dépenser 1 000 euros par an. Heureusement, tout l'équipement que vous pourrez acheter vous servira plusieurs années avant que vous ayez à le changer, exception faite des chaussures. Même si vous consentez un important sacrifice au départ, vous n'aurez donc pas à vous procurer trop souvent de nouveaux shorts, cuissards, tee-shirts, soutien-gorge de sport ou cardio-fréquencemètres. On peut encore porter des vêtements achetés il y a dix ans, et qui auront été lavés des centaines de fois. C'est la même chose pour certains de vos vêtements de sport.

ASTUCE

Si vous débutez la course à pied et que vous ne pouvez pas investir beaucoup d'argent pour l'instant, passez le mot aux amis et aux membres de votre famille pour qu'ils vous achètent certains articles de sport à l'occasion des anniversaires, des vacances ou, mieux, des fêtes de Noël. Ou encore, demandez-leur de vous offrir des bons d'achat provenant de votre magasin de sport favori et qui vous permettront de choisir sur catalogue ou sur Internet. Vous pourrez aussi profiter de promotions ou de soldes de fin d'année tout en utilisant (ou non) vos bons d'achat.

Trouver les bons équipements pour courir

En France, vous trouverez normalement un magasin de sport avec un rayon course à moins d'une heure de voiture de chez vous. Quel que soit l'endroit où vous vivez, vous dénicherez l'adresse du magasin de sport le plus proche en le cherchant dans l'annuaire ou sur Internet. Vous taperez ainsi tout simplement « magasins d'articles de sport » sur un moteur de recherche, ou son nom si vous le connaissez, en ajoutant le nom de votre région.

Les magasins de sport spécialisés dans la course possèdent tous les équipements requis, et les vendeurs sont généralement des coureurs à pied réguliers, parfois de bon niveau. Parce qu'ils en savent long sur la course, ces vendeurs vous offrent le plus souvent des services de qualité. Un magasin spécialisé dans la course représente un atout pour vous, tout spécialement pour ce qui concerne les chaussures.

Acheter les chaussures qui vous conviennent

Avez-vous réellement besoin de runnings à plus de 100 euros la paire? C'est une question récurrente, mais on nous la pose tout le temps. Il faut rester évasif dans la réponse. Ce qui est sûr, c'est que vous avez vraiment besoin de chaussures *conçues pour la course* (et pas pour le basket-ball, le tennis ou la marche en ville). Si votre ami, votre entraîneur, votre partenaire de course ou quiconque aime une marque particulière, cela ne veut pas dire que le même modèle vous conviendra forcément.

Les chaussures de course peuvent être éclatantes lorsque vous en chaussez des neuves. Mais surtout, au-delà du look, elles ne doivent provoquer aucune blessure, ni noircir vos orteils, ni insensibiliser vos pieds, ni causer de douleur à la voûte plantaire ou aux talons, ni glisser de vos pieds ou provoquer des douleurs dans vos genoux. Ces problèmes vous indiquent que vous ne portez pas les chaussures qui vous conviennent ou que vos runnings sont usés. Voyez la partie intitulée « Savoir quand changer ses chaussures », un peu plus loin dans ce chapitre, pour obtenir tous les détails requis. Donc, si les bonnes chaussures doivent vous coûter plus de 100 euros, alors oui, vous avez vraiment besoin de ces runnings! Mais vous aurez peut-être de la chance et constaterez que la paire de chaussures parfaite pour vous n'en coûte que 80. C'est très possible!

Acheter des chaussures de course, c'est un peu comme faire réparer votre voiture dans un garage. Si vous faites confiance à la personne qui vous indique que les réparations sont nécessaires, vous suivez, parce que vous savez que, à long terme, il s'agit d'un bon investissement. Et si, de même, vous faites confiance au vendeur qui, paraissant compétent, vous suggère d'investir, disons 100 euros dans une paire de chaussures de course, vous aurez sans doute l'impression d'avoir fait le bon achat et serez tranquille. D'abord dans votre tête.

ATTENTION !

Très peu de coureurs ont besoin des chaussures les plus chères du marché. Si la personne qui vous aide à trouver une paire de chaussures de course ne pose aucune question et vous recommande le prix le plus élevé du magasin avant même de vous regarder marcher ou courir, vous avez affaire à un vendeur peu fiable. C'est de plus en plus rare. Mais si cela arrive, dans ce cas, n'achetez pas et changez de boutique.

ASTUCE

Faites des économies pour vos chaussures

Les magasins spécialisés dans la course ne soldent qu'une fois par an en général – il faut alors en profiter – leurs chaussures et autres équipements. Un rabais peut aussi vous être proposé si vous êtes affilié à une équipe, à un club de course, ou à une association qui organise des entraînements pour le marathon (voir le chapitre 4). Ou encore si vous achetez des volumes importants. Si on vous le propose, inscrivez-vous sur la liste des clients fidèles du magasin pour être averti de toute vente exceptionnelle ou promotion. Si un magasin de sport spécialisé dans le running sponsorise (cela arrive régulièrement) une course à laquelle vous participez et vous offre des réductions associées à cette course, profitez-en pour stocker des chaussures ou d'autres articles de sport. Et surtout si vous ne voyez pas d'inconvénient à porter les modèles de l'année dernière, vous pourrez aussi vous procurer des fins de série avec de substantielles réductions.

Un autre moyen d'économiser de l'argent consiste à faire vos courses sur la base de catalogues ou sur Internet. Nous hésitons toutefois un peu à vous recommander ces magasins en ligne, parce que vous n'aurez jamais accès au service que vous offre une personne en chair et en os. Nous n'aimons pas trop non plus l'idée de voir les commerçants spécialisés (qui paient cher leur emplacement et leur boutique, ainsi que leurs employés expérimentés) se retrouver en difficulté, voire acculés à fermer en raison de la concurrence qui leur est faite par les boutiques et les catalogues en ligne. Vaste problème il est vrai, bien dans l'air du temps.

Autre option possible à bas prix : rendez-vous dans un magasin pas nécessairement spécialisé, style magasin de discount, mais vendant quelques vêtements et chaussures de marque. Il est vrai que vous n'y trouverez probablement pas de personne compétente pour vous conseiller sur la bonne pratique de la course à pied, mais si vous êtes accompagné par un coureur un peu expérimenté ou si vous savez exactement ce dont vous avez besoin, vous trouverez peut-être chaussure à votre pied et à un bon prix. Cela arrive !

Un bon vendeur spécialisé étudie trois facteurs essentiels pour déterminer quelles sont les meilleures chaussures qui vous conviennent :

- La manière dont votre pied touche le sol quand vous courez (voir le paragraphe intitulé « Atterrir en souplesse », un peu plus loin dans ce chapitre).
- La force avec laquelle vous frappez le sol (voir le paragraphe « Écouter la chanson de vos pieds », un peu plus loin dans ce chapitre).
- Ce qui se passe après que votre pied a touché le sol, mais avant qu'il ne le quitte à nouveau (voir le paragraphe intitulé « Impératif : sachez si vous êtes pronateur, universel ou supinateur », un peu plus loin dans ce chapitre, ce sont trois paramètres fondamentaux pour choisir la paire qui vous convient).

Atterrir en souplesse !

L'un des aspects importants de votre style de course (et donc de vos besoins en chaussures) réside dans votre type de contact avec le sol. Vous devez prêter attention à la façon dont vous posez les pieds. La figure 2-1 montre les trois manières possibles de se réceptionner.

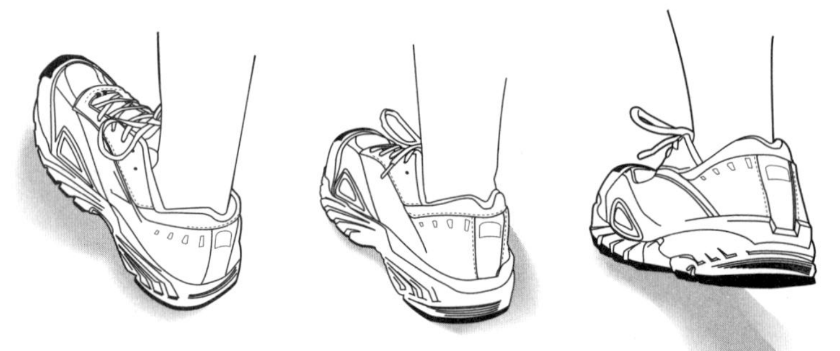

Figure 1-2 : Apprenez à connaître votre manière de poser le pied sur le sol.

ASTUCE

Le meilleur moyen de déterminer à quelle catégorie vous appartenez consiste à demander à quelqu'un de se poster derrière vous pendant que vous courez. L'observateur pourra vous renseigner très facilement (la plupart des bons vendeurs dans les magasins spécialisés agissent ainsi). Cependant, vous pouvez aussi placer du papier kraft sur le sol de votre cuisine, mouiller vos pieds nus et courir sur le papier. Si vous reconnaissez clairement le contour de vos talons, cela veut dire que vous vous réceptionnez par l'arrière. Si vous ne distinguez pas du tout l'empreinte de vos talons, vous vous réceptionnez par l'avant. Si vous apercevez seulement la marque du bout de vos talons, vous

vous réceptionnez par le milieu. Voici quelques informations complémentaires sur ce point :

- **Réception par l'arrière** : c'est la manière la plus courante (si l'on peut dire) d'aborder le sol. Cela consiste à poser d'abord le talon puis le reste du pied. Les personnes qui se réceptionnent par l'arrière ont sans doute un rythme plus lent (il s'agit du temps qui s'écoule entre le moment où le pied frappe le sol et celui où il le quitte à nouveau) que ceux qui se réceptionnent sur l'avant du pied. Mais comme vous n'êtes pas un coureur de haut niveau, ce n'est pas inquiétant, d'autant que le coureur de fond (vous en l'occurrence) attaque dans l'immense majorité des cas d'abord par le talon. À la différence du sprinter. Que vous n'êtes pas. Et que vous ne serez jamais !

  Quand vous cherchez une paire de chaussures, optez d'abord pour un amorti efficace, la présence à l'arrière de gel, d'air ou autres concepts technologiques proposés par les marques permettant que les chocs sur votre talon soient… amortis.

- **Réception par le milieu** : un coureur qui se réceptionne par le milieu du pied atterrit vers le milieu de son corps, de sorte que l'arrière du talon ne frappe pratiquement jamais le sol. Les coureurs de ce type trouvent un équilibre, car ils ne ralentissent pas trop en abordant le sol par l'arrière et ne risquent pas les blessures liées à la réception par l'avant. En d'autres termes, la réception par le milieu est un atout. Mais, pour cela, il faut être très rapide.

  En fait, achetez des chaussures équipées de matériaux d'amortissement contenant du gel, de l'air, de l'adiprène ou autres technologies selon les marques, et qui sont placés à la fois à l'avant et à l'arrière de la semelle intercalaire de la chaussure. Idéalement, il faudrait que ces « coussins » soient au milieu de la semelle, mais peu de chaussures sont conçues de cette manière. Toutefois, on trouve désormais, sur presque tous les modèles, un système d'amortissement à l'avant et à l'arrière de la chaussure.

- **Réception par l'avant sur plante de pied** : les coureurs qui se réceptionnent par l'avant du pied (partie antérieure de la plante du pied) font en sorte que le talon et le milieu du pied ne touchent jamais le sol. La plupart des athlètes d'élite, les grands champions agissent ainsi et ils sont, à la vérité, plus sujets aux blessures que les coureurs qui se réceptionnent par le milieu ou l'arrière du pied. Le grand coureur éthiopien du marathon Hailé Gebreselassie, ancien champion olympique du 10 000 mètres, qui se réceptionne ainsi a des tendons fragiles…

  Si vous vous réceptionnez par l'avant, trouvez des chaussures qui comportent un double système d'amortissement, avec du gel, de l'air ou autre concept, à l'avant du pied. Mais encore une fois, ce sont les champions en général qui se réceptionnent ainsi. Pas vous qui attaquez d'abord par le talon.

Écouter la chanson de vos pieds

Tout dépend de la force avec laquelle vous atterrissez. Un coureur dont le pied tombe lourdement sur le sol produira un son mat, tandis qu'un coureur au pied léger touchera à peine terre avant de décoller le pied à nouveau. Les coureurs qui tombent lourdement ainsi que ceux qui se réceptionnent par l'arrière du pied font généralement plus de bruit que les autres, tandis que les coureurs qui se réceptionnent par l'avant et les petits gabarits sont plus silencieux. Je les appelle les « coureurs boucles d'or » : ils ne font ni trop ni trop peu de bruit. Une anecdote amusante…

N'OUBLIEZ PAS !

Certains coureurs (rares) qui se réceptionnent par l'avant ainsi que les petits gabarits n'atterrissent pas toujours légèrement. Ils aiment tout simplement faire du bruit à chaque pas. Pour vous débarrasser de cette habitude, imaginez que vous courez au beau milieu de verres en cristal ou d'une vaisselle en porcelaine. Ne courez surtout pas pour autant sur la pointe des pieds : essayez de ne pas briser ces délicats objets tout autour de vous. Car, encore une fois, courir sur la pointe des pieds, ou du moins sur le tiers avant du pied, car il ne s'agit pas ici de danseurs, cela est réservé aux champions souvent issus de l'athlétisme sur piste. Et surtout, c'est une source de blessures.

Quand vous regardez une chaussure de course, déterminez le type de *semelle d'usure* dont elle est équipée (il s'agit de la partie en plastique dur qui est située en surface de la semelle extérieure). Une semelle en caoutchouc absorbe bien les chocs mais pèse lourd et réagit de manière peu flexible. Un patin en caoutchouc expansé est léger et flexible, mais n'apporte pas énormément de rembourrage. Certaines chaussures sont équipées d'un type de matière à l'avant et d'un autre type de matière à l'arrière. Voyez les paragraphes précédents (« Atterrir en souplesse ») pour déterminer si vous avez besoin d'un système d'amortissement à l'avant ou à l'arrière de la chaussure.

- **Pour ceux qui ont le pied lourd :** recherchez un système d'amortissement épais et solide, avec une semelle extérieure complète en caoutchouc (sans doute ne pourrez-vous pas reconnaître ce type de semelle à l'œil nu : demandez au vendeur de vous présenter des modèles correspondant à cette description).
- **Pour ceux qui ont le pied moyennement lourd (les fameux « boucles d'or »)** : recherchez, pour la semelle extérieure, un mélange de caoutchouc expansé et de caoutchouc.
- **Pour ceux qui ont le pied léger** : recherchez une semelle extérieure en caoutchouc expansé.

Impératif : sachez si vous êtes pronateur, universel ou supinateur !

Quand vous avez touché le sol, vos pieds se ramassent sur eux-mêmes au moment où vous vous apprêtez à quitter le sol de nouveau. Le mouvement s'amorce généralement du talon aux orteils, de l'une des trois manières suivantes : pronation, mouvement neutre ou supination, comme l'indique la figure 2-2. Il faut absolument savoir ce que vous êtes.

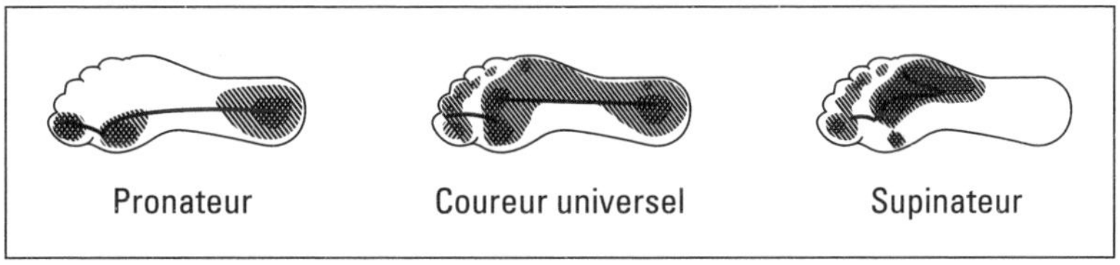

Figure 2-2 : Êtes-vous un coureur pronateur, supinateur ou universel ?

Pour déterminer dans quelle catégorie vous entrez, placez plusieurs morceaux de papier foncé (le papier kraft est parfait) en ligne, sur le sol de votre cuisine ou de votre salle de bains. Retirez vos chaussures et vos chaussettes, mouillez légèrement le dessous de vos pieds. Ensuite, marchez naturellement sur le papier kraft. Vous verrez se dessiner un contour de pied qui ressemble à l'un des trois qui sont représentés ci-dessus. Mais le moyen idéal de déterminer si vous êtes pronateur, supinateur ou coureur universel, c'est d'aller consulter un podologue équipé d'un podoscope et, de préférence, d'un tapis de course. Il vous dira ce que vous êtes et vous donnera les meilleurs conseils pour l'achat de vos chaussures. Vous ne regretterez pas la dépense engagée. Elle pourrait vous faire économiser beaucoup d'autres frais liés à des soins. Pronateur, universel ou supinateur, c'est vraiment déterminant pour bien vous chausser et surtout courir à l'aise sans vous blesser. Souvenez-vous bien de ces trois définitions. L'une vous concerne.

Quand vous allez acheter des chaussures, recherchez certains mots-clés comme ceux qui seront mentionnés dans les trois paragraphes qui suivent. N'oubliez pas que le mot « forme » fait référence à l'allure de l'emboîtage de la chaussure, et à sa conception. La *forme* peut être constituée de matériaux divers et être construite de plusieurs manières.

- Pour déterminer quelle est la *forme de l'emboîtage* (incurvée, semi-incurvée ou droite), retournez la chaussure droite et regardez l'emplacement où doit se loger votre gros orteil. Si cette zone est placée directement dans l'alignement du talon, vous avez affaire à une *forme droite* (notez que les formes droites, assez peu flexibles, ne sont plus beaucoup utilisées). Si la zone du gros orteil est un peu incurvée vers la droite par rapport au talon, c'est une *forme semi-incurvée*. Si le mouvement est plus prononcé, il s'agira alors d'une *forme incurvée*. La figure 2-3 montre différents types de formes.

- Pour déterminer la conception de la forme (collée, cousue ou mixte), prenez une chaussure à l'endroit dans votre main et retirez la semelle intérieure. Regardez comment la chaussure est fabriquée. Si vous voyez une partie collée qui court tout le long de la chaussure, vous avez une chaussure assemblée par collage (elle peut vous donner la sensation que vous avez une brique sous le pied, et c'est pourquoi ce type de chaussure n'est plus très courant). Si vous n'apercevez que des coutures, vous avez une chaussure assemblée par couture. Une forme mixte est collée au niveau du talon et du milieu de la chaussure, avec des coutures qui courent du milieu du pied jusqu'à la zone des orteils.

Figure 2-3 : Observez les formes droites, semi-incurvées et incurvées.

Vous êtes pronateur

La pronation déplace le poids sur la plante du pied (plus précisément sur l'avant de la plante du pied), afin que le corps puisse prendre appui sur le gros orteil. En d'autres termes plus simples, votre pied bascule vers l'intérieur (cela concerne 35 à 40 % des coureurs environ). Si, donc, vous êtes pronateur, achetez des chaussures qui sont censées offrir un *contrôle du mouvement*. Les chaussures de cette sorte présentent généralement *un emboîtage droit* ou *semi-incurvé*. Cela facilite le mouvement du pied qui se ramasse sur lui-même. Recherchez également des chaussures conçues pour des *voûtes plantaires flexibles* ou des *pieds plats*. Si vos voûtes plantaires sont basses, recherchez une *forme mixte* ou *une forme collée*. Et si cette « bascule » vers l'intérieur est vraiment très accentuée, il faut choisir un modèle pour hyper-pronateur. Toutes les marques proposent des runnings pour pronateurs et hyper-pronateurs.

Notez qu'une voûte plantaire flexible n'équivaut pas nécessairement à une voûte plantaire basse. Certaines personnes qui pratiquent la pronation à l'excès présentent une voûte plantaire haute, mais tellement souple qu'elle descend à chaque pas. Si vous vous reconnaissez là, recherchez une forme semi-incurvée avec coutures ou une forme mixte ; mais, encore une fois, avant de réaliser votre achat, nous insistons sur le fait que vous considériez votre profil avec un podologue ou avec un vendeur spécialisé dans les chaussures de course. Une visite chez celui-là pourra aussi se conclure par la fabrication de semelles orthopédiques. Il s'agit d'inserts rigides qui sont moulés sur votre pied ou non moulées et faits de mousse (cela dépend du podologue) et qui pourront être glissés dans vos runnings à la place de la semelle de propreté. Ces semelles sont destinées à corriger encore plus efficacement la pronation (ou la supination que nous examinerons plus bas). Vous avez peut-être intérêt à assurer le soutien de vos voûtes plantaires hautes et flexibles par du graphite ou un autre matériau dur. Ce comportement du pied peut être pris à tort pour de la supination (voir à nouveau le paragraphe consacré à cette dernière.)

Vous êtes « coureur universel »

Si vos pieds tendent à se mettre en position neutre (cela concerne 50 % des coureurs environ), le mouvement s'amorce à partir de votre talon jusqu'au milieu du pied, puis vers le deuxième orteil. En clair, vos pieds ne basculent pas, ni en pronation ni en supination ; ils sont naturellement stables. Vous êtes un coureur « universel ».

Les chaussures neutres que vous devrez acheter ne contrôlent pas le mouvement du pied. Elles lui permettent au contraire de bouger naturellement. Recherchez des chaussures à forme semi-incurvée. Les autres mots-clés sont « chaussures neutres », « voûte plantaire moyenne » ou « chaussures stables » (il se peut en fait que votre voûte plantaire soit haute ou basse, mais elle ne s'aplatit pas beaucoup quand vous marchez). Regardez également les *formes mixtes* et les *formes assemblées par couture*.

Si vous portez des semelles orthopédiques faites par votre podologue, que vous soyez pronateur ou supinateur, ce sont des chaussures neutres que vous devrez acheter, car il ne faut pas ajouter une correction à une autre correction.

Vous êtes supinateur

Si vous êtes supinateur (cela concerne 10 à 15 % des coureurs environ), cela veut dire que vous amorcez un mouvement de roulement qui part du talon et qui aboutit vers le bord extérieur de votre pied, avant de repartir vers l'arrière (sans aller jusqu'au talon), à partir de l'orteil du milieu, jusqu'à la position neutre. Si en pronation le pied bascule vers l'intérieur, en supination, c'est l'inverse : il bascule vers l'extérieur. Voyez également le paragraphe « Atterrir en douceur », un peu plus haut dans ce chapitre, pour plus de détails.

Les chaussures les mieux adaptées à la supination ont une *forme incurvée*. Recherchez aussi des chaussures qui sont conçues pour les personnes à la voûte plantaire haute et rigide, dotées d'une *forme assemblée par couture*.

En résumé, demandez l'avis de vos camarades d'entraînement qui observeront la bascule de vos pieds vers l'intérieur, l'extérieur ou aucune bascule ; demandez aussi l'avis de votre vendeur habituel et, surtout, celui d'un podologue connaissant le sport ; autant d'avis nécessaires pour bien choisir vos chaussures selon que vous êtes pronateur, universel ou supinateur. C'est vraiment important pour la qualité de votre course.

Savoir quand changer de chaussures

Changer de chaussures environ toutes les 150 heures de course (repère proposé par Gérard Soulier, podologue du sport à Clermont-Ferrand et collaborateur au magazine *Jogging international*), cela signifie que si vous courez 3 ou 6 heures par semaine, l'usure de vos chaussures ne sera pas la même. Une mesure en heures est plus facile à faire et elle est aussi valable qu'en kilomètres.

Cela vous paraît-il exagéré de changer de chaussures aussi vite et de ne pas les conserver plusieurs années ? Nous aimerions vous tenir un autre discours, toutefois les chaussures de course sont conçues pour 150 heures environ et il faut faire avec. Si vous courez trois fois une demi-heure, 40 minutes par semaine (comme le font beaucoup de coureurs qui pratiquent ce sport pour rester en forme), vos chaussures peuvent durer beaucoup plus longtemps, c'est-à-dire un an, voire plus. Mais, dès que vous commencez à vous préparer pour un marathon, le calendrier se modifie parce que, logique, vous infligez beaucoup plus d'heures de course à vos chaussures.

Ne raisonnez donc pas en termes de kilomètres, mais plutôt en heures. Efforcez-vous donc, c'est facile, de noter sur votre carnet d'entraînement les heures de course que vous faites chaque semaine. Et cela à partir du moment où vous étrennez une nouvelle paire de « baskets ». Toutes les semaines, ajoutez les nouvelles heures passées dans les sous-bois ou ailleurs et jetez les chaussures ou, mieux, ne gaspillez pas, mais réservez-les pour des balades, quand vous arrivez à 150 heures. Remplacez-les, même si elles n'ont pas l'air trop usées. Les chaussures de running se cassent à l'intérieur bien avant d'avoir l'air usées à l'extérieur, et, au bout de 150 heures environ, elles ne soutiennent plus ni vos jambes ni vos pieds. Mais gardez-les pour marcher. Aucun risque en marchant, en revanche, et encore une fois vous évitez de gaspiller une paire de chaussures qui peut encore vous être utile.

Vous avez aussi la possibilité d'acheter une seconde paire de runnings. En général, les coureurs en utilisent une pour les sorties longues et une autre pour les séances plus courtes et plus rapides. Cela doit logiquement augmenter la durée de vie de la paire utilisée pour la vitesse, laquelle fait moins de kilomètres. Une alternance qui rend les comptes un peu plus compliqués à tenir, mais certains coureurs ont ainsi l'impression d'avoir une nouvelle paire de chaussures tous les jours (ou presque).

ATTENTION !

Si vous ne remplacez pas vos chaussures toutes les 150 heures environ, vous risquez quelques problèmes : douleurs articulaires (genoux, chevilles et hanches), douleurs dans les tibias, dans les pieds, meurtrissures, etc. Le chapitre 10 vous indique en détail pourquoi il est important de remplacer vos chaussures régulièrement.

L'indispensable cardio-fréquencemètre

À nos yeux, il est aussi important de posséder un bon cardio-fréquencemètre que de bonnes chaussures. Vous trouverez des cardio-fréquencemètres dans tous les magasins de sport. Cet appareil, très utile pour le coureur, s'est généralisé depuis quelques années et permet d'offrir une préparation bien « cadrée » au coureur que vous êtes.

ASTUCE

Si vous possédez déjà une montre et que vous aimez l'utiliser, gardez-la, c'est toujours utile pour le quotidien. Mais si vous recherchez une nouvelle montre pour courir, il faut vous procurer un cardio-fréquencemètre qui vous donnera aussi l'heure, mais encore vous proposera bien d'autres fonctions pour votre pratique. Examinons cela dans le détail.

Du plus simple...

- **Une montre, une ceinture à mettre sur le torse** afin de capter votre fréquence cardiaque et le tour est joué ou presque : c'est en tout cas ce que propose le cardio-fréquencemètre de base à moins de 50 euros, qui, sur l'écran de la montre, vous indiquera vos pulsations cardiaques quand vous courez et mesurera l'intensité de votre effort. Pour le débutant, cela suffit. Concernant vos fréquences cardiaques, nous vous dirons tout dans le chapitre 3, sous le titre « Courez à la bonne allure ».
- **Avec en plus un chronomètre** (compte à rebours) : vous avez peut-être déjà utilisé cet appareil. Il vous suffit d'appuyer sur un bouton quand vous commencez votre course et un autre (ou le même) quand vous la finissez, pour obtenir votre temps total. C'est aussi prévu dans le modèle de base du cardio-fréquencemètre. Et sur tous les autres bien entendu.

... au plus sophistiqué

- **Une minuterie pour les séances fractionnées**: quand vous essayez de calculer le temps entre deux distances (voir les chapitres 4 et 6) et que vous faites un exercice de vitesse (voir le chapitre 7), il vous suffit d'appuyer sur le bouton pour obtenir le temps qui s'est écoulé depuis que vous avez appuyé sur le bouton pour la dernière fois. De ce fait, au lieu de devoir calculer votre temps au kilomètre, vous pouvez compter sur la montre. Vous demanderez à votre vendeur de vous expliquer le fonctionnement de toutes ces manipulations un peu plus compliquées. Surtout quand on débute ou que l'on est fâché avec les nouvelles technologies!
- **Une minuterie synchronisée**: très cool! Vous la réglez sur la durée de votre choix (par exemple, deux minutes), et la montre bipe quand ce temps s'est écoulé.

Certains cardio-fréquencemètres vous permettent de décompter puis de stopper, ou de décompter et de recommencer. Le second modèle est utile quand vous faites des circuits ou du fartlek (voir cette technique au chapitre 7). Le décompte avec stop est utile quand vous avez mis un gâteau au four...

- **Un transfert sur votre PC:** en avançant encore un peu plus dans la technologie du cardio-fréquencemètre, vous trouverez aussi, avec certains modèles, la possibilité de le connecter à votre PC. Beaucoup d'avantages à cela: chaque séance est enregistrée sur votre PC avec temps de course, variation de la fréquence cardiaque... Bref, en rentrant chez vous, vous pouvez analyser complètement votre séance et voir ce qu'il faut corriger pour les jours à venir, par exemple une allure trop rapide ou trop lente...
- **Une alarme**: retour « technologique » en arrière avec l'alarme pour se réveiller le matin (surtout le matin de la course), dans le cas où l'on n'entendrait pas le réveil traditionnel, et pour se rappeler les réunions, ou encore pour nous indiquer que nous devons faire des inhalations vingt minutes avant de partir s'entraîner. Vous trouverez aussi cela sur votre montre-cardio-fréquencemètre.

Plus vous vous investissez dans l'entraînement, plus vous risquez d'utiliser le cardio-fréquencemètre comme montre normale. C'est tout à fait possible. À une époque, nous portions une montre classique avec bracelet en cuir pour nous rendre au travail, et un cardio-fréquencemètre pour courir. Mais quand nous avons commencé à pratiquer plusieurs heures de course par semaine, le constat fut que changer de montre était devenu un luxe inutile.

Vous n'avez pas besoin de dépenser une fortune pour cette montre-cardio-fréquencemètre. S'il en existe qui coûtent de 200 à plus de 400 euros, équipées des dernières avancées technologiques (nous en reparlerons lorsqu'il s'agira de mesurer vos parcours), il est possible de trouver des modèles présentant toutes les options nécessaires pour un peu plus de 100 euros, du type Polar, Suunto, Timex, voire moins, suivant les promotions éventuelles. Rappelons que celui de base, avec heure, affichage de la fréquence cardiaque et chrono, coûte environ 60 euros. Cela ne vaut vraiment pas le coup de s'en priver.

La pile dont sont équipés les cardio-fréquencemètres dure environ deux ans. Si les chiffres ne s'affichent plus, rapportez votre montre dans une grande surface, un magasin de sport ou chez un bijoutier, où l'on vous remplacera la pile usagée pour environ 5 euros.

S'habiller pour s'entraîner à l'aise

Bien sûr, il existe de très beaux vêtements de sport, surtout si vous achetez des ensembles qui vont du soutien-gorge au tee-shirt assortis, en passant par le short et la veste. Si vous aimez ça, n'hésitez pas à vous faire plaisir.

Toutefois, ne choisissez pas vos tenues de sport seulement en fonction de leur allure. L'esthétique doit toujours venir après l'aspect confort et utilité. Achetez des vêtements qui vous vont très bien, en prêtant spécialement attention aux critères suivants :

- **Taille** : n'achetez pas de vêtements trop ajustés ou trop courts. Il vaut toujours mieux que vous soyez à l'aise plutôt qu'à l'étroit. Les vêtements confortables vous laissent aussi un peu de marge s'ils rétrécissent au lavage.

  Ne mettez pas votre short, cuissard, corsaire, collant de course ni votre lingerie au sèche-linge. Faites-les plutôt sécher sur un fil ou un tancarville, ou placez-les à proximité d'une source de chaleur pour qu'ils sèchent à l'air libre. En utilisant un sèche-linge, ils pourraient en effet rétrécir ou s'abîmer. Évitez l'utilisation de cet appareil pour tous les tissus qui présentent un toucher soyeux ou qui sont imperméables (notamment s'ils sont en Gore-Tex).

- **Points de friction** : quand vous êtes debout devant le miroir du salon d'essayage de votre magasin, courez un peu sur place afin de voir à quel endroit le tee-shirt, le cuissard, le corsaire ou la jupe de course peuvent irriter votre peau par frottement (cisaillement). Au terme d'un marathon (42,195 km), sachez qu'une zone qui serait légèrement irritée dans la cabine d'essayage pourrait bien devenir une plaie ouverte. Évitez donc tout ce qui peut irriter la peau.

N'OUBLIEZ PAS !

Essayez toujours à l'avance les vêtements dans lesquels vous souhaitez courir un marathon ou une autre course plus courte. Vous n'avez nulle envie de vous rendre compte au bout de 15 ou 20 km que votre tee-shirt, votre short ou votre soutien-gorge vous irritent la peau jusqu'au sang.

- **Tissu** : acheter des vêtements en polyester pour la course s'inscrit dans la logique des choses, même si le polyester, un dérivé du plastique, était jusqu'à une date récente un matériau qui ne « respirait » pas du tout. Or, il s'avère que les vêtements les plus confortables pour la course contiennent bien du polyester. En revanche, si le coton est confortable, il est lourd. Il faut donc l'éviter. C'est la raison pour laquelle la plupart des fabricants de vêtements de sport sont passés à des versions high-tech contenant des textiles respirants qui permettent à l'air de circuler entre le tissu et votre corps. En été, vous avez besoin de vêtements qui évacuent la transpiration, ce que ne fait pas le coton, et, en hiver, il vous faut des vêtements qui éloignent l'humidité de votre peau. Cela pour vous éviter de trop vous refroidir…

Plusieurs couches de vêtements… si nécessaire

Quand vous habillez le haut de votre corps, pensez, même s'il fait froid, à ne surtout pas empiler plusieurs couches de vêtements, qui plus est en coton. Il faut savoir que, avec la course et l'élévation de la température, vous allez vous réchauffer rapidement. Or, si le coton absorbe bien la transpiration, c'est sûr, en revanche, il ne « sait » pas l'évacuer. Vous pouvez donc imaginer votre état au bout de quelques kilomètres ! Avec les textiles modernes, vous allez éviter cet écueil. Concrètement, par grand froid, on peut, en résumé, porter trois couches de vêtements. À savoir : un premier maillot, tee-shirt à manches longues respirant en polyester ou en polyuréthane au contact du corps ; une deuxième couche isolante qui sera en polaire ; enfin une troisième couche de type coupe-vent imper respirant. Puis, après échauffement, ou si la température n'exige pas trois couches, on peut garder le tee-shirt au contact du corps et choisir l'une des deux autres couches.

N'OUBLIEZ PAS !

Lorsqu'il fait froid, il est impératif de remiser shorts et tee-shirts à manches courtes au placard. En effet, même si certains coureurs pensent que les muscles se réchauffent en courant et que le short suffit donc, c'est une erreur. Car, sous l'effet du froid, les muscles se contractent de manière anarchique et nuisent ainsi au bon fonctionnement des articulations. En outre, les muscles, qui doivent se relâcher par intermittence, ne le peuvent pas sous l'effet du froid. Le risque : un claquage !

Plaidoyer pour le soutien-gorge de sport

Un soutien-gorge de sport (que l'on appelle parfois « soutien-gorge de course », parce que les coureuses ont été les premières à l'utiliser) est essentiel pour les femmes : même les poitrines menues peuvent souffrir de l'entraînement si le soutien-gorge n'est pas efficace, ou s'il n'y en a pas. Au cas où vous ne supporteriez pas le soutien-gorge traditionnel, sachez que le soutien-gorge de sport ne laisse aucune marque sur la peau (comme peuvent le faire des soutiens-gorge à bretelles fines, après plusieurs kilomètres de course) et qu'il résiste à de nombreuses années d'utilisation et de lavages.

La plupart des soutiens-gorge de course sont constitués de polyester et de Spandex, avec une doublure en Nylon/Spandex (cette matière permet au vêtement de garder sa forme). Vous pouvez porter le soutien-gorge seul ou sous un tee-shirt. Dans certaines courses, une coureuse qui porte seulement un soutien-gorge de course (qui ressemble à un mini-tee-shirt) ne fera pas tourner les têtes. Mais dans certaines régions (et ce peut être à la fois dans des grandes villes ou à la campagne), vous porterez un tee-shirt léger par-dessus pour éviter les regards un peu trop insistants…

Achetez la plus grande taille que vous trouverez, et qui vous apportera assez de soutien. Un soutien-gorge trop serré gêne la respiration et la circulation du sang. N'achetez jamais un soutien-gorge qui vous coupe le souffle quand vous l'essayez. Mais c'est le prix qui risque de vous couper la respiration : la plupart coûtent entre 25 et 40 euros. Comme d'habitude, demandez conseil au vendeur ou à la vendeuse de votre magasin de sport habituel.

Tee-shirt et débardeurs

Le débardeur moderne est un tee-shirt sans manches, il est léger et fonctionnel, alors que certains tee-shirts classiques sont lourds et taillés dans des tissus qui attirent la chaleur, comme le coton. Mais désormais, composés de textiles modernes, les débardeurs sont agréables à porter. N'hésitez pas à en demander un qui soit spécialement conçu pour la course dans un magasin spécialisé. De toute façon, on vous proposera le bon modèle adapté à votre effort, même si les gens pensent parfois que l'on porte uniquement le bon tee-shirt (ou débardeur) le jour de la course, et que n'importe quel tee-shirt, y compris en coton, peut convenir pour l'entraînement. Ce n'est pas le cas ; il faut aussi être à l'aise quand on s'entraîne.

Les débardeurs et autres tee-shirts respirants sont désormais composés de polyester, un textile respirant, on insiste sur cet aspect important. Ils coûtent de 10 à 30 euros, voire plus, voire moins parfois, selon les marques. Comme pour les autres vêtements, le prix peut sembler parfois élevé. Les lourds tee-shirts en coton coûtent certes moins cher, on en trouve dans les grandes surfaces généralistes, mais, encore une fois, il faut éviter d'en porter pour courir à l'aise, en compétition comme à l'entraînement.

Tee-shirts respirants

Les tee-shirts, surtout ceux qui sont distribués gratuitement lors des courses, et qui désormais sont eux aussi faits la plupart du temps de textiles modernes, complètent agréablement les équipements nécessaires à votre entraînement pour la compétition, en automne et au printemps. Si vous devez les acheter, optez pour une taille suffisante afin que vous puissiez les enfoncer dans votre short. Toutefois, ils ne doivent pas être trop longs, car ils pourraient vous gêner et devenir inconfortables. Achetez-les à votre taille, une taille peut-être légèrement supérieure à la vôtre, à moins que l'étiquette ne précise qu'ils ont déjà été prérétrécis au lavage. Mais, à la différence du coton qui rétrécit lors des premiers lavages et lors des premiers séchages en machine, les nouveaux textiles sont conçus pour éviter ces inconvénients.

Les tee-shirts à manches longues sont des produits de choix pour l'échauffement avant les courses, ou en automne, parce qu'ils sont plus chauds, mais pas trop. Il est exceptionnel de recevoir un tee-shirt à manches longues lors d'une course, cela peut arriver, notamment au marathon de New York, mais mieux vaut passer par votre magasin habituel pour vous en procurer un.

ASTUCE

Si les magasins spécialisés dans la course à pied ne manquent pas dans l'Hexagone, voici une bonne adresse, celle de la Boutique Marathon, à Paris dans le XVIIe, où Raymonde Cornou, qui court le marathon en 2 h 58, officie depuis de nombreuses années avec talent. Elle nous a du même coup apporté son expérience pour vous conseiller dans les bons choix, avec les bons textiles. Si vous n'habitez pas l'Île-de-France, vous pourrez toujours faire un tour sur son site internet : `www.boutiquemarathon.com`

N'OUBLIEZ PAS !

Les jours où il fait froid, glissez toujours le bas de votre tee-shirt à l'intérieur du short ou du collant. De cette manière, le vent ne s'engouffrera pas sous le tee-shirt et vous refroidira moins. Si vous portez plusieurs couches de vêtements (au lieu d'un seul tee-shirt et d'une veste), ce qui n'est pas très confortable, il faudra que votre couche de « base », c'est-à-dire le tissu qui est en contact avec votre peau, puisse protéger votre corps de l'humidité. Il doit impérativement être *respirant*, désolé d'insister une nouvelle fois sur cet aspect, mais cela est très important pour courir à l'aise. Sinon, chaque couche de vêtement agira comme un sauna, et vous resterez mouillé (ce qui risque de vous mettre mal à l'aise) pendant votre entraînement.

Investir dans des vestes

Si vous vivez dans une région où les conditions météo créent un froid modéré et des périodes où il pleut, vous pourrez peut-être vous contenter d'une veste coupe-vent en polyester. Achetez une veste légère, sans capuche, et portez-la par-dessus un tee-shirt à manches longues ou à manches courtes si vous n'êtes pas trop frileux. Si possible, portez une veste avec poches zippées et logo ou bandes réfléchissantes pour être vu de nuit. Beaucoup de vestes sont désormais équipées de pochettes pour lecteurs mp3.

Si vous vivez dans une région où il pleut beaucoup et où il fait souvent froid, rien ne vaut une veste en Gore-Tex, marque fondée en 1957 par les frères Gore. Le Gore-Tex est une matière imperméable, coupe-vent, qui « respire » très bien (matière déperlante) et convient parfaitement à la course par temps froid même si les jours où il fait vraiment une température trop glaciale, vous pouvez courir sur un tapis de course dans une salle ou chez vous. Le Gore-Tex est le grand-père de nombreuses autres matières imperméables à l'eau et perméables à l'air. Il n'est plus seul en lice sur le marché. Le Gelanots, par exemple, est imperméable à l'eau et perméable à l'air : il ressemble beaucoup au Gore-Tex. Les vestes en microfibres respirent mieux que le Gore-Tex, mais elles résistent moins bien à l'eau.

Ne portez pas de Gore-Tex quand la température extérieure se rapproche des 10 °C, car vous auriez alors trop chaud. Si le Gore-Tex protège magnifiquement de la pluie froide, il ne convient pas à la pluie plus chaude.

J'ai acheté ma première veste en Gore-Tex il y a cinq ans, et ce vêtement a changé à jamais les conditions de mon entraînement hivernal. Je craignais beaucoup l'hiver et, souvent, je me passais de courir pendant plusieurs semaines, pour ne pas avoir à affronter le froid. Depuis que j'ai fait l'acquisition de cette veste, je ne rate quasiment plus un jour de course en hiver, je peux courir aisément par les jours les plus froids et les plus venteux. Si vous vivez ou courez dans une région froide, voire très froide, une veste en Gore-Tex est donc un investissement idéal, sans compter que vous pourrez la porter très longtemps.

La porter très longtemps, car il faut le dire, le Gore-Tex est très cher. Vous le trouverez peut-être aux meilleurs prix fin janvier ou début février, à l'époque des soldes. Recherchez aussi les promotions et les réductions dans les catalogues spécialisés dans les équipements de course où les vêtements en Gore-Tex sont vendus avec des réductions allant de 10 à 15 %. Une veste en Gore-Tex à moins de 100 euros est une super affaire. Les prix réguliers sont supérieurs à 100 euros et vont jusqu'à 250 euros, même si les concurrents du Gore-Tex pratiquent des prix un peu moins élevés. Les vestes doivent être bien adaptées à votre taille : assez vastes pour être portées au-dessus d'un tee-shirt en polyester.

Comment couvrir ses jambes

Même par temps extrêmement froid, vous n'êtes pas obligé de porter plusieurs couches de vêtements sur les jambes, car celles-ci ne se refroidissent pas dans les courses de fond. Toutefois, choisissez des shorts baggy, des cuissards, des corsaires, des collants en fonction de la saison.

Le short baggy, c'est tendance

Dès qu'il fait 10 °C dehors et par temps chaud, le short, et très souvent aujourd'hui, surtout chez les plus jeunes coureurs, le short baggy plus long, plus ample, ou le cuissard léger, ou le corsaire sont les meilleurs choix. Les shorts de course ressemblent de plus en plus aux shorts de football ou de basket-ball, qui sont généralement plus longs et plus larges. Si vous portez autre chose qu'un short de course par temps chaud, vous allez irriter la peau tendre de vos jambes, notamment dans la zone de l'aine.

Courez à l'ombre de vos lunettes !

Selon l'endroit où vous vivez et votre crainte des rides en pattes d'oie, vous pouvez ou non choisir de porter des lunettes de soleil. Mais il est souhaitable d'en porter dès les premiers rayons de soleil.

Si vous avez donc l'intention de porter des lunettes de soleil quand vous pratiquez la course, achetez, de préférence, celles qui sont conçues tout exprès. En les essayant (dans les magasins de sport, les magasins spécialisés dans la course), secouez la tête d'avant en arrière et de haut en bas pour vérifier qu'elles ne glissent pas. Si elles bougent (même légèrement) alors que vous ne transpirez pas, imaginez ce qu'elles feront quand vous aurez couru 20 km. Prévoyez de dépenser 50 à 100 euros.

Pour environ 10 euros et plus, une casquette, avec ou sans saharienne pour protéger la nuque, c'est primordial. Elle sera faite de textile moderne aéré, évacuant la transpiration et vous offrira la même protection que les lunettes les plus sophistiquées. Quand vous courez au soleil, vous pouvez tourner la visière de la casquette vers l'avant. Quand vous courez à l'ombre (et si vous trouvez cet auvent gênant), vous retournez la casquette. Il existe aussi des casquettes d'hiver à porter par temps froid. Idéal pour ceux qui ne supportent pas trop le bonnet.

Les shorts de course peuvent être courts, on l'a dit, et, dans les clubs, la plupart des entraîneurs de course les préfèrent parce qu'ils sont plus légers et ne gênent pas le mouvement des jambes lors des entraînements des coureurs. Mais ceux-ci, sans entraîneur, ont parfois d'autres préférences. De plus en plus de coureurs, assez jeunes surtout, on l'a dit, aiment porter des shorts de « fitness » contenant du Lycra/Spandex/Tactel (selon les noms que vous verrez sur les étiquettes). Ce sont des shorts baggy longs, de type bermuda, qui peuvent être complétés par un slip ou un cuissard. On peut les trouver très « mode » mais, confortables et modernes, ils séduisent de plus en plus de coureurs... et sont incontestablement plus « sexy » que les shorts traditionnels.

La plupart des shorts de course sont composés d'un polyester fin et soyeux (souvent appelé « microfibre »), ou d'un mélange de fibres synthétiques plus volumineuses. Recherchez le matériau le plus mince possible, qui se drapera sur vos jambes quand vous courrez. Prévoyez de dépenser 10 à 30 euros, prix raisonnables si vous prenez en compte la quantité de tissu et le travail consenti sur ce vêtement. Soyez présent quand votre magasin habituel organisera des soldes au début de l'été.

Un conseil utile : vérifiez, car c'est très important, que votre short comporte une poche pour que vous puissiez y glisser les clés de votre voiture ou de votre maison, avec, peut-être, un ou deux euros pour acheter une boisson rafraîchissante, mais non un soda gazeux, après la course (ou pendant l'entraînement). Dans les cuissards ou les shorts, la présence de petites poches est en effet un atout important pour le confort et la décontraction de votre course. Sinon, les clés, c'est toujours un problème quand il n'y a personne à la maison...

Se glisser dans un collant

Les collants de course, à la fois techniques et respirants, sont indispensables dès que la température baisse sérieusement. Trois types de produits sont possibles selon la température de l'air : collants légers mi-saison ; collants chauds lorsque les températures se mettent à chuter ; enfin collants extrêmes dès que le thermomètre passe sous la barre des 0 °C. Les collants de course moulent les jambes et les fesses et, si vous êtes une femme, vous pouvez attirer quelques regards et sifflets admiratifs en courant à proximité de gens qui n'ont pas l'habitude de voir des coureurs en collants. Mais l'habitude de voir des coureurs fait de plus en plus disparaître ce genre de réflexes toujours un peu douteux...

Les collants de course sont de toute façon particulièrement utiles et même, nous l'avons dit, indispensables les jours pluvieux et surtout les jours froids. Prévoyez de dépenser 50 à 100 euros et plus selon les marques. Recherchez des collants équipés de fermeture Éclair sur le bas des jambes, pour qu'ils soient plus faciles à enfiler et à retirer.

Si vous aimez la matière des collants mais pas leur côté gainant, dites-vous pourtant qu'il existe dans certaines marques des collants réducteurs de fatigue. Ils maintiennent les masses musculaires et stabilisent les articulations, tout en facilitant le retour veineux pendant et après l'effort, en pressant sur les quadriceps, les ischio-jambiers et les mollets. Il faut aimer, bien sûr...

Courir dans le bon pantalon

Les survêtements de course, qui ont été créés il y a bien longtemps, sont nettement moins populaires depuis quelques années. Ils ont néanmoins beaucoup évolué. Ils se présentent en fait désormais comme des pantalons de course larges et souples, et ne moulent pas comme le collant. Ils sont donc intéressants à porter par temps froid et, étant plus larges, cela leur confère des vertus quand on veut se réchauffer avant une course ou un entraînement, parce que vous pouvez facilement porter des shorts ou des cuissards par-dessous. Mais vous pouvez très bien faire votre séance avec ce pantalon fait de polyester et qui est finalement très confortable. Pantalon qui convient aussi très bien aux coureurs un peu corpulents.

Sauf pour vous balader ou sortir le chien, évitez désormais le vieux pantalon de survêtement, pas du tout adapté à la course et remplacez-le par ce pantalon en polyester conçu pour courir et vous protéger du froid ainsi que de la pluie. Pour courir, mais aussi pour faire du ski de fond, ce peut être son autre fonction. C'est dire son intérêt !

Couvrir votre tête et vos mains

Même si vous vivez dans une région où les hivers sont doux, achetez un bonnet léger (ou une casquette) et des gants pour la course. Comme pour d'autres types de vêtements, il vaut mieux faire l'acquisition d'accessoires conçus spécifiquement pour la course, au lieu de prendre un bonnet de laine et des gants de jardin dans votre magasin de discount favori. Les bonnets et les gants de course sont légers, mais protecteurs. Ils évacuent la transpiration, mais surtout ils vous tiendront chaud pendant la plus grande partie de l'hiver. Achetez des gants en soie ou bien de type Windstopper. Quant au bonnet, il sera en polaire. Prévoyez de payer environ 15 euros pour le bonnet de base et un prix équivalent pour des gants bien adaptés.

Portez un bonnet en polaire par temps froid, car vous perdez environ 50 % de la chaleur de votre corps par la tête.

Les jours de grand froid, vous aurez peut-être besoin de deux accessoires supplémentaires : un masque pour le visage et une paire de mitaines pour la course. Le masque couvrira tout votre visage sauf vos yeux, vos narines et votre bouche. Vous le porterez à la manière d'une cagoule. Ils sont légers (en Nylon, en polyester et en Spandex) et couvrent l'ensemble de la tête. Des trous assez vastes sont aménagés pour les yeux, le nez, et il existe de petits trous pour respirer par la bouche. Ce masque n'est pas trop serré et ne coupe pas la respiration. Un autre, fabriqué par Nike, est un demi-masque qui remonte juste au-dessus du nez, sans couvrir les yeux, ce qui permet de mettre un chapeau et des lunettes de soleil. Les organes respiratoires (la bouche et le nez) sont couverts d'une matière souple qui permet de respirer, mais la plus grande partie du masque est en Polartec, et offre un contact chaud.

Les jours de grand froid encore, les gants peuvent ne plus suffire. Parce que les gants séparent vos doigts, chaque doigt se refroidit rapidement et devient gourd. Dans ce cas, il vaut mieux porter des mitaines de course, qui sont surtout composées de Nylon avec une fine bande de coton qui empêche l'humidité de pénétrer dans les mitaines. Le coton sert surtout à s'essuyer le nez. Si vous faites cela sur la partie en Nylon, ça n'absorbera rien. La bande de coton est bien plus efficace pour un nez qui coule, ce qui arrive fréquemment en hiver. Contentez-vous de ne pas raconter à votre femme que vous en faites cet usage.

Choisir les bonnes chaussettes

La chaussette semble être un accessoire facile à trouver, n'est-ce pas ? Vous ne pensiez pas qu'on lui consacrerait tout un pan de chapitre. Mais, après les chaussures, les chaussettes sont sûrement l'élément le plus important pour le coureur, car elles s'interposent entre le sol et vos tendres orteils.

Comme certains fabricants ont conçu des chaussettes spécialement pour la course, je vous suggère d'acheter cinq ou six paires de bonnes chaussettes de course dans votre magasin spécialisé le plus proche, et surtout, surtout, nous insistons, de les préférer aux chaussettes ordinaires que vous trouvez au supermarché. Vérifiez les caractéristiques suivantes :

- **Poids** : il faut que les chaussettes soient légères (lisez « fines ») partout, sauf sous le pied. Toutefois, elles doivent de préférence présenter des renforts au talon et à l'avant-pied pour éviter les risques de frottement et la venue de méchantes ampoules !

- **Tissu** : recherchez du CoolMax, matière produite par DuPont, ou du ClimaCool, lesquels protègent le pied de l'humidité et lui permet de rester frais et sec. Si vous vous entraînez dans une région où il fait froid l'hiver, vous pouvez acheter une chaussette qui contienne un peu de laine. Cependant, les chaussettes en laine peuvent échauffer rapidement le pied, même par temps froid. En bref, du CoolMax, du ClimaCool, mais pas de coton, ni de coutures.

- **Style** : la plupart des coureurs préfèrent la forme de chaussette qui remonte suffisamment sur la cheville. Vous pouvez préférer un autre style, ça ne regarde que vous, mais la chaussette ne doit toutefois pas monter trop haut.

- **Taille** : achetez des chaussettes de la taille correspondant à celle de vos chaussures, sans oublier que les tailles masculines et féminines sont différentes.

- **Contention** : de plus en plus de coureurs, champions y compris, portent des chaussettes de contention qui compriment donc et favorisent une bonne circulation du sang. On peut les porter durant le marathon, mais aussi avant pour un éventuel long voyage, lorsque vous allez courir à New York ou ailleurs, et après la course pour favoriser et activer la récupération. Leur prix : environ 50 euros.

- **Et compression :** les techniques et les textiles ne cessant d'évoluer, on trouve aussi des chaussettes dites « de compression » qui, créées par la marque Monnet, permettent d'augmenter l'apport en oxygène de 30 % au repos et de 40 % à l'effort, rendant la récupération plus rapide. En outre, ces chaussettes diminueraient aussi les risques d'ampoules.

ASTUCE

Comme pour les chaussures, il faut absolument tester vos chaussettes avant le jour de la compétition et porter, à l'entraînement, la paire qui convient le mieux à vos pieds et qui ne vous blesse pas. En revanche, ne portez pas, le jour J, de chaussettes trop usées, trop lavées : cela peut être la cause de blessures, notamment d'ampoules, on y revient toujours…

ANECDOTE

C'est une anecdote américaine amusante qui peut vous concerner si vous allez courir outre-Atlantique. La marque SmartWool a souvent un kiosque lors des courses sur route, et offre une paire de chaussettes gratuites aux coureurs. Un jour que je participais à une course, je me suis avancée vers le stand, très désireuse d'obtenir ma paire gratuite. Le type qui tenait le stand m'a demandé de retirer mes chaussures, puis il m'a fait retirer les chaussettes que je portais et les a mises à la poubelle. Mes super-chaussettes de course à la poubelle ! Je suis allée les récupérer, et j'ai renoncé à recevoir ma paire gratuite. Vous voulez mon avis ? Dans les courses américaines, emportez toujours la paire de chaussettes que vous aimez le moins. Si vous voyez un stand SmartWool, vous serez paré à toute éventualité !

Attendez-vous à payer 6 à 15 euros pour une paire de bonnes chaussettes de course. Ça paraît cher, hein ? Non, pas trop en fin de compte, car les chaussettes sont vraiment un élément important dans l'équipement du coureur. Elles doivent être conçues pour éviter que vos pieds collectionnent ampoules et autres meurtrissures. C'est redoutable, en compétition, de ne pas avoir les pieds à l'aise, cela peut même vous forcer à stopper votre effort.

Chapitre 3

Choisir les moments et les lieux pour courir

Dans ce chapitre :

- Trouver les meilleurs sites pour courir
- Utiliser la piste du stade et les tapis de course
- Braver les éléments
- Courir quand il fait noir

Ce chapitre vous apporte des infos de base sur les lieux où vous pouvez vous entraîner. Que vous viviez dans une grande ville ou dans un hameau minuscule, que la canicule règne ou que vous vous geliez les doigts, vous trouverez un site sécurisé, intéressant et surtout gratifiant pour courir.

Trouver les meilleurs sites de course

Vous vous dites peut-être qu'il est facile de trouver un lieu où courir. On tourne à gauche en sortant de chez soi et on s'y met, non ? Beaucoup de gens s'entraînent dans les rues des villes et sur les trottoirs, mais les trajets urbains ne sont pas les plus intéressants pour les articulations, ni, non plus, les plus sécurisés.

Les trottoirs des villes sont *durs*, et ce n'est pas forcément bon pour la santé de vos jambes. Une chance toutefois : à la différence des États-Unis où le ciment compose les trottoirs des villes américaines, ce n'est pas le cas chez nous en France. Alors, méfiez-vous si vous êtes en vacances aux États-Unis ou si vous préparez un grand marathon américain, mieux vaut éviter les trottoirs des villes et privilégier les parcs. Comme la terre et l'herbe, l'asphalte en vigueur en Europe et en France amortit mieux les chocs de vos pieds, de sorte que ceux-ci ne reçoivent pas un choc trop brutal chaque fois qu'ils se posent. Toutefois, si vous vous entraînez sur de l'asphalte, vous multipliez les risques de blessures (voir le chapitre 10). Sans doute ne pourrez-vous pas éviter totalement de courir sur les trottoirs et routes, mais, en règle générale, essayez de réaliser environ les deux tiers de votre entraînement sur de la terre ou de l'herbe.

Quels sont vos choix?

- **Les sentiers et les chemins de randonnée en priorité** : ils constituent la solution idéale, sauf si vous avez une propension à vous perdre... Mais les chemins, les sentiers de randonnée avec leur sol meuble sont importants pour le ménagement des articulations et des muscles du coureur à pied. Concernant les possibilités de se perdre, le GPS permet aujourd'hui de toujours retrouver sa route. Et puis, dans un parc avec allées, les risques sont quand même limités.
- **Les rues de nos villes** : parfois, les rues de nos villes grandes ou petites peuvent offrir de petits trottoirs en gravier, ce qui peut apporter un véritable soulagement à vos jambes. Il faut en profiter. Il arrive que le paysage ne soit pas formidable (grandes tours, immeubles de bureaux) ; il faudra donc peut-être compter avec un peu d'ennui, mais...
- **Les pistes cyclables** : ces voies offrent une surface plane, à l'abri des voitures, encore plus dans certains parcs, ce qui peut être pratique pour courir plus tranquille. À défaut des voitures, méfiez-vous bien sûr des cyclistes, ne les gênez pas, courez sur les bords de la piste qui leur est réservée.
- **Les routes de campagne** : très intéressantes, car même si elles ne sont pas en terre, elles vous permettent de courir sans vous arrêter aux feux de circulation et avec moins de voitures qui risquent de croiser votre trajectoire ou de vous suivre. Mais des voitures, il y en a quand même.

  En général, tranquilles et agréables, les routes de campagne peuvent parfois présenter quelques inconvénients : des chiens qui surgissent de nulle part, des 4 x 4, des camions, des tracteurs qui circulent à plus ou moins vive allure (les tracteurs ne vont pas vite), mais conduits par des gens qui ne s'attendent peut-être pas à voir un coureur.
- **Les terrains de golf et les parcs municipaux :** si vous y avez accès, les terrains de golf offrent une alternative intéressante aux routes. Pensez bien sûr aussi et surtout aux parcs des villes qui offrent de grandes pelouses, ou des allées, même si les allées en question ne sont pas forcément longues.
- **Les cimetières** : les grands cimetières sont en général ouverts au public, et leurs allées sont vastes et bien entretenues. Certains y courent, notamment aux États-Unis, mais, si vous le faites en France, dans votre commune, évitez bien sûr de gêner les visiteurs qui viennent fleurir la

tombe d'un être cher. Aussi, changez votre itinéraire pour ne pas heurter la sensibilité de personnes qui auraient peut-être du mal à comprendre votre présence en cet endroit.

- **Les salles de sport et les tapis de course** : même s'ils paraissent un peu ennuyeux, les tapis de course peuvent se révéler très pratiques, surtout par temps froid…

Toutes ces surfaces, y compris les rues des villes, sont présentées en détail dans ce chapitre.

Bien courir en ville

Si vous vivez dans une ville, surtout une grande ville, vous pensez peut-être que vous n'avez pas d'autre choix que d'arpenter ses rues, parce que rejoindre des routes de campagne ou vous rendre dans un parc sillonné d'allées vous prendrait un temps précieux. Même s'il n'est pas pratique de prendre un bus pour courir dans un coin plus sauvage, vous pouvez néanmoins faire la route une ou deux fois par semaine, afin que vos jambes ne se voient pas toujours servir la même dose de bitume.

N'OUBLIEZ PAS !

Si vous vivez dans une ville, vous pouvez vous inscrire dans un club de fitness au lieu de vous contenter des rues et des trottoirs. Ainsi, vous pourrez pratiquer le tapis de course, voire en acheter un. Une partie de ce chapitre est consacrée à ces appareils et vous présente leurs caractéristiques.

ASTUCE

Il n'est pas toujours facile de courir dans une grande ville, mais vous pouvez vous accommoder de ses inconvénients :

- **Trafic automobile** : les voitures, surtout celles qui tournent dans la rue que vous êtes en train de traverser, peuvent présenter de réels dangers. Mais toute ville a ses rues tranquilles. Visez ces zones-là en toute occasion.

  Quand vous arrivez à un carrefour et que vous voyez une voiture, observez le conducteur pour voir s'il vous a remarqué. S'il s'arrête, vous pouvez continuer votre chemin. S'il ne vous voit pas et/ou poursuit son chemin au coin de la rue, courez sur place pour ne pas vous refroidir et soyez prêt à repartir quand le conducteur aura négocié son virage.

- **Arrêts et démarrages fréquents** : le but de la sortie longue, c'est de poursuivre le mouvement sans s'arrêter tout le temps. Chaque fois que vous ralentissez ou que vous vous arrêtez à un feu rouge, vous fractionnez la sortie longue en segments. Si un marathon de 42,195 km pouvait se transformer en 42 fois 1 km environ, avec de petites pauses de 30 secondes entre chaque kilomètre, ce ne serait pas un problème. Mais le marathon, c'est 42,195 km sans arrêt (ou presque), et votre technique doit s'y adapter.

Au lieu d'attendre ou de courir sur place aux feux rouges, tournez plutôt à droite chaque fois que vous en rencontrez un. Votre sortie ne vous emmènera peut-être pas là où vous aviez prévu d'aller, mais vous ne serez pas obligé de vous arrêter. Si vous vous trouvez confronté à quatre feux rouges à la suite, courez le long des lignes d'un grand rectangle.

- **Foule** : si vous courez sur les trottoirs d'une grande ville à l'heure du déjeuner ou à la sortie des bureaux, vous serez confronté à la foule. Elle vous ralentira, ou, pire, vous arrêtera, ou vous rabattra sur d'autres rues également encombrées.

  Planifiez votre sortie à certaines heures tranquilles, notamment le matin tôt (6 heures ou 7 heures). Faites aussi en sorte d'éviter les entrées des grands immeubles de bureaux, de bouches de métro et d'arrêts d'autobus qui attirent du monde.

- **Sécurité personnelle** : les villes peuvent être des lieux dangereux (même s'il en va ainsi aussi pour les parcs et les routes de campagne). Pour cette raison, ne courez jamais dans une zone où vous ne vous sentez pas en sécurité, et évitez de courir la nuit.

  Si vous habitez un quartier où vous craignez pour votre sécurité, emportez une bombe à poivre lors de vos entraînements. Ce sont de petits instruments légers qui tiennent bien dans la main. Vous trouverez ce genre d'objet dans la plupart des grands magasins.

N'OUBLIEZ PAS !

Quel que soit le moment de la journée, vérifiez que quelqu'un soit informé de votre itinéraire et qu'il sache à quelle heure vous allez rentrer. Si vous tombez et que vous vous foulez la cheville (ou si vous avez un accident plus grave), il vaut mieux pouvoir compter sur un secours.

À l'aise dans nos petites villes

Généralement, les voies de circulation routière de nos banlieues présentent à la fois des endroits animés et des rues paisibles qui ressemblent aux routes de campagne. Le trafic automobile y reste cependant important, mais vous pouvez courir assez tranquillement sur les trottoirs.

Les deux principaux inconvénients des rues banlieusardes sont les suivants :

- **Elles peuvent être ennuyeuses** : les rues d'une commune de banlieue n'offrent ni les plaisirs (trop) excitants des rues des grandes villes, ce qui n'est peut-être pas plus mal pour courir, ni le calme royal et la beauté des routes de campagne. Il vous arrivera de passer non loin de zones artisanales ou industrielles, et ce n'est bien sûr pas très intéressant. Mais bon ! si vous courez à l'aise…

Méfiez-vous cependant. Emporter une radio portable ou un lecteur de CD, c'est désormais classique! Toutefois, ces appareils vous déconnectent de la réalité du trafic. Vous risquez d'être surpris parce que vous ne faites pas attention aux voitures. En courant au rythme de votre rappeur favori ou en écoutant les infos à la radio, vous devenez, surtout si vous êtes une femme, une cible idéale pour une agression, parce que vous n'entendrez pas les personnes qui arrivent derrière vous. Mais il ne s'agit surtout pas de dramatiser. Simplement de prévenir.

- **Les feux tricolores peuvent être traîtres dans les zones artisanales ou industrielles**: ces feux peuvent être réglés de manière moins régulière que dans les villes d'une part, et vous risquez de traverser des entrées de zones d'activités d'autre part. Soyez vigilant dans ces rues et évitez-les pendant les heures où il la circulation est la plus intense: le matin, à midi et en début de soirée.

Les pistes cyclables, oui mais...

Les pistes cyclables sont généralement en asphalte et assez dures pour vos jambes. Elles complètent les allées des parcs, lesquelles, même si elles sont parfois courtes, restent néanmoins préférables pour le bien-être de vos articulations et pour votre tranquillité; on y revient toujours.

Les pistes cyclables, en tout cas, ne se prolongent pas toujours sur une distance suffisamment longue, mais si vous repassez plusieurs fois au même endroit, vous pourrez disposer d'un parcours correct. Si vous vivez dans une zone très habitée, vous serez peut-être gêné par les marcheurs et les promeneurs, qui peuvent aussi l'emprunter. Dans ce cas, évitez la piste aux moments « chauds »: privilégiez plutôt les débuts de matinée ou de soirée. Surveillez aussi, c'est l'évidence même, les cyclistes qui sont ici chez eux (il ne faut pas les gêner), voire les amateurs de rollers, qui peuvent débouler sans vous voir.

Vous constaterez aussi que les pistes cyclables, souvent, ne sont pas bordées de beaucoup d'arbres, ce qui les rend très chaudes en été (n'oubliez pas votre écran solaire et vos lunettes), tout en étant glacées et balayées par les vents en hiver. Mais, désormais, certaines villes plantent des arbres au bord de ces dernières. Du coup, courir sur une piste cyclable peut se révéler le meilleur choix pour l'entraînement hivernal.

Prendre les routes sinueuses de campagne

Les routes de campagne sont intéressantes pour l'entraînement à la course à pied et au marathon. Nombre d'entre elles s'étendent sur des kilomètres et des kilomètres, sans que l'on rencontre le moindre feu rouge, ou une voiture qui risque de perturber votre course. La bonne route rurale pourrait même vous offrir des collines qui aident à acquérir de la puissance (voir le chapitre 7). Si vous vivez à la campagne ou que vous avez accès à des routes peu fréquentées, profitez-en.

ATTENTION !

Toutes les routes de campagne ne sont pas excellentes, et elles peuvent vous réserver quelques pièges :

- **Les chiens** : ils peuvent perturber votre sortie si, bien sûr, ils sont en liberté. Certains sont sympas, pour la plupart, d'autres le sont moins. Une morsure de chien au mollet peut vous neutraliser pendant des mois, et mettre le marathon hors de votre portée. Voyez l'encadré « Éloigner les chiens » pour y trouver quelques conseils utiles.

- **Les voitures lancées à pleine vitesse (même si elles ne sont pas nombreuses)** : si vous ne voyez pas beaucoup de trafic automobile sur les routes de campagne, il y a cependant des risques pour que la première voiture rencontrée circule très rapidement. D'autre part, on croise peu de gendarmes sur ces routes, et ce sont donc les conducteurs qui choisissent leur vitesse. En outre, ces derniers conduisent souvent au milieu de la route, et ils ne s'attendent pas à vous voir. Restez sur le côté, courez face à la direction du trafic, à moins que la route ne soit très pentue (voir les informations sur les « Accotements en forte pente », un peu plus loin dans ce chapitre).

- **Les accotements en forte pente** : dans certaines régions qui sont enneigées en hiver, il peut y avoir une déclivité importante entre la route et le bas-côté, ce qui veut dire que vous devrez à chaque pas compenser la différence de hauteur. Cela peut paraître anodin, mais si vous parcourez 10 km dans un tel déhanchement, vous pouvez avoir un accident ou vous blesser.

  ASTUCE

  Quand les accotements sont en forte pente, essayez toujours de rester au milieu de la route, mais faites bien attention aux voitures. Si vous arrivez au sommet d'une côte sans voir ce qui se passe de l'autre côté, revenez sur le bas-côté de la route jusqu'à ce que vous soyez à nouveau sur un terrain plat. Ne courez pas de l'autre côté de la route pour « compenser » l'impact sur vos jambes, parce que vous tourneriez le dos aux voitures qui arrivent. Mettez-vous toujours en face du trafic, ce qui vous permettra de sauter hors de la trajectoire d'une voiture si un conducteur ne vous voit pas.

- **Isolement** : bien que les routes de campagne soient généralement dénuées de risques, si vous faites une mauvaise rencontre et si vous appelez au secours, peu de gens vous entendront.

  Pour cette raison, la plupart des coureurs emportent désormais des téléphones portables, ce qui leur permet, le cas échéant, d'appeler rapidement à l'aide. Sachez sur quelle route vous courez, et remarquez tous les points de repère qui peuvent aider une personne à vous localiser en cas d'urgence. De même, vérifiez de temps en temps la batterie de votre portable et l'état de la réception pour savoir si vous êtes connecté à un réseau dans l'endroit où vous vous trouvez. Achetez aussi plutôt un modèle léger, pour ne pas avoir à traîner un demi-kilo d'électronique pendant des kilomètres.

ASTUCE

Éloigner les chiens, qui restent nos amis…

Si vous rencontrez un chien en liberté, cela peut arriver, traversez la route pour vous éloigner le plus possible de l'animal et regardez si vous trouvez des pierres ou de gros cailloux à proximité. Reste que beaucoup de chiens ne quittent pas la cour de leur ferme (ils ne traversent pas la route), et beaucoup d'autres sont gentils. Très gentils même. De toute façon, leur maître peut ne pas être très loin, on peut lui faire signe.

Imaginons le pire : si le chien arrive dans votre direction et montre les dents, criez à pleins poumons un ordre du genre « couché ! » et penchez-vous pour ramasser le caillou, mais ne quittez pas le chien des yeux, ce qui vous permettra de sauter hors de sa portée s'il vous attaque (n'oubliez pas que certains se sentent agressés si on les fixe. Regardez-le donc du coin de l'œil). Il y a de fortes chances pour que vous n'ayez pas à lancer le caillou. S'ils vous voient vous pencher et s'ils vous entendent crier, la plupart des chiens sont effrayés. Évitez, autant que possible, de jeter le caillou, car vous seriez en position d'attaque, et le chien pourrait attaquer à son tour.

Si vous courez dans un coin de campagne où les chiens errants abondent (il suffit qu'un seul soit vicieux), emportez une bombe à poivre avec vous. Vous en trouverez dans la plupart des supermarchés. Mais dans nos campagnes, les chiens errants sont très, très rares. Tant mieux pour eux du reste.

Bref, si vous repérez un de ces chiens sur une route, changez d'itinéraire !

User et abuser des chemins de terre

Il faut s'entraîner sur les sentiers. Ils sont amusants, gratifiants, bons pour les jambes, les muscles et la préservation de vos articulations. De plus, ils peuvent vous donner accès à de très jolis décors. Que vous couriez par une journée de canicule ou de pluie, ou bien au beau milieu de l'hiver, les chemins de terre vous offrent un cadre difficilement comparable aux autres. Vous pouvez rencontrer des gens, ou seulement des écureuils, des cerfs et des oiseaux.

En tout cas, n'emportez pas systématiquement une radio ou un lecteur de CD quand vous courez dans les bois, car il est important et valorisant d'écouter les bruits de la nature et de sentir que l'on fait partie du décor. Surtout, si vous portez des écouteurs, pas question de dramatiser, ce n'est pas notre but, mais vous pourrez plus facilement être victime d'une agression, car vous n'entendrez pas la personne qui arrive derrière vous.

Pour savoir où se trouvent les routes de terre dans votre région, rendez-vous au magasin de sport le plus proche, s'il est spécialisé dans la course, et demandez au vendeur de vous renseigner. Vous pouvez aussi chercher sur Internet en tapant le nom de votre ville ou de votre région sur un moteur de recherche. Ou tout simplement en allant à votre office du tourisme qui vous renseignera et vous proposera une carte IGN avec aussi les distances à parcourir, ce qui est important. Certains de ces chemins sont macadamisés, du moins partiellement, mais la plupart ne le sont pas. Regardez aussi sur Internet où se trouvent les parcs de votre région (et peut-être de votre ville).

Vous pouvez très bien aller en vacances en Virginie, visiter cet État américain qui vaut le coup d'œil, et même beaucoup plus. Cela pour vous dire que j'ai eu la chance de passer un peu de temps dans les Appalaches, et sur l'Appalachian Trail de Roanoke, dans l'État de Virginie. L'Appalachian Trail s'étend sur plus de 2 600 km, et va du New Hampshire à la Géorgie. Bien que certains tronçons de ce chemin de randonnée ne soient pas adaptés à la course, parce qu'ils sont trop pentus et qu'il y a des dangers d'éboulement, la région dans laquelle j'ai couru était dotée de la meilleure piste que j'aie jamais vue. Sur une grande distance, le chemin monte et descend dans les collines, ce qui est bon pour l'entraînement. Et comme le sentier de randonnée n'est pas bien balisé, c'est un endroit tranquille et peu fréquenté (recherchez « Appalachian Trail » sur Internet), vous devrez peut-être grimper sur des échelles et passer au-dessous de quelques fils barbelés qui protègent des chevaux ou des bicyclettes. Mais ces exercices seront le petit prix à payer pour rester sur la piste. Si, en vacances, vous passez donc par la Virginie et les Appalaches, et que vous avez le temps, allez faire un bout de course sur ce site, vous ne le regretterez pas, même si vous pouvez trouver des chemins de randonnée aussi excitants en France.

C'est sûr, les chemins de randonnée constituent une merveilleuse ressource pour le coureur ! Ils ne présentent que des avantages, même si certains sont parfois un peu courts :

- **Les sentiers de randonnée, terrain de course à privilégier :** de l'Île-de-France à la Corse en passant par les Pyrénées, la Côte-d'Or, la Haute-Loire ou l'Auvergne, les sentiers de randonnée sont présents partout en France. Vous pouvez faire votre choix en allant débusquer celui qui vous convient sur Internet. Souvent placés dans des parcs régionaux, ils sont très recherchés par les marcheurs, comme on peut s'en douter, mais aussi par les coureurs avides de longues sorties. Car ces sentiers sont de toutes tailles. Certains sont longs, comme les sentiers de grande randonnée, d'autres moins, mais suffisants pour courir longtemps dans un décor motivant. Et finalement idéals pour le corps, les muscles, les articulations et le mental. D'autres sont plus courts (vous pouvez vous retrouver au bout du chemin au bout d'un quart d'heure d'entraînement) ; il convient alors de combiner plusieurs sentiers afin de courir pendant une heure ou plus. Procurez-vous le guide des randonnées de votre secteur et vous y trouverez le bonheur de courir en nature.

- **Il est possible de se perdre :** si vous n'êtes pas doté d'un bon sens de l'orientation, emportez un GPS, ou une carte IGN. Il est vrai que celle-ci peut ramollir entre vos mains qui transpirent, mais vous pourrez l'utiliser si vous ne savez plus du tout comment retrouver la route du retour.
- **Ne soyez pas étonné si vous tombez :** certains chemins de randonnée sont striés de racines. Si vous ne soulevez pas suffisamment les pieds à chaque pas, vous trébucherez sur des branches. Si vous tombez, cela peut arriver, donnez-vous du temps pour vous relever, et vérifiez que vous n'avez rien de cassé. Ce qui est probable. Nettoyez vos petites plaies quand vous serez chez vous. Une crème antibactérienne peut aussi accélérer la cicatrisation.

ANECDOTE

Tombée plusieurs fois sur des chemins de randonnée, et même si je ne me suis jamais rien cassé (je touche du bois), je suis parfois rentrée un peu « cabossée ». Maintenant, je me dis que les chutes sont normales sur les sentiers, et même si je reste prudente, je m'attends à tomber de temps à autre. Ce n'est pas obligé, mais prévoyez-le tout de même, et partez en confiance.

Courez dans les parcs et... sur les terrains de golf

La plupart des directeurs de terrains de golf refusent de laisser gambader les coureurs sur leur beau gazon, mais il se peut que vous ayez de la chance et que vous trouviez la perle rare. Les terrains de golf ont une herbe merveilleuse sur plusieurs hectares, ce qui donne assez d'espace pour faire des kilomètres. Ne vous approchez pas des greens (l'entourage immédiat des trous), si vous voulez avoir une chance de revenir.

ASTUCE

Autre solution, le square (et non le parc) public qui est présent dans votre quartier, dans votre commune et entretenu par la municipalité. Si l'herbe est tondue régulièrement et si, surtout, le square comprend quelques allées, vous pourrez peut-être réaliser une partie de votre entraînement sur place. Toutefois, la plupart de ces espaces ne sont conçus que comme terrains de loisirs, et pour les petites promenades. Pour couvrir une distance correcte, vous devrez en faire plusieurs fois le tour. Cela peut rendre service quand on n'a pas le temps d'aller plus loin.

Fréquentez les parcours de santé

Souvent tracés en forêt ou sur une base de loisirs à côté du bassin, les parcours de santé, qui proposent des exercices, peuvent constituer une bonne alternative aux parcours plus traditionnels. Vous pouvez effectuer le parcours, une ou deux fois, pour vous échauffer, puis, au troisième tour, faire les exercices proposés : parfaits pour se changer les idées, mais aussi pour renforcer sa musculature, sa souplesse, et sa dextérité avec des sauts d'obstacles ou des passages rapides entre des piquets. Encore une fois, ce peut-être un ajout très intéressant à votre course et une alternative plutôt ludique. Ne vous en privez pas, il faut varier les plaisirs.

Certains cimetières, nous l'avons dit, sont également dotés d'espaces verts qui vous permettent d'accomplir de petits parcours, mais la plupart d'entre eux n'offrent que des allées conçues pour la promenade.

Bien utiliser la piste du stade

Si vous songez à vous entraîner pour un marathon en n'utilisant que la piste en revêtement synthétique du stade le plus proche de chez vous, oubliez votre projet. Au bout de deux jours, vous vous embêterez tellement que vous réduirez vos ambitions à néant. Les stades sont en effet plutôt ennuyeux. Et, de toute façon, ils ne sont pas conçus pour les préparations au marathon, mais réservés aux sprinters et autres demi-fondeurs. En revanche, la piste de 400 mètres du stade vous sera très utile pour réaliser vos séances courtes et rapides de fractionné, sur 200, 400, 800, voire 1 000 mètres et au-delà. La distance vous est en effet offerte, un tour de piste faisant 400 mètres. À partir de là, calculer vos autres distances est un jeu d'enfant ! Alors que, en pleine nature, sauf si vous disposez d'un compteur de vitesse type GPS Garmin ou Suunto ou d'un accéléromètre Polar, il n'est pas évident d'évaluer sa distance parcourue.

Courir sur tapis... de course

Un tapis de course est presque aussi morose qu'un stade (voir le paragraphe précédent), mais si vous installez une télévision (et même un lecteur de DVD) devant vous, et si vous poussez le volume à fond pour ne plus entendre le bruit produit par la machine, vous pourrez faire d'une pierre deux coups. Pendant que vous suivrez votre émission favorite, les cours de la Bourse ou que vous regarderez un film, vous pourrez parcourir quelques kilomètres par semaine. Vous pouvez aussi régler la pente de la piste et la vitesse à certains intervalles (disons toutes les dix minutes), afin de casser la monotonie de l'exercice (le chapitre 7 vous en dira davantage sur l'entraînement dans les collines et le jeu sur la vitesse). Comme vous vous trouvez sur un tapis de course, vous savez exactement à quelle vitesse vous courez, ce qui est un avantage que la plupart des autres revêtements de course ne peuvent vous offrir.

Si vous pensez (mais je vous le déconseille) que vous allez réaliser la plus grande partie de votre entraînement sur un tapis de course, achetez-en un, si bien sûr vos finances vous le permettent. Une ancienne championne de marathon suisse victorieuse à New York en 1997, Franziska Rochat-Moser (malheureusement décédée dans un accident de montagne en 2002) utilisait, elle, systématiquement le tapis pour toutes ses séances de fractionné, détestant la piste. Pourquoi pas ? Même si on peut aussi « fractionner » sur sentiers forestiers. Toujours est-il que dans votre club de gym local, le tapis de course n'est sans doute pas équipé d'une télévision que vous pouvez bien entendre ou sur laquelle vous pouvez regarder votre émission favorite. Vous trouverez un tapis de course de bonne qualité pour environ 1 500 euros. Évidemment, c'est une grosse somme, et surtout vous devez trouver l'endroit où l'installer chez vous. Si vous logez en pavillon, c'est plus facile qu'en appartement. Néanmoins, il est intéressant de posséder un tapis de course, pour les raisons suivantes :

- Vous n'aurez plus besoin de faire la queue pour l'utiliser dans une salle.
- Vous pouvez écouter la chaîne de télévision de votre choix.
- Vous pouvez réaliser à l'aide de la machine les exercices dont nous allons vous parler dans le chapitre 7.

Le tableau 3-1 vous indique quelles sont les fonctions que doit présenter la machine si vous décidez d'en acheter une.

Si vous vivez dans une région où l'hiver est rude et si vous prévoyez de faire une partie de votre entraînement sur un tapis de course pendant cette saison, envisagez de vous entraîner seulement une fois par semaine, sur votre « machine » pendant le reste de l'année. En effet, si le tapis avance, vous peut-être moins. Car si vous ne courez pas du tout sur route pendant les mois d'hiver parce que vous avez froid, et que vous décidez tout à coup de rester sur votre tapis de course le printemps venu, vous ne mettez pas votre corps en bonne condition. Vous aurez peut-être du mal à passer sans transition du tapis à la route. Un jour par semaine en été, par exemple, lorsqu'il fait particulièrement chaud, placez votre tapis de course devant un ventilateur ou devant un climatiseur pendant que vous courez. De cette manière, vous pouvez intégrer votre pratique du tapis de course à votre entraînement global et courir à l'abri de la chaleur. Comme à l'abri du froid en hiver. Utile, le tapis dans une salle ou chez vous l'est, c'est incontestable. Mais pas d'excès, les sensations de la route ou des sentiers sont irremplaçables.

Tableau 3-1. Guide d'achat d'un tapis de course

Fonction	*« Que faut-il vérifier ? »*
Solidité	Testez tous les tapis de course que vous envisagez d'acheter. Sautez sur la piste et mettez-vous à courir. Recherchez un tapis qui ne vibre pas trop, même à grande vitesse.
Vitesse	Le tapis de course doit atteindre au moins une vitesse de 16 km/h et si possible davantage, pour que vous puissiez réaliser un entraînement efficace (voir le chapitre 8).
Inclinaison	La fonction inclinaison simule une pente. Mieux vaut que votre tapis de course en soit équipé. Recherchez un tapis avec moteur séparé pour l'inclinaison (ou vérifiez que votre tapis de course ait un moteur assez puissant), sinon il ralentira dès que vous lui demanderez de la pente.
Système de régulation « handrail »	Certains tapis de course sont pourvus de petits commutateurs très pratiques sur le guidon, qui permettent de contrôler la vitesse et la pente.
Taille	Si vous manquez d'espace chez vous, recherchez un tapis de course que vous pourrez replier quand vous ne vous en servirez pas.

Décider quand courir dehors (et quand courir chez soi)

Si vous vous contentez de courir quand il fait beau, vous ne progresserez pas beaucoup. Dans la perspective de l'entraînement pour le marathon, vous devez vous habituer à l'idée de vous entraîner quelles que soient les conditions météo et la lumière dont vous disposez. En vous servant d'un tapis de course (voir le paragraphe précédent « Courir sur tapis de course »), vous éviterez le mauvais temps et la nuit noire. Toutefois, vous ne pouvez pas courir un marathon sur un tapis de course. Tôt ou tard, vous devrez affronter le temps qu'il fait dehors.

Réagir au temps chaud et humide

Les jours chauds et humides, courez tôt le matin (dès que le jour se lève, voire plus tôt encore). Plus vous vous approchez de midi, plus vous risquez de vous déshydrater, c'est-à-dire de manquer d'eau, ce qui peut conduire à un dysfonctionnement de certains organes, ou à une insolation. Si vous vivez dans une région chaude, ne courez pas à l'heure du déjeuner. Préférez courir avant ou après votre journée de travail.

L'un des premiers signes de la déshydratation est une soif excessive. Si vous buvez suffisamment, vous ne devez plus avoir l'impression d'avoir soif. Au moment où vous éprouvez le besoin de boire, vous avez déjà perdu plusieurs centilitres d'eau. Les signes de la déshydratation sont les vertiges, les éblouissements, la diarrhée et les frissons.

L'insolation est également dangereuse. Parmi les symptômes, citons la fièvre, une transpiration excessive (ou pire, une peau totalement sèche) et des évanouissements, suivis d'une perte de contrôle totale, voire d'un coma. L'un des premiers signes de l'insolation est un visage très rouge après la course. Toutefois, les personnes qui ont la peau sensible ont souvent le visage rouge après très peu d'exercice. Si c'est votre cas, ne vous inquiétez pas.

Pour éviter tout danger les jours très chauds, le plus important est de vous *réhydrater* pendant et après la course, en buvant. Tout simplement. Beaucoup de coureurs emportent une gourde d'eau fixée à la taille quand ils s'entraînent par temps chaud. Ensuite, il faut boire beaucoup après l'arrivée. Vous n'avez pas le choix en été, buvez de l'eau et une autre boisson non gazéifiée pendant l'effort. Et régulièrement dans la journée. Après l'effort, une eau gazéifiée type Quézac est très profitable pour tamponner l'acidité.

Buvez ni trop, ni trop peu

Ne vous laissez pas influencer par les récents discours autour de l'hyponatrémie. L'*hyponatrémie* est une hydratation excessive qui intervient lorsqu'on boit trop d'eau. Une femme qui a couru le marathon de Boston en est morte il y a quelques années. Reste qu'il faut boire ni trop, ni trop peu ; et que, pour éviter cette situation extrême mais isolée, il faut faire en sorte que les fluides que vous ingérez à l'effort proviennent toujours d'une boisson naturelle, l'eau, tout simplement.

J'ai longtemps pensé que l'eau était la meilleure des boissons. Et elle l'est effectivement. En fait, j'étais d'avis que les boissons énergétiques réservées aux sportifs (demandez, pour les marques proposées, des conseils dans votre magasin de sport qui vend ces boissons) étaient sans intérêt. Puis, au cours de l'été où j'ai commencé à courir 100 km et plus par semaine, je me suis rendu compte que j'avais du mal à me réhydrater. J'avais toujours soif, alors que je buvais environ trois litres d'eau par jour. J'ai commencé à souffrir de diarrhée et à avoir des frissons, alors que nous n'étions pas encore aux jours les plus chauds de l'année. Ne sachant que faire, j'ai commencé à remplacer un litre d'eau par une boisson énergétique. En l'espace de deux jours, j'ai vu tous mes symptômes disparaître, et je me suis sentie mieux pendant l'entraînement. Maintenant, je veille à boire au moins un litre de cette eau juste après chaque course, et je bois de l'eau plate le reste de la journée. Une expérience toute personnelle que vous pouvez toutefois tester lors de vos entraînements, sachant bien sûr que l'eau plate est prioritaire et l'eau gazeuse importante pour tamponner l'acidité.

Si vous voulez vous rendre malade, entrez directement dans une pièce climatisée juste après votre course par temps chaud. Si vous voulez rester en forme, marchez un peu dehors (afin de cesser de transpirer), changez vite de vêtements, et effectuez même quelques étirements avant d'entrer dans l'espace climatisé.

Faire des kilomètres les jours de grand froid

Bien que très peu de marathons soient organisés en hiver, du moins en Europe, il se peut que vous vous exposiez au froid si vous courez un marathon de printemps.

Il n'est pas difficile de se protéger du froid et de la neige. Si vous portez un pantalon de jogging ou un collant classique, une veste en Gore-Tex ou taillée dans un tissu similaire, des gants ou des mitaines de course, un bonnet et éventuellement un masque (voir le chapitre 2 pour des détails concernant les vêtements spéciaux), vous remarquerez à peine la différence entre une froide journée d'hiver et un beau jour de printemps en avril. C'est vrai, il faut acheter ces articles, et ils ne sont pas toujours bon marché, mais, en revanche, ils durent longtemps et peuvent vous rendre de sacrés services. Vérifiez toutefois que vous ressentez bien un peu le froid quand vous sortez. En effet, si vous avez chaud avant de commencer à courir, vous serez en nage au beau milieu de la course.

La glace peut être un vrai problème pour les coureurs. Une glissade sur une plaque de verglas risque d'endommager vos ischio-jambiers, l'aine, le dos ou un autre point du corps. Quand il y a du verglas, et si vous ne pouvez pas vous permettre d'aller passer l'hiver sur la Côte d'Azur, il vaut mieux que vous couriez sur un tapis de course (voir le paragraphe consacré aux tapis de course, un peu plus haut dans ce chapitre).

Si vous courez et qu'il y a du verglas, ralentissez, et dès que vous voyez une plaque de glace, traînez les pieds au lieu de courir. Ne courez pas dans l'obscurité, sinon vous ne verriez pas la glace. Attention à la *glace noire* qui se forme sur l'asphalte, et qu'il est particulièrement difficile de distinguer.

Courir sous la pluie

La pluie n'a jamais fait de mal aux coureurs (alors que, en revanche, les éclairs les menacent), mais que faut-il porter par temps de pluie, et convient-il de prendre des précautions particulières après avoir couru sous la pluie ?

- Si la température est inférieure à 3 °C, portez une veste en Gore-Tex ou taillée dans un tissu du même genre (voir le chapitre 2) les jours où il pleut. Le Gore-Tex est imperméable, mais il peut vite devenir chaud. On ne le recommande pas pour les jours de pluie un peu plus chaude.
- S'il fait chaud et humide, portez aussi peu de vêtements que possible, mais toujours des vêtements respirants, et cela pour ne pas courir dans des vêtements trempés.
- Portez une casquette faite de textiles modernes en polyamide ou en polyester, pas trop lourde, ainsi votre tête sera-t-elle protégée le plus longtemps possible.
- Si vous êtes trempé ou même un peu mouillé en rentrant de votre course, changez immédiatement de vêtements, avant de pratiquer des étirements. Si vous avez toujours froid, prenez une douche chaude dès que vous avez terminé vos étirements.
- Si vous apercevez des éclairs dans le ciel avant d'entamer votre course, abstenez-vous de sortir et remettez la sortie au lendemain, ou entraînez-vous sur un tapis de course. Si vous voyez des éclairs pendant votre course, recherchez immédiatement un abri. Restez à l'écart des arbres, car ils sont souvent frappés par la foudre.

N'OUBLIEZ PAS !

Souvenez-vous que les ponts en bois ainsi que d'autres surfaces peuvent être rendus très glissants après une pluie d'orage. Ils le sont presque autant qu'une plaque de verglas.

Voir clair dans... le noir

Si vous décidez de vous entraîner avant de vous rendre à votre travail, évitant les moments les plus chauds de la journée, ou si vous voulez courir dans les rues avant qu'il y ait foule, vous allez peut-être vous retrouver dans le noir. Idem en soirée bien sûr. Les rues sont plus paisibles, la nuit ou au petit matin, les conditions météo sont parfois plus clémentes, mais il peut être dangereux de courir dans le noir. D'abord, portez des vêtements munis de bandes réfléchissantes pour que l'on vous voie de loin, tous les vêtements en sont désormais équipés. Ensuite, vous ne remarquerez peut-être pas le nid-de-poule dans lequel se tordra votre cheville. Sans parler que, dans l'obscurité, les jours d'hiver, vous risquez de glisser sur une plaque de verglas que vous n'aviez pas vue. Par ailleurs, si vous courez dans un quartier peu sûr en ville ou dans une campagne déserte, vous vous exposez au risque de vous faire agresser. Je dis cela à titre de prévention, car ce genre de mésaventure arrive très rarement. En aucun cas, il ne s'agit de vous faire peur. Mais sachez prévenir quand même tous les risques possibles.

ASTUCE

Si vous pouvez éviter de courir dans le noir, faites-le. Sinon, voici deux conseils pour votre sécurité :

- **Emportez une lampe** : vous pouvez acheter une petite lampe de poche légère que vous tiendrez à la main et avec laquelle vous éclairerez votre chemin. Mieux que rien, mais pas vraiment très pratique.

  Vous pouvez aussi faire l'acquisition d'une lampe frontale que vous porterez en bandeau sur votre tête. Elles ressemblent un peu à une lampe de mineur. Une autre époque. C'est vrai, c'a l'air un peu ringard, et toutes les grandes surfaces ne semblent pas les avoir adoptées. Vous en trouverez plus facilement dans les boutiques de sport. Mais elles sont vraiment efficaces et on peut aussi s'en procurer dans des grandes surfaces de bricolage. Un fort rayon lumineux provenant de votre front éclaire à la fois l'espace et le sol devant vous, et vos bras ne sont pas gênés dans leurs mouvements. Nike propose un chapeau équipé d'une lampe qui pourrait être assez forte pour éclairer votre route.

- **Portez une veste fluo** : même si la veste en question ne vous protège pas des nids-de-poule, elle vous signalera aux automobilistes qui ne vous voient pas forcément. C'est essentiel pour courir en soirée ou la nuit. La plupart de ces vestes sont légères, et vous pouvez les enfiler en été. Elles sont plutôt bon marché : de 20 à 30 euros. Ou, nous l'avons dit, portez une tenue de jogging simplement pourvue de bandes réfléchissantes.

Chapitre 4

La première sortie

Dans ce chapitre :

- Trouver le rythme
- Commencer en douceur
- Minimiser les douleurs inévitables
- Calculer la distance et la vitesse
- S'entraîner, en bonne compagnie, avec un groupe, dans un club ou une association

Si vous vous êtes déjà entraîné et préparé de manière régulière, vous n'avez sans doute pas besoin de lire ce chapitre. Vous pouvez directement passer au chapitre 6, encore qu'une bonne révision n'est jamais inutile. Nous allons parler ici de votre première sortie. Si vous n'avez jamais piqué de galop de votre vie, si vous n'avez pas couru depuis vos jours d'école, ou si vous êtes resté longtemps alité à cause d'une maladie ou d'une blessure, ce chapitre peut vous aider à retrouver le rythme et à vous constituer une base kilométrique.

Dans ce chapitre, vous trouverez aussi plusieurs conseils à suivre avant de serrer les lacets de vos runnings. Vous découvrirez comment aborder votre première sortie, comment la gérer, à quelle fréquence cardiaque et sur quelle distance. Vous saurez aussi comment faire pendant les premières semaines de votre entraînement. Vous découvrirez comment trouver des partenaires pour les sorties, si vous en cherchez. Et, en guise de bonus, ce chapitre vous indique comment réagir aux petits maux inévitables que vous ressentirez dans les douze heures qui suivront votre première sortie.

Prendre de bonnes dispositions

Avant d'entreprendre votre première sortie (ou la première depuis dix ans), gardez quelques idées simples à l'esprit pour augmenter votre confort, votre sécurité et votre productivité.

S'habiller correctement

Comme vous l'indique le chapitre 2, la partie la plus importante de votre équipement est une paire de bonnes chaussures. Avant de mettre dehors votre pied chaussé, vérifiez que vos chaussures sont adaptées à la course (et non au basket-ball ou au tennis, ou même à la marche), mais aussi que vous portez des chaussures de course qui *vous* conviennent.

N'OUBLIEZ PAS !

Les chaussures de course répondent à un choix personnel. Ce n'est pas parce que votre meilleur ami aime et vous suggère un modèle particulier que celui-ci vous conviendra. Les chaussures ne doivent en aucun cas provoquer d'ampoules, noircir vos orteils, insensibiliser vos pieds, causer de douleurs dans la voûte plantaire ou aux talons, ni glisser de vos pieds ou vous procurer des douleurs dans les genoux. Ces problèmes, si vous les rencontrez, vous indiquent que vous ne portez pas les bonnes chaussures ou qu'elles sont usées. Ces dernières sont conçues pour durer environ six mois, le temps de courir quelque 150 heures. Avis de podologue du sport. Si vous avez l'habitude de n'acheter de nouvelles chaussures que tous les ans ou tous les deux ans, préparez-vous à dépenser une somme un peu plus importante pour vous entraîner en vue d'un prochain marathon (voyez le chapitre 1 pour savoir quelles autres dépenses envisager).

ASTUCE

Même si votre magasin de sport local paraît être le meilleur endroit pour acheter des chaussures, s'il possède un rayon spécialisé dans la course, vérifiez quelle est la politique d'échange du magasin pour le cas où vos chaussures vous poseraient le moindre problème. Il arrive que des marques de renom vous proposent même d'essayer leurs chaussures durant plusieurs semaines et de les rendre si elles ne vous conviennent pas. Mais mieux vaut en discuter dans votre magasin de sport et avant tout bien essayer, sur place, le modèle proposé. Ce qui, c'est vrai, n'est pas toujours facile et suffisant quand vous essayez les chaussures sur place, mais...

Le deuxième accessoire le plus important pour la course est une montre-cardio-fréquencemètre, c'est-à-dire une montre équipée d'un chronomètre et surtout d'un capteur de pulsations cardiaques. Elle n'a pas besoin d'être très sophistiquée, aussi longtemps qu'elle vous indique vos pulsations et votre temps de course.

Le chapitre 2 contient davantage d'informations sur les équipements pour la course, et vous indique où les trouver. N'oubliez pas que vous devez vous habiller en fonction des conditions climatiques. Portez des vêtements légers en été et des vêtements chauds en hiver, mais toujours en utilisant des textiles qui évacuent la transpiration où qui vous protègent du froid sans avoir besoin de multiplier les couches à l'excès.

Éviter les ampoules

Les ampoules sont la plaie des coureurs débutants, et même de certains coureurs expérimentés. Voici les principales manières de les éviter :

- Portez des chaussures qui ne soient pas trop serrées et dont l'empeigne (l'emplacement qui accueille vos orteils et votre cou-de-pied) est plutôt large (voir le chapitre 2).
- Toujours porter des chaussettes, si possible fines, mais renforcées au talon et sur la partie avant (ce point est également discuté dans le chapitre 2).

Si vous portez les bonnes chaussures et les bonnes chaussettes, et que vous craignez toujours de souffrir d'ampoules, passez de la vaseline (solution simple) sur vos pieds, ou des produits adaptés vendus dans les magasins de sport, comme les crèmes anti-frottements Nok de chez Akiléine ou Aptonia. Une crème que vous appliquerez par massage rapide, mais sans trop appuyer sur vos pieds, dessus, dessous avant la course. Ces produits sont très efficaces pour protéger vos pieds et prévenir les ampoules (afin d'obtenir des conseils pour les soigner, si elles apparaissent, voyez le chapitre 11).

Ne jamais courir juste après avoir mangé

Souvenez-vous de ce que vos parents vous ont, avec raison, seriné à propos de la natation et de la digestion : attendez au moins une heure pour nager après avoir mangé. Eh bien ! le même concept s'applique à l'entraînement, sauf qu'il faut attendre deux à trois heures pour courir après avoir mangé. Calculez le temps dont vous avez besoin, mais toutes les personnes qui mangent moins de trois heures avant de s'entraîner ont immanquablement des lourdeurs à l'estomac. Ces lourdeurs vous mettent mal à l'aise pour courir efficacement et confortablement. Des crampes d'estomac sont aussi susceptibles d'apparaître. Évitez-les en attendant suffisamment après avoir mangé.

Planifiez vos repas en fonction de votre sortie. Si vous prévoyez de courir à la fin de l'après-midi, comme beaucoup de coureurs, ne déjeunez pas trop tard, mais faites quand même un repas à base de féculents, pas trop lourd, cela même si les trois heures nécessaires pour bien digérer seront vite passées.

L'une des raisons possibles pour lesquelles certains coureurs aiment s'entraîner le matin, juste après le réveil, est qu'ils n'ont pas à se soucier de « crampes » provenant du dernier repas. Bien sûr, il est un peu exagéré de mettre le réveil à cinq heures pour ne pas avoir à se soucier de crampes pendant l'entraînement et pour s'entraîner aussi tôt en vue d'un marathon. Toutefois, c'est possible. Et quand vous avez terminé votre séance, à six ou sept heures, et que vous voyez vos voisins se réveiller et allumer la lumière, vous trouvez ça très sympa. Comme le dit le vieil adage, l'avenir est aux lève-tôt! Mais surtout après votre course très matinale, n'oubliez pas de prendre votre petit déjeuner habituel, c'est-à-dire copieux et bien équilibré.

ANECDOTE

Un athlète de niveau olympique, s'il vous plaît, dont on taira le nom, avalait de temps à autre un gros repas et entamait une sortie longue une demi-heure après. Il le faisait exprès pour *s'habituer* à souffrir de crampes. On ne blague pas. Selon lui, s'il parvenait à s'habituer aux crampes, il serait mieux armé pour réagir si une crampe surgissait au beau milieu d'une compétition. Pourquoi pas ? Une stratégie de champion possible, mais nous on peut penser que c'est plutôt exagéré, car les crampes sont évitables. Elles sont directement liées à la quantité de nourriture et à l'heure à laquelle vous l'avez ingurgitée. Il est donc inutile de s'entraîner à subir ces crampes, puisque vous pouvez vous en passer complètement. Et n'oubliez pas que courir est censé vous faire plaisir. Créer une situation pénible que vous pouvez facilement éviter est un peu maso. N'est-ce pas ?

Prendre un bon itinéraire

Avant votre première sortie, réfléchissez à votre itinéraire, au type de surface (dure ou de préférence souple) sur laquelle vous allez courir, à la manière dont vous allez gérer votre parcours (en allant droit au but et en revenant directement, ou en vous accordant des détours), ainsi qu'aux choix dont vous disposez. Ce paragraphe vous donne des conseils et quelques idées pour trouver un bon itinéraire (voyez le chapitre 3 pour obtenir plus de détails sur la diversité des paysages).

Passer les surfaces au crible

Parce que le chapitre 3 parle des avantages et des inconvénients de l'entraînement en ville, à la campagne, sur les chemins de randonnée, sur les terrains de golf, les pistes cyclables et les tapis de course, la partie qui suit ne contient qu'un rappel : il faut que les deux tiers de votre parcours, ou au moins la moitié, se fassent sur la terre des sentiers ou sur l'herbe. En bref, sur terrains souples, cela afin de ne pas être exposé aux blessures musculaires et articulaires.

L'asphalte est la surface la plus dure sur laquelle vous puissiez courir. Si vous vous entraînez tous les jours sur ce support, vous risquez un certain nombre de blessures, allant de simples ampoules à de possibles fractures de fatigue (voir le chapitre 10). L'asphalte qui recouvre la plupart de nos trottoirs, routes et pistes cyclables est plus mou, si l'on peut dire, que le ciment proprement dit, très utilisé dans certains pays comme les États-Unis. Mais l'asphalte met tout de même les jambes à rude épreuve.

Prévoyez maintenant de trouver un chemin sur lequel vous pourrez courir plusieurs fois par semaine, même si cela doit vous prendre du temps pour vous y rendre en voiture ou en courant. Il vaut mieux passer du temps en voiture ou en vous échauffant pour aller vous entraîner sur un sentier que passer du temps pour vous rendre chez un « kiné » et pour vous rééduquer après une blessure. Si vous ne connaissez pas de bonnes routes de terre dans votre région, allez sur Internet et tapez le nom de votre ville ainsi que l'expression *chemins de course* sur un moteur de recherche (comme `www.google.com` ou `www.yahoo.com`). Il est toutefois probable que quelqu'un ait aussi abordé cette question dans les parages de votre habitation. Si cela ne marche pas et si vraiment vous n'avez aucun espace vert, aucun parc en vue et assez proche de chez vous, alors rendez-vous chez votre libraire, à votre office du tourisme et demandez un guide de randonnées ou de promenades qui décrit les sentiers agréables non loin de votre commune. Tous les sentiers prévus pour la promenade conviennent à la course, mais recherchez ceux qui sont qualifiés de « praticables » ou de « faciles », afin qu'ils ne grimpent pas trop et ne soient pas striés de racines.

N'oubliez pas que la plupart des coureurs doivent ralentir leur cadence dans l'herbe et sur les sentiers pour négocier les irrégularités du terrain, les ondulations, éviter les racines et les pierres. Parce que le temps que vous mettrez à terminer le marathon est directement lié à votre cadence, vous ne devez pas non plus vous entraîner seulement sur des surfaces qui vous ralentissent. Il existe peu de marathons organisés à la campagne, et on les court toujours sur des surfaces dures. À l'entraînement, il faut aussi courir (un tiers) sur route afin de recréer le plus exactement possible les conditions du marathon (heure, conditions météo, pente, vent et dureté de la surface). C'est important. Mais encore une fois, les deux autres tiers de votre entraînement se feront sur terrain souple.

Choisir entre les boucles et les allers-retours

Généralement, la course combine des boucles et des doubles passages, comme le montre la figure 4-1.

- **La boucle** : le point de départ et le point d'arrivée sont identiques. Il faut parcourir plusieurs allées qui finissent par vous ramener là où vous avez commencé votre parcours, sans passer deux fois au même endroit. Si vous connaissez bien votre itinéraire et si vous disposez d'un temps suffisant, la boucle, pourvu qu'elle soit assez longue, constitue la méthode la plus intéressante.

  Vérifiez que vous savez où vous allez quand vous entamez une boucle, surtout si vous vous trouvez sur un sentier de randonnée ou sur d'autres itinéraires peu fréquentés. Il y a quelques années, j'ai décidé de courir pendant une heure sur une route qui traversait des collines. Cinquante minutes plus tard, je ne reconnaissais plus rien et je commençais à paniquer. J'ai fini par demander mon chemin à deux hommes qui s'apprêtaient à rentrer dans leur voiture, pour savoir comment regagner la mienne. Ils m'ont dit que j'étais à 13 km de mon point de départ et m'ont proposé de me raccompagner. J'étais pétrifiée, parce qu'on m'avait toujours dit de ne pas monter en voiture avec des personnes inconnues. Mais là, je n'avais pas vraiment le choix. Ils m'ont déposée en toute sécurité devant ma voiture (je les en remercie encore), m'apprenant du même coup une importante leçon sur le choix judicieux de mes itinéraires. Sans oublier le portable…

Toutefois, on peut aussi se perdre dans une grande ville. Ayant décidé d'aller courir une heure dans un parc de Berlin, ville pas loin d'être la plus verte d'Europe, eh bien ! je me suis perdue dans ce parc qui était bien plus grand que prévu. Impossible de retrouver l'entrée et du même coup mon hôtel. Heureusement, un Berlinois parlant anglais m'a alors conseillé de prendre un métro qui n'était pas très loin. Métro que j'ai pris en tenue de coureur, mais cela ne choque plus personne d'autant qu'à Berlin aussi on court beaucoup. Et après un changement de ligne, j'ai réussi à retrouver mon hôtel. Quelle aventure ! Cela signifie aussi qu'il ne faut pas partir sans le nom de son lieu de résidence, un peu d'argent et ne pas chercher à faire trop de détours. Quand on ne connaît pas bien.

- **Le double passage ou aller-retour** : un itinéraire à double passage vous emmène jusqu'à un certain point, puis vous fait faire demi-tour et reprendre la route que vous venez d'emprunter. Ce type de parcours, moins intéressant qu'une boucle (parce que vous voyez deux fois le même paysage), offre le meilleur moyen de courir sur une distance calculée. À l'aller, vous courez simplement pendant la durée ou sur la portion de route qui représente votre objectif, et la partie « retour » sera approximativement de la même longueur (je dis approximativement, car l'aller pourrait monter et le retour descendre, ou vice versa). Les doubles passages sont particulièrement utiles dans une région ou un chemin mal connus : tant que vous savez où vous allez, il vous est presque impossible de vous perdre.

  JARGON

  Les coureurs d'élite essaient de courir le « retour » un peu plus vite que l'« aller ». C'est un bon moyen d'entraîner votre corps au *negative split* pour votre marathon. En clair : il s'agit de courir la deuxième moitié de votre course un peu plus vite que la première. Et donc de bien finir. Le rêve de tout marathonien. Les coureurs d'élite qui battent des records du monde, ou tout simplement le record du marathon auquel ils participent, courent le plus souvent en *negative split*. Mais ce sont des champions dont la course est leur métier ! Pour vous, le *negative split* sera, croyez-nous, beaucoup plus difficile à réussir ; il faut le préparer à l'entraînement. Mais ce n'est pas le plus important.

- **Le parcours mixte** : un parcours qui allie les boucles et les doubles passages comprend un parcours simple plus un aller-retour. Lors de l'entraînement, cette technique permet d'allonger votre sortie.

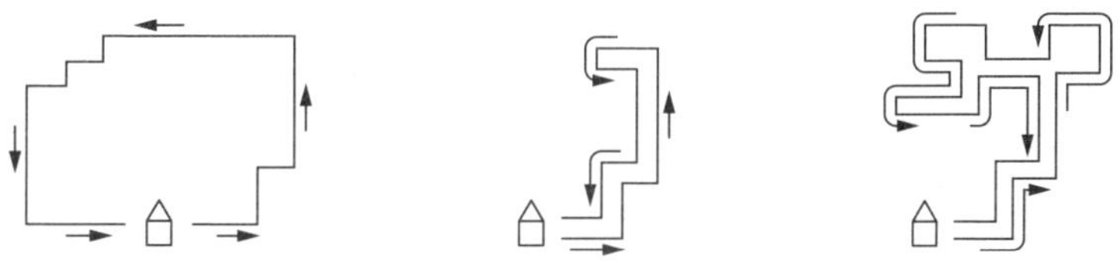

Figure 4-1 : Choisissez votre itinéraire à partir de votre tendance à vous perdre.

Varier l'itinéraire

Ne courez pas toujours sur le même parcours. La première raison en est simple : vous finiriez par vous ennuyer, et l'entraînement en vue d'un marathon, même s'il n'est pas toujours drôle, doit l'être un peu. Si vous empruntez tous les jours le même itinéraire, vous allez ressentir votre entraînement comme une obligation et non plus comme une aventure. Essayez de mettre au point au moins cinq ou six itinéraires dans votre commune. C'est très possible. Vous pouvez facilement en créer quatre en prenant tour à tour la direction des quatre points cardinaux. Les deux autres itinéraires peuvent croiser un peu les autres, mais ils devront être assez différents pour que vous n'ayez pas l'impression, au bout de quelques semaines, de toujours voir les mêmes maisons, les mêmes arbres ou le même promeneur à vélo.

La deuxième raison est une question de sécurité, surtout pour les femmes. Même si, encore une fois, il ne s'agit pas ici de dramatiser. Si vous prenez le même chemin tous les jours à la même heure, quelqu'un pourrait se mettre en embuscade pour vous agresser. Ne permettez pas aux autres de calquer leur emploi du temps sur le vôtre.

Emporter vos papiers d'identité

À moins que vous ne viviez dans une toute petite ville où tout le monde vous connaît de vue, assurez-vous, à défaut (ou en plus) du portable, d'emporter vos papiers d'identité au cours de chaque entraînement long. Si vous tombez ou souffrez de déshydratation, les passants pourront vous aider et prévenir un ami ou un parent. La plupart des shorts et des cuissards de course (voir le chapitre 2) sont désormais équipés d'une poche intérieure qui est juste assez grande pour contenir une carte de crédit ou une clé d'hôtel. Glissez-y un carton portant vos coordonnées. Certaines personnes écrivent des informations personnelles à l'intérieur de leurs chaussures, mais vous pourriez vous retrouver à l'hôpital avant que quelqu'un n'ait eu l'idée de vérifier à cet endroit.

ASTUCE

Vous pouvez aussi, nous l'avons dit, emporter un téléphone portable au cours de vos entraînements. Choisissez le plus petit et le plus léger que vous puissiez vous offrir, car il serait peu pratique que vous soyez gêné par un objet lourd sur un parcours prolongé.

Éviter les anti-transpirants

Ne vous aspergez pas, madame surtout, d'anti-transpirants avant de vous lancer dans une course. Réfléchissez simplement à ce mot : un anti-transpirant empêche votre corps de transpirer, et cela peut s'avérer préjudiciable si vous courez un jour où il fait chaud. Votre corps a besoin de transpirer pour réguler sa température. Vous sentirez un peu mauvais, c'est certain, mais ce sera beaucoup plus sain. Et cela ne durera pas très longtemps. Une fois la douche prise…

ASTUCE

Si vous êtes gêné par votre odeur pendant et après votre sortie (mais après vous être entraîné pendant plusieurs semaines ou plusieurs mois, vous ne le serez sans doute plus), n'achetez que du déodorant. Les produits que l'on se met sous les bras sont parfois des déodorants et des anti-transpirants. Toutefois, vous pouvez en trouver aisément qui ne sont que des déodorants. Vérifiez… Ceux-là ne vous empêcheront pas de transpirer, mais votre odeur sera moins désagréable que celle de la sueur.

Notez kilométrage et vitesse dans votre carnet d'entraînement

JARGON

Avant même votre première course, prévoyez d'enregistrer la durée de votre sortie et si possible le nombre de vos kilomètres effectués dans un cahier ou un *carnet d'entraînement* comme celui proposé dans son numéro de décembre par le magazine *Jogging international*. C'est un outil formidable pour savoir si votre entraînement vous prépare efficacement pour une course. Il vous permettra de réaliser les ajustements nécessaires au cours des semaines ou des mois qui précèdent le marathon.

Pensez à tous les détails

Pour ne négliger aucun détail, envisagez d'entrer les informations suivantes dans votre carnet d'entraînement :

Observations : faites un simple commentaire traduisant vos impressions, allant de « j'ai couru un peu vite ! » à « j'ai failli attraper froid ! », en passant par « j'étais très à l'aise dans les montées ».

Conditions météo : vous n'avez pas besoin d'entrer dans les détails, mais vous pouvez indiquer s'il a fait chaud, froid ou si le temps a été pluvieux, etc.

Alimentation : même si vous devez accorder un espace assez large à vos menus, ces infos vous permettent de repérer des allergies à un aliment précis et de savoir si vous avez pris votre dose adéquate d'hydrates de carbone, de protéines et de lipides (voir le chapitre 9 pour en savoir davantage sur la nutrition).

Rythmes cardiaques au repos et à l'effort : les coureurs d'élite mesurent d'abord leur rythme cardiaque au repos avant de se lever le matin ou après être allés aux toilettes et s'être recouchés quelques minutes. Toute augmentation du rythme cardiaque peut montrer qu'ils se sont entraînés de manière excessive (voir le chapitre 16) et qu'ils ont du mal à récupérer. Pour que cette méthode soit efficace, ne mesurez pas votre rythme cardiaque juste après la sonnerie du réveil. Celle-ci accélère temporairement le rythme du cœur. Mais il faut aussi noter sur votre carnet, c'est du reste le plus important, à quelles fréquences cardiaques vous avez réalisé vos séances.

Poids : certains coureurs se pèsent tous les jours ou toutes les semaines en notant leur poids. Si vous le faites, veillez simplement à ne pas dépasser les limites et à ne pas en faire une obsession. Le poids fluctue en fonction de l'hydratation, de l'ovulation chez les femmes, etc. Par ailleurs, il n'y a qu'une infime différence entre le poids de forme et la maigreur, soyez donc vigilant (voyez le chapitre 9 pour trouver davantage d'informations sur la nutrition).

Entraînement complémentaire : indiquez si vous avez travaillé votre vitesse ou votre endurance (reportez-vous au chapitre 8), si vous avez fait des accélérations volontaires (voir le chapitre 7), ou si vous avez pratiqué des exercices complémentaires comme des montées de genoux, des talons-fesses, etc.

Autres activités : si vous avez fait du shopping (debout) pendant deux heures, notez-le aussi. Cela expliquera peut-être pourquoi vous étiez fatigué le lendemain.

Sans bien sûr oublier : durée de la séance, kilométrage et éventuellement vitesse (voir ci-dessous).

Débutez à la bonne allure

Nous verrons dans le chapitre suivant comment bien déterminer et connaître ses fréquences cardiaques qui permettent de courir et de progresser en courant à la bonne allure, ni trop vite, ni trop lentement. Mais au début, une formule théorique toute simple peut convenir. Elle est célèbre et a été popularisée par le physiologiste suédois Per-Olof Åstrand. Cette formule repose sur le rapport 220 pulsations moins votre âge. En clair, si vous avez 40 ans, et si vous êtes un homme, vous faites la soustraction 220 moins 40 et vous obtenez 180 pulsations cardiaques par minute. Si vous êtes une femme, faites la soustraction à partir de 226, les valeurs moyennes de fréquence cardiaque maximale (FCM) étant supérieures chez la femme. Soit, par exemple, 226 moins 35 ans = 191. Il s'agira donc de votre FCM à partir de laquelle vous construirez vos allures de débutant. Et même par la suite de coureur plus confirmé. Reste que, dans un premier temps, vous courrez en endurance de 60 à 75 % de cette FCM, soit de 108 à 135 pulsations par minute. Si vous avez 35 ou 45 ans, vous faites la même soustraction à partir de 220 ou 226 pulsations.

Mais pour savoir à quelle fréquence on court, il faut bien sûr posséder un appareil, le cardio-fréquencemètre, lequel est muni d'un récepteur que l'on met au poignet et d'un émetteur qui, équipé d'une ceinture élastique, se porte autour de la cage thoracique. La fréquence cardiaque, transmise par l'émetteur, s'affiche en permanence sur votre récepteur lorsque vous courez. Le cardio-fréquencemètre de base, qui fait office de montre et de « chrono », vous suffira au début, nous l'avons déjà dit dans nos conseils d'équipement. Et il vous permettra de courir à la bonne allure sans vous épuiser et risquer de vous décourager.

Courir aux bonnes fréquences cardiaques

Pour bien débuter en course à pied et courir en endurance sans vous épuiser, on vous a conseillé de déterminer votre fréquence cardiaque maximale à partir d'une formule théorique, inspirée par le physiologiste suédois Per-Olof Åstrand, soit 220 ou 226 moins votre âge, selon que vous êtes un homme ou une femme. Mais comme cette formule est théorique et qu'elle repose sur des moyennes statistiques et donc non personnalisées, la marge d'erreur peut être importante, jusqu'à dix pulsations d'écart, voire plus par rapport à votre vraie FCM. Ce n'est pas important lorsque l'on débute, mais ce le sera ensuite pour bâtir un bon programme d'entraînement avec plusieurs allures correspondant à des pulsations différentes et espérer progresser. Aussi, pour connaître sa vraie FCM, deux solutions s'imposent : le test d'effort effectué sur tapis roulant (en non sur vélo) dans un centre de médecine spécialisé ou le test de terrain, plus facile d'accès, mais peut-être moins précis s'il n'a pas été bien réalisé par le coureur.

Le test d'effort en laboratoire sur tapis roulant

D'abord un examen complet

Avant le test proprement dit, tout débute par un entretien et un examen médical passés avec le médecin. Il s'agit d'obtenir un maximum de renseignements pour cerner l'identité et les antécédents du coureur. Antécédents médicaux comme sportifs avec rappel des performances du coureur et de ses programmes d'entraînement et de compétitions suivis tout au long de l'année. L'examen clinique comprendra les mesures du poids et de la taille ainsi que le pourcentage de masse graisseuse du sujet. Il insistera sur le système cardio-vasculaire, rouage essentiel du transport d'oxygène, s'appuyant pour cela sur un électrocardiogramme de repos et d'effort. Il peut également s'agir de détecter d'éventuelles contre-indications à la pratique du sport ou de déceler des signes de surentraînement. Le médecin vous fera également passer le test de Ruffier (c'est-à-dire 30 flexions effectuées en 45 secondes) afin de connaître les qualités cardiaques de base du coureur sur le plan de l'adaptation à l'effort et de la récupération. Si un seul test ne suffit pas, celui-ci donne néanmoins une première orientation pour commencer à cerner les qualités de marathonien du coureur. Ensuite, vous ferez l'objet d'un examen morphologique des membres inférieurs et supérieurs, ainsi que d'un examen des pieds sur le podoscope, pour savoir si le port de semelles orthopédiques et correctrices, réalisées par un podologue du sport, peut s'avérer nécessaire afin de corriger certains déséquilibres.

Puis le test proprement dit

Il doit être réalisé sur un tapis roulant qui présente une pente de 2 à 3 % pour compenser l'absence de résistance de l'air à l'avancement. Après un échauffement à vitesse modérée et constante correspondant à la vitesse d'échauffement du coureur et à son niveau (8 ou 10 km/h par exemple), on effectuera des paliers de 3 minutes à vitesse constante. Chaque palier sera séparé par une pause d'une minute permettant de faire les micro-prélèvements sanguins au lobe de l'oreille. Ces prélèvements servent à mesurer le taux d'acide lactique dans notre sang (la lactacidémie). Prélèvements également réalisés à la fin du test puis 3 minutes après celui-ci. L'augmentation de la vitesse à chaque nouveau palier est de 2 km/h. Le test s'arrête au cours d'un palier si le coureur ne peut poursuivre son effort, ou à la fin du palier si ce dernier ne se sent pas capable de repartir. Il aura atteint son V02 Max, soit le volume d'oxygène maximum que l'on peut prélever dans l'air et apporter à son organisme par la respiration et sa FCM réelle.

En outre, grâce aux prélèvements sanguins effectués au lobe de l'oreille, vous connaîtrez aussi vos zones cibles, soit vos zones de travail à l'entraînement qu'il faudra faire évoluer pour progresser :

- Votre premier seuil dit « aérobie » avec la fréquence cardiaque et la vitesse correspondantes (allure confortable d'endurance).
- Votre deuxième seuil dit « anaérobie » avec la fréquence cardiaque et la vitesse correspondantes (allure plus rapide dite d'« endurance active »).
- Votre vitesse maximale aérobie (vitesse maximale que l'on peut soutenir de 3 à 6 minutes en moyenne et selon le niveau, avec apport d'oxygène).

Nous analyserons plus loin ces trois allures qui sont celles de votre entraînement.

Le test de terrain

Si vous ne souhaitez pas vous rendre dans un centre de médecine sportive pour effectuer un test sur tapis, vous pouvez réaliser, muni de votre cardio-fréquencemètre, un test de terrain sur une piste d'athlétisme en courant 1 200 mètres, soit trois tours d'une piste de 400 mètres dans les conditions suivantes :

- Calculez d'abord votre FCM théorique, soit 220 ou 226 (si vous êtes une femme) moins votre âge. Exemple : 220 moins 35 ans = 185 pulsations. Puis :
- Échauffez-vous lentement durant 20 minutes, étirez-vous et faites 5 accélérations de 10 secondes sans toutefois sprinter.
- Une fois bien échauffée, courez le premier tour de piste de 400 mètres à 70 % de votre FCM théorique (70 % de 185, soit 130 pulsations). Le deuxième tour à 85 % de votre FCM (85 % de 185, soit 157 pulsations). Enfin, courez le dernier 400 mètres le plus vite possible et sitôt la ligne franchie regardez l'écran de votre cardio-fréquencemètre qui vous donnera votre vraie FCM.

Vos trois allures essentielles d'entraînement

Muni de votre vraie FCM, vous aborderez vos trois allures d'entraînement essentielles dans les meilleures conditions, c'est-à-dire ni trop vite, ni trop lentement. Ces trois allures sont : l'endurance fondamentale (de 65 à 79 % de votre FCM), l'endurance active ou seuil dit « anaérobie » (de 80 à 90 % de votre FCM) et la résistance dure (de 91 à 95 % de votre FCM). Pourquoi des plages aussi larges ? Parce que l'activité de votre cœur dépend de nombreux facteurs auxquels il faut s'adapter : la dépense physique, certes, mais aussi la fatigue, le stress, le manque de sommeil et bien d'autres turpitudes de la vie quotidienne qui ne peuvent vous garantir une fréquence cardiaque stable. Dans le détail, examinons vos allures de travail :

L'endurance fondamentale (de 65 à 79 % de votre FCM)

Cette allure est la base de votre préparation et de votre progression. Elle doit représenter au moins les trois quarts de la durée hebdomadaire de votre entraînement. Si beaucoup de coureurs se plaignent de courir trop lentement en respectant les pourcentages de l'endurance, c'est tout simplement parce que cette allure correspond à leur niveau du moment. En courant régulièrement en endurance, ils vont progresser, élever leur vitesse tout en conservant les mêmes fréquences cardiaques. Ne surtout pas brûler les étapes au risque de se fatiguer et, pire, de se blesser.

L'endurance active ou seuil « anaérobie » (de 80 à 90 % de la FCM)

Cette allure plus rapide, également essentielle pour votre progression, se rapproche de la compétition. On parle alors d'« allure de semi-marathon ». Essentielle, car les séances d'endurance active, aussi appelées « seuil anaérobie », vous permettront de développer vos capacités à soutenir longtemps un pourcentage élevé de votre FCM. En bref, à courir plus vite plus longtemps Vous ferez donc une séance à cette allure une fois par semaine, mais pas en une seule traite. Exemple de séance : 15 minutes en endurance à 70 % de votre FCM pour vous échauffer, puis 8 à 10 minutes en endurance active de 80 à 90 % de votre FCM, suivies de 5 minutes de récupération lentement au trot, puis à nouveau 8 à 10 minutes en endurance active, pour finir avec 10 à 15 minutes lentement pour bien récupérer.

La résistance dure (91 à 95 % de la FCM)

Cette allure encore plus rapide a pour but de développer la « cylindrée de votre moteur ». Ce qui vous permettra de soutenir un effort plus intense, mais aussi de vous débrider, d'améliorer votre tonicité, et encore la qualité de votre foulée. Beaucoup de séances possibles, mais, en résumé, vous pouvez faire une semaine cinq ou six fois 400 mètres à 95 % de votre FCM, mais sans vous épuiser et en laissant bien redescendre vos pulsations cardiaques entre les fractions ; et la semaine suivante fractionner sur une distance plus longue (sur 1 000 mètres), distance que vous répéterez selon votre niveau trois ou quatre fois à 95 % de votre FCM et toujours en récupérant confortablement entre les fractions. Autre possibilité, si vous ne disposez pas d'une piste d'athlétisme : effectuer en extérieur des séries de six à huit fois 30 secondes vite puis 30 secondes lentement. Mais comme vos pulsations n'auront pas le temps de monter, il faut alors courir à la sensation, sans l'aide du cardio-fréquencemètre. Et encore une fois sans vous épuiser...

Courir à la bonne vitesse

C'est l'allure VMA (vitesse maximale aérobie)

Si vous débutez, vous n'en êtes pas encore à l'allure VMA. Oubliez-la pour le moment. Néanmoins, de quoi s'agit-il ? Non pas la plus grande vitesse à laquelle vous êtes capable de courir, mais bien de votre vitesse maximale avec apport d'oxygène. Ce n'est pas la même chose, ce n'est pas du sprint sans respirer ! En clair, vous pouvez courir à 100 % de cette VMA de 3 à 6 minutes selon votre niveau. Puis, en compétition, le but est d'exploiter, y compris sur marathon, le pourcentage le plus élevé de cette vitesse maximale que vous pouvez tenir avec, on insiste, apport d'oxygène. Logique. D'où l'intérêt d'avoir une VMA élevée. Comment la déterminer ? En passant votre test d'effort dans un centre médical, ou sur le terrain, en courant 2 000 mètres le plus vite possible, mais sans partir trop vite.

Exemple : vous avez couru ce 2 000 mètres (5 tours d'une piste de 400 mètres) en 9 min 30. Pour connaître votre vitesse, donc votre VMA, vous faites le calcul suivant : distance en kilomètres multipliée par une heure convertie en secondes (soit 3 600 secondes), le tout divisé par votre temps (9 min 30) converti en secondes (soit 570 secondes pour cet exemple). À savoir : 2 x 3 600/570, soit 12,63 km/h. C'est votre VMA qu'il faudra bien sûr essayer de faire évoluer avec l'entraînement rapide, pour courir plus vite plus longtemps.

À l'entraînement, vous ferez donc des séances fractionnées de 200 mètres jusqu'à 1 000 mètres à votre vitesse VMA que vous venez de déterminer. Pour les distances fractionnées plus longues (2 000 mètres, 3 000 mètres), vous ne courrez en revanche qu'à 85 % de cette vitesse. Logique. Autrement dit : 12, 63 x 85/100, soit10,73 km/h. Mais comment connaître sa vitesse de course ? Grâce aux technologies modernes, le GPS, l'accéléromètre (voir ci-dessous), c'est facile. Mais, nous insistons, la vitesse VMA est réservée au coureur très expérimenté, courant souvent dans un club, coureur que vous deviendrez sans doute. Mais, pour le moment, courez en fonction de votre FCM, c'est beaucoup plus simple d'accès, et tout aussi efficace pour votre progression.

Pour tout savoir sur les GPS et les accéléromètres

Nous l'avons dit, vous allez reporter le contenu de vos séances sur un carnet d'entraînement, un simple carnet à spirale ou un carnet adapté comme celui proposé chaque fin d'année par le magazine *Jogging international*. Il faut y inscrire non seulement vos sensations, mais encore la durée de vos séances, votre kilométrage, et, si possible, votre vitesse. Pas facile de savoir à quelle vitesse on court en endurance comme lors de séances de VMA (voir ci-dessus) ? Mais si…

Les champions ou les coureurs expérimentés ne parlent en effet qu'en kilomètres, en vitesse et en pourcentage de leur VMA. Quand vous demandez à un marathonien combien il parcourt de kilomètres par semaine, il répond « 80 km » ou, plus souvent, « 160 km ». Et il fait ses sorties à 18 km/h quand ce n'est pas 20 km/h. Cela semble une manière assez logique de suivre ses performances. Eh bien ! pas tout à fait, car, la durée des séances, c'est évidemment plus simple que le mesurage des kilomètres. Toutefois, que vous couriez en ville, à la campagne ou sur des pistes cyclables (reportez-vous au chapitre 3 pour savoir comment choisir vos surfaces de course), à la durée de vos séances, vous pouvez ajouter la distance parcourue et votre vitesse moyenne de course. Bref, disposer de tous les paramètres nécessaires en vue d'une bonne préparation au marathon ou à d'autres distances. Oui ! mais comment obtenir toutes ces données ? Comment connaître le kilométrage de sa sortie ?

- **Le compteur kilométrique de vélo** : le compteur monté sur vélo et disponible dans tous les magasins de cycles (le vendeur en personne vous l'adaptera) vous permettra de mesurer à bicyclette votre parcours habituel et de savoir ensuite quelle distance vous allez parcourir. En outre, le parcours souvent balisé de votre parc habituel est un autre moyen possible pour déterminer votre kilométrage de course. Vous pouvez aussi réaliser ce repérage kilométrique à partir du compteur de votre voiture. Un peu obsolète tout ça. Car, depuis quelques années, sont apparues des technologies modernes qui vous permettent non seulement de connaître votre distance parcourue mais aussi, ce n'est pas rien, votre vitesse. Inconvénients : ces appareils coûtent encore assez cher.

- **Le GPS et l'accéléromètre :** l'ancien podomètre était un petit appareil qui s'attachait à votre chaussure et enregistrait le nombre de fois où votre pied avait frappé le sol. Mais le problème avec le podomètre était bien de mesurer avec précision sa foulée.

  Or, ces dernières années, on a vu apparaître de nouveaux podomètres modernes et à la technologie avancée. D'abord, ceux qui utilisent la technique du GPS (Global Positioning System) pour déterminer votre distance parcourue. De fait, cette technologie, qui dépend des satellites, est devenue précieuse pour les coureurs. Sans vous rendre sur un parcours balisé ou sur une piste de stade, vous saurez tout grâce au GPS : durée de l'entraînement mais encore vitesse moyenne à laquelle il est réalisé, vitesse au kilomètre, que ce soit en endurance ou lors des séances fractionnées plus rapides, sans oublier l'enregistrement de votre fréquence cardiaque. Inconvénient : la réception des informations données par le GPS est parfois difficile en ville et sur terrain couvert. Vous avez cependant le choix entre la montre GPS type Suunto ou Garmin et l'accéléromètre type Polar ou Garmin aussi.

  Quelles différences ? Avec le GPS, toutes les données utiles au coureur sont lisibles sur la montre que vous portez au poignet ; un émetteur cardio, fixé autour de la poitrine, étant toutefois nécessaire pour connaître vos pulsations cardiaques. Quant à l'accéléromètre type Polar, il calcule les mêmes informations en analysant la fréquence et l'accélération de votre foulée. Et non depuis des satellites. La seule et relative contrainte de l'accéléromètre étant de porter un petit module très léger, l'accéléromètre proprement dit, attaché au bout de votre chaussure. Mais bon, ce n'est pas très lourd, et on l'oublie facilement.

ASTUCE

Si vous ne souhaitez pas investir dans un GPS ou un accéléromètre, voici une technique moins coûteuse, mais moins précise aussi pour évaluer votre vitesse de course. Allez sur la piste d'un stade et courez, par exemple, 400 ou 1 000 mètres muni de votre cardio-fréquencemètre. Sachant que courir

400 mètres en 2 min 24 équivaut à avoir une vitesse de course de 10 km/h, courir sur cette même distance en 2 min 11 indique que l'on a une vitesse de 11 km/h, et la courir en 2 minutes indique une vitesse de course de 12 km/h. Regardez sur l'écran de votre cardio-fréquencemètre vos pulsations enregistrées à chaque parcours de 400 mètres : cela vous permettra de le reproduire sur un parcours plus long en nature. Imaginez que vous ayez couru votre 400 mètres à 12 km/h et à 160 pulsations cardiaques, vous saurez sur un parcours non balisé que, à 160 pulsations, vous atteignez cette vitesse. Idem pour toutes les autres vitesses. Mais avec une marge d'erreur toujours possible. Ce n'est pas très technologique en effet.

Comment calculer les minutes au kilomètre y compris sur tapis de course

Pour calculer vos minutes par kilomètre quand vous courez sur l'itinéraire que vous avez mesuré, servez-vous d'une calculatrice et procédez de la manière suivante :

Arrondissez vos secondes à la minute supérieure. Par exemple, 36 minutes et 30 secondes deviendront 37 minutes. Convertissez les heures en minutes (1 heure, 10 minutes et 24 secondes deviendront 70 minutes).

Divisez les minutes par le nombre de kilomètres.

Soustrayez les minutes pour obtenir un chiffre décimal (qui représente le nombre de secondes), plus multipliez les valeurs après la virgule par 60.

Par exemple, si vous obtenez 9,27 après avoir divisé vos minutes par le nombre de kilomètres, soustrayez 9 et multipliez 0,27 par 60. Vous obtenez 16,2, que vous arrondissez à 16.

Rajoutez le nombre de secondes aux minutes, et vous obtiendrez votre rythme.

Avec l'exemple précédent, vous obtenez 9 minutes + 16 secondes, soit 9 min 16 par kilomètre.

Si vous courez sur un tapis de course, vous avez besoin d'une autre formule pour convertir vos kilomètres par heure en minutes par kilomètre. Voici comment procéder :

Divisez par 60 le nombre de kilomètres par heure affichée par le tapis de course. Par exemple, si celui-ci indique que vous courez à 7,1 km/h, divisez 60 par 7,1 et vous obtiendrez 8 min 45.

Soustrayez les minutes, pour n'avoir que le chiffre après la virgule, qui représente le nombre de secondes. Puis multipliez ce chiffre après la virgule par 60.

Soustrayez 8 et multipliez 0,45 par 60 pour obtenir 27.

Rajoutez ce nombre aux minutes, et vous obtenez votre rythme.

8 minutes + 27 secondes = 8 min 27 par kilomètre.

Un jeu un peu fastidieux, c'est vrai. Avec les technologies modernes, c'est beaucoup plus simple, mais il est important de pouvoir connaître ses temps au kilomètre d'une façon ou d'une autre.

En courant au temps, 1 heure, 1 h 30 puis 2 heures et plus, plutôt qu'au kilomètre, vous disposez d'un avantage important aussi curieux que cela puisse paraître après ce que nous venons d'expliquer. Car si vous ne savez pas exactement à quelle vitesse vous courez tous les jours, c'est aussi du stress en moins. Certains coureurs, et tout spécialement les marathoniens, tendent en effet à être obsédés par leur vitesse, ce qui les conduit parfois à répéter des séances trop dures. En effet, si pour préparer un marathon il est indispensable de faire, une fois par semaine (voir nos plans de préparation au marathon en dix semaines au chapitre 6) certaines séances de votre préparation à votre allure objectif marathon (11, 12 ou 13 km/h...), une information permanente sur votre vitesse, y compris lors de vos sorties longues, peut toutefois entraîner une fatigue morale et physique préjudiciable.

Se moucher ou pas ?

Un peu d'humour pour se détendre après tous ces calculs de vitesse et de kilomètres ! De l'humour, mais très pratique toutefois. Car, si vous vous entraînez pendant l'hiver, sous la pluie ou au cours de la saison des pollens, vous risquez d'avoir besoin de vous moucher en courant. Il y a deux catégories de coureurs : ceux qui emportent un mouchoir qu'ils tirent de leur poche quand ils en ont besoin pour se moucher délicatement, et ceux qui n'emportent pas de mouchoir. Ces derniers se bouchent une narine et soufflent de l'autre, en laissant au vent le soin d'emporter leur mucus. Ensuite, ils répètent l'opération avec l'autre narine.

Choisissez votre catégorie : les partisans du mouchoir ont tendance à mépriser leur héritage néandertalien, surtout s'il leur est arrivé de recevoir un cadeau inopiné du coureur qui les précédait dans une course. Les partisans du « sans mouchoir » prennent les partisans du mouchoir pour des coureurs un peu maniérés. Si vous choisissez d'emporter un mouchoir, il faudra que vous sachiez quoi en faire après l'avoir utilisé. Si vous choisissez l'approche sans mouchoir, pensez à la personne qui se trouve immédiatement derrière vous, dans l'axe du vent.

Commencez par alterner course et marche

Que vous entamiez la première séance de course de votre vie ou que vous reveniez au sport après une longue pause ou encore que vous vous remettiez d'une convalescence, il existe un moyen génial de commencer à courir et d'augmenter rapidement votre kilométrage : il suffit de courir et de marcher, en alternance. L'idée est simple. Quand vous avez enfilé votre équipement, vos chaussures, sans oublier votre montre-cardio-fréquencemètre et quand vous vous êtes enduit d'écran solaire et que vous avez emporté tout ce dont vous aviez besoin (voir le chapitre 2), dirigez-vous vers la porte et procédez comme suit :

1. **Courez à un rythme confortable jusqu'à ce que vous vous sentiez fatigué.**

   ASTUCE

   La quantité de temps que cela vous prendra varie beaucoup d'une personne à l'autre. Courez simplement, lentement, jusqu'à ce que vous vous sentiez fatigué mais surtout pas épuisé. Pour la personne n'ayant aucun passé sportif, on n'hésitera pas à alterner une minute de course avec une minute de marche, cela pendant 20 minutes. Pour quelqu'un qui a conservé un minimum de pratique sportive, ce sera peut-être 5 minutes de course puis une récupération marchée. Ou 10 minutes, c'est possible, ou davantage, sait-on jamais. Tout cela, c'est bien selon votre niveau de forme et aussi en fonction de votre passé sportif. En tout cas, c'est tout simple à faire, pourvu que vous ne forciez pas la partie courue.

   N'oubliez certes pas que, à terme, vous voudrez passer votre temps à courir (et pas à marcher). Donc, plus vous pourrez courir, mais très tranquillement, les premières semaines, plus vous entrerez vite dans le vif de votre entraînement. Mais surtout sans aucune précipitation.

   Pour l'instant, ne vous interrogez pas sur la qualité de votre technique. Le chapitre 8 vous montre comment l'améliorer. Le plus important est de se diriger vers la porte et de commencer à courir.

2. **Ralentissez et marchez d'un pas vif.**

   ATTENTION !

   Ne vous arrêtez pas forcément pour respirer entre la phase de footing et la phase de marche. Pour améliorer votre endurance, il faut que vous restiez à un rythme cardiaque proche (60 à 65 % de votre fréquence cardiaque maximale) pendant toute la phase de footing et la phase de marche.

   Le temps que vous passerez à marcher et celui que vous passerez à courir varient tous deux en fonction de votre forme et de vos capacités. Il se peut que vous n'ayez besoin de marcher qu'une minute ou deux, ou bien aussi longtemps ou même plus longtemps que vous n'avez couru.

3. **Quand vous avez l'impression de pouvoir courir de nouveau, recommencez.**

   Là encore, ne vous reposez pas entre la marche et le footing. Contentez-vous d'accélérer votre marche et remettez-vous à courir.

4. **Répétez à volonté.**

En fait, ne vous souciez pas de la proportion de footing et de marche. Pensez plutôt au temps total de votre entraînement. Nous recommandons de commencer par un total de 20 minutes avec trois séances pendant la première semaine. Mais attention, ne faites pas trois séances d'entraînement à la suite : alternez avec des jours de repos. De même, ne prenez pas tous vos jours de repos à la suite (sinon, vous pourriez décider de laisser tomber !). Si ces 20 minutes vous paraissent longues au début, souvenez-vous qu'un marathon fait 42,195 km et qu'il vous faudra sans doute 3 à 5 heures pour le terminer ! On plaisante bien sûr, car au début n'en faites surtout pas trop.

Gardez un rythme régulier pendant que vous courez. Ne commencez surtout pas par courir vite, avant de ralentir quand vous vous fatiguez. Surveillez, si possible, vos pulsations cardiaques sur l'écran de votre cardio-fréquence-mètre. Ce sera une bonne initiation. Et puis songez que votre entraînement vous prépare à la course, et que la clé du succès, dans un marathon, est de courir à un rythme régulier et égal, sans tenir compte de votre performance ni de votre fatigue. Le chapitre 16 vous en dira plus long sur le rythme à tenir.

L'intérêt d'un exercice de marche et de footing est qu'il permet à vos premières sorties d'être assez longues : 20, 30 puis 40 minutes, sans stress excessif pour votre organisme. Si vous essayez de commencer par courir 30 minutes sans vous accorder le droit de marcher quand vous êtes fatigué, vous ne parviendrez sans doute pas à tenir plus de 10 minutes, et sans doute moins, sauf à disposer d'un potentiel déjà un peu rodé. Et surtout, vous vous lasserez, répétant que vous n'y arriverez jamais.

Les gens qui sont naturellement doués s'attirent la haine générale. Je parle du type qui peut atteindre et tenir longtemps une fréquence cardiaque élevée dès sa première sortie ou de la basketteuse qui réussit 50 paniers du premier coup. Eh bien ! il en va de même pour la course à pied. Certaines personnes arrivent à parcourir 5 km dès le premier jour, sans avoir à combiner la marche et le footing. Mais ne cherchez surtout pas à les imiter.

Et, au sommet, si certains coureurs d'élite se sont entraînés pendant des années pour pouvoir espérer se qualifier et participer à leur premier marathon olympique, d'autres ont réussi les temps de qualification pour faire les J.O. dès leurs toutes premières tentatives. Simplement pour dire que certains coureurs d'élite ou des coureurs comme vous, complètement amateurs, ont plus de facilités que d'autres pour progresser. Certains pourraient avoir un potentiel plus développé, grâce à la pratique d'autres sports, collectifs notamment, pratiqués avant la venue à la course à pied.

Considérez en tout cas votre première semaine d'entraînement comme votre lune de miel. Allez-y et voyez comment vous vous débrouillez. Au cours des semaines qui suivront, augmentez petit à petit le temps que vous passez à courir au lieu de marcher, et améliorez un peu votre vitesse.

Prévenez les blessures et les courbatures

J'aimerais bien vous donner une formule magique pour éviter totalement les bobos, mais si vous n'avez pas couru depuis longtemps, il y a des risques (en fait, cent pour cent) que vous souffriez un peu les premières semaines. Je peux juste vous dire comment réagir :

- Faites des échauffements en commençant par courir très lentement et accordez-vous des temps de récupération dans votre semaine. Encore une fois, pas trois séances d'affilée. Échauffez-vous donc toujours avant de commencer, sautillez même un peu avant de courir, levez vos genoux puis reposez-vous après vos sorties ou vos marches et footings.

- Étirez-vous. En appliquant la méthode d'étirements que vous explique le chapitre 5, étirez-vous avant et après chaque sortie. Mais, au début de votre pratique, sans forcer. Il faut s'étirer en douceur, en souplesse, quel que soit de toute façon son degré de pratique. Même après vingt ans de course à pied, il faut toujours s'étirer en douceur. En outre, si vous commencez à ressentir des courbatures au cours des heures qui suivent la sortie, étirez aussi les zones qui sont touchées par les courbatures. Nous verrons cela en détail dans le chapitre 5.

- Prenez un bain froid, du moins essayez, plutôt qu'un bain brûlant ou un bain chaud. Quand vous courez, vos muscles s'étirent au-delà de leurs limites habituelles et ils sont en torsion légère. L'eau froide apaise ces petites torsions, alors que l'eau chaude (ou la bouillotte) ne le fait pas : elle stimule la circulation du sang dans les tissus douloureux. Si vous avez entendu dire que la chaleur était bénéfique (et je veux bien croire qu'un bain chaud soit plus agréable qu'un bain froid), sachez que l'eau glacée, ou du moins très froide, convient parfaitement pour réparer les petites déchirures musculaires (le chapitre 11 vous en dit davantage à ce sujet). Mais, dans un premier temps, si le bain froid vous terrorise, ce que l'on peut comprendre, alternez tout simplement jets d'eau chaude et jets d'eau froide sur vos pieds et sur vos jambes. C'est très efficace et plus à votre portée que le bain froid.

N'OUBLIEZ PAS !

Les bains froids, quand vous tenterez le coup, peuvent être pénibles. Pendant que vos jambes trempent dans la baignoire, couvrez le haut de votre corps (en enfilant par exemple un sweat-shirt) et n'y restez pas plus de 10 minutes. Séchez-vous complètement quand vous avez terminé et enfilez un bas de survêtement (voyez le chapitre 2).

Initiez-vous au fartlek suédois

Après votre première semaine d'entraînement, quand vous commencez à moins souffrir de courbatures, préparez un plan et respectez-le, à la fois pour ce qui concerne la durée du footing, voire la vitesse, même s'il ne s'agit pas de brûler les étapes.

Surveiller votre rythme

Beaucoup de gens qui commencent à s'entraîner pour un marathon (vous n'en êtes pas encore là, c'est vrai) pensent qu'il est plus important de tenir une *distance* plutôt qu'une *vitesse*. Même si cette idée n'est pas fausse, il ne faut pas oublier les éléments suivants :

La vitesse à laquelle vous allez courir votre marathon (c'est-à-dire le temps que vous aurez réalisé à l'arrivée) est directement liée à la vitesse de certaines de vos séances d'entraînement. Des séances à « allure marathon » comme on dit.

Si votre objectif est de *faire un temps sur le marathon*, même en plus de 4 heures, il faudra vérifier lors de votre préparation que vous êtes capable de tenir la vitesse correspondant à ce temps et faire quelques séances à cette vitesse, celle de votre objectif. Si, en revanche, votre objectif est simplement de *finir le marathon*, votre allure, votre rythme sont moins importants, mais il ne faut pas les négliger complètement. La plupart des marathoniens débutants s'imposent de terminer la course en un temps donné, de 4 h 30 à 5 heures voire jusqu'à 6 heures. Si, un temps limite est fixé par l'organisation, à moins d'être prêt à circuler au milieu des voitures après ce laps de temps, et sans pouvoir accéder aux postes de ravitaillement pour vous désaltérer, postes qui auront plié bagage, mieux vaut donc travailler une allure minimale et finir dans les délais prévus par les organisateurs. Histoire aussi de recevoir votre médaille.

ASTUCE

Le chapitre 7 vous explique comment vous entraîner et courir plus vite, mais accordez-vous six semaines de course avant de vous mettre aux exercices intensifs. Nous vous proposerons donc un plan en six semaines pour vraiment bien débuter. Pour l'instant, en plus d'alterner durant 20 à 30 minutes course et marche active, vous pouvez changer un peu de rythme en essayant le jeu suivant :

1. **Courez pendant 10 minutes pour vous échauffer.**

   C'est la phase de mise en action évoquée plus haut et faite à un rythme très lent.

2. **Au bout de ces 10 premières minutes (phase d'échauffement donc), courez un peu plus vite d'abord puis cherchez du regard un arbre, un poteau, un lampadaire, une borne quelconque, en fait n'importe quel objet qui soit posté un peu plus loin, mais à une distance visible.**

3. **Augmentez votre vitesse et courez plus vite jusqu'à ce que vous atteigniez cet objet.**

   Dès que vous avez atteint l'objet de votre choix, ralentissez et reprenez votre rythme de départ, ou adoptez même un rythme plus lent par rapport au premier.

4. **Continuez à courir pendant quelques minutes puis choisissez un autre objet et répétez l'étape 3.**

5. **Répétez ce processus plusieurs fois si vous le pouvez.**

   Essayez de choisir des repères qui sont un peu plus éloignés, le premier étant par exemple à 10 secondes de vous, et le suivant à 25 secondes.

6. **À la fin, courez à nouveau 5 à 10 minutes (phase de récupération) à votre rythme normal**.

Ce type de course s'appelle le *fartlek*. C'est un mot suédois que l'on peut traduire par « jeux de vitesse ». C'est exactement ce dont nous parlons : jouer avec la vitesse. Mais, ici, il s'agit d'une initiation très ludique à ce changement d'allure. Le chapitre 7 vous en dira davantage sur le fartlek beaucoup plus avancé et les moyens de changer votre rythme de course.

La plupart des entraînements sont faits à un rythme régulier, ce genre de séances plus rapides, avec des changements de rythme n'intervenant qu'une fois dans la semaine. Nous verrons tout cela plus en détail à mesure que votre préparation évoluera.

Votre premier vrai plan d'entraînement

Vous pouvez durant deux à trois semaines ou plus selon vos sensations courir comme indiqué ci-dessus, histoire de découvrir les sensations de la course à pied, de prendre vos premiers repères, de faire quelques accélérations. Puis place à un premier vrai plan d'entraînement en six semaines, qui vous mettra dans les conditions pour aborder d'autres plans plus compétitifs. Sans qu'il soit encore question d'aborder les plans pour le marathon, cela va de soi. Une autre étape.

Le bon plan pour débuter

En six semaines types

Vous allez aborder ce plan le week-end, moment où l'on a plus de temps et où l'on est plus décontracté.

1re semaine

Samedi ou dimanche : premier entraînement.

Marchez 5 minutes, courez 2 minutes très lentement et, si vous avez un cardio-fréquencemètre, restez à 70 % de votre FCM (fréquence cardiaque maximale). Pour connaître celle-ci utilisez la formule « 220 moins l'âge » pour les hommes et « 226 moins l'âge » pour les femmes. Exemple pour un homme de 35 ans : 220-35, soit une FCM de 185 ; exemple pour une femme du même âge : 226-35, soit une FCM de 191.

Ensuite : marchez 3 minutes, courez 3 minutes, toujours à 70 % de votre FCM, marchez 2 minutes et courez à nouveau 5 minutes. Terminez par 5 minutes de marche rapide.

Mardi ou mercredi : deuxième entraînement.

Courez 10 minutes lentement à 65 % de votre FCM, récupérez 3 minutes en marchant, puis courez 5 minutes à 70 % de votre FCM. Marchez 2 minutes puis terminez par 5 minutes de course très lente.

2e semaine

Samedi ou dimanche

En sous-bois ou dans un parc, faites 3 fois 6 minutes à (si possible) 75 % de votre FCM. Entre chaque fraction, récupérez 2 minutes en marchant. Terminez en courant 10 minutes à 70 % de votre FCM.

Mardi ou mercredi

Échauffez-vous 10 minutes très lentement puis effectuez 5 fois 2 minutes à 80 % de votre FCM. Récupérez avec 2 minutes de marche entre les fractions. Finissez par 10 minutes de course à 70 % de votre FCM.

3e semaine

Samedi ou dimanche

Si possible sur terrain un peu vallonné, courez 20 minutes à 70 % de votre FCM, puis marchez 5 minutes et consacrez 5 minutes à quelques mouvements d'assouplissement et d'étirements. Essayez de monter trois côtes de moyenne longueur sans forcer et en récupérant dans la descente. Terminez par 10 minutes de course lente à 65 % de votre FCM.

Mardi ou mercredi

Échauffez-vous 15 minutes très lentement en faisant 5 minutes d'étirements. Puis effectuez 5 petites accélérations de 2 minutes de 75 à 80 % de votre FCM. Récupérez 2 minutes très lentement entre les fractions et terminez par 10 minutes à 70 % de votre FCM.

Les trois semaines suivantes, vous reprenez ces plans en faisant ces adaptations :

- 5 minutes de plus pour les échauffements et récupération finals. Exemple : 15 minutes à 65 % au lieu de 10 minutes pour débuter votre séance, puis également 15 minutes au lieu de 10 minutes pour la terminer.
- 1 accélération supplémentaire dans votre initiation au fractionné. Exemple : 6 fois 2 minutes à 80 % de votre FCM au lieu de 5 fois.
- Rajout possible d'une séance dans la semaine, soit 20 à 30 minutes à 70 % de votre FCM, pas au-delà, en coupant avec une pause marchée de 2 minutes si nécessaire.

Conclusion : une bonne initiation avant des plans plus consistants pour un premier 5 km, voire un premier 10 km

Votre plan pour un premier 10 km

Prévoyez trois séances hebdomadaires selon ce plan :

1re semaine

Mardi : 20 minutes en endurance à 75 % de votre FCM, 5 minutes pour vous étirer, puis à nouveau 20 minutes en endurance.

Jeudi : 30 minutes en endurance à 70-75 % de votre FCM.

Samedi ou dimanche : 30 minutes en endurance à 75 % de votre FCM, 5 minutes pour vous étirer, puis 2 fois 3 minutes à 85 % de votre FCM avec récupération en marchant 1 min 30 entre les accélérations. Finissez par 10 minutes de course tranquille en endurance.

2e semaine

Mardi : 30 minutes en endurance à 75 % de votre FCM, 5 minutes pour vous étirer, puis à nouveau 20 minutes en endurance.

Jeudi : 30 minutes en endurance à 70-75 % de votre FCM.

Samedi ou dimanche : 20 minutes en endurance à 75 % de votre FCM, 5 minutes pour vous étirer, puis 2 séries de 6 fois 15 secondes en accélérant mais sans sprinter à fond, suivies de 15 secondes en ralentissant. Puis faites 3 minutes en trottinant ou en marchant entre les 2 séries. Finissez par 15 minutes en endurance.

3e semaine

Mardi : 45 minutes en endurance à 75 % de votre FCM.

Jeudi : 30 à 40 minutes en endurance.

Samedi ou dimanche : 20 minutes en endurance à 75 % de votre FCM puis 5 fois 2 minutes à 85 % de votre FCM avec 1 minute de récupération en trottinant entre chacune des séries de 2 minutes. Finissez par 15 minutes en endurance.

4e semaine

Mardi : 40 minutes en endurance à 75 % de votre FCM, puis 5 minutes pour vous étirer suivies de 15 minutes en endurance.

Jeudi : 30 minutes en endurance à 70-75 % de votre FCM.

Samedi ou dimanche : 20 minutes en endurance à 75 % de votre FCM, puis 2 séries de 6 fois 30 secondes vite, mais sans sprinter, suivies de 30 secondes plus lentement. Récupérez en trottinant entre les 2 séries. Finissez par 15 minutes en endurance.

5e semaine

Votre 5e semaine avant le 10 km sera allégée avec : 40 minutes en endurance le mardi, puis, le jeudi, ce seront 30 minutes en endurance suivies de 6 accélérations de 10 secondes, mais sans sprinter. Pour se détendre, vous pouvez courir à l'aise 20 minutes le jour précédant la course.

Amis coureurs, clubs, associations pour vous aider

Si vous pensez que vous aurez du mal à rester motivé pour atteindre dans les mois à venir le kilométrage propice à la participation à une première course courte, puis à un marathon, ou si vous croyez simplement que vous allez vous ennuyer pendant vos entraînements, envisagez de trouver un partenaire ou deux, même si vous ne les retrouvez qu'un jour ou deux par semaine. Cette partie du livre vous aide à imaginer des moyens d'entrer en contact avec d'autres personnes possédant les mêmes capacités que vous, et qui s'entraînent également pour des compétitions.

Vous inscrire dans un club

Des séances d'entraînement à certaines compétitions et au marathon sont de plus en plus souvent organisées par des équipementiers comme Nike, Adidas, Asics ou Décathlon. Elles se déroulent avec le concours d'un ou de plusieurs coureurs expérimentés qui vous aident à vous préparer en vue d'un marathon particulier, qui a généralement lieu dans votre région. Les séances débutent quelques mois avant la course visée. Elles commencent par un bilan de vos compétences de départ et de vos objectifs, et vous donnent un plan d'entraînement. La plupart des cours reposent sur une partie théorique, au cours de laquelle des experts vous parlent d'équipements (ceux de la marque organisatrice bien sûr), d'alimentation, de stratégie de la course, d'étirements, de blessures, etc.

Avant ou après l'intervention du ou des animateurs, la « classe » se livre fréquemment à un entraînement, et les élèves se regroupent en fonction de leur rythme d'entraînement (un groupe fera 1 km en 5 minutes, un autre réalisera 1 km en 6 minutes, etc.).

Pour trouver ces entraînements au marathon, qui sont gratuits, vous devez d'abord repérer non loin de chez vous un magasin spécialisé dans la course à pied. Nous parlons d'un magasin de sport qui vend des équipements et des chaussures pour la course, et, éventuellement, pour la marche à pied, et non d'un magasin de sport qui vend des ballons de basket-ball, des équipements pour le foot, etc. Ce magasin saura sans doute si un de ces stages est prévu avec une marque. Plus sûrement, vous trouverez ces informations dans les magazines spécialisés, comme *Jogging international*, les organisateurs y annonçant leurs sessions de préparation.

Outre les marques, les municipalités organisent de plus en plus souvent dans les parcs des villes des rendez-vous dominicaux avec des moniteurs municipaux pour une initiation ou un perfectionnement à la course à pied, avec conseils pour bien courir, bien s'étirer, etc. Une ambiance dominicale agréable pour des cours qui sont bien sûr gratuits.

Retrouvez-vous entre coureurs

Un peu partout aux États-Unis, en Amérique du Sud et bien sûr en France, dans les grandes et petites villes, il existe des clubs de course fréquentés par des coureurs qui recherchent de la compagnie. Et des bons conseils pour progresser. Les clubs appliquent des règles variables pour ce qui concerne l'intensité des entraînements, ou le niveau des coureurs. En fait, vous avez des clubs multi-disciplines (du sprint au marathon en passant par les lancers et les sauts) affiliés à la Fédération française d'athlétisme (FFA) et des associations également affiliées à cette dernière, mais spécialisées dans la course de fond, du 10 km au marathon. C'est mieux pour vous. Il faut vous renseigner.

Les avantages de cette formule sont de deux sortes :

- **Vous pouvez vous entraîner en groupes** : sur le plan de la motivation, le fait de s'entraîner ensemble, même une ou deux fois par semaine, peut réellement vous aider à réussir votre entraînement au marathon. C'est vraiment très motivant.
- **Vous pouvez économiser de l'argent** : si votre club, ou votre association, se rend sur les courses, vous partagerez les frais de déplacement et d'inscription avec les autres membres. Ce qui vous permettra d'économiser une partie des dépenses liées à tous ces éléments : dossard, déplacement, hôtel…

Le principal inconvénient de certains clubs affiliés à la FFA, les plus grands surtout, c'est qu'ils réunissent des athlètes dont les objectifs sont variables, mais souvent tournés vers le résultat. Normal après tout. Au bout du compte, si la section de course longue distance n'est pas prioritaire, vous pouvez finir par vous entraîner seul (ce qui, de toute évidence, diminue l'intérêt de faire partie d'un club) ou par vous entraîner en recevant moins de conseils que dans d'autres disciplines de pointe comme le sprint, le demi-fond ou les concours. Ce qui diminuera vos attentes. En outre, les licenciés peuvent très bien avoir envie de participer au même marathon. Ou bien, personne ne sera intéressé par votre marathon et voudra disputer des courses de 5 ou 10 km. Mais, le plus souvent, ça se passe bien, on se regroupe par affinités, par niveaux, avec des objectifs quasi identiques.

Quand vous vous inscrivez à un club de course, étudiez les points suivants :

- Les autres membres du club ne s'entraînent pas forcément à un rythme comparable ou équivalent au vôtre (voir le chapitre 6). Ne partez pas du principe que vos rythmes sont similaires. Posez des questions précises sur les préparations possibles, les entraînements pratiqués et le suivi de votre parcours auprès de l'entraîneur du club. C'est lui, le maître à bord. Mais, en toute logique, il s'occupe de tous les coureurs, quel que soit leur niveau.
- Vérifiez que les autres membres du club envisagent de faire les mêmes courses, ou du moins un certain nombre de courses auxquelles vous voulez aussi participer.
- Si l'entraîneur du club propose des programmes, avec des « séries de 1000 mètres », des séances fractionnées sur la piste, vérifiez que ces séances vous conviennent et sont aussi prévues pour votre niveau. En clair, des groupes de niveau doivent être constitués dans le club que vous voulez rejoindre.
- Demandez quel est le montant des frais d'inscription. Si le club vous propose des équipements pour la course, des repas réguliers ou invite des conférenciers de temps en temps, cela arrive, il faudra accepter d'en payer le prix. Normal et enrichissant intellectuellement…

ASTUCE

Si la section athlétisme du club que vous voulez rejoindre vous semble d'un niveau trop élevé, voici une possibilité créée depuis quelques années par la FFA : prendre une licence athlétisme-santé-loisirs et bénéficier des conseils d'entraînement de coaches athlétisme-santé formés par la Fédération et rémunérés par les clubs. Plus que le résultat à tout prix, ils vous entraîneront pour être en forme, ce qui ne vous empêchera pas de préparer un marathon. Ils sont également compétents pour vous conseiller et vous préparer à ces épreuves. Nanti de votre licence athlétisme-santé, vous pourrez normalement participer à toutes les compétitions souhaitées, sauf aux championnats de France. Des championnats ouverts aux jeunes et aux moins jeunes, y compris les vétérans de plus de 60 ans. Mais c'est alors la licence FFA qui est la seule valable.

Créer votre propre équipe

Si vous ne trouvez pas de club de course dans votre région ou si aucun ne vous convient, vous pouvez toujours fonder votre propre groupe, voire créer votre association, cela se fait beaucoup, avec des collègues de travail, des membres de votre famille, des amis, des voisins, etc. Les sections de course sont très nombreuses et souvent très bien organisées dans les entreprises. Ou en dehors. Comme pour un club de course, vérifiez que plusieurs coureurs pourront s'entraîner au même rythme que vous afin de ne pas être isolé et freiné dans votre progression. Mais l'avantage de ces « clubs » d'entreprise est justement la présence de coureurs de niveaux très différents. Et ayant des objectifs très différents. Des sections qui, avec l'aide des comités d'entreprise, mettent également sur pied des déplacements pour les plus grands marathons mondiaux, New York, Londres ou Berlin. Et ce, à moindres frais.

Luxe : louer les services d'un coach

Si vous voulez des conseils personnalisés, envisagez de louer les services d'un entraîneur. C'est cher, mais vous ferez l'objet d'une attention que vous n'obtiendrez nulle part ailleurs.

Pour savoir qui est le mieux qualifié et qui est prêt à vous encadrer personnellement, plusieurs possibilités existent : consultez d'abord le responsable de votre magasin de sport, s'il est spécialisé dans la course. Vous cherchez quelqu'un qui a déjà formé des marathoniens, ou qui est lui-même marathonien et a remporté quelques succès : les magasins spécialisés connaissent le plus souvent ces personnes. Si votre quête est vaine, un entraîneur de club d'athlétisme ou en fonction dans un club de fitness peut répondre à votre appel. Sur Internet, les sollicitations pour le coaching personnel sont de plus en plus nombreuses. Mais réfléchissez bien avant de vous engager, n'oubliez pas de demander un devis…

ATTENTION !

Si le coaching individuel et personnalisé se développe aussi en France, cette méthode est quand même réservée aux personnes disposant de moyens financiers importants. De toute façon, vous ne vous engagerez pas, encore une fois, sans avoir demandé les tarifs. Cela va de soi.

ASTUCE

Un bon entraîneur discute toujours avec vous et examine votre formation, votre expérience, votre niveau de forme et vos objectifs avant de vous proposer un plan d'entraînement. Évitez les entraîneurs de club qui cherchent à vous imposer un calendrier de compétitions qui ne vous conviendraient pas, sauf s'il s'agit de compétitions accessibles à tous les niveaux. Renseignez-vous bien avant de signer. Mais sachez que toutes ces structures ont beaucoup évolué et ne s'adressent plus seulement à une élite, mais bien à tous les niveaux de pratique. La Fédération française d'athlétisme, qui fait beaucoup la promotion du sport santé (c'est aussi et de toute façon l'une des grandes missions des fédérations), a très bien compris cette évolution du sport qui se dessine depuis quelques années. La performance sans doute, elle motive beaucoup de coureurs, même avec le passage des années. Mais pas seulement la « perf ». La santé, la forme sont aussi devenues des valeurs très recherchées. De plus, il n'y a nulle contradiction entre les deux.

Chapitre 5

Étirements, échauffement et relaxation

Dans ce chapitre :

- Découvrir quand et comment s'étirer
- Trouver un nouveau moyen de s'étirer : l'étirement actif isolé
- Préférer les étirements plus traditionnels
- Comprendre les nombreux avantages de la souplesse dans la course
- Comprendre comment s'échauffer et récupérer pendant vos entraînements

L'étirement, voilà un gros mot dans la bouche de certains coureurs. Même ceux qui respectent toutes les règles du sport (qui mangent comme il faut, et effectuent des redressements assis tous les jours) n'aiment pas trop l'étirement. Même si cela a beaucoup évolué dans les mentalités.

Toutefois, ce chapitre vous apporte quelque chose de différent : une nouvelle manière « made in USA » de vous étirer, qui apporte un bien-être fantastique, même après une journée d'entraînement très dur et très long. Vous y trouverez des instructions progressives pour étirer tous les muscles qui interviennent dans la course, ainsi que d'autres conseils pour échauffer doucement votre corps en vue de la course et pour lui permettre de récupérer après coup. Vous trouverez plus loin des étirements plus traditionnels, « made in France » dirons-nous, qui feront aussi très bien l'affaire. Vous choisirez.

Le grand débat à propos des étirements

Depuis longtemps, les coureurs admettent certaines idées incontestées à propos de l'étirement :

- Tous les coureurs manquent de souplesse, mais on peut y remédier.
- Il faut s'étirer avant de courir pour éviter de se blesser.
- Il faut tenir les étirements pendant au moins 30 secondes.

Mais tout n'est pas dit. Si certains coureurs ont eu du succès en appliquant ces règles, d'autres se sont trouvés affligés de blessures chroniques ou ne sont jamais parvenus à un « niveau d'étirement » suffisant.

Il est peut-être temps de trouver d'autres règles à propos de l'étirement et de la souplesse. De nombreux coureurs d'élite internationaux s'y emploient. Si vous êtes satisfait de la manière dont vous vous étirez depuis des années, gardez cette formule : l'étirement traditionnel (statique) marche très bien pour certaines personnes. Mais si vous désirez changer, étudiez ces nouveaux principes :

- **Bien que beaucoup de coureurs commencent par se sentir raides, un entraînement bien encadré leur permet d'acquérir un degré de souplesse important :** vous ne serez peut-être pas la nouvelle Nadia Comaneci, cette gymnaste roumaine qui fit sensation aux Jeux olympiques de Montréal en 1976 et devint célèbre dans le monde entier, mais vous pouvez devenir beaucoup plus souple qu'auparavant (pour compléter les informations sur ce point, reportez-vous au paragraphe intitulé « Comprendre l'étirement actif isolé »).
- **Étirez-vous avant et après avoir couru pour limiter les risques de blessures :** toutefois, pas d'étirements à froid, échauffez-vous pendant les premières minutes de la course (voyez la partie « S'échauffer pour la course » un peu plus loin dans ce chapitre). Plus important encore, avant de faire une séance rapide, fractionnée (reportez-vous au chapitre 7), il faut vous échauffer pendant 20 minutes au moins avant la séance, de vous étirer ensuite, puis, seulement, de commencer l'entraînement.
- **Maintenez vos étirements pendant deux secondes** : deux secondes ? Oui, deux secondes ! Consultez le paragraphe suivant pour vous initier à l'étirement actif isolé, qui constitue la dernière avancée en matière d'étirement depuis… eh bien ! depuis l'invention de l'étirement.

Comprendre l'étirement actif isolé

L'étirement actif isolé (AIS en anglais) a été développé par l'Américain Aaron L. Mattes, qui est spécialiste de l'étude des mouvements musculaires humains. Cette méthode d'étirement rompt avec les principes d'étirement que vous avez probablement appris en cours de gym. Au lieu d'étirer une large zone du corps, par exemple en faisant en sorte que votre front s'approche de vos genoux quand vous êtes assis par terre, et de tenir le mouvement pendant 30 secondes, l'étirement actif isolé fait appel à deux composantes importantes que j'explique dans les paragraphes suivants.

Vous en apprendrez davantage sur les livres et les méthodes d'étirement de Mattes sur le site `www.stretchingusa.com` qui vous permet d'avancer pas à pas dans un programme d'étirement actif isolé.

Si vous voulez voir sur le terrain cette méthode en action, allez donc rendre visite aux meilleures équipes américaines de cross-country. Une boutade bien sûr, mais il reste que plus de la moitié des athlètes de ces équipes ont commencé à s'entraîner d'après les principes de Mattes, au cours de ces dernières années. C'est sans doute une méthode qui, suscitant intérêt et curiosité, mérite d'être étudiée.

L'étirement actif

Avec l'AIS, le mouvement d'étirement est tenu pendant deux secondes seulement. L'étirement est répété huit à dix fois, et chaque série de mouvements peut être répétée.

Mattes a découvert que, au bout de deux secondes d'étirement, le muscle antagoniste, c'est-à-dire le muscle qui se trouve en face de celui que vous étirez, se met à aider le muscle que vous essayez d'étirer. Par exemple, quand vous étirez les *ischio-jambiers* (les muscles qui se trouvent à l'arrière de vos cuisses), les *quadriceps* (les muscles situés à l'avant de vos cuisses) commencent, au bout de deux secondes, à « assister » les ischio-jambiers dans leur mouvement. Cela signifie que le muscle ischio-jambier cesse de s'étirer correctement au bout de deux secondes.

L'AIS vous apporte beaucoup plus de souplesse que la méthode d'étirement traditionnel parce que vous pratiquez seulement l'étirement jusqu'au moment où les muscles antagonistes commencent à « prendre le relais », et vous répétez le même mouvement d'étirement, durant deux secondes, plusieurs fois de suite. Supposons que vous étiriez le muscle ischio-jambier de la manière traditionnelle pendant 30 secondes. Vous en tirez deux secondes d'étirement efficace, et, si vous répétez l'étirement plusieurs fois, vous êtes bien étiré. Cependant, beaucoup de gens passent à un autre étirement, des mollets par exemple, après avoir tendu les ischio-jambiers pendant 30 secondes. Avec l'AIS, vous les étirez pendant deux secondes, vous relâchez, vous tendez à nouveau pendant deux secondes, vous relâchez, etc. Si vous répétez le processus huit fois de suite, vous tendez les ischio-jambiers pendant un total de 32 secondes, de manière beaucoup plus satisfaisante qu'avec un étirement continu de 30 secondes, qui n'aura apporté qu'un étirement efficace de deux secondes.

Isoler l'étirement

Avec l'AIS, vous isolez un muscle précis et vous l'étirez. Vous ne vous contentez pas d'un mouvement approximatif, vous suivez des instructions spécifiques. Ne vous inquiétez pas. Dans ce chapitre, je vous montre, par le biais de photos et de conseils précis, comment parvenir aux positions exactes.

Les bénéfices de la flexion

Les résultats quotidiens de l'AIS sont étonnants :

- Quand vous entamez votre course quotidienne, vous n'éprouvez presque aucune raideur.
- Avec l'AIS, vous récupérez plus vite après des compétitions, des entraînements et des courses longues.
- Vous réduisez énormément les risques de vous blesser.
- Vos temps de course s'améliorent beaucoup plus vite.
- Vous pouvez disputer des courses jusqu'à un âge avancé.

Vous vous préparez à l'étirement

Vous a-t-on prévenu du risque de « rebond » quand vous pratiquez l'étirement ? C'est une bonne remarque. L'AIS n'en provoque pas. Vous vous mettez en position. Vous tirez alors sur votre corde d'étirement (une corde en Nylon d'une épaisseur de deux centimètres, que l'on peut trouver dans tous les magasins de sport ou de bricolage), pour arriver au bon degré d'étirement. Vous tenez ensuite deux secondes (comptez en disant « éléphant 1, éléphant 2 ») et, enfin, relâchez pour que votre jambe se décontracte pendant quelques secondes.

Avec l'AIS, vous ne tenez jamais le mouvement plus de deux secondes, et vous permettez toujours à votre jambe de se décontracter après avoir tenu pendant deux secondes.

JARGON

Pour vous procurer une corde d'étirement, demandez au vendeur de votre magasin de bricolage une corde tressée en Nylon d'une épaisseur de deux à trois centimètres (n'utilisez pas de diamètre inférieur, sinon la corde vous cisaillera les pieds).

N'ayez pas peur d'étirer différemment chaque côté de votre corps. Si vos ischio-jambiers sont raides, ajoutez quelques exercices d'étirement. Il faut toutefois appliquer un certain nombre d'exercices à chaque jambe (par exemple une série de 8 ou une série de 10) ; mais si certains muscles sont raides, vous pouvez augmenter la dose à volonté.

Cartographier le corps

Avant de commencer les étirements, vous devez savoir où sont placés vos muscles. Servez-vous de la figure 5-1 pour vous repérer et identifier les différents muscles que vous utilisez pour la course.

ANECDOTE

Le voir pour le croire

J'ai passé presque toutes mes années d'études supérieures à soigner des blessures, des déchirures musculaires et ligamentaires, ainsi que des tendinites et des fractures de fatigue dans les jambes. Un peu avant mes 30 ans, j'ai appris de la bouche d'un spécialiste que je devais abandonner la course et me tourner vers un autre sport, car je ne serais jamais complètement guérie pour reprendre la compétition. À 35 ans, je ne courais plus que pour entretenir ma forme (je ne faisais plus de compétition et ne travaillais plus ma vitesse). Je clopinais hors de mon lit tous les matins et me blessais tous les trois ou quatre mois, sans faillir.

Finalement, ma hanche m'a tellement fait souffrir que j'ai cessé de courir. Un ami m'a suggéré d'appeler Steve Kramer, un kinésithérapeute établi à Indianapolis, spécialiste de l'étirement actif isolé (AIS). Il m'a initiée à cette technique dès ma première visite. Je me suis immédiatement acheté une corde et j'ai commencé à m'étirer après chaque course.

En l'espace d'une semaine, j'ai cessé de me traîner hors de mon lit. Alors que, auparavant, j'avais besoin de 20 minutes pour m'échauffer quand je courais. Et je me suis sentie bien pendant toute ma course, dès que j'ai pratiqué l'AIS. Au bout de six semaines, j'ai cessé de souffrir de ma hanche, et toutes mes autres douleurs ont disparu. J'ai trouvé des moyens d'étirer mes mollets et les muscles du tibia pour éviter les fractures de stress.

Trois mois après avoir commencé à pratiquer l'AIS, j'ai envisagé de reprendre la compétition. Petit à petit, j'ai augmenté mon kilométrage, passant de 112 km hebdomadaires à 144 km. J'ai tenu ce rythme pendant 18 mois en ne prenant que quelques jours de repos, et je ne me suis pas blessée une seule fois. Aucun test scientifique au monde n'aurait pu me convaincre du pouvoir de l'AIS : j'ai simplement cru à ma propre expérience dans mon entraînement quotidien. Cela vaut la peine d'essayer, non ?

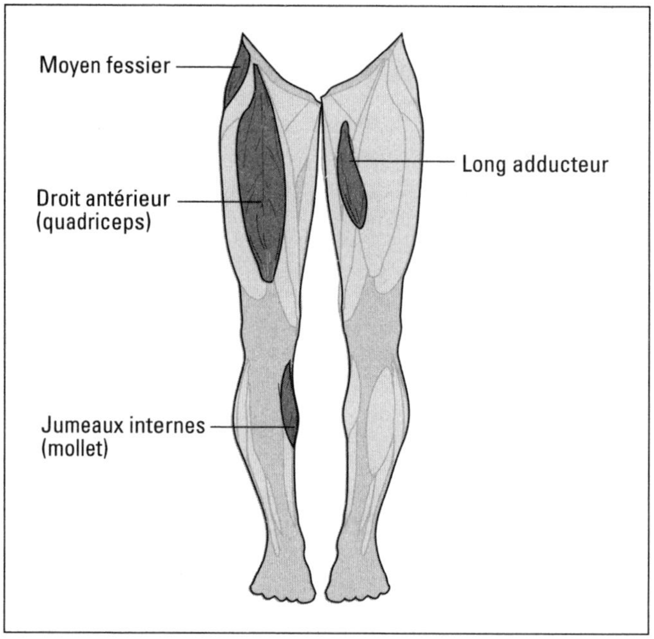

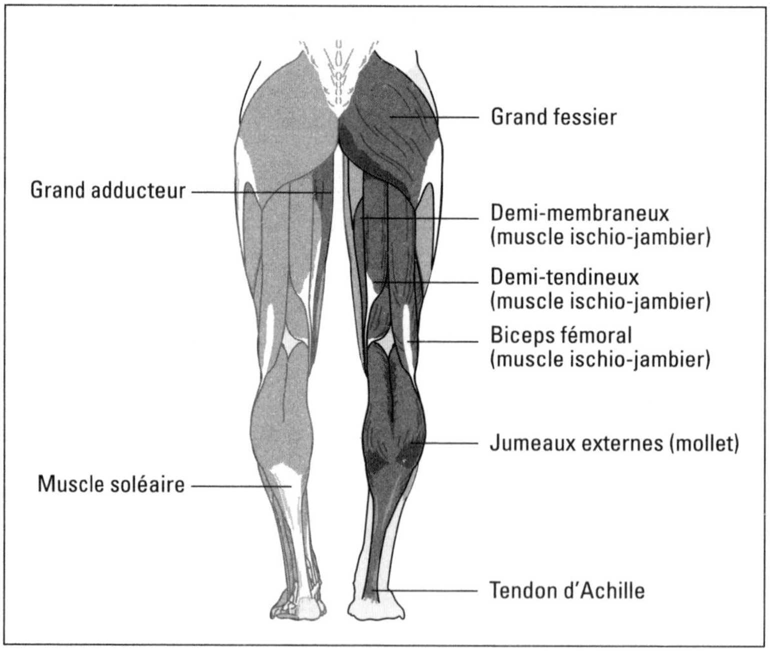

Figure 5-1 : Vues frontale et dorsale des principaux muscles impliqués dans la course.

Allonger le corps

Plus de bla-bla : cette partie du livre vous donne, pas à pas, les instructions pour essayer (puis maîtriser) l'AIS. Vous pouvez aborder ces informations de deux manières :

- Lire l'ensemble, en étudiant précisément les instructions et en regardant les photos, avant de procéder aux étirements.
- Regarder les instructions et les photos pour un exercice d'étirement, puis poser le livre et essayer. Répétez les mouvements pour tous les étirements.

Étirer les ischio-jambiers, les quadriceps et les hanches

Incontestablement, les *ischio-jambiers* (muscles situés à l'arrière des cuisses) et les *quadriceps* (muscles situés à l'avant des cuisses) sont essentiels pour un marathonien. Ces muscles sont ceux qui travaillent le plus ; ils doivent toujours rester décontractés et souples, si vous voulez améliorer votre potentiel.

En outre, les coureurs de fond souffrent de plus en plus d'accidents aux hanches. Mais si vous étirez les *rotateurs* (les muscles qui servent à tourner les hanches), vous vous protégez quotidiennement de ce genre de blessures.

Étirement des ischio-jambiers (genou tendu)

En vous aidant de la figure 5-2, tendez vos ischio-jambiers comme suit :

Figure 5-2 : Étirement des ischio-jambiers (genou tendu).

1. **Passez votre corde autour de votre pied gauche et, dos au sol, tendez la jambe droite.**

   Vous pouvez également plier le genou droit si c'est plus confortable. Quelques jours ou quelques semaines après avoir réalisé cet étirement, vous pourrez tendre le genou sans effort.

2. **Tendez la jambe gauche, verrouillez votre genou gauche et, à l'aide de la corde, tirez votre jambe gauche vers votre poitrine.**

   Ne pliez pas le genou gauche (gardez-le verrouillé).

3. **Tenez deux secondes puis relâchez, et décontractez votre jambe gauche pendant quelques secondes.**

4. **Répétez les étapes 2 et 3 huit à dix fois de suite.**

Si nécessaire, faites une autre série de huit à dix exercices.

En gardant votre pied tendu (voir les figures 5-3a et 5-4a), vous étirez le muscle ischio-jambier central. Pour mieux étirer vos ischio-jambiers, variez comme suit :

- Muscle ischio-jambier interne : tournez votre pied gauche vers l'intérieur et suivez les étapes indiquées ci-dessus. Voir la figure 5-3b.
- Muscle ischio-jambier externe : tournez votre pied gauche vers l'extérieur et suivez les étapes indiquées ci-dessus. Voir la figure 5-4b.

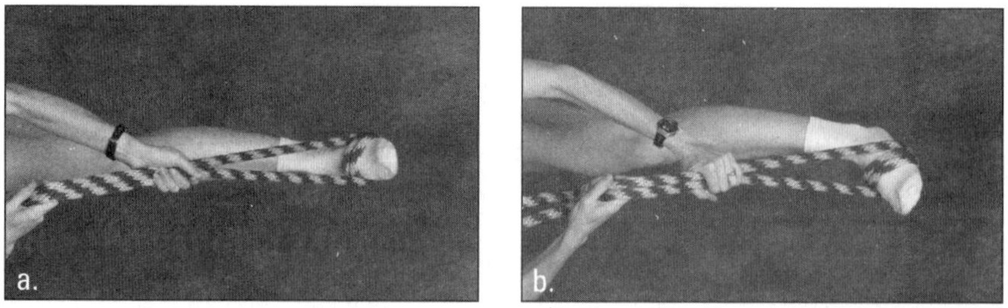

Figures 5-3 : Variations autour de l'étirement des ischio-jambiers (sur la figure 5-3a, étirement du muscle ischio-jambier central ; sur la figure 5-3b, étirement du muscle ischio-jambier interne).

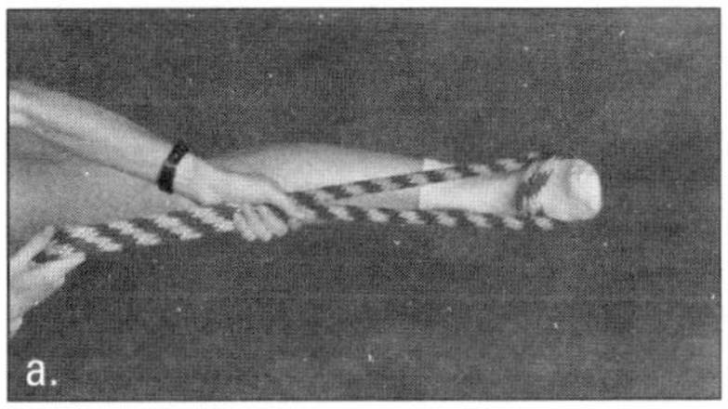

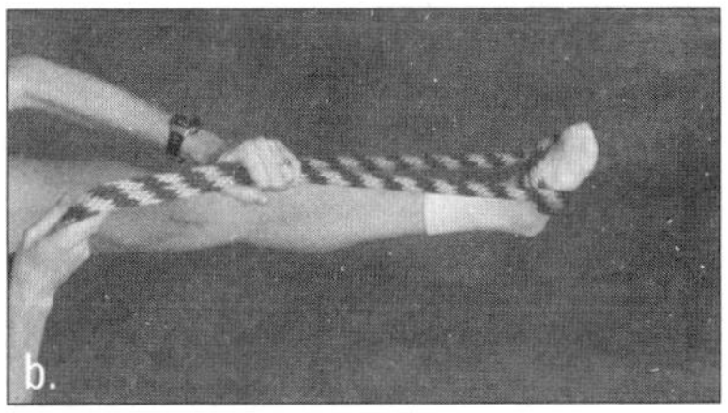

Figures 5-4 : Variations autour de l'étirement des ischio-jambiers (sur la figure 5-4a, étirement du muscle ischio-jambier central ; sur la figure 5-4b, étirement du muscle ischio-jambier externe).

Étirement des quadriceps

Vos quadriceps supportent une bonne partie de la charge des courses de longue distance. S'ils se durcissent, ou pire, s'ils sont blessés, vous mettrez beaucoup de temps à récupérer pour arriver jusqu'à la ligne d'arrivée du marathon. Procédez comme suit pour obtenir un étirement efficace (même si la position paraît un peu bizarre) de vos quadriceps (voir la figure 5-5) :

Figure 5-5 : Étirement des quadriceps.

1. **Passez la corde autour de votre pied droit et couchez-vous sur votre côté gauche.**
2. **Pliez la jambe gauche et remontez-la vers votre poitrine et votre menton.**

   Le quadriceps de votre jambe gauche devrait être parallèle à la partie supérieure de votre tête.
3. **Pliez votre jambe droite et tirez votre pied droit vers vos fesses.**
4. **Tirez la corde au-dessus de votre tête et tenez ainsi pendant deux secondes.**
5. **Relâchez, et décontractez votre jambe droite pendant quelques secondes.**
6. **Répétez les étapes 2 à 5 huit à dix fois de suite.**

   Si nécessaire, faites une nouvelle série de huit à dix exercices.

Étirement du rotateur (interne) de la hanche

Même si vos hanches ne vous causent aucun problème, l'assouplissement de vos rotateurs (avec la méthode indiquée par la figure 5-6) peut faire de vous un coureur plus rapide et plus puissant.

Figure 5-6 : Étirement du rotateur (interne) de la hanche.

1. **Passez la corde autour de votre pied droit et couchez-vous sur le dos.**
2. **Gardez la jambe gauche tendue, et croisez-la pour qu'elle soit alignée ou parallèle à une ligne médiane qui traverserait votre corps.**

   Votre *ligne médiane* est une ligne imaginaire qui commence entre vos deux yeux et descend jusqu'aux pieds.
3. **Pliez la jambe droite à 90° et tirez votre jambe droite vers l'épaule opposée.**
4. **Tenez deux secondes puis relâchez, en décontractant votre jambe droite pendant quelques secondes.**
5. **Répétez les étapes 2 à 5 huit à dix fois de suite.**

   Si nécessaire, faites une nouvelle série de huit à dix exercices.

Pour obtenir un étirement supplémentaire, déplacez votre quadriceps droit pour qu'il croise la ligne médiane à un angle de 45° (voir la figure 5-7).

Étirement du rotateur (externe) de la hanche

Cet étirement est le pendant de l'étirement du rotateur interne de la hanche. Faites en sorte d'étirer à la fois vos rotateurs internes et externes pour éviter tout déséquilibre des hanches. Servez-vous de la figure 5-8 pour vous guider dans cet étirement :

Figure 5-7 : Étirement du rotateur (interne) de la hanche en formant un angle.

Figure 5-8 : Étirement du rotateur (externe) de la hanche.

1. **Passez la corde autour de votre pied gauche et couchez-vous sur le dos.**
2. **Gardez la jambe droite tendue, et éloignée de la ligne médiane de votre corps.**
3. **Pliez la jambe gauche à 90° et tirez votre jambe gauche vers la même épaule.**
4. **Tenez deux secondes puis relâchez, en décontractant votre jambe gauche pendant quelques secondes.**
5. **Répétez les étapes 2 à 5 huit à dix fois de suite.**

Si nécessaire, faites une nouvelle série de huit à dix exercices.

Comme pour l'étirement interne, vous pouvez procéder à un deuxième étirement qui éloigne davantage votre quadriceps gauche de votre ligne médiane, et qui le place à un angle de 45° (voir la figure 5-9).

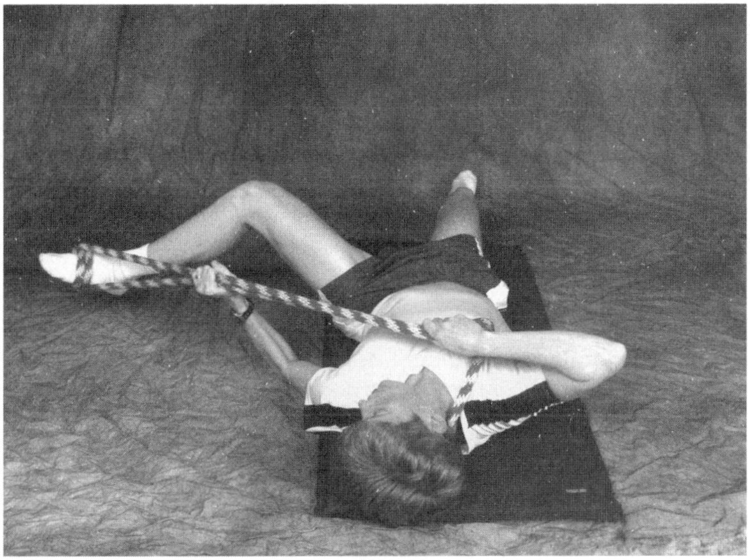

Figure 5-9 : Étirement du rotateur (interne) de la hanche avec angle.

Étirement de l'adducteur de la hanche (aine)

Les coureurs de fond étirent souvent les muscles de l'aine (la zone sensible située entre le haut de vos cuisses et votre abdomen), surtout les jours très froids ou lorsqu'ils courent sur un sol humide après la pluie. En étirant quotidiennement votre aine, vous serez moins sensible à une blessure, même si vous glissez et tombez sur une plaque de verglas.

1. **Passez la corde autour de votre pied droit et de l'arrière de votre jambe. Couchez-vous sur le dos, et tendez la jambe droite.**
2. **Placez votre pied gauche de telle sorte qu'il soit tendu et éloigné de la ligne médiane de votre corps.**
3. **Éloignez votre jambe droite de la ligne médiane de votre corps.**

   Gardez la jambe droite tendue et verrouillez votre genou lorsque vous tendez la jambe vers l'extérieur. Vous savez que vous avez atteint la bonne position quand vous sentez un tiraillement dans votre aine. Cette position varie beaucoup d'une personne à l'autre. Aussi, fiez-vous donc à vos sensations plutôt qu'à une photo (c'est la raison pour laquelle il n'y en a pas ici).
4. **Tenez deux secondes puis relâchez, en décontractant votre jambe droite pendant quelques secondes.**
5. **Répétez les étapes 2 à 5 huit à dix fois de suite.**

Si nécessaire, faites une nouvelle série de huit à dix exercices.

Gagner en souplesse dans les mollets, les tibias et les pieds

Beaucoup de coureurs (qui ne s'entraînent pas selon les principes de l'AIS) souffrent des mollets, des tibias et des pieds. Vos pieds et le bas de vos jambes sont très secoués par l'entraînement en vue du marathon, vous leur devez donc quelques égards.

Étirement des mollets

Pour que vos mollets (également appelés aussi muscles *gastrocnemius*) restent souples et décontractés, faites les exercices suivants :

1. **Asseyez-vous et passez la corde autour de votre pied gauche.**
2. **Gardez la jambe droite tendue ou non (cela n'a pas d'importance).**
3. **Verrouillez votre genou droit et tirez votre pied gauche tout droit vers votre poitrine.**
4. **Penchez le haut de votre corps en avant (vers votre mollet) à un angle d'environ dix degrés, et tenez deux secondes.**
5. **Relâchez, et décontractez votre jambe gauche pendant quelques secondes.**
6. **Répétez les étapes 2 à 5 huit à dix fois de suite.**

Si nécessaire, faites une nouvelle série de huit à dix exercices.

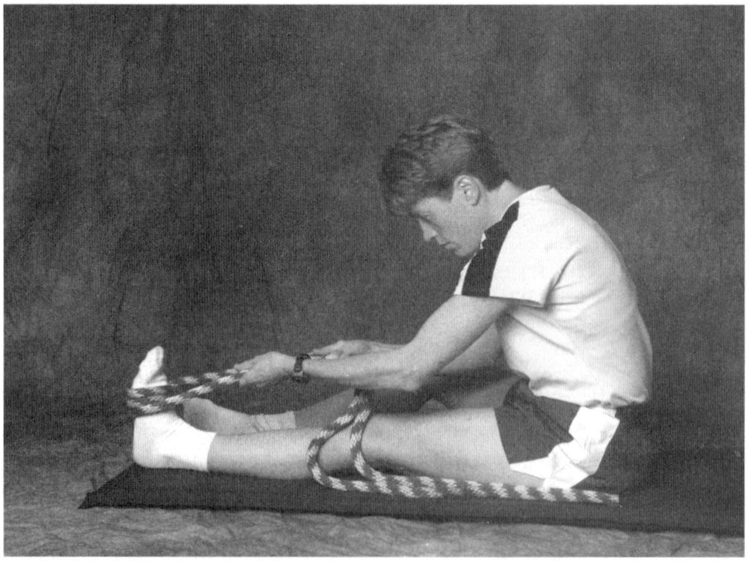

Figure 5-10 : Étirement des mollets.

Vous pouvez aussi appliquer les deux variantes suivantes à votre programme d'étirement :

- **Extraversion** : faites tourner (au lieu de former un angle) votre pied gauche vers l'intérieur et suivez les étapes indiquées ci-dessus. Reportez-vous à la figure 5-11. J'admets que vous ne voyez pas beaucoup de différence entre les figures 5-10 et 5-11. Toutefois, regardez bien le pied : il est tourné légèrement vers l'intérieur (vers l'intérieur de la jambe) dans la figure 5-11. C'est la rotation subtile que vous recherchez.
- **Inversion** : faites tourner (au lieu de former un angle) votre pied gauche vers l'extérieur et suivez les étapes indiquées ci-dessus.

Étirement du muscle soléaire

L'étirement du muscle soléaire (le muscle qui recouvre la partie basse de vos mollets et les relie au tendon d'Achille, qui descend vers votre talon, et qu'on appelle aussi le *soleus*) est un exercice simple qui ne requiert pas l'emploi de la corde (voir la figure 5-12 pour en avoir un exemple).

1. **Asseyez-vous avec la jambe gauche tendue.**
2. **En pliant votre genou droit, rapprochez le plus possible votre pied droit de vos fesses.**
3. **Tirez sur la plante de votre pied droit et tenez deux secondes.**

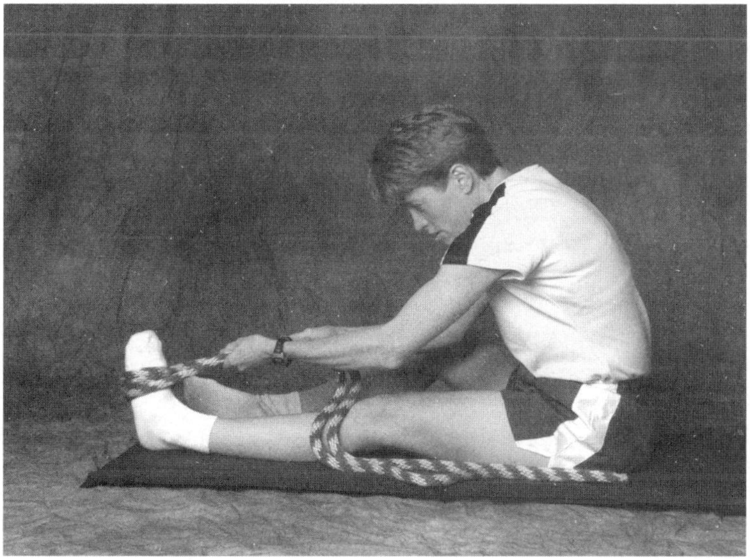

Figure 5-11 : Étirement (extraversion) du mollet.

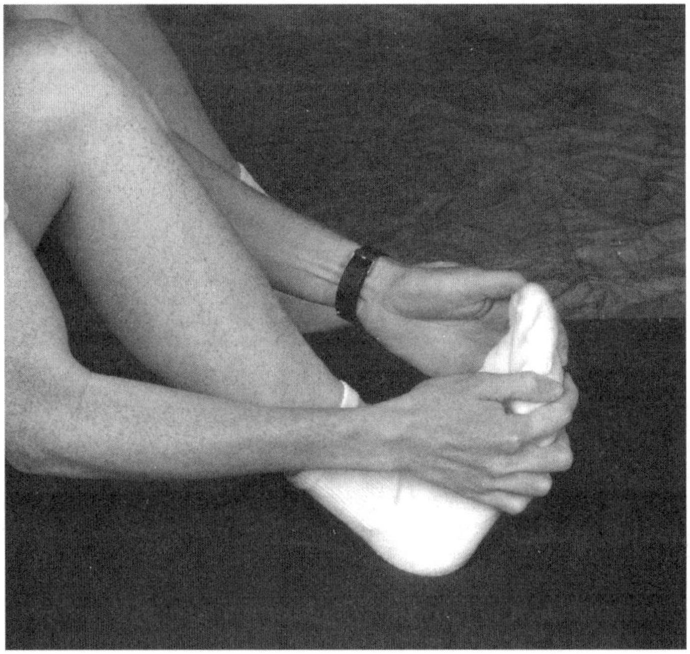

Figure 5-12 : Étirement du muscle soléaire.

4. **Relâchez, et décontractez votre jambe droite pendant quelques secondes.**
5. **Répétez les étapes 2 à 4 huit à dix fois en tout.**

Étirement du tendon d'Achille

Cet étirement (voir la figure 5-3) est presque identique à celui du muscle soléaire, mais il permet d'agir sur le tendon d'Achille (zone fragile située à l'arrière de votre pied), ce qui est difficile autrement.

1. **Asseyez-vous en tendant la jambe gauche.**
2. **Pliez votre jambe droite à 90°.**

   Vous devriez être capable de toucher vos orteils.

3. **Tirez sur la plante de votre pied droit et tenez pendant deux secondes.**
4. **Relâchez, et décontractez votre jambe droite pendant quelques secondes.**
5. **Répétez les étapes 2 à 4 huit à dix fois en tout.**

Si nécessaire, ajoutez une série de huit à dix répétitions.

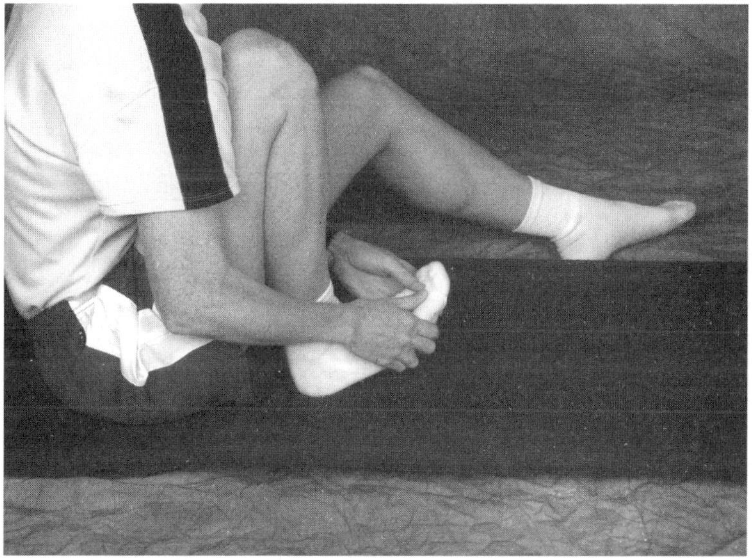

Figure 5-13 : Étirement du tendon d'Achille.

Étirement de la cheville

L'étirement de la cheville ressemble à l'étirement du soleus, mais au lieu de simplement étirer le pied vers l'arrière, vous l'étirez aussi vers l'avant, puis vous le tournez à droite et à gauche (en tenant chaque mouvement deux secondes). Reportez-vous à la figure 5-14.

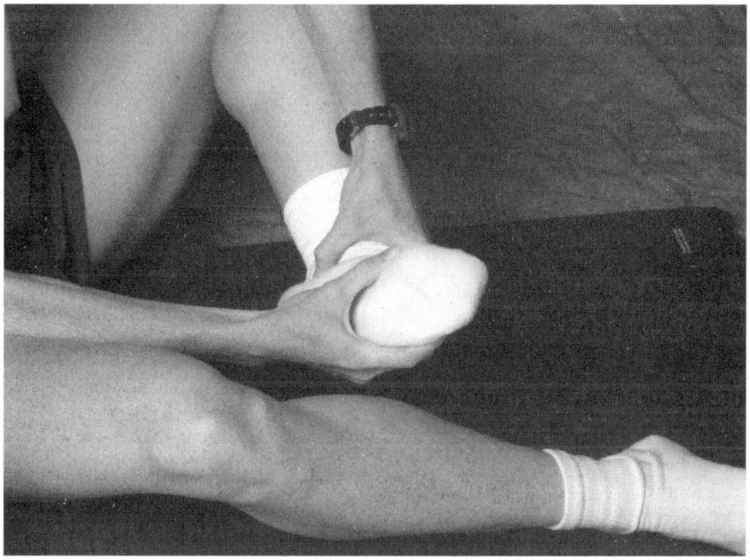

Figure 5-14 : Étirement de la cheville

Étirement des orteils

Bien que vous ne jugiez pas forcément utile de vous étirer les orteils, ce mouvement apporte un bien-être fantastique. Parce que les articulations des orteils sont très fines, le mouvement est subtil. Toutefois, l'idée consiste à isoler chacune des articulations de l'orteil et à l'étirer, en avant, en arrière, à droite et à gauche, en comptant chaque fois deux secondes.

Étirer les fesses et le bas du dos

JARGON

Jusqu'à l'invention de l'AIS, les muscles fessiers (appelés également *gluteus maximus*) et les muscles du dos étaient notoirement difficiles à étirer. Ce n'est plus le cas ! Ajoutez les deux étirements suivants à votre programme quotidien.

Les redressements assis : des gestes importants pour les marathoniens

La plupart des blessures surviennent à cause d'un déséquilibre entre des muscles antagonistes. Cela signifie que vous allez tirer sur un muscle fessier si vos ischio-jambiers sont nettement plus faibles que vos quadriceps, et vice versa. Vous vous briserez le tibia ou vous souffrirez d'une déchirure musculaire du mollet si les muscles de votre tibia sont sensiblement plus faibles que ceux de vos mollets, etc.

Bien que la course mette presque tout votre corps en forme, elle n'agit pas beaucoup sur l'abdomen. Vous remarquerez beaucoup de coureurs aguerris qui ont mal au ventre. Et c'est aussi l'une des raisons pour lesquelles de nombreux coureurs de fond éprouvent des douleurs au dos : il y a déséquilibre entre l'abdomen et le bas du dos.

La solution est d'ajouter à votre programme quotidien des exercices consistant à s'asseoir et à se redresser. Vous pourrez en faire une cinquantaine ou une centaine avant les courses (voir le chapitre 7), ou plus encore après chacune d'entre elles. En renforçant les muscles du ventre, vous réduisez ainsi considérablement le risque de vous faire mal au dos.

Étirer les fesses

Si vous avez déjà souffert de crampes dans les fesses pendant une course, vous savez qu'elles figurent parmi les plus douloureuses. Un fessier puissant et souple vous aide à courir sur les terrains pentus et vous permet de courir vite (sans compter que ça vous donne une silhouette d'enfer). Servez-vous de la figure 5-15 pour vous guider dans cet exercice sans corde :

1. **Couchez-vous sur le dos avec la jambe gauche tendue.**

2. **Pliez et levez la jambe droite.**
3. **Placez une main sur votre genou droit et placez l'autre main derrière le muscle ischio-jambier droit.**
4. **Tirez doucement votre jambe droite vers votre épaule gauche en vous assistant de vos mains.**
5. **Tenez deux secondes et relâchez ; décontractez la fesse pendant quelques secondes.**
6. **Répétez les étapes 2 à 5 huit à dix fois de suite.**

Si nécessaire, ajoutez huit à dix exercices.

Cet étirement fait également travailler le *gluteus medius* (traduction directe de « milieu de la fesse ». Mais ce muscle est en fait situé plus proche de la hanche que de la fesse). Une contraction dans le *gluteus medius* ressemble beaucoup à une douleur dans la hanche.

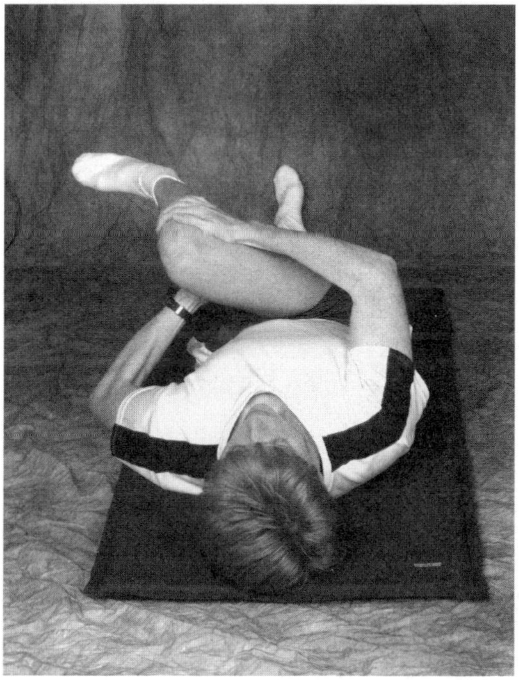

Figure 5-15: Étirement des fesses.

Étirement du bas du dos

Cet étirement, détaillé dans la figure 5-16, étire bien le bas de votre dos (également appelé les lombaires) sans utilisation d'une corde.

Figure 5-16 : Étirement du bas du dos.

Assouplir votre cou

Même si, pour éviter les blessures, il est plus efficace de s'étirer les jambes que les bras et le cou, vous apprécierez de vous débarrasser des contractions et des douleurs qui peuvent venir d'une mauvaise position pendant le sommeil, d'un excès de conduite automobile, ou d'une position de travail inconfortable.

Pour vous étirer le cou, servez-vous des principes de l'AIS, sans la corde. Posez simplement la main sur le dessus de votre crâne et mobilisez-la pour tourner votre cou vers la droite, en descendant votre oreille vers votre épaule (et en l'approchant le plus possible). Tenez deux secondes, relâchez, et répétez ce processus huit à dix fois. Faites de même de l'autre côté.

Une autre série d'étirements du cou est similaire, mais, cette fois, vous pratiquerez les étirements à l'aide d'un angle. En vous servant de la main posée sur votre tête, tirez votre tête vers l'avant et à un angle de 45° vers la droite. Tenez deux secondes et relâchez, répétez ce processus huit à dix fois. Faites de même sur le côté gauche. Vous pouvez aussi tirer votre tête vers l'arrière et la placer à un angle de 45° vers la droite (puis vers la gauche).

1. **Asseyez-vous en pliant légèrement les genoux, jambes écartées.**
2. **Placez vos mains autour de votre cou.**
3. **Faites tourner le haut de votre corps, de sorte que vos coudes soient tous les deux tournés vers la gauche, puis penchez-vous vers le sol, en amorçant le mouvement à partir de votre taille.**

   Ne vous penchez pas avant de tourner. Soyez assis bien droit, tournez, puis penchez le haut de votre corps vers le sol.
4. **Tenez deux secondes et relâchez, revenez à la position assise pour que votre dos se décontracte pendant quelques secondes.**
5. **Répétez les étapes 2 à 4 huit à dix fois de suite.**
6. **Répétez tout le processus du côté droit.**

Si nécessaire, ajoutez huit à dix exercices pour chaque côté.

Des étirements plus traditionnels

S'il est toujours intéressant de découvrir et d'essayer de nouvelles méthodes de préparation, qu'il s'agisse de s'étirer ou concernant toute autre forme d'entraînement, on peut rester plus traditionaliste et s'étirer de manière classique. À la française en quelque sorte. Voici donc les neuf étirements à réaliser avant puis après la course.

Avant la course : les étirements activo-dynamiques

Ils sont destinés à préparer le muscle à l'effort et doivent donc être logiquement effectués avant celui-ci. Concrètement, commencez par mettre en position d'étirement (non maximale) les muscles en question, puis exercez une contraction statique de ces muscles, relâchez et effectuez des exercices dynamiques. Ces étirements seront réalisés dans la position la plus proche de l'effort, donc debout. Les quatre étirements de base :

L'étirement du triceps sural

Figure 5-17 : Étirement du triceps sural et sauts sur pieds joints.

En fente avant, fléchir le genou avant, jusqu'à ce que le talon arrière décolle du sol. Vous poussez sur l'avant-pied en gardant le talon à quelques centimètres du sol, tout en fléchissant un peu plus le genou avant. Tenir la position au moins huit secondes.

Ensuite, vous faites quelques sauts rapides sur pieds joints et sur place pendant huit à dix secondes.

L'étirement des ischio-jambiers

Figure 5-18 : Étirement des ischio-jambiers.

Le genou arrière plié, la pointe du pied avant remonté, enfoncez le talon dans le sol et descendez le buste vers le sol. Tenez la position huit secondes.

Ensuite, vous effectuez quelques mouvements de talons-fesses rapides pendant huit à dix secondes.

L'étirement des quadriceps

Figure 5-19 : Étirement des quadriceps.

Le bassin basculé, vous poussez avec le pied sur la main qui résiste. En fait, le genou cherche à s'étendre comme pour shooter dans un ballon. Ne pas ramener le pied vers la fesse comme on le voit beaucoup faire. Vous tiendrez la position six à huit secondes. Puis, réalisez des montées de genoux pendant huit à dix secondes.

L'étirement des adducteurs

Figure 5-20: Étirement des adducteurs.

Les pieds très écartés, les coudes à l'intérieur des genoux, vous ramenez ces derniers vers l'intérieur en poussant contre les coudes. Descendez le buste vers l'avant, relevez les fesses et tenez la position huit secondes. Puis écartez et ramenez rapidement les pieds pendant huit à dix secondes.

Après la course : les étirements passifs

Vous venez de courir ; l'idéal est donc de pratiquer ces étirements dans une position confortable, assis ou couché. Ces étirements permettent aux muscles de retrouver à la fois un état de détente et leur longueur initiale, évitant ainsi l'enraidissement. Si ces étirements passifs étaient placés avant l'effort, ils rendraient la contraction musculaire moins efficace (inadaptée, donc dangereuse) entraînant, en plus, une sensation de jambe lourde, des « muscles cotonneux » Voici les cinq étirements de base à réaliser après une compétition :

L'étirement du triceps sural

Figure 5-21 : Étirement du triceps sural.

Assis, un pied sur l'autre, tendez les deux coudes (mains au niveau des fessiers), creusez le bas du dos et descendez le buste vers votre genou supérieur. Pour augmenter l'étirement, attrapez la pointe du pied avec votre main et ramenez-la vers vous. Tenez la position 20 à 30 secondes.

L'étirement des ischio-jambiers

Figure 5-22 : Étirement des ischio-jambiers.

Une jambe tendue devant vous, l'autre étant pliée, avec la main opposée, attrapez votre pied (ou à défaut la cheville). L'autre main étant en appui contre les fessiers, creusez le bas du dos et descendez le buste vers l'avant en direction du genou tendu. Tenez la position 20 à 30 secondes.

L'étirement du quadriceps

Figure 5-23: Étirement des quadriceps.

Placez la hanche en flexion (ou ramenez le genou à 90° par rapport à l'axe du corps). Attrapez le pied de votre jambe supérieure avec la main et tirez vers l'arrière. Tenez la position 20 à 30 secondes.

L'étirement des adducteurs

Figure 5-24 : Étirement des adducteurs.

À genou, une jambe écartée sur le côté, le buste fléchi, les mains appuyées devant vous sur le sol, les fessiers reposant sur le talon, amenez le bassin vers la droite pour ressentir un tiraillement dans l'adducteur gauche. Le pied se trouve alors en appui sur le bord interne. Tenez la position 20 à 30 secondes.

L'étirement du fessier

Assis, un genou au sol plié devant vous, placez l'autre pied à côté et à l'extérieur du genou plié. Avec la main opposée, amenez le genou contre la poitrine. Réalisez une rotation d'épaule afin d'amener l'épaule opposée à l'extérieur du genou. Tenez la position 20 à 30 secondes.

Figure 5-25: Étirement du fessier

Personnaliser ses étirements

Pourquoi imposer un exercice ou une position d'étirement mal adaptés à un coureur présentant un problème particulier (raideur, douleur, blessure)? Les étirements peuvent être la solution à vos problèmes s'ils sont effectués en connaissance de cause, mais ils peuvent se révéler néfastes dans certains cas, à l'image du coureur qui pratique des étirements sur une tendinite alors que l'origine du mal se trouve justement dans un tendon trop tendu En bref, il faut se connaître, rechercher l'origine de votre problème, et, selon que vous êtes plutôt souple, plutôt raide ou entre les deux, pour un même groupe musculaire à travailler, recherchez l'étirement qui conviendra le mieux à votre morphologie ou à votre problème. Et, si quelquefois l'étirement utilisé ne vous apporte pas satisfaction, ne persistez pas, mais, au contraire, consultez un spécialiste, votre kiné, faites-vous aider et, surtout, n'aggravez pas une blessure existante.

En conclusion, c'est sûr, il faut s'étirer! Mais il ne faut pas faire n'importe quoi, n'importe quand, n'importe comment. Il convient de se concentrer sur ce que l'on fait et de ne pas hésiter à conserver les étirements qui nous font du bien, qui s'adaptent à notre morphologie, et à écarter ceux qui s'en éloignent.

S'échauffer pour la course

Il ne faut surtout pas s'étirer juste avant la course, les muscles sont encore froids et cela peut-être dangereux. Mais seulement après la première partie de la course qui est consacrée à l'échauffement. On court lentement environ dix, quinze minutes, on s'arrête et on s'étire. Pour dire qu'il ne faut pas piquer un sprint en sortant de chez vous. Au contraire, courez les huit à dix premières minutes à un rythme décontracté, en permettant à vos bras et à vos jambes de s'échauffer progressivement. Puis vous vous étirez. Certains jours, notamment le lendemain de votre sortie la plus longue, vous vous sentirez peut-être raide et peu en forme (cependant, des étirements réguliers vous délivreront de ces sensations du début de course). Servez-vous alors des premières minutes d'entraînement pour vous décontracter, vous débarrasser de toutes ces tensions hostiles.

Puis au bout des huit, dix premières minutes, et après avoir réalisé quelques étirements, vous accélérerez progressivement le rythme jusqu'à ce que vous soyez à la vitesse visée (au bout de dix minutes environ). Celle où vous vous sentez à l'aise, où vous respirez et parlez sans problème. Consultez le chapitre 6 pour connaître cette vitesse. Ensuite, gardez le cap jusqu'à ce qu'il vous reste environ cinq minutes d'entraînement pour éventuellement ralentir et finir votre sortie tranquillement. Bien courir comporte plusieurs séquences, pas toutes faites à la même vitesse, rien que de très normal. Il faut échauffer les muscles.

Se relaxer après la course ou l'entraînement

On dit que, aux États-Unis (mais pas en France bien sûr), certains profs d'EPS poussent leurs élèves à effectuer leur dernière minute de course à fond juste avant de s'arrêter, de rentrer à l'école, d'aller se désaltérer, puis de retourner chez eux. J'imagine qu'ils appliquent cette méthode pour les encourager à finir fort. Certes, cela peut-être intéressant de terminer sa course de cette manière, et même son marathon ; mais, en pratiquant ainsi, on expose les élèves à des blessures.

Si vous courez (sur une distance moyenne ou plus courte) à une allure plus rapide durant un entraînement, sans finir tranquillement, sans effectuer ce que l'on appelle un « retour au calme », bref, sans vous relaxer et vous étirer, vous terminerez votre journée avec des muscles contractés. Ces muscles continueront à se contracter durant toute la soirée et toute la nuit, de sorte que vous vous réveillerez le lendemain matin perclus de courbatures. Quand vous aurez pratiqué ce régime plusieurs jours de suite, vous finirez par vous blesser, ce qui vous empêchera de vous entraîner et de courir pendant un certain temps. Soyez donc progressif et doux avec vous-même.

Attention aux contractures musculaires !

ASTUCE

Pour éviter de vous blesser à cause de muscles trop contractés, faites bien ce qui suit :

- Passez les cinq, dix dernières minutes de votre séance à récupérer. De la même manière que vous vous êtes échauffé au cours des premières minutes, récupérez à la fin. Cinq ou dix minutes avant de terminer votre course, ralentissez. Cela aide la température de votre corps à redescendre naturellement. Puis, après votre séance, faites une bonne séance d'étirements en douceur.
- Ne sprintez pas à la dernière minute de votre footing ! De toute façon, ne sprintez jamais, ne cherchez pas votre inspiration chez Usain Bolt, le sprinter jamaïquain, triple champion olympique (du 100 mètres, du 200 mètres et du relais 4 fois 100 mètres, et autant de fois recordman du monde) aux J.O. de Pékin, en 2008. Une accélération en fin d'entraînement ne permet pas de développer sa vitesse. Les circuits (voir le chapitre 7), les grandes foulées et les séries d'exercices sur la vitesse (voir le chapitre 8), en revanche, développent l'allure et l'efficacité de la course. Après un entraînement, forcez-vous toujours à récupérer et à marcher, surtout si vous avez couru avec des foulées plus grandes pour des exercices plus rapides. Ensuite, étirez-vous immédiatement.
- Après votre footing, faites même à pied le tour du pâté de maisons. C'est aussi une bonne alternative pour les cinq dernières minutes. Après avoir ralenti au cours des cinq dernières minutes, accordez-vous une courte marche à pied après la fin de l'entraînement. Puis étirez-vous.
- Mais ne vous étirez pas trop longtemps après l'entraînement. Ne vous offrez pas non plus tout de suite une viennoiserie, ne faites pas de shopping, et ne vous installez pas devant la télévision. Rentrez chez vous ou au bureau, et si vous le pouvez, allez chercher votre corde d'étirement, ou faites les étirements plus traditionnels. Vous constaterez avec étonnement que vous vous sentirez bien le lendemain et que votre technique s'améliorera. Prenez l'habitude de ne jamais courir sans vous étirer.

Les bonnes techniques de relaxation

S'entraîner, c'est bien ; récupérer en se relaxant, c'est indispensable. Comment ? D'abord en espaçant bien vos séances (ne pas enchaîner sortie longue puis le lendemain séance rapide ou faire deux séances rapides à la suite), mais aussi en complétant son entraînement par de la décompression. Plusieurs techniques sont possibles.

À faire en soirée et dans la journée

Après votre séance de la soirée, encore plus si elle fut rapide (séance dite « fractionnée ») et faite après votre journée de travail, commencez par vous étirer tout en douceur. Puis, si le cadre s'y prête, la pelouse d'un stade, une allée forestière ou tout simplement dès votre retour à la maison, après la douche, offrez-vous cinq minutes de relaxation. Assis sur le canapé, tranquille, les yeux fermés, voire en écoutant de la musique classique, on respire profondément. Inspiration en gonflant le ventre et expiration en le rentrant. C'est simple, facile à faire et très efficace. Suivra une bonne nuit de sommeil avec si possible des rêves, car plus on rêve et mieux on récupère.

Mais dans la journée aussi. Si votre emploi du temps au travail vous le permet, pensez aussi à récupérer, à évacuer le stress. Comment ? Très simple : plutôt que de descendre fumer une cigarette (mais nous sommes presque certains que vous ne fumez pas), consacrez deux minutes à respirer comme indiqué ci-dessus. On peut le faire, y compris à son bureau.

Découvrez la sophrologie

Une pratique un peu plus technique peut-être : la sophrologie. Méthode de développement personnel, elle est la synthèse de différentes pratiques orientales dont le yoga. Le but de la sophrologie est d'éliminer les tensions, de régénérer l'organisme et aussi de préparer la réussite d'un projet. La sophrologie permet d'éviter le stress, le doute et de devenir plus fort. Ancienne championne du monde de cross-country (1987 et 1989), ex-athlète internationale en demi-fond et toujours marathonienne, la Lyonnaise Annette Sergent est aujourd'hui sophrologue. Elle intervient pour des collectivités et des particuliers et vous propose un exercice-test de départ que vous pouvez faire et compléter ultérieurement avec un programme plus étoffé (`www.annettesergent-sophrologie.com`).

Voici cet exercice :

A. Respiration

- Assis ou couché, mains sur le ventre. Vous expirez en chassant le plus possible d'air.
- Ensuite, inspirez en poussant vos mains avec votre ventre qui se gonfle.
- Puis vous expirez en creusant votre ventre.
- À faire plusieurs fois de suite et en sentant bien le mouvement de vos mains sur le ventre.

B. Détente

- Vous inspirez et contractez très fort tous les muscles de votre corps.
- Puis vous expirez et relâchez d'un seul coup.
- Récupérez et refaites l'exercice trois fois de suite.
- Vous retrouvez votre respiration habituelle et détendez tout votre corps de la tête aux pieds.

C. Remobilisation de votre tonus musculaire

Il est important de remobiliser votre tonus musculaire, doucement, en bougeant orteils, doigts puis tous vos muscles que vous étirez. Reprenez conscience de votre environnement avant de rouvrir les yeux.

Le yoga en plein boom

Discipline indienne millénaire, « reboostée » aux États-Unis, le yoga a donc forcément rebondi sur le Vieux Continent, et en France bien sûr. Dynamisme du corps en même temps que lutte contre le stress, le yoga rencontre de plus en plus d'adeptes, cette pratique ayant tendance à remplacer les rythmes endiablés en vigueur dans les clubs de gym. Si le hatha-yoga est le plus classique, le power yoga, du yoga dynamique qui fait travailler les muscles tout en luttant contre le stress, serait peut-être une forme plus adaptée au coureur à pied que vous êtes. Mais avant de prendre tout engagement, renseignez-vous bien sur le contenu et la finalité des cours dispensés. En effet, le yoga n'est pas reconnu comme activité physique par le ministère de la Jeunesse et des Sports et la formation des professeurs n'est pas validée par un diplôme d'État. Renseignements auprès de la Fédération française de hatha-yoga sur `www.ff-hatha-yoga.com`.

Deuxième partie

Progresser !

« C'est une accompagnatrice très motivante pour ce qui est de la course rapide ! »

Dans cette partie

Vous trouverez ici les chapitres les plus techniques du livre. Ils vous expliqueront comment augmenter votre base kilométrique, améliorer votre vitesse et ajouter des exercices quotidiens pour gagner en puissance (oui, il y a une bonne et une mauvaise manière de courir, comme dans tout autre sport !). Dans le chapitre 9, vous ferez la différence entre les bons et les mauvais hydrates de carbone, entre les bonnes et les mauvaises graisses. Le chapitre 9 vous apporte aussi des informations sur les gels énergétiques et sur la quantité d'eau dont vous avez besoin tous les jours.

Chapitre 6

Se façonner une base kilométrique

Dans ce chapitre :

- Savoir ce qu'est le kilométrage
- Apprenez l'art de la longueur et de la lenteur
- Prenez des jours de repos
- Adaptez les calendriers d'entraînement à votre profil

Le kilométrage, c'est-à-dire le nombre de kilomètres que vous parcourez chaque semaine en courant, ou plus simplement, pour le débutant, le nombre de vos séances hebdomadaires (trois, quatre séances) ainsi que la durée de vos sorties de la semaine sont autant d'éléments importants qui constituent la préparation de votre entraînement au marathon. D'autres aspects entrent en ligne de compte bien sûr. Cependant, si vous faites les circuits conseillés par le chapitre 7, si vous améliorez l'efficacité de votre foulée comme l'indique le chapitre 8, et si vous mangez de manière parfaite comme l'explique le chapitre 9, sans néanmoins parcourir assez de kilomètres ou vous imposer une sortie hebdomadaire plus longue que les autres (la fameuse sortie longue), vous ne pourrez pas bien courir le marathon. Les kilomètres compris dans le nombre de vos séances hebdomadaires sont au marathon la clé de votre réussite. Rien de surprenant après tout.

N'OUBLIEZ PAS !

L'idée, c'est que pour s'entraîner en vue d'un marathon (42,195 km), il vous faut parcourir beaucoup de kilomètres chaque semaine. Ce chapitre vous explique comment intégrer l'idée de kilométrage à votre plan. Ou, encore une fois et plus simplement, si vous débutez, nous vous donnerons la durée nécessaire de toutes vos séances pour bâtir votre endurance puis pour être prêt le jour J. Nous vous dirons aussi quel rythme adopter lors de toutes ces sorties et quand prendre des jours de repos. Car il faudra en prendre. Mais rassurez-vous, pour simplifier, nous vous proposerons pour votre marathon des plans en dix semaines adaptés à votre objectif, et que vous pourrez utiliser, suivre, voire légèrement adapter, en vue de la réalisation de votre marathon.

Optimiser vos kilomètres

Tous les entraîneurs et les coureurs de fond expérimentés s'accordent à dire qu'il existe trois phases essentielles à l'entraînement : l'endurance fondamentale, l'endurance active (encore appelée « seuil ») et la résistance.

Développer votre base kilométrique

Visualisez cette base comme celle d'une pyramide d'entraînement. Vous construisez votre base en parcourant un certain nombre de kilomètres, en effectuant un certain nombre de séances chaque semaine. Au fur et à mesure de vos progrès, vous comptez sur la forme que vous avez acquise en construisant votre base. Si vous essayez de participer à un marathon sans avoir élaboré cette base, votre pyramide d'entraînement s'écroule, et vous ne parviendrez pas à finir la course, ou bien vous vous blesserez tout simplement.

Au cours de cette phase, vous augmentez la durée de vos séances, le nombre de vos kilomètres, vous les portez au niveau que vous voulez atteindre pour votre entraînement régulier (ce niveau dépend du temps dont vous disposez avant le marathon, de celui que vous voulez consacrer à votre entraînement hebdomadaire, et du kilométrage que votre corps peut supporter). Vous augmentez progressivement le nombre de kilomètres, sans dépasser disons un surplus de 10 % hebdomadaire. Mais cette évolution apparaîtra clairement dans tous nos plans.

Je vous suggère donc de raisonner, comme nous l'avons régulièrement dit, en heures et en minutes plutôt qu'en kilomètres, même si les deux systèmes ne sont bien sûr pas très différents, mais complémentaires. Car quand vous convertissez tout en heures et en minutes, il vous suffit d'avoir un cardiofréquencemètre pour connaître vos pulsations cardiaques et d'une montre pour voir la durée de votre sortie. Rappelons que le cardio-fréquencemètre fait aussi office de montre. Vous n'avez plus à mesurer la distance parcourue sur chaque itinéraire que vous empruntez. Reportez-vous au chapitre 4 pour les détails.

La phase d'accroissement des kilomètres (ou de la durée de vos séances) peut s'étaler en douceur sur une période allant de dix à douze mois, durée de pratique nécessaire avant de préparer spécifiquement votre marathon en dix semaines. Cela, bien sûr, en fonction du temps dont vous disposez. Et puisque vous en êtes à cette phase, n'oubliez pas que vos muscles vont un peu souffrir pendant que votre corps s'habituera à additionner les kilomètres.

Augmenter la puissance et la vitesse

Au cours de cette phrase, vous continuez à parcourir le nombre de kilomètres que vous avez atteint la semaine précédente, et vous ajoutez simplement des séances simples d'acquisition de vitesse (voir le chapitre 7). Vous pouvez aussi participer à de petites courses (5 ou 10 km), voire à une course de 15 km puis à un semi-marathon de 21,1 km (reportez-vous aux chapitres 13 et 19). La phase d'acquisition de puissance dans la vitesse est physiquement éprouvante, parce que vous enseignez à votre corps comment s'entraîner et courir plus vite que lors des longues sorties faites en endurance (à 70-75 % de votre fréquence cardiaque maximale).

Réduisez votre entraînement

C'est une phase, mais nous n'en sommes pas encore là, au cours de laquelle vous réduisez un peu votre kilométrage (un processus appelé « effilage » ou, plus généralement, « phase d'assimilation »), réduction qui doit vous « rafraîchir » avant de participer à une compétition, 10 km, semi-marathon ou marathon. En effet, vous courez moins, vous récupérez et, de manière générale, vous vous préparez pour être frais le grand jour. Cette phase se termine donc par l'événement le plus important : la compétition.

Pour le marathon, elle dure le plus souvent deux semaines. Elle est prévue dans nos plans de préparation au marathon. Il se peut que vous vous sentiez mieux au cours de cette période qu'au cours des autres, parce que votre kilométrage et vos entraînements sont moins exigeants. C'est le but.

N'OUBLIEZ PAS !

Il existe plusieurs douzaines de philosophies différentes en ce qui concerne la course à pied. La plupart d'entre elles vous imposent une dure discipline, mais tous les coaches apposent leur marque personnelle quant à la manière de procéder. Si la personne qui vous enseigne comment vous préparer au marathon a un avis différent du nôtre, écoutez cet avis et choisissez ce qui vous paraît le plus raisonnable. Mais vous pouvez nous faire confiance.

Voler de vos deux ailes ! (longueur – lenteur)

JARGON

Au cours des années 1970, les coureurs américains se sont amusés à créer le sigle LSD pour désigner une sortie longue et lente (Long Slow Distance), en faisant un clin d'œil à la sous-culture de la drogue aux États-Unis. Ils disaient : « On se met au LSD », ce qui les faisait beaucoup rire. C'était l'humour de l'époque. En français, histoire de sourire, nous vous conseillons de voler de vos deux ailes ou « L L » (longueur et lenteur). Le « LL » insiste sur le fait que les sorties longues doivent être relativement confortables, et que les coureurs qui utilisent cette technique s'avèrent donc capables de faire des sorties de plus de deux heures chaque semaine, les autres séances étant plus rapides. Car cette technique a quand même évolué, même si les sorties longues en endurance tranquille restent bien la base de votre préparation.

Ce sigle humoristique américain est resté populaire pendant quelques décennies, puis il l'a été un peu moins ensuite, parce qu'il insistait sur l'idée de lenteur. Une autre notion l'a remplacé, qui se résume dans la formule : « *Votre rythme d'entraînement détermine votre rythme de course.* » En bref, les entraîneurs et coureurs ont commencé à se concentrer sur la *qualité* (le rythme, la vitesse) plutôt que sur la *quantité* (le nombre de kilomètres parcourus). L'expression de « kilomètres perdus » a même circulé un peu partout : tout kilomètre parcouru trop lentement était jugé nocif à la performance. Oui, mais

Qui a raison, qui a tort ? Interrogez n'importe quel coach ou coureur de fond, et vous entendrez probablement les deux sons de cloche. Mais ils ont raison *tous les deux*. Que vous le vouliez ou non, vous devez absolument parcourir un certain nombre de kilomètres, courir un certain nombre d'heures pour tenir un marathon, mais vous devez également « travailler » votre rythme. Ce que l'on appelle l'« allure marathon ». Celle à laquelle vous courrez votre marathon le jour J. En courant trop lentement sur la majeure partie de vos parcours, vous entraînerez votre corps à courir lentement. C'est vrai, mais si à l'inverse, en tant que néo-marathonien, vous essayez de courir plus vite, de pratiquer des intervalles, des séances plus rapides pendant une bonne partie de la semaine, vous finirez par vous blesser ou vous fatiguer. Ou encore, vous serez efficace pendant le premier tiers ou la première moitié du marathon, mais incapable de résister aux 42,195 km imposés. Ce qu'il vous faut donc, c'est un équilibre entre les deux. Entre quantité et qualité-vitesse.

Trouver l'équilibre entre quantité et qualité

L'équilibre parfait consisterait à courir vite sur de longues distances, n'est-ce pas ? Si vous pouvez parcourir 180 km par semaine (génial, non ?) et le faire vite, vous deviendrez l'un des meilleurs marathoniens au monde ! En théorie, les sorties longues et rapides, comme les pratiquent les champions, c'est effectivement une bonne idée. Mais pour eux seulement. Car si beaucoup d'apprentis coureurs ont essayé de s'en inspirer, la plupart d'entre eux se sont blessés ou n'ont pas tenu. Le bon équilibre, c'est la meilleure solution pour vous et selon vos objectifs aussi.

Il n'est pas possible de courir vite et longtemps tous les jours parce que votre corps a besoin de se reposer pour reprendre des forces. Dès que vous faites quelque chose que votre corps trouve pénible (courir vite ou longtemps), vos muscles se déchirent un peu. C'est une bonne chose parce que les déchirures guérissent, ce qui fortifie vos muscles. Il faut donc que vous sollicitiez votre corps à petites doses et que vous lui accordiez beaucoup de temps pour « respirer ». Combien de temps ? Chaque fois que vous fatiguez votre organisme en lui imposant un entraînement court et rapide (voir le chapitre 7), que vous l'impliquez dans une sortie très longue, il vous faut un voire deux jours de récupération. Dans ce contexte, la récupération ne signifie pas forcément du repos complet, ni la nécessité de concilier la course à pied avec d'autres sports. Si vous choisissez de vous reposer ou de pratiquer d'autres sports pour vous remettre d'une course difficile, pas de problème. Mais une *course de récupération* est une autre possibilité. Ce type d'entraînement suppose tout simplement que vous autorisiez votre corps à courir au rythme qui lui convient (lentement), afin qu'il se remette d'une séance difficile et se prépare à la prochaine dose d'entraînement soutenu.

Toute course de récupération doit être encadrée par des journées d'entraînement plus dur et plus rapide (voir le chapitre 7) ou par de longues sorties (comme celles qui sont présentes dans nos plans marathon en dix semaines et qui figurent un peu plus loin dans ce chapitre).

Adopter le bon rythme

Pendant vos sorties longues, votre rythme d'entraînement est inférieur à votre allure objectif marathon. Concrètement, votre rythme d'entraînement en endurance traditionnelle non épuisante doit être de 70 à 75 % de votre fréquence cardiaque maximale (voir chapitre 4), alors que l'allure marathon théorique est évaluée à 80 % de celle-ci, un peu plus parfois pour les coureurs plus expérimentés et bien entraînés. Vous devez retenir ces deux valeurs qui sont importantes pour courir à l'aise sans vous épuiser.

Déterminer votre bon rythme au kilomètre (exemple : un marathon réalisé en 4 h 30 est couru à 9,5 km/h, soit 6 min 18 au kilomètre), cela peut vous être utile pour faire des séances plus courtes à l'allure objectif de votre marathon. Exemple : cinq fois 1 000 mètres à votre allure objectif, c'est donc des 1 000 mètres à courir en 6 min 18. Pour un objectif fixé à 3 h 30, c'est 5 minutes au kilomètre. Donc, les répétitions de 1 000 mètres sont alors à réaliser en 5 minutes. Tout cela pour bien mémoriser votre rythme du marathon, le jour J.

Vous pouvez donc tracer un itinéraire en voiture et noter certains points de repère (un panneau, un arbre ou une maison) qui vous indiqueront le nombre de kilomètres (ou, tout simplement, fiez-vous aux bornes). Pendant la sortie suivante, regardez votre montre au début et à la fin de chaque kilomètre et essayez de courir en 6 min 18, comme dans notre exemple. Ou en 5 minutes. Plus simple, bien sûr, la piste de 400 mètres du stade qui vous donne toutes les distances. Ou encore, y compris dans la nature, sur une allée, muni d'un GPS ou d'un accéléromètre (voir chapitre 4) qui vous indiquent votre vitesse sur la montre et ce, sans le moindre calcul. Tout cela pour vous dire qu'il est intéressant de rester attentif à sa vitesse au kilomètre.

Certains jours, tout ira bien, vous courrez à 75 ou 80 % (allure marathon) de votre fréquence cardiaque selon la nature de la séance. D'autres jours, vous serez peut-être épuisé par une séance d'entraînement ou une sortie longue effectuée la veille (ou simplement par une mauvaise nuit de sommeil, ou une journée de boulot chargée), et vous devrez vous contenter d'un rythme de 65 à 70 % de votre FCM. Est-il préférable pour vous d'essayer d'accélérer ce jour-là ? Techniquement, oui peut-être, mais vous devez surtout écouter votre corps. Certains jours, si vous êtes spécialement fatigué et courbatu, vous vous contenterez de sortir et de courir 45 minutes au rythme que vous pourrez supporter. Ces jours-là, il n'est pas gênant de rester en dessous de vos allures habituelles.

Toutefois, sans qu'il soit question de fatigue, certains coureurs estiment qu'ils courent trop lentement s'ils se fient à leur fréquence cardiaque. Que faire ?

- **Sachant que vous avez l'impression de vous entraîner trop lentement pour parvenir à la vitesse visée pour le marathon, devez-vous quand même accélérer dans vos sorties longues** ? C'est une question à laquelle il est difficile de répondre. De fait, certains marathoniens s'entraînent trop lentement, et ne parviennent jamais à concrétiser leur potentiel. Toutefois, si vous vous entraînez trop vite pendant vos sorties longues, vous risquez de vous blesser parce que votre corps réclame de ralentir afin de récupérer, et vous ne l'autorisez pas à le faire. Notre conseil : patientez un peu, car, avec l'expérience, vous allez courir plus vite et à la même fréquence cardiaque, surtout sans qu'elle augmente. C'est ce que l'on appelle le « niveau d'endurance du coureur ». Il se développe avec l'expérience. Soyez patient, vous allez progresser.
- **Si vous n'arrivez pas à courir plus vite pour respecter l'objectif que vous vous êtes fixé pour le marathon, une possibilité : tout simplement redéfinir cet objectif.** Cela peut arriver. Le but fixé au départ pour le marathon était peut-être trop ambitieux pour une expérience qui reste à consolider. Il convient donc de rabaisser cet objectif.

La bonne nouvelle, c'est que, en acquérant de l'expérience, vous tendez naturellement à réduire votre cadence (notez que l'expression « réduire la cadence » signifie que vous raccourcissez le temps nécessaire pour parcourir un kilomètre. « Allonger la cadence » revient, en revanche, à augmenter le temps nécessaire pour parcourir un kilomètre, et signifie donc que vous courez plus lentement). Pendant la première année d'entraînement, vous mettrez peut-être neuf minutes pour parcourir un kilomètre. Au bout de quelques années d'entraînement soutenu et de sorties, quand vous aurez acquis de bonnes habitudes alimentaires, que vous aurez allongé la foulée par des exercices, que vous vous serez entraîné régulièrement, que vous aurez fait des *circuits* (des séances d'entraînement qui sont spécialement conçues pour renforcer les muscles utiles à la course, ponctuées de sprints [voyez le chapitre 7 pour les détails]), etc., vous vous rendrez compte que vous parvenez à cinq minutes au kilomètre, soit 3 h 30 au marathon, ou mieux encore ! Mais attendez un peu quand même. C'est la raison principale pour laquelle les coureurs participent bien sûr à plus d'un marathon, et qu'ils continuent de s'entraîner, année après année. Ils savent instinctivement qu'ils peuvent progresser, s'améliorer, s'ils bénéficient d'un peu plus d'expérience et d'entraînement. Vous faire améliorer vos chronos sur marathon, c'est de toute façon le but de cet ouvrage.

Planifier une sortie longue hebdomadaire

Chaque semaine, le week-end de préférence, vous allez prévoir une sortie plus longue que les autres. Quand vous débutez, vous vous entraînez peut-être pendant 30 minutes, et votre sortie longue est, disons alors, de 45 minutes. C'est très bien. Mais pour participer à un semi-marathon, il faut courir au moins une fois par semaine durant 1 h 30, voire plus (vous sentez-vous prêt ?) ; cela de 70 à 75 % de votre fréquence cardiaque maximale. Et pour le marathon, les sorties longues vont de 2 heures à 2 h 30. Toujours de 70 à 75 % de votre FCM, pas plus sauf durant certaines portions faites à 80 % (nous le verrons dans nos plans de préparation), soit l'allure du marathon envisagé. C'est très simple.

Pour courir aussi longtemps (sans le soutien des organisateurs du marathon qui arrêtent la circulation automobile alors que les bénévoles vous donnent de l'eau), vous devez vous organiser. Il faut se débrouiller pour disposer d'assez d'eau durant votre sortie longue et, si possible, de gels énergétiques (reportez-vous au chapitre 9) pendant votre sortie. Vous disposez de trois options :

- **Demandez à quelqu'un de vous rejoindre à un moment donné de la sortie longue**. C'est le choix idéal, mais il suppose le soutien d'un ami coopératif ou d'un membre de votre famille, ainsi qu'une organisation très sophistiquée. Vous fixez simplement un rendez-vous horaire à la personne qui doit vous rencontrer. Expliquez-lui votre itinéraire (et n'en changez pas pendant la course) pour le cas où vous arriveriez en avance ou en retard par rapport à vos prévisions. Dans cette éventualité, cette personne pourra vous retrouver. Elle vous tend alors une bouteille d'eau et/ou un gel énergétique pendant que vous courez, elle vous déleste de la bouteille ou du sachet vide environ un kilomètre plus loin. Et se place à d'autres endroits pour vous ravitailler. Cela peut se faire pour vos toutes premières séances, mais ce n'est pas simple à mettre en place.

- **Approvisionnez vos stations de repos à l'avance.** Ce choix requiert à la fois du temps, puisque vous devrez faire le chemin à l'avance et laisser de l'eau ou du gel dans des lieux précis, et le faire avec une confiance relative. Il ne faut pas en effet que vos bouteilles d'eau ou votre gel soient volés.

- **Emportez le matériel avec vous**. C'est le plus simple, le plus logique. On peut ne pas trop aimer cette solution pour ce qui concerne l'eau, mais on peut comprendre qu'elle soit nécessaire dans certaines situations. Le litre d'eau pesant un kilogramme, vous vous alourdirez bien sûr. Mais vous pouvez porter à la taille un bidon avec moins d'un litre d'eau. Tous les magasins spécialisés en vendent, y compris la ceinture avec plusieurs petits bidons, trois le plus souvent, bien répartis autour de votre taille.

C'est plus facile, bien sûr, pour le gel. Le chapitre 9 vous indique plusieurs manières d'emporter des sachets de gel énergétique.

ATTENTION !

Vous pouvez certainement faire un marathon si vous n'avez pas fait une sortie de plus de deux heures toutes les semaines pendant quelques mois. Mais ne vous fixez alors aucun objectif chronométrique, si ce n'est le finir en plus de cinq heures après avoir alterné course et marche durant le parcours. Sinon vous risquez vraiment de vous blesser et surtout de ne pas pouvoir le finir. Un marathon ne s'improvise pas.

N'OUBLIEZ PAS !

Votre sortie longue représente une répétition de ce que seront les conditions de la compétition. Essayez de planifier ces sorties longues à une heure proche de celle qui sera fixée pour le marathon, souvent neuf heures ou dix heures. Demandez-vous ce qu'il faut et faudra porter, emporter le jour J, sachant toutefois que la plupart des marathons offrent à la fois de l'eau et du ravitaillement solide, du sucre surtout. À l'entraînement, voyez si le gel énergétique prévu pour le jour J vous convient bien. Comme il faut aussi s'habituer aux chaussures que l'on portera pour le marathon, il faut s'habituer à d'autres détails importants. Le jour de la course, ce sera trop tard. Puisque vous prévoyez sans aucun doute (surtout pour le premier) de vous arrêter quelques secondes de courir pendant le marathon pour boire de l'eau ou consommer du gel, à la table de ravitaillement, arrêtez-vous également pendant votre sortie longue. Essayez, autant que possible, de faire en sorte que vos sorties longues ressemblent le plus possible au marathon et à l'effort envisagé.

ASTUCE

Plus vous réussirez à effectuer des sorties longues avant votre marathon, moins vous risquerez de *vous heurter au « mur »*, le fameux « mur » du marathon qui présente le scénario suivant : vous êtes bien, plutôt à l'aise avant le 30e voire le 35e kilomètre, mais, d'un seul coup, vous vous sentez si mal que vous n'êtes plus sûr de pouvoir continuer. Ce « mur » relève à la fois d'une vérité et d'un mythe. Il est vrai que si vous ne pratiquez pas de séances assez longues, et que vous n'êtes pas *régulier* dans votre kilométrage hebdomadaire (en parcourant le même nombre de kilomètres toutes les semaines et même en faisant évoluer ce kilométrage), vous risquez d'avoir du mal à finir le marathon. Le mythe, c'est de croire que ce terrible phénomène est inéluctable. Si vous vous entraînez correctement, si vous vous hydratez bien, détail capital à ne pas oublier, et aussi, autre détail fondamental, si vous ne partez pas trop vite, vous pouvez l'éviter complètement, ce « mur ».

Planifier une sortie courte hebdomadaire

Il faut faire, par exemple, après votre sortie longue, une sortie beaucoup plus courte. Cette sortie courte sera une sorte de cadeau, mental et physique, pour vous. Vous aurez peut-être des courbatures après votre jour de sortie longue, il faut donc que votre sortie courte de récupération soit aussi lente et agréable que possible. Que vous récupériez. C'est de toute façon prévu dans nos plans de préparation à votre marathon.

N'OUBLIEZ PAS !

Pratiquez toujours des étirements avant et après chaque sortie (voir le chapitre 5), même si elle est courte! Encore plus même si elle est courte, plus rapide, plus tonique.

S'accorder des jours de repos

La question que l'on nous pose le plus fréquemment est la suivante: Est-ce que je dois m'accorder un jour de repos dans la semaine? La réponse est oui, bien sûr. Certains athlètes de très bon niveau ne s'accordent que dix, douze jours de repos par an, mais on ne vous conseillera certainement pas de suivre cet exemple, car si une partie de leurs gains, voire la totalité, provient de la course, vous n'en êtes pas là. Mais même si vous vous reposez, si vous récupérez bien après une course, après un entraînement fatigant, ne rognez jamais sur votre temps de sommeil: l'idéal serait que notre corps bénéficie de neuf à douze heures de sommeil, pour qu'il puisse se reposer du stress de l'entraînement et de la course. Pas facile sans doute avec le travail et la vie familiale. Mais faites pour le mieux!

Si vous voulez adopter une attitude saine vis-à-vis de la course, imposez-vous, après une journée d'entraînement difficile, un ou deux jours de récupération, voire une sortie facile, décontractée, le lendemain d'une sortie longue, comme nous l'avons vu. Votre corps ne le regrettera jamais. Certes le corps humain réagit mieux quand il pratique une activité régulière, plutôt qu'une activité sporadique. En outre, certains coureurs ont toujours un peu de mal à bouger le lendemain d'un jour de repos. Il reste que certaines règles doivent être respectées pour éviter fatigue, surentraînement et blessures. Par exemple, tous les entraîneurs vous conseillent de ne jamais faire deux séances courtes et rapides à la suite. Et de récupérer après une sortie longue. Ce qui ne vous empêchera pas de bouger, mais en marchant. Tout simplement.

L'entraînement croisé à la piscine et dans la neige

Plus loin (au chapitre 12), nous évoquerons tous les sports alternatifs à la course à pied, sports que vous pouvez faire quand vous êtres blessé, pour ne pas perdre vos acquis et même quand vous ne l'êtes pas. Mais, ici, nous nous arrêterons sur deux activités que vous pouvez faire en complément et qui nous semblent très proches de l'effort demandé par la course : l'aqua-jogging en piscine et les raquettes de neige. Cette dernière activité n'étant toutefois accessible que si vous vivez dans une station de montagne, ou pendant vos vacances d'hiver, bien sûr.

Examinons donc ces deux types d'entraînement croisé (c'est le fait de pratiquer d'autres sports pendant un jour ou deux par semaine) pouvant améliorer votre condition physique. La première activité consiste à courir dans une piscine (voir les détails au chapitre 12), ce qui est un excellent moyen de rester en forme si vous avez souffert d'une blessure. L'aqua-jogging est aussi une bonne manière de s'entraîner un ou deux jours par semaine, même si vous n'êtes pas blessé, tout en sachant que vous aurez tendance à vous blesser si vous courez trop sur des surfaces dures (voir le chapitre 10). Or, aucun risque dans l'eau.

La seconde option, qui consiste à pratiquer les raquettes de neige, n'est bien sûr valable que si votre région est enneigée pendant l'hiver. La pratique des raquettes de neige est un sport plutôt récent, mais adopté par beaucoup de coureurs qui traversent des hivers rudes. Il s'agit de courir, raquettes aux pieds. Les raquettes adaptées à la course sont conçues pour être utilisées à un rythme de course normal. Vous portez vos chaussures de course et les raquettes par-dessous, uniquement attachées à l'avant de votre pied, de sorte que celui-ci se courbe naturellement. Une bonne paire de raquettes légères coûte assez cher, mais elle vous dure la vie entière. Recherchez des raquettes de 30 centimètres de large et d'un mètre de long. Si elles sont plus petites, vous risquez de ne pas respecter les mesures minimales pour les courses à raquettes. Sans doute ne les trouverez-vous pas dans le magasin de sport le plus proche de chez vous. Consultez des sites web.

Vous pouvez aussi essayer divers modèles chez le loueur de chaussures de la station de ski. Mais surtout, essayez-les bien avant de les acheter. En vacances ou en tant que résidant, vous pouvez envisager de faire des courses en raquettes. Les magasins spécialisés dans ce type de matériel vous donneront toutes les informations sur les courses prévues.

ATTENTION !

Certains plans d'entraînement au marathon vous suggèrent de courir trois jours par semaine, de faire un entraînement croisé (pratiquer d'autres sports) pendant un ou deux jours par semaine, et de prendre un ou deux jours de repos. Pourquoi pas ? Mais il faut quand même, et surtout en période de préparation spécifique, accumuler assez de kilomètres pour courir un marathon. Car même si l'entraînement croisé peut être agréable (et vous offrir un bon moyen de rester en forme pendant une convalescence [voir le chapitre 12]), rien ne vous prépare à la course comme l'entraînement ciblé. Un coach avait l'habitude de dire : « Si vous êtes coureur et que vous avez le temps de faire un tour à bicyclette, une séance de lever de poids, ou une longueur à la piscine, ne vous en privez pas. Mais si vous avez seulement du temps pour une activité, contentez-vous de courir. » La natation, la marche ou le vélo ne feront jamais de vous un meilleur coureur. Ou plutôt si, mais en complément de la course, ce qui est tout à fait différent.

Vous déciderez peut-être que vous n'arriverez pas à respecter votre programme sans vous accorder quelques jours de repos ou quelques jours d'activités croisées, et nous n'y trouverons rien à redire. Nous vous donnerons des programmes prévus pour vous conduire au succès. Il reste qu'une adaptation de ces plans est bien sûr possible, vous êtes libre de le faire, rien n'est figé, vous pratiquez peut-être d'autres activités. Tout est possible pourvu que votre volume de préparation (et votre rythme de course prévu) ne soit quand même pas mis en péril.

Avez-vous un jour prétexté un rhume pour ne pas courir ? Si vous vous enrhumez cette année, essayez de courir malgré tout. La recherche montre que le fait de pratiquer un sport n'aggrave pas les rhumes. Et le fait de bouger, surtout avec une sortie courte et peu astreignante, peut vous aider à vous sentir mieux. Si vous pensez que vous êtes plus sérieusement malade (si vous avez une sinusite, une bronchite, une grippe, etc.), demandez à votre médecin si vous pouvez continuer de courir.

Choisissez votre plan d'entraînement

Même si vous lisez ce chapitre en entier, vous avez sans doute une question brûlante à me poser : Combien de kilomètres ou durant combien d'heures faut-il courir chaque semaine ? J'aimerais vous fournir une réponse simple. Les marathoniens parcourent, quant à eux, entre 60 et 200 km toutes les semaines, ou font, selon les objectifs qu'ils se fixent et leur degré d'expérience, cinq à sept séances par semaine. Pour déterminer ce qui vous convient, prenez en compte les éléments suivants :

- **Le nombre de semaines ou de mois qui vous restent avant votre marathon** : une fois que vous avez sélectionné un marathon (le chapitre 13 vous explique comment choisir votre marathon, et le chapitre 19 vous donne une liste des plus populaires d'entre eux), prenez un calendrier et voyez si les dix semaines de préparation que nous vous proposons sont compatibles avec la date de la course. Ensuite, selon votre expérience, votre objectif chronométrique envisagé, sélectionnez votre programme parmi ceux proposés.

Si vous disposez d'un peu plus de temps que les dix semaines indiquées dans les programmes, rallongez toujours la phase de départ, courez trois fois, quatre fois par semaine en endurance durant une heure, 1 h 30. Cette allure ne sera jamais inutile.

- **Votre rythme actuel** : si vous faites deux séances par semaine d'une heure en ce moment, vous ne pouvez pas passer à cinq séances d'ici à la semaine prochaine. En revanche, si vous courez déjà trois fois par semaine avec des séances assez longues et avec un peu d'endurance active (85 % de votre fréquence cardiaque maximale), vous n'aurez aucun mal à passer à quatre séances pour préparer votre marathon.

  Si votre kilométrage, votre temps de course est assez réduit en ce moment, oubliez la règle des 10 % de kilomètres supplémentaires par semaine, essayez de gagner dix minutes sans forcer, l'idéal étant de passer de 50 minutes à une heure. Mais vraiment sans forcer.

- **Le temps que pouvez consacrer chaque jour à l'entraînement** : la course est « chronophage ». Plus vous parcourez de kilomètres, plus vous y passerez de temps. Si vous travaillez 50 ou 60 heures par semaine, vous n'arriverez pas à faire cinq séances hebdomadaires tout en vous accordant la récupération et le sommeil dont vous avez besoin. Il faudra en tenir compte dans le choix de votre objectif pour le marathon. Soit plutôt 4 h 30 que 3 h 30.

- **Les objectifs que vous vous fixez pour le marathon** : si vous voulez finir en utilisant un mélange de marche et de course, vous avez besoin d'un kilométrage plus faible et surtout de séances moins rapides que si vous souhaitez finir le marathon en moins de quatre heures, ou atteindre un niveau encore plus élevé. Plus vous visez un objectif ambitieux, plus vous devrez accumuler de kilomètres et varier vos séances avec endurance active et résistance dure (95 % de votre FCM) (reportez-vous au chapitre 7 pour en savoir davantage sur les différentes allures à réaliser).

Un plan semi-marathon avant les plans marathon

Si vous essayez de préparer un marathon en dix semaines et que vous n'avez jamais participé à aucune compétition auparavant, ce n'est pas souhaitable, ni très raisonnable. C'est pourquoi, après vous avoir parlé de notre plan en six semaines pour débuter (voir chapitre 4), nous vous avons proposé quatre semaines pour faire votre premier 10 km. Maintenant, nous allons aborder des distances de compétition encore plus longues, et notamment celle du semi-marathon qui constitue la traditionnelle porte d'entrée vers le marathon. Voici donc cinq autres semaines pour préparer un semi-marathon.

Vous pourrez ensuite aborder plus sereinement votre préparation spécifique en dix semaines pour le marathon. Avant le marathon, vous courrez aussi un semi-marathon, qui vous permettra de vous tester et éventuellement de procéder à d'ultimes réglages avant le jour J. Nous verrons cela un peu plus loin. Mais sachant encore une fois que, avant votre premier semi-marathon, vous aurez couru régulièrement, si possible trois fois par semaine et avec au moins deux allures : endurance (70-75 % de votre FCM) et endurance active (85 % de votre FCM).

Nous répétons que, avant d'entamer un plan marathon, dix à douze mois de pratique régulière sont nécessaires. Si donc vous avez pris l'habitude de réaliser trois séances hebdomadaires, si vous avez couru un premier 10 km sans douleurs et que vous prévoyez maintenant de courir un semi-marathon, vous pourrez alors aborder sereinement votre préparation au marathon en dix semaines. Tout en choisissant bien votre objectif.

Trois plans pour le semi-marathon

Mon premier semi-marathon

1re semaine

Mardi : séance de 45 minutes avec : 30 minutes en endurance (à 70-75 % de votre FCM), puis 5 à 6 minutes un peu plus vite (à 85-90 % de votre FCM). Finir par 10 minutes en endurance.

Jeudi : séance de 45 minutes en endurance (à 70-75 % de votre FCM).

Dimanche : séance de 1 h 20 avec 45 minutes en endurance (à 75 % de votre FCM), puis pause de 5 minutes pour s'étirer, marcher lentement, et à nouveau 30 minutes en endurance.

2e semaine

Mardi : séance de 50 minutes avec : 30 minutes en endurance (à 70-75 % de votre FCM), puis 10 minutes un peu plus vite (à 85-90 % de votre FCM). Finir par 10 minutes en endurance.

Jeudi : séance de 45 minutes en endurance (à75 % de votre FCM).

Dimanche : séance de 1 h 30 avec : 50 minutes en endurance (à 75 % de votre FCM), suivies d'une pause de 5 minutes pour s'étirer et marcher un peu, puis 10 minutes en endurance et enfin 10 minutes un peu plus vite (à 85 % de votre FCM). Finir par 15 minutes en endurance.

3ᵉ semaine

Mardi : séance de 30 minutes en endurance (à 70-75 % de votre FCM), puis deux fois 6 minutes un peu plus vite (à 85-90 % de votre FCM) avec récupération de 2 minutes entre les 6 minutes. Finir par 10 minutes en endurance.

Jeudi : séance de 45 minutes en endurance (à 70-75 % de votre FCM).

Dimanche : séance de 1 h 50 avec : 1 heure en endurance (à 75 % de votre FCM) en alternant si besoin marche rapide et course, puis 20 minutes un peu plus vite (à 85 % de votre FCM). Finir par 30 minutes en endurance.

4ᵉ semaine

Mardi : séance de 20 minutes en endurance (à 70-75 % de votre FCM), puis deux fois 7 minutes un peu plus vite (à 85-90 % de votre FCM) avec récupération de 3 minutes en endurance entre les 7 minutes. Finir par 10 minutes en endurance.

Jeudi : séance de 30 minutes en endurance (à 75 % de votre FCM).

Dimanche : séance de 1 heure avec 30 minutes en endurance (à 75 % de votre FCM), puis 10 minutes (à 85 % de votre FCM). Finir en endurance.

5ᵉ semaine (allégée avant la compétition)

Mercredi : séance de 20 minutes en endurance (à 75 % de votre FCM), puis 6 minutes un peu plus vite (à 85 % de votre FCM). Finir par 5 à 10 minutes en endurance.

Samedi : footing tranquille de 15 à 20 minutes.

Dimanche : votre premier semi-marathon.

Semi-marathon pour coureur avancé

Niveau : de 1 h 45 à 1 h 50

1ʳᵉ semaine

Mardi : séance de 20 minutes en endurance (à 70-75 % de votre FCM), puis trois fois 6 minutes (à 85-90 % de votre FCM) avec récupération de 2 minutes lentement entre les 6 minutes. Finir par 10 minutes en endurance.

Jeudi : séance de 45 minutes en endurance (à 70-75 % de votre FCM).

Dimanche : séance de 1 h 20 avec : 40 minutes en endurance (à 75 % de votre FCM), puis 15 minutes un peu plus vite (à 85 % de votre FCM). Finir en endurance.

2e semaine

Mardi : séance de 30 minutes en endurance (à 70-75 % de votre FCM), puis trois fois 7 minutes (à 85-90 % de votre FCM) avec récupération de 2 minutes en endurance entre les 7 minutes. Finir par 10 minutes en endurance.

Jeudi : séance de 1 heure en endurance (à 70-75 % de votre FCM).

Dimanche : séance de 1 h 35 avec : 45 minutes en endurance (à 75 % de votre FCM), puis 20 minutes un peu plus vite (à 85 % de votre FCM). Finir en endurance.

3e semaine

Mardi : séance de 30 minutes en endurance (à 70-75 % de votre FCM), puis trois fois 8 minutes (à 85-90 % de votre FCM) avec récupération de 2 minutes en endurance entre les 8 minutes. Finir par 10 minutes en endurance.

Jeudi : séance de 1 heure en endurance (à 70-75 % de votre FCM).

Dimanche : séance de 1 h 45 avec : 45 minutes en endurance (à 75 % de votre FCM), puis 25 minutes (à 85 % de votre FCM). Finir en endurance.

4e semaine

Mardi : séance de 20 minutes en endurance (à 70-75 % de votre FCM), puis deux fois 10 minutes (à 85-90 % de votre FCM) avec récupération de 3 minutes en endurance entre les 10 minutes. Finir par 10 minutes en endurance.

Jeudi : séance de 45 minutes en endurance (à 70-75 % de votre FCM).

Dimanche : séance de 1 h 15 avec : 30 minutes en endurance (à 75 % de votre FCM), puis 15 minutes (à 85 % de votre FCM). Finir en endurance.

5e semaine (allégée avant la compétition)

Mardi : séance de 30 minutes en endurance (à 75 % de votre FCM).

Jeudi : séance de 20 minutes en endurance (à 70-75 % de votre FCM), puis 10 minutes (à 85 % de votre FCM). Finir par 10 minutes en endurance.

Samedi : séance tranquille de 20 à 30 minutes.

Dimanche : votre semi-marathon.

Semi-marathon pour coureur plus expérimenté

Niveau: de 1 h 30 à 1 h 35

1re semaine

Mardi: séance de 45 minutes en endurance (à 75 % de votre FCM).

Mercredi: séance de 20 minutes en endurance, puis trois fois 6 minutes (à 85-90 % de votre FCM) avec récupération de 2 minutes tranquilles entre les 6 minutes.

Vendredi: séance de 45 minutes en endurance (à 75 % de votre FCM).

Dimanche: séance de 1 h 30 avec: 45 minutes en endurance (à 75 % de votre FCM), puis 20 minutes (à 85 % de votre FCM). Finir en endurance.

2e semaine

Mardi: séance de 45 minutes en endurance (à 75 % de votre FCM).

Mercredi: séance de 20 minutes en endurance (à 70-75 % de votre FCM), puis trois fois 8 minutes (à 85-90 % de votre FCM) avec récupération de 2 minutes entre les 8 minutes. Finir par 10 minutes en endurance.

Vendredi: séance de 1 heure en endurance (à 75 % de votre FCM).

Dimanche: séance de 1 h 40 avec: 45 minutes en endurance (à 75 % de votre FCM), puis 25 minutes (à 85 % de votre FCM). Finir en endurance.

3e semaine

Mardi: séance de 1 heure en endurance (à 75 % de votre FCM).

Jeudi: séance de 30 minutes en endurance (à 70-75 % de votre FCM), puis trois fois 10 minutes (à 85-90 % FCM) avec récupération de 3 minutes entre les 10 minutes. Finir par 10 minutes en endurance.

Vendredi: séance de 45 minutes en endurance (à 75 % de votre FCM).

Dimanche: séance de 1 h 45 avec 1 heure en endurance (à 75 % de votre FCM), puis deux fois 15 minutes (à 85 % de votre FCM) avec récupération de 2 minutes entre les 15 minutes. Finir en endurance.

4e semaine

Mardi : séance de1 heure en endurance (à 75 % de votre FCM).

Jeudi : séance de 30 minutes en endurance (à 70-75 % de votre FCM), puis deux fois 12 minutes (à 85-90 % de votre FCM) avec récupération de 3 minutes tranquilles entre les 12 minutes. Finir par 10 minutes en endurance.

Vendredi : séance de 45 minutes en endurance (à 75 % de votre FCM).

Dimanche : séance de 1 h 15 avec 30 minutes en endurance (à 75 % de votre FCM), puis 15 minutes (à 85 % de votre FCM). Finir en endurance.

5e semaine (allégée avant la compétition)

Mardi : séance de 30 minutes en endurance (à 75 % de votre FCM).

Jeudi : séance de 20 minutes en endurance, puis 10 minutes (à 85 % de votre FCM). Finir par 10 minutes en endurance.

Samedi : footing tranquille de 20 à 30 minutes.

Cinq plans pour le marathon

Temps et vitesse à bien connaître

Un tableau de référence qui vous dit quel temps faire en fonction de votre vitesse. Très utile pour réaliser vos séances à l'allure de votre objectif marathon, même si dans nos plans nous privilégions la fréquence cardiaque à respecter, soit 80 % pour l'allure marathon. Indispensable en revanche pour bien noter tous vos temps de passage au marathon le jour J…

Pour connaître les temps à faire sur toutes les distances en fonction de la vitesse, rien de plus simple avec ce tableau qui, en un coup d'œil, vous donne le bon « chrono » à réaliser. Indispensable pour faire ses séances à l'allure de l'objectif, puis pour noter ses temps de passage le jour J.

Tableau 6-1 : Temps et vitesse en un coup d'œil

	100 m	*200 m*	*300 m*	*400 m*	*600 m*	*800 m*	*1 000 m*	*1 500 m*	*2 000 m*	*3 000 m*	*5 000 m*	*10 km*	*15 km*	*semi-marathon*	*marathon*
9 km/h	40 s	1 min 20 s	2 min	2 min 40 s	4 min	5 min 20 s	6 min 40 s	10 min	13 min 20 s	20 min	33 min 20 s	1 h 6 min 40 s	1 h 40 min	2 h 20 min 40 s	4 h 41 min 8 s
10 km/h	36 s	1 min 12 s	1 min 48 s	2 min 24 s	3 min 36 s	4 min 48 s	6 min	9 min	12 min	18 min	30 min	1 h	1 h 30 min	2 h 6 min 35 s	4 h 13 min 10 s
11 km/h	33 s	1 min 5 s	1 mn 38 s	2 min 11 s	3 min 16 s	4 min 22 s	5 min 27 s	8 min 11 s	10 min 55 s	16 min 22 s	27 min 16 s	54 min 33 s	1 h 21 min 49 s	1 h 55 min 5 s	3 h 50 min 9 s
12 km/h	30 s	1 min	1 min 30 s	2 min	3 min	4 min	5 min	7 min 30 s	10 min	15 min	25 min	50 min	1 h 15 min	1 h 45 min 29 s	3 h 30 min 59 s
13 km/h	28 s	55 s	1 min 23 s	1 min 51 s	2 min 46 s	3 min 42 s	4 min 37 s	6 min 55 s	9 min 14 s	13 min 51 s	23 min 5 s	46 min 9 s	1 h 9 min 14 s	1 h 37 min 22 s	3 h 14 min 45 s
14 km/h	26 s	51 s	1 min 17 s	1 min 43 s	2 min 34 s	3 min 26 s	4 min 17 s	6 min 26 s	8 min 34 s	12 min 51 s	21 min 26 s	42 min 51 s	1 h 4 min 17 s	1 h 30 min 25 s	3 h 50 s
15 km/h	24 s	48 s	1 min 12 s	1 min 36 s	2 min 24 s	3 min 12 s	4 min	6 min	8 min	12 min	20 min	40 min	1 h	1 h 24 min 23 s	2 h 48 min 47 s
16 km/h	23 s	45 s	1 min 7 s	1 min 30 s	2 min 15 s	3 min	3 min 45 s	5 min 37 s	7 min 30 s	11 min 15 s	18 min 45 s	37 min 30 s	56 min 15 s	1 h 19 min 7 s	2 h 38 min 14 s
16,8 km/h	21 s	43 s	1 min 4 s	1 min 26 s	2 min 9 s	2 min 51 s	3 min 34 s	5 min 21 s	7 min 09 s	10 min 43 s	17 min 51 s	35 min 43 s	53 min 34 s	1 h 15 min 21 s	2 h 30 min 42 s

Ne négligez pas les signes du surentraînement, de fatigue (provenant d'un excès de kilomètres). Le chapitre 16 vous en dit davantage, on n'est jamais trop prudent dans la bonne écoute de son corps.

Les deux premiers plans sont faciles et s'adressent aux vrais débutants, c'est-à-dire ceux qui vont pratiquer le marathon pour la toute première fois.

Plan 1. Premier marathon. Objectif: finir !

Votre vitesse marathon: 8,44 km/h, trois séances hebdomadaires.

Ce plan s'adresse aux coureurs qui vont faire leur premier marathon et souhaitent suivre une préparation facile, sans séances fractionnées, ou plus difficile en résistance dure. Un plan vraiment « spécial débutants ». Tous ces plans en 5 heures et plus jusqu'à 3h30 ont été conçus avec le concours de Rodolphe Bier, entraîneur diplômé d'État, collaborateur au magazine *Jogging international* et organisateur de stages de perfectionnement pour coureurs de tous niveaux. Contact: www.courir-sur-routes-et-sentiers.fr

1re semaine

Mardi: footing en endurance de 45 minutes (à 75 % de votre FCM).

Jeudi: footing en endurance de 20 minutes (à 70-75 % de votre FCM), puis 5 minutes (à 75-80 % de votre FCM), puis 5 minutes (à 80 % de votre FCM). Finir par 20 minutes en endurance.

Dimanche: sortie longue de 30 minutes en endurance (à 70-75 % de votre FCM), puis 15 minutes de randonnée-course en alternant marche active pour un tiers et course en endurance pour deux tiers, puis 35 minutes à nouveau en endurance (à 75 % de votre FCM).

2e semaine

Mardi: footing en endurance de 45 minutes (à 75 % de votre FCM).

Jeudi: footing en endurance de 20 minutes (à 70-75 % de votre FCM), puis 5 minutes (à 75-80 % de votre FCM), puis 10 minutes (à 80 % de votre FCM). Finir par 20 minutes en endurance.

Dimanche: sortie longue de 40 minutes en endurance (à 70-75 % de votre FCM), puis 15 minutes de randonnée-course en alternant marche active pour un tiers et course en endurance pour deux tiers, puis 25 minutes à nouveau en endurance (à 75 % de votre FCM).

3e semaine

Mardi : footing de 45 minutes en endurance (à 70 % de votre FCM).

Jeudi : footing de 25 minutes (à 70 % de votre FCM), puis 20 minutes (à 75-80 % de votre FCM).Finir par 15 minutes (à 70 % de votre FCM).

Dimanche : sortie longue de 1 h 15 en endurance (entre 70 et 75 % de votre FCM).

4e semaine

Mardi : footing de 1 heure en endurance (à 70 % de votre FCM).

Jeudi : footing de 30 minutes (à 70 % de votre FCM), puis 20 minutes (à 75-80 % de votre FCM). Finir par 15 minutes (à 70 % de votre FCM).

Dimanche : sortie longue de 1 h 30 en endurance (entre 70 et 75 % de votre FCM). Vous pouvez décomposer la sortie en alternant 1 heure de footing, puis une pause de 5 minutes pour pratiquer quelques étirements, puis à nouveau 30 minutes en endurance.

5e semaine

Mardi : footing de 1 h 05 dont 30 minutes en endurance (à 70 % de votre FCM), puis 15 minutes allure marathon (à 80 % de votre FCM). Finir par 20 minutes en endurance (à 70 % de votre FCM).

Jeudi : footing de 45 minutes à 1 heure en endurance (à 70-75 % de votre FCM).

Dimanche : sortie longue de 1 h 40 avec 45 minutes (à 70-75 % de votre FCM), puis 15 minutes (à 75-80 % de votre FCM), puis 20 minutes de randonnée-course (un tiers de marche active, deux tiers de course en endurance). Finir par 20 minutes en endurance (à 70 % de votre FCM).

6e semaine

Mardi : footing de 1 h 10 en endurance dont 30 minutes (à 70 % de votre FCM), puis 20 minutes allure marathon (à 80 % de votre FCM). Finir par 20 minutes en endurance (à 70 % de votre FCM).

Jeudi : footing de 45 minutes en endurance (à 70-75 % de votre FCM).

Dimanche : sortie longue de 1 h 50 en endurance avec 1 heure (à 70-75 % de votre FCM), puis 20 minutes (à 75-80 % de votre FCM), puis 15 minutes de randonnée-course (un tiers de marche active, deux tiers de course en endurance). Finir par 15 minutes en endurance (à 70 % de votre FCM).

7e semaine

Mardi : footing de 1 h 10 dont 30 minutes en endurance (à 70 % de votre FCM), puis 20 minutes allure marathon (à 80 % de votre FCM). Finir par 20 minutes en endurance (à 70 % de votre FCM).

Jeudi : footing de 1 heure en endurance (à 70-75 % de votre FCM).

Dimanche : sortie longue de 2 heures en endurance avec 1 heure (à 70-75 % de votre FCM), puis 20 minutes (à 75-80 % de votre FCM), puis 20 minutes de randonnée-course (un tiers de marche active, deux tiers de course en endurance). Finir par 20 minutes en endurance (à 70 % de votre FCM).

8e semaine

Mardi : footing de 45 minutes à 1 heure en endurance (à 75 % de votre FCM).

Jeudi : footing de 30 minutes en endurance (à 70 % de votre FCM), puis 25 minutes allure marathon (à 80 % de votre FCM). Finir par 10 minutes (à 70 % de votre FCM).

Dimanche : sortie longue de 2 h 15 en endurance avec 1 h 15 (entre 70 et 75 % de votre FCM), puis 30 minutes de randonnée-course (deux tiers de course, un tiers de marche active). Finir par 30 minutes (à 70-75 % de votre FCM).

9e semaine

Mardi. : footing de 30 minutes en endurance (à 70 % de votre FCM), puis 10 minutes à allure marathon (à 80 % de votre FCM). Finir par 12 minutes en endurance (à 70 % de votre FCM).

Jeudi : footing de 1 h 15 en endurance (à 70-75 % de votre FCM).

Samedi : footing de 40 minutes en endurance (à 70 % de votre FCM).

Dimanche : repos total.

10e semaine

Mardi : repos total

Jeudi : footing de 20 minutes (à 70-75 % de votre FCM), puis 1 000 mètres en 7 min 07 pour un objectif à 5 heures (7 min 28 pour 5 h 15), puis 5 minutes (à 70 % de votre FCM).

Samedi : footing de 20 minutes en endurance (à 65-70 % de votre FCM).

Dimanche : marathon.

Vos temps de passage :

1	0:07:07	16	1:53:45	30	3:33:18
2	0:14:13	17	2:00:52	31	3:40:24
3	0:21:20	18	2:07:59	32	3:47:31
4	0:28:26	19	2:15:05	33	3:54:37
5	0:35:33	20	2:22:12	34	4:01:44
6	0:42:40	21	2:29:18	35	4:08:51
7	0:49:46	21,1	2:30:01	36	4:15:57
8	0:56:53	22	2:36:25	37	4:23:04
9	1:03:59	23	2:43:32	38	4:30:10
10	1:11:06	24	2:50:38	39	4:37:17
11	1:18:12	25	2:57:45	40	4:44:24
12	1:25:19	26	3:04:51	41	4:51:30
13	1:32:26	27	3:11:58	42	4:58:37
14	1:39:32	28	3:19:05	42,195	5:00:00
15	1:46:39	29	3:26:11		

Plan 2. Objectif : 5 heures

Votre vitesse marathon : 8,44 km/h. Trois séances hebdomadaires.

Ce plan ainsi que les trois autres plans qui suivent comprennent des séances à toutes les allures, l'endurance, l'allure marathon, le seuil et la résistance dure ou VMA, et non plus seulement en endurance. Ces plans s'adressent donc à des coureurs un peu plus expérimentés ou tout simplement très motivés pour varier leurs séances de préparation à l'aide de toutes les allures, ce qui sera un atout pour la réussite de leur préparation et aussi pour éviter la monotonie lors des entraînements.

1re semaine

Mardi : footing en endurance de 45 minutes (75 % de votre FCM).

Jeudi : séance de VMA (vitesse maximale aérobie correspondant à 95 % de votre FCM). 20 minutes en endurance (à 70 % de votre FCM), puis six fois 1 minute (à 95 % de votre FCM) avec récupération de 45 secondes en endurance. Finir par 10 minutes en endurance.

Dimanche : sortie longue de 45 minutes en endurance (à 70-75 % de votre FCM), puis une pause de 5 minutes pour pratiquer des étirements. Finir par 30 minutes en endurance.

2ᵉ semaine

Mardi : footing en endurance de 45 minutes (à 75 % de votre FCM).

Jeudi : séance de VMA. 20 minutes en endurance (à 70 % de votre FCM), puis six fois 1 min 30 (à 95 % de votre FCM) avec récupération de 1 minute en endurance entre chaque 1 min 30. Finir par 10 minutes en endurance.

Dimanche : sortie longue de 45 minutes en endurance (à 70-75 % de votre FCM), puis une pause de 5 minutes pour pratiquer des étirements. Finir par 40 minutes en endurance.

3ᵉ semaine

Mardi : footing de 1 heure en endurance (à 70 % de votre FCM).

Jeudi : séance de VMA. Footing en endurance de 25 minutes (à 70 % de votre FCM), puis six fois 1 minute (à 90-95 % de votre FCM) avec récupération de 1 minute (à 65 % de votre FCM) entre chaque minute. Finir par 10 minutes (à 70 % de votre FCM).

Dimanche : sortie longue de 1 h 15 en endurance (entre 70 et 75 % de votre FCM).

4ᵉ semaine

Mardi : footing de 1 heure en endurance (à 70 % de votre FCM).

Jeudi : séance de VMA. Footing en endurance de 25 minutes (à 70 % de votre FCM), puis six fois 2 minutes (à 90-95 % de votre FCM) avec récupération de 1 min 15 lentement entre chacune des 2 minutes. Finir par 10 minutes (à 70 % de votre FCM).

Dimanche : sortie longue de 1 h 30 en endurance (entre 70 et 75 % de votre FCM). Vous pouvez décomposer la sortie en alternant 1 heure de footing puis faire une pause de 5 minutes pour pratiquer quelques étirements, puis à nouveau 30 minutes de course en endurance.

5ᵉ semaine

Mardi : footing de 30 minutes en endurance (à 70-75 % de votre FCM), puis 10 minutes (à 80 % de votre FCM). Finir par 20 minutes (à 70 % de votre FCM).

Jeudi : séance au seuil (soit à 90 % de votre FCM). Footing en endurance de 25 minutes (à 70 % de votre FCM), puis trois fois 5 minutes (à 90 % de votre FCM) avec récupération de 2 minutes lentement entre chacune des 5 minutes. Finir par10 minutes (à 70 % de votre FCM).

Dimanche : sortie longue de 1 h 45 en endurance dont 1 heure (entre 70 et 75 % de votre FCM), puis 30 minutes en alternant course pour deux tiers et marche active pour un tiers. Finir par 15 minutes (à 70-75 % de votre FCM).

6e semaine

Mardi : séance au seuil. Footing de 20 minutes en endurance (à 70 % de votre FCM), puis trois fois 6 minutes (à 90 % de votre FCM), avec 2 minutes de récupération lentement entre chacune des 6 minutes. Finir par 10 minutes (à 70 % de votre FCM).

Jeudi : footing en endurance de 1 heure à 1 h 15 (à 70 % de votre FCM).

Dimanche : sortie longue avec 45 minutes en endurance (à 70 et 75 % de votre FCM), puis 15 minutes (à 85 % de votre FCM), puis 40 minutes de randonnée-course avec un tiers de marche active et deux tiers de course (à 70 % de votre FCM). Finir par 10 minutes de footing (à 70-75 % de votre FCM).

7e semaine

Mardi : séance au seuil. Footing de 20 minutes en endurance (à 70 % de votre FCM), puis quatre fois 6 minutes (à 90 % de votre FCM) avec 2 minutes de récupération lentement entre chacune des 6 minutes. Finir par 10 minutes (à 70 % de votre FCM).

Jeudi : sortie en endurance de 1 heure (à 70 % de votre FCM).

Dimanche : sortie longue avec 45 minutes en endurance (à 70 et 75 % de votre FCM), puis 20 minutes allure marathon (à 80 % de votre FCM), puis 30 minutes de randonnée-course avec un tiers de marche active et deux tiers de course (à 70 % de votre FCM). Finir avec 15 minutes de footing (à 70-75 % de votre FCM).

8e semaine

Mardi : footing de 1 heure en endurance (à 75 % de votre FCM).

Jeudi : footing en endurance de 35 minutes (à 70 % de votre FCM), puis 25 minutes (à 80-85 % de votre FCM). Finir par 10 minutes (à 70 % de votre FCM).

Dimanche : sortie longue de 2 h 15 en endurance avec 1 heure (entre 70 et 75 % de votre FCM), puis 20 minutes allure marathon (à 80 % de votre FCM), puis 30 minutes en alternant deux tiers de course et un tiers de marche active. Finir par 25 minutes (à 70-75 % de votre FCM).

9e semaine

Mardi : séance au seuil. Footing de 30 minutes en endurance (à 70 % de votre FCM), puis 10 minutes (à 90 % de votre FCM) et 15 minutes en endurance (à 70 % de votre FCM).

Jeudi : footing endurance de 1 h 15 (à 70-75 % de votre FCM).

Samedi : footing de 40 minutes en endurance (à 70 % F de votre CM).

Dimanche : repos total.

10e semaine

Mardi : repos total.

Jeudi : footing en endurance de 20 minutes (à 70-75 % de votre FCM), puis 1 000 mètres en 7 min 07 pour un objectif à 5 heures (7 min 28 pour 5 h 15 par exemple). Finir par 5 minutes (à 70 % de votre FCM).

Samedi : footing de 20 minutes en endurance (à 65-70 % de votre FCM).

Dimanche : marathon.

Vos temps de passage :

1	0:07:07	16	1:53:45	30	3:33:18
2	0:14:13	17	2:00:52	31	3:40:24
3	0:21:20	18	2:07:59	32	3:47:31
4	0:28:26	19	2:15:05	33	3:54:37
5	0:35:33	20	2:22:12	34	4:01:44
6	0:42:40	21	2:29:18	35	4:08:51
7	0:49:46	21,1	2:30:01	36	4:15:57
8	0:56:53	22	2:36:25	37	4:23:04
9	1:03:59	23	2:43:32	38	4:30:10
10	1:11:06	24	2:50:38	39	4:37:17
11	1:18:12	25	2:57:45	40	4:44:24
12	1:25:19	26	3:04:51	41	4:51:30
13	1:32:26	27	3:11:58	42	4:58:37
14	1:39:32	28	3:19:05	42,195	5:00:00
15	1:46:39	29	3:26:11		

Plan 3. Objectif : 4 h 30

Votre vitesse marathon : 9,38 km/h. Trois à quatre séances hebdomadaires.

1re semaine

Mardi : séance de VMA (vitesse maximale aérobie, soit 95 % de votre fréquence cardiaque maximale). 20 minutes en endurance (à 70 % de votre FCM), puis six fois 1 minute (à 95 % de votre FCM) avec récupération de 45 secondes lentement entre chaque minute. Finir par 10 minutes en endurance.

Mercredi (optionnel) : footing de 45 minutes en endurance (à 75 % de votre FCM).

Vendredi : séance au seuil (soit 90 % de votre FCM). 20 minutes en endurance (70 % de votre FCM), puis deux fois 4 minutes (à 90 % de votre FCM) avec récupération de 2 minutes lentement. Finir par 10 minutes en endurance.

2e semaine

Mardi : séance de VMA. 20 minutes en endurance (à 70 % de votre FCM), puis six fois 1 min 30 (à 95 % de votre FCM) avec récupération de 1 minute en endurance. Finir par 10 minutes en endurance.

Mercredi (optionnel) : footing en endurance de 45 minutes (à 75 % de votre FCM).

Vendredi : séance au seuil. 20 minutes en endurance (à 70 % de votre FCM), puis deux fois 6 minutes (à 90 % de votre FCM) avec récupération de 3 minutes lentement entre les 4 minutes. Finir par 10 minutes en endurance.

Dimanche : sortie longue de 45 minutes en endurance (à 70-75 % de votre FCM), puis pause de 5 minutes pour pratiquer des étirements. Finir par 40 minutes en endurance.

3e semaine

Mardi : séance de VMA. Footing de 20 minutes en endurance, puis six fois 2 minutes (à 95 % de votre FCM) avec récupération de 1 minute en endurance entre les 2 minutes. Finir par 10 minutes en endurance.

Mercredi (optionnel) : footing en endurance de 1 heure (à 70-75 % de votre FCM).

Vendredi : séance au seuil (soit 85 % de votre FCM). Footing de 30 minutes en endurance (à 70 % de votre FCM), puis 10 minutes (à 85 % de votre FCM). Finir par 15 minutes (à 70 % de votre FCM).

Dimanche : sortie longue de 1 h 15 en endurance (entre 70 et 75 % de votre FCM).

4e semaine

Mardi : séance de VMA. Footing de 20 minutes en endurance, puis six fois 2 min 30 (à 95 % de votre FCM) avec récupération de 1 min 15 en endurance entre les 2 min 30. Finir par 10 minutes en endurance.

Mercredi (optionnel) : footing en endurance de 1 heure (à 70-75 % de votre FCM).

Vendredi : séance au seuil. Footing de 30 minutes en endurance (à 70 % de votre FCM), puis 15 minutes (à 85 % de votre FCM). Finir par 15 minutes (à 70 % de votre FCM).

Dimanche : sortie longue de 1 h 30 en endurance (entre 70 et 75 % de votre FCM).

5e semaine

Mardi : séance au seuil. Footing de 20 minutes en endurance (à 70 % de votre FCM), puis cinq fois 3 minutes (à 90 % de votre FCM) avec récupération de 1 min 30 lentement entre chacune des 3 minutes. Finir par 10 minutes en endurance (à 70 % de votre FCM).

Mercredi (optionnel) : footing en endurance de 1 heure à 1 h 15 (à 70-75 % de votre FCM).

Vendredi : séance au seuil. Footing de 30 minutes en endurance (à 70 % de votre FCM), puis deux fois 10 minutes (à 85 % de votre FCM) avec récupération de 3 minutes lentement entre chacune des 10 minutes. Finir par 15 minutes (à 70 % de votre FCM).

Dimanche : sortie longue de 1 h 45 en endurance (entre 70 et 75 % de votre FCM). Vous pouvez alterner course et marche rapide entre 1 heure et 1 h 30 de votre sortie et finir en endurance.

6e semaine (3 séances seulement)

Mardi : séance seuil. Footing de 20 minutes en endurance (à 70 % de votre FCM), plus six fois 3 minutes (à 90 % de votre FCM) avec récupération de 1 min 30 lentement entre chacune des 3 minutes. Finir par 10 minutes en endurance (à 70 % de votre FCM).

Jeudi : footing de 1 heure en endurance (à 70-75 % de votre FCM).

Dimanche : possibilité de faire une course-test sur 10 km (ne pas aller à plus de 80 % de votre FCM). Ou bien 40 minutes de footing en endurance (à 70 % de votre FCM), puis 15 minutes (à 85 % de votre FCM). Finir par 10 minutes (à 70 % de votre FCM).

7e semaine

Mardi : footing de 1 heure en endurance (à 70 % de votre FCM).

Mercredi (optionnel) : footing en endurance de 45 minutes à 1 heure (à 70-75 % de votre FCM).

Vendredi : séance au seuil. Footing de 45 minutes en endurance (à 70 % de votre FCM), puis 20 minutes (à 85 % de votre FCM). Terminer par 15 minutes (à 70 % de votre FCM).

Dimanche : sortie longue de 2 heures à 2 h 15 en randonnée-course. Débuter par 40 minutes en endurance (à 70-75 % de votre FCM), puis 45 minutes ou vous alternerez un tiers de marche rapide et deux tiers de course, puis 20 minutes de course allure marathon (à 80 % de votre FCM). Finir par 15 minutes endurance (à 70 % de votre FCM).

8e semaine

Mardi : footing de 1 h 15 en endurance (à 70 % de votre FCM).

Mercredi (optionnel) : footing en endurance de 45 minutes à 1 heure (à 70-75 % de votre FCM).

Vendredi : séance au seuil. Footing de 45 minutes en endurance (à 70 % de votre FCM), puis 25 minutes (à 85 % de votre FCM). Finir par 15 minutes (à 70 % de votre FCM).

Dimanche : sortie longue de 2 heures à 2 h 15 en randonnée- course. Débuter par 20 minutes en endurance (à 70-75 % de votre FCM), puis 25 minutes allure marathon (à 80 % de votre FCM), puis 50 minutes où vous alternerez un tiers de marche rapide et deux tiers de course. Finir par 20 à 40 minutes de course (à 75 % de votre FCM).

9e semaine

Mardi : séance au seuil. Footing de 30 minutes en endurance (à 70 % de votre FCM), puis deux fois 8 minutes (à 85 % de votre FCM) avec récupération de 2 minutes (à 65 % de votre FCM) entre chacune des 8 minutes. Finir par 10 minutes en endurance (à 70 % de votre FCM).

Mercredi : footing en endurance de 1 h 15 (à 70-75 % de votre FCM).

Vendredi : footing de 45 minutes en endurance (à 70 % de votre FCM).

Dimanche : repos total.

10e semaine

Lundi : footing de 30 minutes en endurance (à 70 % de votre FCM).

Mercredi : footing en endurance de 20 minutes (à 70-75 % de votre FCM), puis 1 000 mètres en 6 min 23. Finir par 5 minutes (à 70 % de votre FCM).

Samedi : footing de 20 minutes en endurance (à 65-70 % de votre FCM).

Dimanche : marathon.

Vos temps de passage :

1	0:06:24	16	1:42:23	30	3:11:58
2	0:12:48	17	1:48:47	31	3:18:22
3	0:19:12	18	1:55:11	32	3:24:46
4	0:25:36	19	2:01:35	33	3:31:10
5	0:32:00	20	2:07:59	34	3:37:34
6	0:38:24	21	2:14:23	35	3:43:58
7	0:44:48	21,1	2:15:01	36	3:50:22
8	0:51:11	22	2:20:46	37	3:56:45
9	0:57:35	23	2:27:10	38	4:03:09
10	1:03:59	24	2:33:34	39	4:09:33
11	1:10:23	25	2:39:58	40	4:15:57
12	1:16:47	26	2:46:22	41	4:22:21
13	1:23:11	27	2:52:46	42	4:28:45
14	1:29:35	28	2:59:10	42,195	4:30:00
15	1:35:59	29	3:05:34		

Plan 4. Objectif: 4 heures

Votre vitesse marathon: 10,55 km/h. Quatre séances hebdomadaires.

1re semaine

Mardi: séance de VMA. 20 minutes en endurance, puis six fois 1 min 30 (à 95 % de votre FCM) avec récupération de 1 minute en endurance. Finir par 10 minutes en endurance.

Mercredi: footing en endurance de 1 heure (à 75 % de votre FCM).

Vendredi: séance au seuil (soit 90 % de votre FCM), puis 20 minutes en endurance, puis trois fois 4 minutes (à 90 % de votre FCM) avec récupération de 1 min 30 en endurance entre les 4 minutes. Finir par 10 minutes en endurance.

Dimanche: sortie longue en endurance de 1 h 40 (à 75 % de votre FCM) avec 10 minutes allure marathon (à 80 % de votre FCM) après1 heure de course.

2e semaine

Mardi: séance de VMA. 20 minutes en endurance puis huit fois 1 min 30 (à 95 % de votre FCM) avec récupération de 1 minute en endurance entre les 1 min 30. Finir par 10 minutes en endurance.

Mercredi: footing en endurance de 45 minutes (à 75 % de votre FCM).

Vendredi: séance au seuil. 20 minutes en endurance, puis deux fois 5 minutes (à 90 % de votre FCM) avec récupération de 1 min 30 en endurance entre les 5 minutes. Finir par 10 minutes en endurance.

Dimanche: sortie longue en endurance de 1 h 30 (à 75 % de votre FCM) avec 10 minutes allure marathon (à 80 % de votre FCM) après 1 heure de footing.

3e semaine

Mardi: séance de VMA. Footing en endurance de 30 minutes (à 70 % de votre FCM), puis huit fois 2 minutes (à 95 % de votre FCM) avec récupération de 1 minute entre les 2 minutes. Finir par 10 minutes en endurance.

Mercredi: sortie en endurance de 1 heure (à 70-75 % de votre FCM).

Vendredi: footing de 30 minutes en endurance (à 70 % de votre FCM), puis 10 minutes (à 85 % de votre FCM). Finir par 15 minutes (à 70 % de votre FCM).

Dimanche: sortie longue en endurance de 1 h 30 (entre 70 et 75 % de votre FCM).

4e semaine

Mardi : séance de VMA. Footing en endurance de 20 minutes, puis sept fois 2 min 30 (à 90-95 % de votre FCM) avec récupération de 1 min 30 en endurance entre les 2 min 30. Finir par 10 minutes en endurance.

Mercredi : footing en endurance de 1 heure (à 70-75 % de votre FCM).

Vendredi : séance au seuil. Footing de 30 minutes en endurance (à 70 % de votre FCM), puis 15 minutes (à 85 % de votre FCM). Finir par 15 minutes (à 70 % de votre FCM).

Dimanche : sortie longue de 1 h 45 en randonnée-course soit 40 minutes en endurance (à 70-75 % de votre FCM), puis 40 minutes où vous alternerez marche rapide et course (à 70-75 % de votre FCM), puis 25 minutes en course continue en endurance (à 70-75 % de votre FCM).

5e semaine

Mardi : séance de VMA. Footing en endurance de 20 minutes, puis huit fois 2 min 30 (à 90-95 % de votre FCM) avec récupération de 1 min 30 en endurance entre les 2 min 30. Finir par 10 minutes en endurance.

Mercredi : footing en endurance de 1 h 15 (à 70-75 % de votre FCM).

Vendredi : séance au seuil. Footing de 30 minutes en endurance (à 70 % de votre FCM), puis 20 minutes (à 85 % de votre FCM).Finir par 10 minutes (à 70 % de votre FCM).

Dimanche : sortie longue de 1 h 45 en randonnée-course soit 45 minutes en endurance (à 70-75 % de votre FCM), puis 30 minutes où vous alternerez marche rapide et course (à 70-75 % de votre FCM). Finir par 30 minutes en course continue en endurance (à 70-75 % de votre FCM).

6e semaine

Mardi : footing en endurance de 1 heure (à 75 % de votre FCM).

Mercredi : séance de VMA. Footing de 20 minutes endurance (à 70 % de votre FCM), puis six fois 2 min 30 (à 90-95 % de votre FCM) avec récupération de 1 min 30 entre les 2 min 30. Finir par 10 minutes en endurance (à 65 % de votre FCM).

Vendredi : footing de 45 minutes en endurance (à 70-75 % de votre FCM).

Dimanche : course-test sur une distance de 15 km ou semi-marathon (en ne dépassant pas 80 % de votre FCM). Ou bien sortie en endurance de 45 minutes (à 70 % de votre FCM), puis 20 minutes (à 85 % de votre FCM), puis 25 minutes (à 70 % de votre FCM).

7e semaine

Mardi : sortie en endurance de 1 heure (à 70 % de votre FCM).

Mercredi : séance au seuil. Footing de 20 minutes en endurance (à 70 % de votre FCM), puis trois fois 5 minutes (à 90 % de votre FCM) avec récupération de 2 minutes (à 65 % de votre FCM) entre les 5 minutes. Finir par 10 minutes en endurance (à 70 % de votre FCM).

Vendredi : footing de 1 h 15 en endurance (à 70-75 % de votre FCM).

Dimanche : sortie longue en endurance de 2 heures à 2 h 15 (à 70-75 % de votre FCM) avec la première heure (entre 70 et 75 % de votre FCM), puis 30 minutes allure marathon (à 80 % de votre FCM), puis finir entre 70 et 75 % de votre FCM. Vous pouvez faire une pause de 5 minutes pour vous étirer et marcher après une 1 h 30 de course.

8e semaine

Mardi : footing en endurance de 45 minutes à 1 heure (à 75 % de votre FCM).

Mercredi : séance au seuil. Footing de 30 minutes en endurance (à 70 % de votre FCM), puis trois fois 7 minutes (à 90 % de votre FCM) avec récupération de 3 minutes (à 65 % de votre FCM) entre chacune des 7 minutes. Finir par 10 minutes en endurance (à 70 % de votre FCM).

Vendredi : footing de 1 h 15 en endurance (à 70 à 75 % de votre FCM).

Dimanche : sortie longue de 1 heure en endurance (à 70-75 % de votre FCM), puis 25 minutes allure marathon (à 80 % de votre FCM), puis 30 minutes en endurance (à 70-75 % de votre FCM).

9e semaine

Lundi : footing de 45 minutes en endurance (à 70 % de votre FCM).

Mercredi : footing de 30 minutes en endurance (à 70 % de votre FCM), puis deux fois 10 minutes allure marathon (à 80 % de votre FCM) avec récupération de 2 minutes (à 65 % de votre FCM) entre chacune des 10 minutes. Finir par 10 minutes en endurance (à 70 % de votre FCM).

Vendredi : footing de 45 minutes en endurance (à 70 % de votre FCM).

Dimanche : repos total.

10e semaine

Mardi : footing de 40 minutes en endurance (à 70 % de votre FCM).

Mercredi : footing en endurance de 20 minutes (à 70-75 % de votre FCM), puis 1 000 mètres en 5 minutes 40, puis 5 minutes (à 70 % de votre FCM).

Samedi : footing de 20 minutes en endurance (à 65-70 % de votre FCM).

Dimanche : marathon.

Vos temps de passage :

1	0:05:41	16	1:31:00	30	2:50:38
2	0:11:23	17	1:36:42	31	2:56:19
3	0:17:04	18	1:42:23	32	3:02:01
4	0:22:45	19	1:48:04	33	3:07:42
5	0:28:26	20	1:53:45	34	3:13:23
6	0:34:08	21	1:59:27	35	3:19:05
7	0:39:49	21,1	2:00:01	36	3:24:46
8	0:45:30	22	2:05:08	37	3:30:27
9	0:51:11	23	2:10:49	38	3:36:08
10	0:56:53	24	2:16:31	39	3:41:50
11	1:02:34	25	2:22:12	40	3:47:31
12	1:08:15	26	2:27:53	41	3:53:12
13	1:13:57	27	2:33:34	42	3:58:53
14	1:19:38	28	2:39:16	42,195	4:00:00
15	1:25:19	29	2:44:57		

Plan 5. Objectif : 3 h 30

Votre vitesse : 12,06 km/h. Quatre séances hebdomadaires.

1re semaine

Mardi : séance de VMA. 20 minutes en endurance puis huit fois 1 min 30 (à 95 % de votre FCM) avec récupération de 1 minute en endurance entre les 1 min 30. Finir par 10 minutes en endurance.

Mercredi : sortie en endurance de 1 heure (à 75 % de votre FCM).

Vendredi : séance au seuil (soit 90 % de votre FCM). 20 minutes en endurance plus trois fois 4 minutes (à 90 % de votre FCM) avec récupération de 1 min 30 en endurance entre les 4 minutes. Finir par 10 minutes en endurance.

Dimanche : sortie longue en endurance de 1 h 40 (à 75 % de votre FCM) avec 10 minutes allure marathon (à 80 % de votre FCM) après1 heure de footing.

2e semaine

Mardi : séance de VMA. 20 minutes en endurance, puis dix fois 1 min 30 (à 95 % de votre FCM) avec récupération de 1 minute en endurance entre les 1 min 30. Finir par 10 minutes en endurance.

Mercredi : footing en endurance de 45 minutes (à 75 % de votre FCM).

Vendredi : séance au seuil. 20 minutes en endurance, puis trois fois 5 minutes (à 90 % de votre FCM) avec récupération de 1 min 30 en endurance entre les 5 minutes. Finir par 10 minutes en endurance.

Dimanche : sortie longue en endurance de 1 h 30 (à 75 % de votre FCM) avec 10 minutes allure marathon (à 80 % de votre FCM) après1 heure de footing.

3e semaine

Mardi : sortie de 1 heure en endurance (à 70-75 % de votre FCM).

Mercredi : séance de VMA. 20 minutes en endurance puis huit fois 2 minutes (à 90-95 % de votre FCM) avec récupération de 1 minute entre les 2 minutes. Finir par 10 minutes en endurance.

Vendredi : sortie de 1 h 15 en endurance (à 70-75 % de votre FCM).

Dimanche : sortie longue en endurance de 1 h 30 (avec 1 heure à 70-75 % de votre FCM), puis 15 minutes (à 85 % de votre FCM), puis 15 minutes (à 70-75 % de votre FCM).

4e semaine

Mardi : séance de VMA. 20 minutes en endurance, puis huit fois 3 minutes (à 90-95 % de votre FCM) avec récupération de 1 min 30 en endurance. Finir par 10 minutes en endurance.

Mercredi : 1 h 15 en endurance (à 70-75 % de votre FCM).

Vendredi : séance au seuil (soit 85 % de votre FCM). 30 minutes en endurance, puis deux fois 10 minutes (à 85 % de votre FCM) avec récupération de 3 minutes en endurance entre les 10 minutes. Finir par 10 minutes en endurance.

Dimanche : sortie longue de 1 h 40 en endurance (à 70-75 % de votre FCM).

5e semaine

Mardi : séance de VMA. 20 minutes en endurance puis dix fois 3 minutes (à 90-95 % de votre FCM) avec récupération de 1 min 30 en endurance entre les 10 minutes. Finir par 10 minutes en endurance.

Mercredi : 1 heure en endurance (à 70-75 % de votre FCM).

Vendredi : séance au seuil. 30 minutes en endurance (à 70-75 % de votre FCM), puis deux fois 15 minutes (à 85 % de votre FCM) avec récupération de 3 minutes en endurance entre les 15 minutes. Finir par 10 minutes en endurance.

Dimanche : sortie longue de 1 h 50 en endurance (à 70-75 % de votre FCM).

6e semaine

Mardi : footing de 1 heure en endurance (à 70-75 % de votre FCM).

Mercredi : séance au seuil. 30 minutes en endurance puis deux fois 12 minutes (à 85 % de votre FCM) avec récupération de 3 minutes entre les 12 minutes. Finir par 10 minutes en endurance.

Vendredi : 1 heure en endurance (à 70-75 % de votre FCM).

Dimanche : compétition sur 15 km ou semi-marathon, en respectant l'allure du marathon jusqu'au dixième kilomètre (soit 4 min 58 au kilomètre ou 80 % de votre FCM), puis possibilité d'accélérer dans la deuxième partie. Ou bien entraînement-test avec 30 minutes en endurance (à 75 % de votre FCM), puis 20 minutes (à 85 % de votre FCM) et 20 minutes en endurance (à 75 % de votre FCM).

7e semaine

Mardi : footing de 45 minutes en endurance (à 70-75 % de votre FCM).

Mercredi : séance au seuil. 30 minutes en endurance, puis trois fois 10 minutes (à 85 % de votre FCM) avec récupération de 3 minutes en endurance entre les 10 minutes. Finir par 10 minutes en endurance.

Vendredi : footing de 1 h 15 en endurance (à 70-75 % de votre FCM).

Dimanche : sortie longue de 2 heures en endurance (avec 1 heure à 70-75 % de votre FCM), puis 20 minutes allure marathon (à 80 % de votre FCM), puis 40 minutes (à 70-75 % de votre FCM).

8e semaine

Mardi : footing de 1 h 15 en endurance (à 70-75 % de votre FCM).

Mercredi : séance au seuil. 30 minutes en endurance, puis deux fois 15 minutes (à 85 % de votre FCM) avec récupération de 3 minutes en endurance entre les 15 minutes. Finir par 10 minutes en endurance.

Vendredi : footing de 1 heure en endurance (à 70-75 % de votre FCM).

Dimanche : sortie longue de 2 h 20 en endurance avec 1 h 15 (à 70-75 % de votre FCM), puis 30 minutes allure marathon (à 80 % de votre FCM), puis 35 minutes (à 70-75 % de votre FCM).

9e semaine

Mardi : footing de 30 minutes en endurance (à 70-75 % de votre FCM), puis deux fois 10 minutes allure marathon (4 min 58 au kilomètre ou 80 % de votre FCM) avec récupération de 3 minutes en endurance entre les 10 minutes. Finir par 10 minutes en endurance.

Mercredi : footing de 1 h 15 en endurance (à 70-75 % de votre FCM).

Vendredi : 20 minutes en endurance puis 10 minutes allure marathon (4 min 58 au kilomètre ou 80 % de votre FCM). Finir par 15 minutes en endurance.

Samedi : 1 heure en endurance (à 70-75 % de votre FCM).

Dimanche : repos.

10e semaine

Mardi : footing de 40 minutes (à 70 % de votre FCM).

Mercredi : footing de 20 minutes en endurance puis deux fois 800 mètres allure marathon (à 80 % de votre FCM ou 4 min 58 par kilomètre) avec récupération de 2 minutes entre les 800 mètres. Finir par 10 minutes en endurance.

Samedi : 20 minutes en endurance puis un 400 mètres en 2 minutes.

Dimanche : marathon.

Vos temps de passage :

1	0:04:59	16	1:19:38	30	2:29:18
2	0:09:57	17	1:24:36	31	2:34:17
3	0:14:56	18	1:29:35	32	2:39:16
4	0:19:54	19	1:34:34	33	2:44:14
5	0:24:53	20	1:39:32	34	2:49:13
6	0:29:52	21	1:44:31	35	2:54:11
7	0:34:50	21,1	1:45:01	36	2:59:10
8	0:39:49	22	1:49:29	37	3:04:09
9	0:44:48	23	1:54:28	38	3:09:07
10	0:49:46	24	1:59:27	39	3:14:06
11	0:54:45	25	2:04:25	40	3:19:05
12	0:59:43	26	2:09:24	41	3:24:03
13	1:04:42	27	2:14:23	42	3:29:02
14	1:09:41	28	2:19:21	42,195	3:30:00
15	1:14:39	29	2:24:20		

Bien choisir la durée de votre préparation

Vous pouvez choisir de faire votre préparation en huit semaines plutôt que dix, ou au contraire la faire en douze semaines plutôt que dix. Question de disponibilité réduite ou au contraire souhait de prendre son temps. Pourquoi pas, mais dix semaines représentent une durée qui convient bien au coureur peu expérimenté que vous êtes, d'autant que la dernière semaine de préparation est toujours allégée afin de ne pas accumuler de la fatigue avant le marathon. Si bien qu'un plan en huit semaines représente en fait seulement sept semaines pleines.

Toutefois si vous décidez de vous préparer en huit semaines, supprimez plutôt les deux premières semaines prévues. Vous commencerez ainsi en troisième semaine, mais par la séance en endurance et non celle, plus intense et plus exigeante, en VMA (Vitesse Maximale Aérobie). En bref, pour les plans en 4 h et 4 h 30 par exemple, vous inversez la séance du mardi avec celle du mercredi.

Si vous souhaitez vous préparer en douze semaines, mieux vaut répéter alors les deux premières semaines de votre plan, ce qui sera de toute façon bénéfique pour vous à condition de ne pas accumuler trop de fatigue.

N'OUBLIEZ PAS !

3 h 30 est une étape dans votre progression. Pour aller plus haut, la prochaine fois, il faudra conserver quatre entraînements par semaine pendant dix semaines, pas moins. Les séances clés, outre les traditionnelles sorties de 2 heures ainsi que le dimanche, seront la VMA longue à 95 % de votre FCM, avec par exemple, 8 fois 1 min 30 ou 2 minutes, et des séances à l'allure précise de votre prochain objectif qu'il faudra soigner particulièrement, afin de reproduire cette allure le jour « j ». À savoir : insérez dans vos sorties longues 10, 20, 30 minutes à l'allure de votre prochain objectif. Pour 3 h 20, par exemple, ce sera du 4 min 46 pour chaque kilomètre. Et du 4 min 37 pour 3 h 15, etc. Bon courage !

Chapitre 7

Gagner en vitesse et en puissance…

Dans ce chapitre :

- Bien maîtriser les différentes allures d'entraînement
- Gagner en puissance dans les côtes
- Découvrir l'entraînement en circuit

Le chapitre 6 évoque vos priorités pour le premier marathon et insiste sur la nécessité d'augmenter votre kilométrage et de faire une sortie longue hebdomadaire. Tout cela se trouve dans vos plans. Vous trouvez sans doute que c'est logique. Un marathon (42,195 km) est une sortie longue, très longue même. Il faut donc que votre corps s'habitue à courir longuement.

Ce que vous trouverez peut-être moins évident, c'est de gagner en vitesse. On ne court pas un marathon en 2 h 45 sans avoir augmenté sa vitesse et aussi sa puissance. Après tout, courir n'est pas lever des poids, et il ne s'agit pas non plus de sprint, le mot « vitesse » étant du reste plus étroitement associé au sprint qu'à la course de fond. Mais il faut simplifier et parler aussi de vitesse pour les marathoniens. Mais pourquoi donc faudrait-il de la vitesse et de la puissance ? Vous en avez besoin pour deux raisons :

- La puissance permet à votre corps de continuer à courir même s'il est épuisé. Elle augmente votre énergie. Si vous n'avez pas renforcé vos jambes, vos bras, votre cœur et vos poumons, vous risquez de vous écrouler au bout de 19, 27 ou 38 km. Ce chapitre vous indique plusieurs moyens de renforcer votre puissance. En fait, une grande partie des activités qui contribuent à augmenter la vitesse agit aussi sur la puissance.

- La vitesse vous permet de courir à un rythme supérieur à celui de votre entraînement en endurance. Et donc d'améliorer vos performances. Nous ne parlons pas de sprint encore une fois, mais, disons, de travail sur la vitesse. Au cours des exercices d'entraînement, vous allez courir sur une certaine distance à un rythme spécifique, avec un temps de repos déterminé, avant de courir sur une autre distance (ou la même), à un autre rythme spécifique. Ce type de séance entraîne votre corps à passer d'un niveau de forme à un nouveau niveau de forme. Mais il ne vous transforme certainement pas en sprinter.

ASTUCE

Si vous constatez que les temps que vous faites dans les marathons stagnent (ou ont atteint un *plateau*), c'est-à-dire que vous avez couru un certain nombre de marathons et que votre rythme ne semble pas s'améliorer, ajoutez de la vitesse à votre régime d'entraînement, et vous verrez une grande différence. Il faut développer ce que l'on appelle votre VMA (vitesse maximale possible, mais en aérobie, c'est-à-dire avec apport d'oxygène), qualité qui permet, tout simplement, de tenir plus longtemps une allure plus élevée lors des courses longues comme le marathon. C'est vraiment tout simple et d'une très grande logique.

N'OUBLIEZ PAS !

Si vous courez votre premier marathon, je vous suggère de lire le paragraphe « L'entraînement en circuits », un peu plus loin, et d'oublier le reste du chapitre. Pour ce marathon, veillez à construire votre base kilométrique et à pratiquer vos sorties longues hebdomadaires (voir le chapitre 6), commencez le travail de la foulée (chapitre 8), les circuits, puis prenez l'habitude de fixer un jour par semaine au cours duquel vous courrez moins longtemps mais plus vite. Rien de spectaculaire, il s'agit simplement d'accélérer légèrement. C'est suffisant pour un marathon. Ensuite, revoyez l'ensemble de ce chapitre et ajoutez vos propres idées à nos idées d'entraînement.

Améliorez votre vitesse de base

Le *travail de vitesse* consiste à vous entraîner à accélérer pour gagner… en vitesse et, du même coup, améliorer votre temps au marathon.

Si vous faites vos parcours à un rythme de 7 min 4 au kilomètre et si ce rythme est confortable pour vous, vous courrez logiquement le marathon en 5 h 15 (voyez notre tableau des temps selon la vitesse avant nos plans marathon en 10 semaines). Mais supposons que votre objectif soit de courir un marathon en 4 h 30, vous devrez faire un temps de 6 min 30 au kilomètre. Bien sûr, vous pouvez commencer le marathon à 6 min 30 au kilomètre, en espérant garder le rythme jusqu'au bout, mais si vous n'avez pas habitué votre corps à courir à cette vitesse, guère d'espoir d'y arriver. Vous ne pouvez pas non plus passer sans travail adapté de 5 min 40 au kilomètre, soit 4 heures au marathon, à 5 minutes au kilomètre, soit 3 h 30. Ce sont d'énormes différences, et, à moins d'aborder cette progression chronométrique avec sagesse, vous finirez sûrement par vous blesser.

Si vous courez sur des distances relativement courtes à des rythmes plus rapides, votre corps s'habituera. D'où l'intérêt de développer sa VMA. Ne vous excitez pas trop cependant à la pensée de parcourir des distances courtes : pour les marathoniens, répétez des 1 000 mètres est un excellent exercice. Cela peut paraître court par rapport à la distance du marathon, mais comme c'est beaucoup plus rapide, ça fatigue et les répétitions deviennent lourdes.

ATTENTION !

De toute façon, voici un rappel important : ne travaillez pas vraiment votre vitesse avant de vous être constitué une solide base kilométrique (en courant régulièrement et en augmentant lentement le nombre de kilomètres par semaine). Le chapitre 6 vous décrit la phase de constitution de la base kilométrique (au début de votre entraînement, le moment où vous augmentez régulièrement le nombre de kilomètres parcourus que vous allez ensuite « tenir »). Il vous donne aussi des modèles de plans d'entraînement qui vous indiquent la marche à suivre. En général, quand on débute, il faut s'entraîner régulièrement sur des distances assez longues et en endurance (de 70 à 75 % de votre FCM) pendant quelques mois avant de commencer à travailler sur la vitesse.

Ne confondez pas le travail de vitesse et l'entraînement sur circuit, dont il est question dans le paragraphe intitulé « Faire des circuits », un peu plus loin dans ce chapitre, ni avec les exercices sur la vitesse et le travail de la foulée (voir le chapitre 8). Le travail de vitesse se compose de séances spécifiques que, nous insistons, vous devez faire, après avoir acquis une bonne base kilométrique. Ce qui ne vous empêche pas de vous initier à fractionner, ce que nous vous proposons assez tôt dans nos plans en six semaines pour débuter puis pour préparer un premier 10 km (chapitre 4). En clair, ne vous mettez pas dès vos premières foulées à faire 50 à 100 fois 400 mètres sur une piste, l'entraînement régulier de l'ancien grand champion tchèque Emil Zátopek ! C'est de l'humour bien sûr ! L'entraînement en circuit ainsi que le travail sur la foulée sont des activités que vous pratiquerez en complément. Vous pourrez les ajouter à votre programme peu après avoir commencé l'entraînement pour le marathon. Quant au travail de développement de la vitesse, nous allons l'aborder concrètement dans les paragraphes qui suivent.

ASTUCE

Le travail de vitesse se compose donc généralement de trois types d'entraînement : *les séances en endurance active* (plus souvent aujourd'hui appelées *« séances au seuil »*), *les séances fractionnées en résistance dure et le fartlek en nature à la sensation.* On les désigne parfois sous d'autres noms, mais ces concepts sont largement connus de toute la communauté des coureurs à mesure que l'expérience augmente. Vous allez vous aussi apprendre à les connaître et à les utiliser pour progresser.

Vous entraîner à un rythme plus élevé (le seuil ou endurance active)

Le seuil, c'est capital. Ces entraînements rapides, mais facilement accessibles, sont appelés « séances d'entraînement au seuil » ou « en endurance active ». Ou encore « en résistance douce », expression créée par Serge Cottereau, entraîneur, organisateur de stages de course à pied et ancien collaborateur au magazine *Jogging international*. Ils consistent en un effort soutenu assez long, à une vitesse légèrement supérieure à celle que vous visez pour votre marathon. En clair, l'allure marathon est estimée à 80 % de votre fréquence cardiaque maximale (FCM) alors que cette allure au seuil se situe entre 80 et 90 % de votre FCM. Cette séance débute avec un échauffement de départ, et est couplée avec un moment de course à un rythme moins soutenu, c'est-à-dire en endurance (à 70-75 % de votre FCM). Nous allons voir tout cela à l'aide d'exemples concrets.

Si vous n'avez jamais fait d'entraînement plus rapide avant, c'est le premier type d'exercice que vous devriez pratiquer. Car le plus accessible. On peut faire une séance au seuil chaque semaine en veillant à courir à un rythme plus facile, en endurance la veille ou le lendemain. On caricature un peu, mais si vous ne deviez faire qu'une séance plus rapide par semaine, ce serait celle au seuil. Car courir au seuil, c'est courir à la limite de l'essoufflement, de l'asphyxie. Mais à la limite seulement, car on peut toujours parler avec son copain de course, même si c'est plus difficile qu'en endurance où la conversation est aisée. Reste que l'on est toujours en équilibre d'oxygène. Conséquence : c'est l'allure qu'il faut tenir le plus longtemps possible en compétition sur semi-marathon ou marathon. Et donc la travailler pour faire évoluer ce seuil. Et tenir le plus longtemps possible à cette vitesse. Les champions font leur marathon entier au seuil. Votre but à vous est de pouvoir faire le plus de kilomètres possible au seuil, soit à 85 % de votre FCM. À la limite de la gêne respiratoire. Mais à la limite seulement !

Voici deux exemples concrets de séances au seuil :

Séance d'une heure en nature :

Avec une séance d'une heure, vous commencez par courir 15 minutes en endurance à 70 % de votre FCM pour bien vous échauffer, puis vous accélérez et faites 10 minutes en essayant de faire monter vos pulsations à 85 %, voire plus. Puis vous décélérez et faites à nouveau 10 minutes en endurance pour récupérer avant de recourir 10 minutes à 85 %, voire 90 % de votre FCM, mais pas plus. Enfin, vous terminez la séance par 15 minutes courues tranquillement en endurance. Les deux portions au seuil sont encadrées par de l'endurance. C'est très simple à faire. Vous pourrez faire évoluer cette séance en ajoutant 10 minutes supplémentaires toujours au seuil, soit trois fois 10 minutes à 85 % de votre FCM, mais toujours en l'encadrant par des phases en endurance.

Autre séance possible à faire en alternance durant la semaine avec la première :

15 à 20 minutes d'échauffement puis trois séquences de 6 minutes à 85-88 % de votre FCM avec entre chaque séquence une récupération lente de 3 minutes. Au fil des semaines, selon votre facilité, vos (bonnes) sensations, vous pourrez augmenter les séquences rapides : 8 minutes, 10 minutes, 12 minutes, 15 minutes, mais très progressivement, sur trois mois par exemple.

Ne vous arrêtez pas après votre phase initiale d'échauffement de 15 minutes en endurance (voir notre premier exemple). Il faut passer directement de l'échauffement à la portion faite au seuil à 85 % de votre FCM, puis repartir sur la portion en endurance, comme s'il s'agissait d'une seule sortie un peu longue. Donc, si vous souhaitez vous étirer avant cette sortie au seuil, faites un pré-échauffement de 10 minutes : sautillez, levez les genoux, étirez-vous, puis partez pour votre séance proprement dite.

Votre premier intervalle au seuil vous paraîtra sûrement laborieux : vous commencerez peut-être votre échauffement en endurance trop vite ou un peu trop lentement et aurez ensuite du mal à faire monter vos pulsations et paniquerez un peu. À tort, pas d'affolement, il faut remettre l'ouvrage sur le métier, habituer votre organisme et votre cœur à bien maîtriser cet effort qui doit être confortable et ne pas entraîner des essoufflements inconsidérés ou de la fatigue. Surtout pas.

Gardez à l'esprit que le travail de vitesse est surtout une question d'entraînement. Votre corps ne sait pas spontanément ce que signifie le fait de courir un kilomètre à 85 % ou 90 % de votre FCM. Encore une fois, plus vous pratiquez ces exercices plus rapides que l'endurance, plus votre corps s'habituera à courir au rythme que vous visez pour être à l'aise sur votre marathon.

Quand vous faites une séance plus rapide, il n'est pas interdit de rallonger un peu l'échauffement préconisé, c'est bon pour faire monter progressivement vos pulsations et arriver à l'effort cardiaque demandé. Du moment que vous faites vos deux ou trois séquences à la bonne allure, pas de problème. En revanche, c'est raccourcir cet échauffement qu'il ne faut surtout pas faire.

Retour sur le fartlek suédois

Le mot « fartlek » n'a rien à voir avec les tartelettes. Toujours un peu d'humour, ça ne fait pas de mal. Ce mot veut dire « jeu de vitesse », en suédois. Le fartlek est une séance rapide, mais qui a une particularité : elle se court par courtes accélérations faites à la sensation, à l'envie. Le rythme imposé est quasi constant, mais encore une fois fait sans chrono, à la sensation. Un jeu vraiment. Un jeu de course créé il y a bien longtemps vers 1930 par un entraîneur suédois nommé Gosse Olmer. Mais pas loin d'un siècle plus tard, le fartlek, qui a fait l'objet d'adaptations, est toujours préconisé par les entraîneurs.

- Au lieu de faire un échauffement, de soutenir une séquence plus rapide de 8, 10 minutes comme pour le seuil vu précédemment, puis de récupérer dans le cadre d'une séquence plus longue, vous vous échauffez, vous faites une petite section rapide, puis un court intervalle de récupération, une autre section rapide, un autre intervalle court de récupération, etc. En terminant par de la récupération.

  Contrairement à une séance avec séquences fractionnées courtes (dix fois 200 mètres par exemple), il n'y a pas d'arrêt et de reprise. En effet, contrairement à ce qui se passe dans l'entraînement fractionné court, vous adaptez (ou vous jouez) avec la vitesse en permanence.

- Au lieu de prévoir exactement la longueur de la séquence plus rapide, vous pouvez prendre un peu de liberté, ou au contraire structurer davantage votre fartlek et aussi emprunter des petites côtes. Voici quatre exemples de fartlek (qui ne mentionnent ni l'échauffement ni la récupération) :

D'un poteau à l'autre : en repérant les poteaux électriques ou téléphoniques ou n'importe quels poteaux, n'importe quels repères qui sont plantés le long d'une route, d'un chemin (c'est encore mieux), après 10 minutes d'échauffement, courez plus vite du premier poteau au deuxième, récupérez jusqu'au troisième et courez à nouveau vite jusqu'au quatrième repère, etc. L'idée, c'est de faire en sorte que vos séquences de récupération fassent environ la moitié du temps couru vite.

ASTUCE

Vous pouvez vous passer de poteaux, et, nous l'avons dit, utiliser d'autres repères comme des arbres, des maisons, des réverbères, etc. Veillez seulement à essayer de raccourcir votre récupération par rapport à vos portions rapides. Mieux encore : empruntez quelques buttes que vous gravirez vite avec récupération dans la descente.

2-1-1-1-1-30-30 : courez rapidement pendant deux minutes, courez une minute en récupération, courez à nouveau vite pendant une minute, courez une minute en récupération, courez vite une minute, courez 30 secondes en récupération, courez 30 secondes rapidement. Au départ, ne faites qu'une fois ce cycle. La fois suivante, observez un intervalle de récupération de 2, 3 minutes entre les cycles, et faites-en deux. Puis ajoutez un troisième cycle, jusqu'à ce que vous parveniez à faire une heure.

Courbes et lignes droites : on peut aussi pratiquer le fartlek sur une piste. Dans les parties en ligne droite, courez vite et récupérez dans les courbes (c'est un peu ennuyeux, mais si vous ne pouvez pas trouver d'autres lieux permettant cette pratique, c'est très efficace et très simple à faire).

Commencez par quatre, cinq tours de piste pour voir, puis rallongez progressivement votre distance en faisant davantage de tours.

6-2-6-2 : autre possibilité, mais plus exigeante et à ne pas chercher à faire au début : courez vite pendant 6 minutes, récupérez pendant 2 minutes, courez vite pendant 6 autres minutes, et récupérez pendant 2 minutes. La fois suivante, ajoutez un autre cycle de 6-2 jusqu'à ce que vous arriviez à quatre à cinq cycles de 6-2.

Le 6-2-6-2 est difficile à cause des temps de repos limités en comparaison de la longue partie en course rapide. Encore une fois, ne le tentez pas avant d'avoir pratiqué à plusieurs reprises les trois autres types d'exercices, votre organisme doit s'habituer aux efforts soutenus, pas d'improvisation. Surtout avec des allures plus soutenues, gare aux blessures. Prudence et écoute de son organisme sont de rigueur dès que l'allure monte.

Faire des intervalles fractionnés

Après avoir ajouté des séances au seuil et des fartleks à votre entraînement, vous pouvez pratiquer un autre exercice de vitesse qui entre dans la phase puissance-vitesse, dont nous avons discuté dans le chapitre 6. Les séances fractionnées sont à la fois similaires et différentes des courses rapides et des séances de fartlek.

- Contrairement à ce que vous faites dans le fartlek, vous cessez de courir entre les parties à grande vitesse, entre les fractions répétées de 200 mètres, 400 mètres et autres, même si vous continuez à avancer, généralement en marchant ou en trottinant très lentement.
- À la différence du seuil et du fartlek, vous courez à une vitesse plus soutenue et donc à une intensité cardiaque plus élevée : 90 à 95 % de votre fréquence cardiaque maximale cette fois.

Afin de déterminer vos allures en fractionné, vous pouvez prendre comme référence votre VMA (vitesse maximale aérobie). On a vu chapitre 4 comment la calculer (test sur 2 000 mètres ou sur tapis en laboratoire) et comment l'utiliser. Si votre VMA est de 16 km/h, vous faites vos séances de 200 mètres à 1000 mètres à 100 % de votre VMA, mais à 85 % seulement pour des fractions plus longues sur 3 000 mètres par exemple, la durée de l'effort ne permettant pas de tenir 100 %. Si vous avez un GPS ou accéléromètre, votre vitesse s'affiche sur l'écran. C'est donc le rythme auquel vous allez essayer de faire vos intervalles fractionnés. Si vous êtes dans un club, votre entraîneur vous guidera au mieux pour ces séances. Si, en revanche, vous êtes isolé, vous débutez et pas très « technologique », dirons-nous, le plus simple est de faire vos fractions à partir de votre fréquence cardiaque maximale. Soit de 90 à 95 % de cette FCM. Exemple : 95 % pour le fractionné court

200 mètres, 400 mètres, 600 mètres et 90 % de votre FCM pour le fractionné long, 1 000 mètres, 2 000 mètres, etc.

- Vitesse ou fréquence cardiaque doivent être respectées le mieux possible pour ces séances fractionnées.
- En revanche, comme pour le fartlek, la phase de récupération entre les fractions dépend surtout de vos sensations personnelles.

ASTUCE

Connaître et déterminer votre VMA (vitesse maximale aérobie), c'est plus compliqué, nous l'avons dit, mais c'est intéressant puisque l'entraînement fractionné va vous aider à améliorer, à élever cette vitesse. Et sur marathon, ce n'est pas à 100 % de votre VMA que vous allez courir, mais à un pourcentage de celle-ci. Donc plus elle est élevée et mieux c'est.

Voici quelques séances types d'entraînements fractionnés :

30 secondes rapidement, 30 secondes lentement

C'est sans doute la meilleure séance pour s'initier au fractionné lorsque l'on débute. Dès que vous êtes capable de courir 30, 35 minutes à l'aise en endurance et sans vous arrêter, vous pouvez commencer ce fractionné facile. Exemple : 10 minutes avec 30 secondes courues vite (mais sans sprinter) puis 30 secondes courues lentement. Ou six fois 30 secondes courues rapidement et 30 secondes courues lentement. Vous pourrez faire progresser cette séance en augmentant le nombre des répétitions : six, huit, dix, etc. Mais toujours avec 15 à 20 minutes d'échauffement préalable et autant de récupération. Et encore une fois les 30 secondes courues rapidement, c'est sans sprinter, mais à la bonne sensation, car vous ne pourrez pas utiliser votre cardio-fréquencemètre pour des séquences aussi courtes.

Si, au début, cela vous semble difficile, vous ne faites que 15 secondes rapidement, 15 secondes lentement. Avec l'expérience, au contraire, vous passerez à une minute rapidement, une minute lentement. Et tout cela seulement avec votre montre et sans cardio-fréquencemètre, car vos pulsations n'auront pas le temps de monter ou de redescendre vite.

Du 400 au 1 000 mètres, faites simple au début

Avec l'expérience, et en côtoyant d'autres coureurs, vous développerez, ferez évoluer vos séances d'entraînement fractionné, du 200 mètres au 3 000 mètres ou 4 000 mètres. Disons que les répétitions de distances courtes, 200 mètres, 300 mètres, 400 mètres sont conseillées pour les courses courtes en compétition, le 10 km notamment et les répétitions de distances plus longues, 1 000, 2 000, 3 000 mètres, etc., pour les distances plus longues comme le marathon.

Mais quand même pas trop de « prise de tête » pour le fractionné, surtout au début. Faites simple avec les 30 secondes courues rapidement, 30 secondes courues lentement ou comme le Portugais Carlos Lopes, champion olympique sur marathon (eh oui!) à Los Angeles en 1984, faites une semaine la répétition d'une fraction courte (400 mètres) et la semaine suivante une fraction plus longue (1 000 mètres). C'était en effet les deux fractions préférées du champion portugais. Mais chacun à ses préférences : l'Américain Frank Shorter, champion olympique sur marathon à Munich en 1972, conseille, lui, des répétitions de 800 mètres.

En clair, vous pouvez faire quatre, cinq puis six fois 400 mètres à 95 % de votre FCM ou six à huit fois 200 mètres toujours à 95 % de votre FCM, puis la semaine suivante fractionner plus long avec trois, quatre, cinq fois 1 000 mètres à 90 % de votre FCM. Vous augmentez le nombre des répétitions avec l'expérience.

Commencez par faire une série de trois fois un kilomètre, ce n'est pas épuisant. Progressivement, ajoutez un kilomètre jusqu'à ce que vous parveniez à une série de sept ou huit.

- **Les 5-5-5** : cet entraînement ressemble beaucoup aux séries de 1 000 mètres, mais au lieu d'accumuler les kilomètres, vous accumulez des tronçons de 5 minutes. Dans la nature, c'est idéal. Vous notez où vous arrivez après chaque tronçon de 5 minutes. Puis pour le retour, et donc la deuxième série, vous essayez d'aller un peu plus loin sans vous épuiser, ni sprinter. Vous pouvez faire deux séries de 5-5-5 avec un intervalle de 10 minutes de récupération (marche) entre les séries. Vous surveillez du même coup vos pulsations cardiaques et si vous arrivez un peu plus loin en gardant les mêmes pulsations, c'est tout bon. N'oubliez pas l'échauffement et le retour au calme à la fin.

- **2-1-2** : vous espérez sans doute que les chiffres « 2 » et « 1 » désignent des minutes. Malheureusement, il s'agit de kilomètres. Voici un exercice difficile mais productif. Vous prenez la direction de votre parcours balisé ou du stade ; vous faites votre échauffement de 15 à 20 minutes ; vous courez 2 km ; vous vous reposez en marchant pendant le même laps de temps (on appelle ça « *temps de récupération égal au temps d'effort* ») ; vous courez 1 km ; vous vous reposez pendant le même laps de temps ; puis vous courez 2 km et vous récupérez.

- **100-100-200-200-400-200-200-100-100** : escaladez la « pyramide ». Cet exercice totalise 1,6 km, mais on doit le pratiquer selon le principe de la *pyramide*. Il faut commencer court, allonger petit à petit le parcours (on grimpe sur la pyramide), puis le raccourcir (on redescend d'un échelon). N'oubliez pas de vous échauffer ni de vous accorder un temps de repos deux ou trois fois plus long que chaque répétition. Certains coureurs prennent 5 minutes de repos au sommet de la pyramide, là où intervient le 400 mètres, avant de redescendre.

Fractionnez sur une piste ou sur un sentier en nature

Vous pouvez évaluer vos distances sur la piste de 400 mètres d'un stade, mais vous disposez de deux autres options qui seront peut-être plus douces pour vos jambes.

Envisagez de segmenter vos distances sur une étendue d'herbe rase, ou mieux une allée de parc ou un sentier dans le bois. Vous aurez alors besoin d'un compteur kilométrique sur vélo pour mesurer votre parcours avant la séance ou, si vous en êtes équipé, d'un GPS ou d'un accéléromètre, qui vous indiquera distance et vitesse en un simple coup d'œil sur votre montre. Toutefois, l'avantage des répétitions minutées (30-30, 1 minute-1 minute), c'est que pouvez faire ces séances sur piste, mais encore mieux en pleine nature. C'est le temps qui compte, votre montre suffit pour mesurer votre effort.

Attention : généralement, on court moins vite sur les sentiers et les surfaces herbeuses que sur les routes ou les pistes en revêtement synthétique d'un stade. Ne soyez donc pas surpris de noter quelques écarts possibles dans vos performances et surtout dans vos sensations de facilité si vous passez d'une surface à l'autre.

La récupération entre les fractions

Ah ! la récupération entre les fractions ! Une querelle d'entraîneurs ou presque. Beaucoup estiment qu'il faut « pincer » les récupérations, c'est-à-dire repartir assez vite sans avoir trop laissé redescendre ses pulsations. Ce serait plus profitable. Soit à 30 ans peut-être et à condition d'être très expérimenté.

En fait, si vous interrogez trois ou quatre entraîneurs pour savoir combien de temps il faut récupérer entre les fractions, vous risquez d'obtenir autant de réponses différentes. Le mieux est donc, encore plus au début, et à 50 ans ou après, de récupérer en marchant ou en trottinant et de repartir quand vous vous en sentez capable, quand vous vous sentez à l'aise. Pas au bout d'un quart d'heure bien sûr, mais dès que vous vous sentez capable de (bien) refaire un 200 mètres, un 400 mètres ou plus.

Gagner en puissance

Le travail d'amélioration de votre vitesse vous aide non seulement à courir votre marathon plus vite, mais il vous donne aussi de la puissance, ce qui est important pour vos performances finales dans l'épreuve. Cependant, deux autres types d'exercices sont spécifiquement axés sur le gain de puissance.

Courir en côtes, y compris dans le plat pays

Même si vous vivez dans le plat pays, comme le chantait si bien Jacques Brel, essayez de trouver des côtes et des descentes au moins une fois par semaine. Il y en a forcément pas très loin de chez vous, dans un parc proche. À vrai dire, même si les marathons ne sont pas forcément constitués de nombreuses côtes et descentes, beaucoup présentent une montée qui est tactiquement placée vers la fin du parcours. Sûr que c'est cruel, mais c'est comme ça que les organisateurs se divertissent. Toujours de l'humour, car les pauvres organisateurs n'ont pas toujours le choix de leur parcours.

Si vous vivez dans une région de collines, ne les évitez pas : tirez-en le meilleur parti. Je vis dans une région de collines, et l'un de mes exercices consiste à faire une sortie dans les côtes et les descentes. Sur le plat, je me détends et je prends un rythme de récupération, mais je profite réellement des côtes. C'est un formidable moyen d'acquérir de la force, d'améliorer ses performances dans les collines, et de briser la monotonie d'un long parcours.

Si vous vivez dans un pays plat, vous avez sûrement accès à la seule montée du coin ou de la ville voisine. Si vous n'avez qu'une côte à votre disposition, envisagez cet exercice : faites des répétitions, mais commencez à la base de la côte. Vous courez dans la montée et marchez ou trottinez dans la descente pendant votre phase de récupération. Faites autant de répétitions que vous pouvez, de quatre à dix selon le niveau et vos sensations. Mais n'oubliez ni l'échauffement ni la récupération dans la descente.

Après échauffement de 20 à 30 minutes puis étirements, faites des séries de 10 secondes seulement en côte. Vous escaladez durant 10 secondes (mais sans sprinter), vous ne montez pas davantage, mais redescendez 10 secondes vers votre point de départ pour récupérer et faites cela cinq fois. Deux séries de cinq, puis les semaines suivantes trois, puis quatre séries de cinq montées et descentes. Le pourcentage de la côte sera très raisonnable.

N'oubliez pas que, après les séances d'entraînement, vous avez besoin d'un jour de récupération au moins, et parfois de deux. N'entamez pas l'ascension d'une colline, d'une côte, le lendemain d'un fartlek ou d'une quelconque séance de vitesse.

Pour monter et descendre efficacement les côtes, à la fois dans le cadre des entraînements ou des séances, pensez à jeter énergiquement les bras en arrière (comme si vous essayiez d'envoyer vos coudes vers la lune) et penchez un peu le haut de votre corps vers la colline. Surtout, continuez à courir un peu quand vous arrivez *au sommet* de la côte. Trop de coureurs de fond ralentissent en arrivant vers le sommet, tandis que les « bien entraînés » dépassent toujours le sommet pour aller un peu au-delà. Vous perdez toujours de l'élan si vous ralentissez avant de dépasser la crête, et cela casse votre mouvement. Restez à pleine vitesse au-delà du sommet et priez pour qu'il y ait une belle descente en pente douce de l'autre côté.

Quoi que vous fassiez, évitez de marcher dans la montée des côtes au cours de vos entraînements. Votre corps s'adapte très facilement aux côtes si vous lui en donnez l'occasion. Si vous marchez toujours, vous n'acquerrez jamais la puissance que vous offre ce type de parcours.

L'entraînement en circuits

Dernier moyen de gagner en puissance, *l'entraînement en circuits*, sans doute une découverte, une nouveauté pour vous. C'est en effet l'un des secrets les mieux gardés dans la course de fond. Un circuit comprend une phase d'échauffement, une série d'exercices de gain de puissance à différents *postes* (entre lesquels vous courez vite), et un moment de récupération. Les circuits renforcent votre corps en un temps record. Après cinq ou six circuits seulement, vous noterez une incroyable différence dans la force de vos bras, de vos jambes, de votre ventre et de vos fesses.

Si vous nous demandez de choisir entre les différents exercices de ce chapitre qui sont susceptibles de créer une différence dans l'entraînement, nous ne répondrons pas. Tous les entraînements sont importants et pas plus, sans doute, que l'entraînement croisé avec d'autres sports, l'entraînement sur circuit ne lui est pas supérieur. Mais cet entraînement est très original et très efficace. Les exercices sont en effet conçus spécialement pour renforcer les muscles qui interviennent dans la course, et les courts sprints entre chaque circuit améliorent tant la vitesse que l'efficacité (voir le chapitre 8).

Vous pouvez monter des postes de circuit chez vous. Procurez-vous les équipements simples dont je vous donne la liste ci-dessous, et montez un poste dans votre arrière-cour, votre garage, votre sous-sol, ou ailleurs, en disposant les équipements à quelques mètres les uns des autres.

- Un tapis de sol ou une serviette de toilette épaisse (pour les flexions-extensions, pompes, flexions des avant-bras).
- Une paire de poids de1 kg ou 2 kg (pour les boucles, les roulements d'épaules, le tirage vertical à la barre).
- Une chaise solide (pour les exercices sur chaise).
- Un escabeau ou une petite marche (pour les exercices de step, les flexions sur une jambe, les exercices sur la pointe des pieds).
- Une paire de deux poids de 1 kg ou de 1,5 kg (pour le lancer de poings et la course avec les poids).

Cela fait cinq postes pour douze exercices, ce qui ne devrait pas occuper trop d'espace. Toutefois, l'un des problèmes des circuits est qu'il est facile d'oublier quel exercice on doit pratiquer quand on arrive devant chaque poste. Nous vous suggérons donc de placer une feuille de papier à proximité de chaque poste, avec la liste des deux ou trois exercices que vous allez y pratiquer.

Ne croyez pas une seule seconde que les circuits soient faciles. Mais on peut les pratiquer parce qu'ils améliorent énormément notre entraînement. Respectez les étapes suivantes pour commencer :

1. **Courez pendant 15 à 40 minutes, en fonction de votre programme hebdomadaire d'entraînement.**

2. **Quand vous rentrez, commencez *aussitôt* à faire des circuits (décrits dans les sections suivantes).**

   Ne marquez aucune pause, sauf pour avaler un verre d'eau, si vous en avez absolument besoin. Ne traînez pas, ne bavardez pas avec les voisins. Courez et passez directement au premier poste.

3. **Réglez la minuterie de votre montre-cardio-fréquencemètre sur 25 à 35 secondes (en fonction de votre niveau de forme actuel) et, avant de commencer l'exercice sur le premier poste, démarrez le chronomètre.**

2. **Quand votre montre sonne, courez au poste suivant, réglez de nouveau le chrono et commencez l'exercice suivant.**

3. **Quand votre montre sonne à nouveau, courez au poste suivant, et ainsi de suite.**

4. **Répétez le circuit complet (tous les exercices) au moins une fois.**

5. **Quand vous avez terminé le dernier circuit, entamez aussitôt votre cycle de détente de 10 à 20 minutes.**

Prêt ? Les sections suivantes vous montrent comment mener votre entraînement en circuit. Même si vous n'êtes pas tenu de respecter strictement l'ordre des exercices, veillez à séparer les exercices qui sollicitent les mêmes muscles. Essayez de pratiquer un exercice pour votre ventre, puis un autre pour les bras, un autre pour le dos, les bras, etc.

Boucles

En position debout, prenez un poids de 1 kg ou de 2 kg dans chaque main, détendez vos épaules, étendez complètement les bras en faisant en sorte que vos articulations reposent sur vos cuisses. Puis, sans vous pencher en avant, pliez un coude et tirez votre poignet vers votre poitrine (voir la figure 7-1). Abaissez ce bras pour qu'il reprenne sa position initiale, sans vous pencher vers l'avant. Au moment où votre bras descend, pliez l'autre coude et tirez votre poignet vers votre poitrine. Répétez le mouvement jusqu'à ce que votre montre sonne.

Figure 7-1 : Les boucles renforcent les biceps et d'autres muscles.

Redressements assis (flexions-extensions)

Sans doute connaissez-vous déjà le principe des redressements assis, mais je vous les décris à nouveau, pour le cas où. La figure 7-2 vous montre comment faire. Couchez-vous sur le dos, fléchissez les genoux, rentrez le ventre, gardez le dos droit, et soulevez-vous, avec les mains qui touchent légèrement votre tête ou qui sont croisées comme sur la figure 7-2. Redescendez lentement le dos vers le tapis et recommencez. Répétez ces mouvements jusqu'à ce que la montre sonne.

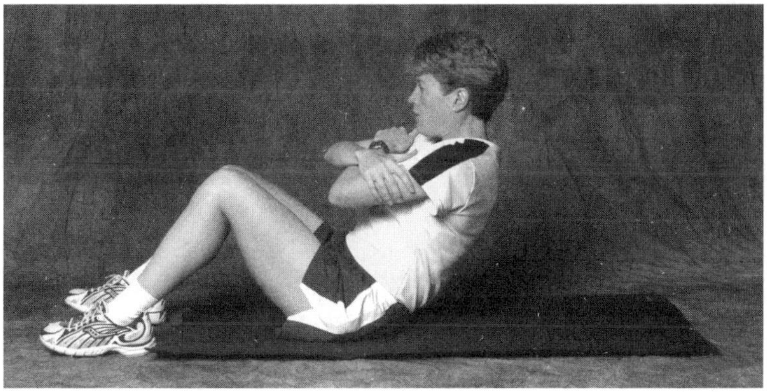

Figure 7-2: Les flexions-extensions (redressements assis) aplatissent les petits ventres ronds, après un excès de bière ou une grossesse.

Roulements d'épaules

Prenez un poids de 1 ou 2 kg dans chaque main, détendez vos bras en les laissant pendre sur les côtés du corps, et détendez les épaules. Puis, sans trop bouger les mains, haussez les épaules, faites-les rouler vers l'arrière, puis abaissez-les (voir la figure 7-3). Répétez ces mouvements. Quand vous repasserez devant ce poste lors du deuxième cycle d'exercices, faites rouler vos épaules vers l'avant, et non plus vers l'arrière.

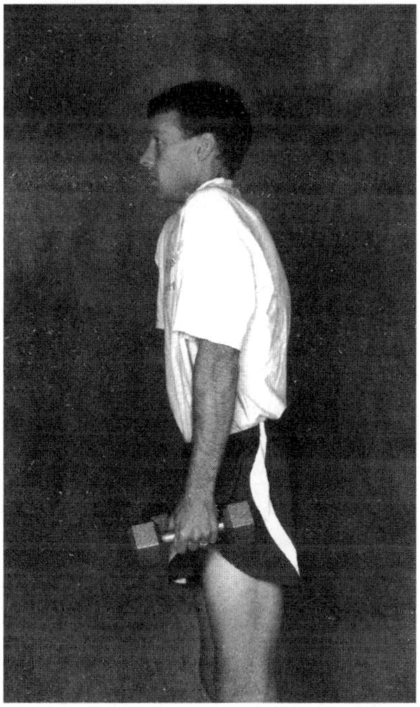

Figure 7-3: Roulements d'épaules.

Steps

Pour faire cet exercice, vous avez besoin d'une marche, par exemple de la dernière marche de l'escalier qui monte de votre sous-sol à votre rez-de-chaussée. Le seuil de votre maison est tout aussi indiqué. Cependant, il peut être plus pratique (parce que c'est un objet portatif) d'acheter un step. Certaines personnes les garnissent de caoutchouc pour empêcher les pieds de glisser.

Contentez-vous de monter et de descendre cette marche. Posez le premier pied sur la marche, puis le second. Ensuite, descendez un pied de la marche, suivi par l'autre pied. Puis de nouveau, posez le premier pied sur la marche, suivi du deuxième, etc. Référez-vous à la figure 7-4.

Figure 7-4 : Les steps reproduisent les mouvements que nous faisons dans les escaliers.

Jeux de chaise

Pour cet exercice, servez-vous d'une chaise solide. Allongez les jambes en gardant les talons au sol et appuyez vos mains sur le bord extérieur de la chaise, en verrouillant vos coudes. Pendant que vous fléchissez les coudes, abaissez les fesses vers le sol, puis soulevez-vous jusqu'au moment où vous verrouillerez de nouveau les coudes (voir la figure 7-5). Répétez ces mouvements jusqu'à ce que votre montre sonne.

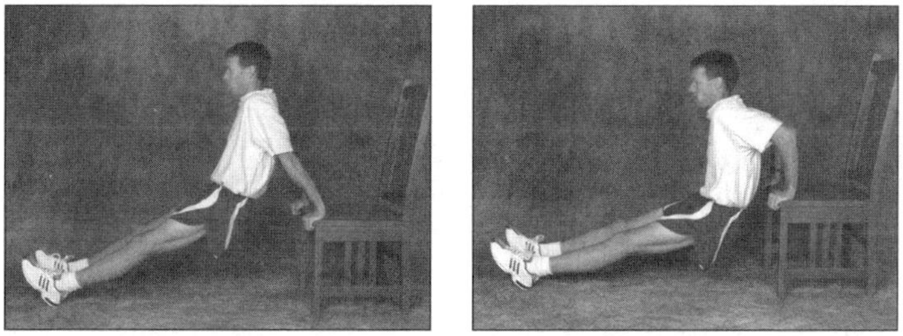

Figure 7-5 : Les terribles jeux de chaise.

Flexions sur une jambe

Pour pratiquer les flexions sur une jambe, placez votre jambe droite sur la marche, pour que le haut de votre pied gauche affleure contre le bord de la marche et reste suspendu en l'air. Fléchissez la jambe droite au niveau du genou, jusqu'à ce que le talon de votre pied gauche (le talon, pas les orteils !) touche le sol (voir la figure 7-6). Raidissez la jambe sur la marche et répétez le mouvement avec l'autre jambe.

N'OUBLIEZ PAS !

Les deux talons doivent rester placés sur la même ligne horizontale. Vous voudrez peut-être vous suspendre à quelque chose (une barre) pour vous empêcher de tomber.

Figure 7-6 : Les flexions sur une jambe sont plus faciles que les jeux de chaise.

Coups de poing

Prenez un poids de1 kg ou de 1,5 kg dans chaque main, placez chaque main en face de son épaule correspondante, et ouvrez les jambes en observant un écartement plus large que celui des deux épaules. Avec la main droite, passez devant le corps et lancez un coup de poing avec votre bras droit. Faites de même avec le bras gauche et vice versa, jusqu'à ce que la montre sonne.

ATTENTION !

Pour protéger vos genoux, déplacez le poids d'un pied sur l'autre au moment où vous donnez le coup de poing avec le bras droit. Répétez le mouvement avec le côté gauche, et vice versa, jusqu'à ce que l'alarme sonne.

Figure 7-7: Un exercice coup de poing !

Flexion des avant-bras

Commencez les flexions des avant-bras sur le dos, avec les jambes tendues au-dessus du sol et les mains posées sur les oreilles. En rentrant le ventre, rapprochez-vous de vos jambes, et posez le coude droit sur le genou gauche (voir la figure 7-8). Répétez le mouvement de l'autre côté jusqu'à ce que la sonnerie de votre montre vous sauve.

Figure 7-8: Les flexions des avant-bras sont une forme de flexion-extension.

Pompes

Les pompes sont un exercice fantastique pour les coureurs. Ne faites pas des pompes de fille, même si vous en êtes une, car elles ne vous apporteront aucune puissance. Reposez plutôt le poids de votre corps sur vos mains et sur le bout de vos orteils, gardez le dos et les jambes parfaitement droits, abaissez la poitrine vers le sol (voir la figure 7-9) puis remontez la poitrine jusqu'au moment où vos coudes se verrouillent. Si vous êtes vraiment fatigué avant la sonnerie de votre montre, restez dans la position des coudes verrouillés jusqu'à ce que vous ayez l'impression de pouvoir redescendre. Je vous garantis que, après environ une demi-douzaine d'entraînements en circuits, vous serez capable de faire beaucoup de pompes.

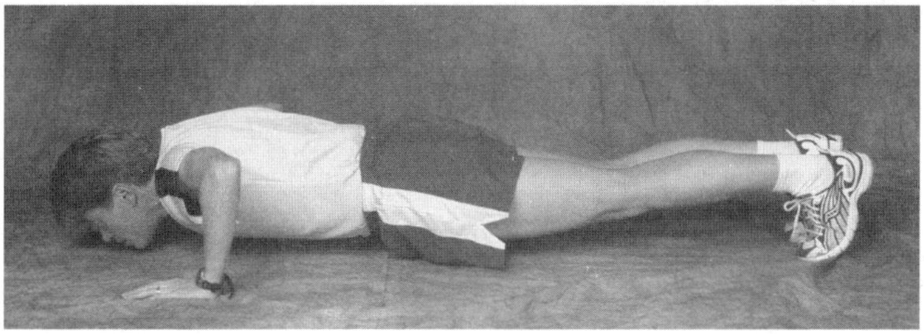

Figure 7-9: Faites de vraies pompes.

Appui sur les orteils

Tenez-vous sur une jambe, au bord de la marche, pour que l'avant de votre pied soit sur la marche et le talon en dehors. Abaissez le talon au maximum puis haussez-vous sur la pointe des pieds (voir la figure 7-10). Au départ, c'est agréable, mais au bout d'une dizaine de mouvements similaires, ça donne envie de crier.

N'OUBLIEZ PAS !

Vous éprouverez peut-être le besoin de vous suspendre quelque part (à une barre, par exemple) pour rester droit.

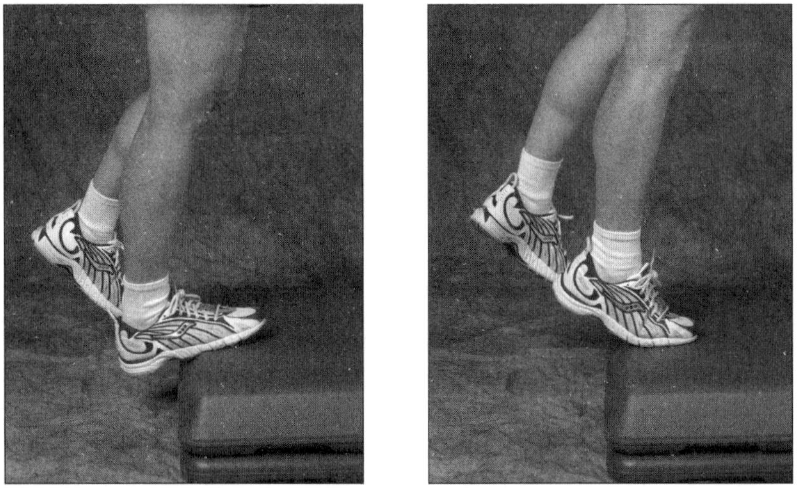

Figure 7-10 : Appui sur les orteils pour la ballerine qui sommeille en vous.

Exercices de tirage vertical à la barre

En station debout, tenez dans chaque main un poids de 2 ou 4 kg rapprochez les extrémités des deux poids, à hauteur de l'aine. Soulevez les poids à hauteur des aisselles en gardant les poids collés ensemble (voir la figure 7-11). Abaissez les poids et répétez le mouvement. Au début, ce mouvement vous semblera réellement douloureux, et l'alarme de votre montre vous paraîtra délicieuse.

Figure 7-11 : Quand vous faites cet exercice, vous avez l'air d'ouvrir et de refermer une gigantesque fermeture Éclair.

Flexions-extensions (encore)

Il me semble que je vous ai déjà expliqué le principe de cet exercice-là. Mais vous trouverez utile de créer une station spéciale pour le pratiquer. Les marathoniens sont réputés avoir le ventre mou, ce qui leur crée des problèmes de dos. D'ailleurs, il est nécessaire que vos bras se reposent entre les exercices de tirage vertical à la barre et la station suivante.

Course avec haltères

Prenez un poids de 1 kg ou de 1,5 kg dans chaque main et écartez les jambes pour qu'elles soient à peu près parallèles aux hanches. Attention à ne pas heurter vos hanches avec les poids ! Remuez les bras comme vous le faites normalement en courant. Vos pouces doivent passer au ras de l'os de la hanche (mais sans le toucher, sinon vous risquez de le heurter avec le poids), comme l'indique la figure 7-12. Accélérez les mouvements au maximum, malgré la présence des poids dans vos mains.

Figure 7-12: Course haltérophile

Calendrier des exercices

Quand devez-vous pratiquer les sections rapides, le fartlek, les séquences fractionnées, les répétitions, l'entraînement en côtes, les circuits ? Qu'en est-il du travail de la foulée (voir le chapitre 8) ? Le tableau 7-3 vous aide à répartir les différents exercices de ce chapitre dans votre emploi du temps, de sorte que vous pourrez les ajouter aux programmes d'entraînement du chapitre 6.

Des recommandations prudentes mais adaptables pour débuter des séances qui ne reposent pas sur l'endurance fondamentale (70-75 % de la FCM). Sauf pour la résistance dure à plus de 90 % de votre FCM, les autres séances sont possibles en douceur dès que vous pouvez courir 30 à 40 minutes sans vous arrêter. En clair, le fartlek à la sensation tout comme l'escalade de (petites) côtes et l'entraînement au seuil (85 % de la FCM) peuvent être faits à petites doses, 5 minutes au lieu de 10, sans forcer et cela assez tôt. En d'autres termes, sous une forme ludique en attendant d'avoir plus d'expérience. Tout dépend aussi de votre potentiel de départ car entre un coureur qui n'a jamais couru ou du moins fait de sport, et un footballeur reconverti qui passe à la course à pied, les facultés d'adaptation et de progression ne sont bien sûr pas les mêmes. Il s'en faut. Toutefois, restez quand même prudent avant de débuter des exercices qui sollicitent plus votre condition physique.

Tableau 7-3 : À partir de quand pratiquer le travail de vitesse et de puissance

Type d'exercice	*À commencer seulement...*	*À stopper...*
Circuits	Après une bonne pratique de l'entraînement de base	Facultatif en préparation spécifique marathon
Entraînement au seuil (85 % de la FCM)	6 semaines après avoir commencé à vous entraîner	Une semaine avant votre marathon
Fartlek	4 à 6 semaines après avoir commencé à vous entraîner	Une semaine avant votre marathon
Fractionné en résistance dure (90 à 95 % de votre FCM)	3 à 4 mois au moins après avoir commencé à vous entraîner	Une semaine avant votre marathon
Résistance sous forme de 15 ou 30 secondes rapidement, 15 ou 30 secondes lentement	6 semaines après avoir commencé à vous entraîner	Une semaine avant votre marathon
Entraînement en côtes	6 semaines après avoir commencé à vous entraîner	Deux semaines avant votre marathon

Vous sentez-vous un peu perdu au milieu de tous ces exercices ? Voici un moyen de simplifier et de résumer votre entraînement :

- Pratiquez le circuit dès que vous en avez envie, mais sans y être obligé.
- Fractionnez chaque semaine en alternant par exemple, nous l'avons dit, des répétitions de 300 ou 400 mètres une semaine et des répétitions de 1 000 mètres la semaine suivante ; à savoir du fractionné court et du plus long. Vous pouvez ajouter une séance en côtes ou une séance de fartlek en nature.
- Faites une séance au seuil à 85 % de votre FCM une fois par semaine, c'est très possible, elle est « prise en sandwich » avec de l'endurance. Deux allures en une seule séance.
- Prévoyez une sortie plus longue en endurance le dimanche ou du moins le week-end.
- Faites des étirements avant (mais pas à froid, après échauffement) et à l'issue de chaque séance.

C'est un programme assez complet, ni difficile et ni si facile que cela à tenir, surtout si vous avez un travail qui absorbe beaucoup de votre temps, sans compter la vie de famille et tout le reste, à savoir d'autres loisirs... Mais vous serez amplement récompensé par cet entraînement de base qui vous mettra dans les meilleures conditions pour réussir votre préparation spécifique en dix semaines prévue pour votre marathon.

Chapitre 8

Améliorer sa technique de course

Dans ce chapitre :

- Étudier votre posture
- Analyser la manière dont vous bougez les bras
- Travailler votre foulée
- Développer votre respiration pendant la séance

Quand j'évoque la technique de la course à pied, on me regarde souvent comme si je parlais chinois. Beaucoup de gens croient que l'on a une manière naturelle de courir, et qu'il est impossible de la modifier. C'est vrai et faux à la fois. Comme pour le basket, le football et bien d'autres sports, il existe des procédés à enseigner à tous les participants avant de commencer un entraînement sérieux. Il est possible de bien courir et de mal courir.

Ce chapitre vous présente les différentes techniques qui, si elles sont appliquées à votre entraînement personnel, feront de vous un marathonien plus efficace, plus puissant et plus rapide. Toutefois ne faites pas une obsession de votre technique de course. L'entraînement proprement dit avec vos différentes allures, votre endurance, votre seuil de résistance, est le plus important. Toutefois votre posture de coureur, le positionnement de votre dos, le placement de vos bras et l'efficacité de votre foulée participent également à votre progression. En résumé, quand vous avez le temps, vous pouvez « piocher » dans les exercices présentés et essayer de les faire régulièrement, sans vraiment y consacrer une séance hebdomadaire. Ce serait bien trop lourd pour votre emploi du temps. Mais de temps en temps…

N'OUBLIEZ PAS !

Il faudra du temps pour changer votre technique. Vous vous sentirez terriblement maladroit pendant vos premières séances lorsque vous essaierez de modifier vos habitudes. Cependant, peu à peu, votre nouvelle technique vous paraîtra vite naturelle.

Analyser sa posture

La posture repose sur les principes que votre mère essayait de vous inculquer quand vous étiez petit : il s'agit de se tenir droit, de bien aligner votre cou et vos épaules dans l'axe de votre corps. Comment est votre dos quand vous courez ? Pour le savoir, demandez à un ami de vous filmer (de face et de profil) quand vous courez. Si ce n'est pas possible, demandez que l'on vous prenne en photo, de côté, pendant un entraînement. Vous pouvez aussi courir sur place en vous plaçant latéralement devant un miroir pour étudier votre posture, même si c'est moins efficace. Quoi qu'il en soit, analysez ce que vous voyez et voyez dans quelle catégorie vous êtes :

- **Votre dos est parfaitement droit**. Courir avec le dos droit peut être un atout, aussi longtemps que cette position n'indique pas que votre corps est tendu comme un arc. Vérifiez qu'il n'est pas raide, que votre cou et vos bras ne sont pas contractés. Si vous courez naturellement avec le dos très droit et que vous vous sentez décontracté, n'essayez pas de modifier votre posture ; mais si vous vous sentez tendu, essayez plutôt de vous pencher légèrement en avant à partir de la taille.

- **Vous vous penchez légèrement en avant à partir de la taille.** C'est la posture la plus courante – et la plus efficace – pour courir, si la flexion est *légère*. De cette manière, vos bras, votre dos, votre cou, vos épaules et votre diaphragme se décontractent. Voyez la figure 8-1.

- **Vous êtes très penché en avant à partir de la taille**. Bien que cette posture soit peu habituelle, certains coureurs sont tellement penchés en avant qu'ils paraissent sur le point de tomber. Cela entraîne pas mal de pression dans la région lombaire et ne vous permet pas de garder les yeux sur le dos de la personne qui vous précède dans le marathon. Elle peut aussi interférer avec votre respiration. Même si vous êtes gêné au début par ce changement, essayez de vous redresser au maximum pour avoir le dos parfaitement droit ou légèrement fléchi pendant au moins trois séances.

- **Vous vous penchez en arrière à partir de la taille**. En adoptant cette posture, vous vous empêchez de respirer tranquillement (voyez la partie intitulée « Respirer facilement », à la fin de ce chapitre), ce qui veut dire que vous ne pouvez pas vous oxygéner aussi bien que si vous étiez légèrement penché en avant. Il vaudrait mieux que vous soyez légèrement penché vers l'avant au niveau de la taille. Pensez également à abaisser votre menton, car il est probablement relevé, lui aussi.

  Les gens courent généralement en se penchant en arrière quand ils ont les bras et le haut du corps fatigués. Si vous commencez à vous pencher en arrière vers la fin des entraînements, envisagez de faire régulièrement des « pompes » ou un programme entier de circuits (voir le chapitre 7) à votre rythme.

Figure 8-1 : La posture correcte imprime un léger mouvement en avant.

Quand vous courez dans une montée, penchez-vous vers l'avant pour vous trouver dans l'angle de la pente. Rejetez les coudes en arrière. Dans cette position, vous gagnez en puissance, au lieu de vous laisser dominer par la pente.

Les deux autres erreurs communes dans la posture sont les suivantes :

- **Relever les épaules**, de sorte qu'elles se trouvent très près de vos oreilles. Cela complique inutilement vos mouvements. Relâchez-les plutôt et tenez-les légèrement en arrière, en suivant les conseils de votre professeur quand vous étiez petit. Toute l'efficacité de la séance est dans la relaxation. Vous ne pouvez pas vous relaxer si vos épaules sont remontées.
- **Pointer le menton** vers le ciel. Idéalement, votre menton doit rester parfaitement droit. Il ne descend pas vers votre poitrine ni ne remonte pas. Toutefois, beaucoup de coureurs relèvent le menton, notamment lorsqu'ils sont fatigués. Exercez-vous à le garder parfaitement droit quand vous courez.

Placer correctement les bras

Le placement des bras est le plus important. Pour déterminer la position de vos bras, courez sur place devant un miroir ou demandez à un ami de vous filmer ou de vous photographier de face, quand vous courez.

Idéalement, vous devez faire en sorte que vos pouces passent très près de vos hanches ou du bas de vos hanches à chaque mouvement (voir la figure 8-2). Si vous tenez vos bras trop haut, vous aurez l'impression que cette position est extrêmement basse, mais ce n'est pas le cas. Vous avez beaucoup plus de puissance quand vous courez avec les pouces qui effleurent les hanches.

Figure 8-2: Un bon placement des bras suppose que les pouces effleurent les hanches.

Vos bras ne doivent jamais traverser la ligne médiane imaginaire qui descend verticalement le long de votre corps, en commençant entre vos deux yeux et en passant par votre nombril. Si vous le faites, vous *franchissez la ligne*. Mais si vos pouces passent tout près de vos hanches pendant que vous courez et que vos hanches ne bougent pas trop, vous ne pourrez pas franchir cette ligne médiane.

La figure 8-3a montre un bon placement des bras. La figure 8-3b montre un placement trop haut, et la figure 8-3c montre un franchissement de ligne ; ces deux dernières positions sont incorrectes.

Certaines personnes tiennent leurs bras trop bas, mais c'est rare. Si vous êtes de ceux-là, suivez les conseils que je vous donne dans ce paragraphe pour vous corriger.

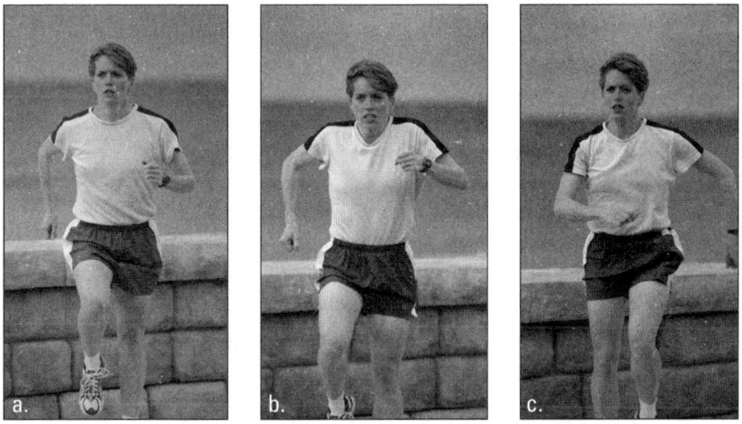

Figure 8-3: Placement des bras (la figure 8-3a montre une position correcte, la 8-3b est trop haute, et la 8-3c montre un franchissement de la ligne médiane).

Même si vous vous concentrez sur votre placement de bras quand vous commencez à courir, si vous pensez à effleurer les hanches avec vos pouces, vous risquez, dans les 3 ou 4 minutes qui suivent, de revenir à votre position ancienne. Réglez l'alarme de votre montre pour qu'elle sonne toutes les 3 ou 4 minutes pendant votre séance. Chaque fois que vous l'entendrez, vous devrez penser à remettre vos bras dans la bonne position.

Plus vous vous fatiguez, plus vos bras reprennent leurs vieilles habitudes. Mais c'est justement quand vous êtes fatigué que vous avez besoin de toute l'efficacité de vos bras, car ils suivent vos jambes.

Pour que vos bras deviennent plus puissants que vos jambes, commencez à faire des circuits, décrits en détail dans le chapitre 7.

ASTUCE

Quand vous courez, vos mains doivent être décontractées. Il ne faut pas qu'elles pendent mollement au bout des bras, ni que vos poings soient serrés. Desserrez-les et faites comme si vos mains tenaient un crayon invisible ou un tube de rouge à lèvres. Faites reposer vos pouces sur les autres doigts, ils ne doivent pas être dirigés vers l'extérieur.

Trouver sa foulée la plus efficace

JARGON

Les exercices sur la foulée sont de courts intervalles rapides qui vous aident à entraîner vos pieds à réagir plus vite, ce qui fait de vous un meilleur coureur. Chaque exercice sur la foulée se prolonge sur 100 à 200 mètres. La plupart des coureurs travaillent leur foulée sur piste ; mais si vous n'avez pas facilement accès à un stade, vous pouvez vous rendre dans un parc ou même monter et descendre votre rue.

Il est intéressant de faire quelques exercices sur la foulée hors séance d'entraînement ou avant votre séance pour être totalement échauffé avant de commencer.

Le processus est simple :

1. **Commencez par courir vite sur 100 mètres.**

   Ne courez pas au même rythme sur la totalité des 100 mètres. Entrez progressivement dans votre travail sur la foulée en courant de manière modérée sur les 40 premiers mètres. Vous courez plus vite que lorsque vous vous entraînez, mais vous gardez plus de contrôle.

2. **Ensuite, accélérez sur 30 mètres supplémentaires, et accélérez de nouveau sur un parcours final de 30 mètres.**

   Vous n'êtes jamais à votre vitesse maximale. Même sur les 30 derniers mètres, vous avez la sensation de courir vite, mais vous gardez le contrôle de votre course.

3. **Après le travail sur la foulée, marchez (ne restez pas immobile) jusqu'à ce que vous vous sentiez suffisamment reposé pour recommencer.**

4. **Recommencez le processus trois fois.**

Au bout du compte, vous aurez cumulé cinq exercices sur la foulée dans un parcours de 200 mètres ou huit exercices sur la foulée dans un parcours de 100 mètres (vous pouvez aussi appliquer un mélange des deux formules, en faisant par exemple 4 x 100 mètres + 2 x 200 mètres). Si vous pratiquez cet exercice une fois par semaine pendant plusieurs mois, vous noterez une amélioration spectaculaire de vos entraînements ainsi que de votre cadence.

Certains entraîneurs de coureurs de fond passent leur temps à enguirlander les jeunes coureurs pour qu'ils allongent la foulée lorsqu'ils veulent courir à pleine vitesse. Il faut que vous fassiez exactement le contraire. Si vous voulez accélérer, vous raccourcissez la foulée. Ne l'allongez pas. Si vous l'allongez, cela augmentera le temps que vous passerez suspendu en l'air, ce qui va vous freiner.

Découvrir les exercices de vitesse

Les *exercices sur la vitesse* visent à améliorer votre *cadence* (le temps qu'il faut à votre pied pour toucher le sol et pour le quitter) ainsi que votre technique. Certains coureurs, notamment à un bon niveau de pratique, appliquent une version renforcée des exercices sur la foulée que l'on appelle *plyométrie*, du grec plyos qui signifie « court ». Ce programme suppose de multiplier les sauts et les multibonds beaucoup plus que dans les exercices fondamentaux que nous présentons ici. Ils visent à rendre les coureurs plus « explosifs » (et de les mettre dans le même état que lorsqu'ils jaillissent des starting-blocks dans un sprint). Le côté « explosif » important peu aux marathoniens, nous allons nous concentrer ici sur l'idée de faire de vous un coureur plus efficace.

Les exercices en question contribuent à faire bouger vos pieds plus vite. Je vous recommande de les pratiquer une fois par semaine, juste après vos exercices sur la foulée. Si vous avez un peu de mal à les faire au départ, divisez les répétitions par deux.

ASTUCE

Il faut pratiquer les exercices sur la vitesse après les exercices sur la foulée, soit hors entraînement, soit avant votre séance. Toutefois, à la différence des exercices sur la foulée, certains exercices sur la vitesse supposent de marcher, d'autres de courir lentement ou de sauter, et quelques-uns vous imposent de courir vite. Choisissez un lieu dont le sol est bien plat, comme une piste en cendrée ou une longue piste cyclable. Vous pouvez aussi faire ces exercices dans un pré, à condition que le sol soit plat (sans trop de creux ni de bosses).

Faites le premier exercice puis accordez-vous un peu de temps (entre 20 et 90 secondes) pour récupérer avant de passer à l'exercice suivant.

Quand vous aurez terminé les exercices, imitez le mouvement de la course, même si vous n'allez pas aussi vite que si vous couriez vraiment. Quand vous ne bougez pas plus vite que si vous marchiez d'un pas soutenu, continuez de remuer les bras vers l'avant et vers l'arrière, comme vous le faites lorsque vous courez. Regardez droit devant vous : ne fixez ni le sol ni vos pieds.

Extension du dos

Pour pratiquer les extensions du dos, passez par les étapes suivantes (voir la figure 8-4).

1. **Commencez à marcher en balançant les bras, exactement comme lorsque vous courez.**

2. **Haussez-vous sur la pointe du pied droit puis ramenez très vite votre genou gauche en l'air, pour faire en sorte que votre cuisse gauche soit parallèle au sol, et que le bas de votre jambe gauche soit perpendiculaire au sol.**

   Votre jambe gauche, celle que vous ne levez pas, doit être totalement tendue lorsque vous vous haussez sur les orteils du pied droit (cette jambe est en extension, d'où le nom de cet exercice).

3. **Baissez très vite votre jambe gauche, et atterrissez sur l'avant de votre pied gauche (sur vos orteils).**

   La soudaineté du mouvement de descente est importante. Vous ne mimez pas la marche lente. Au contraire, vous entraînez vos pieds à heurter plus rapidement le sol.

4. **Répétez le mouvement du côté droit sans faire de pause lorsque vous changez de jambe.**

Pratiquez cet exercice 20 fois (10 fois par jambe), en augmentant la vitesse au fur et à mesure.

Figure 8-4: Extension du dos.

Extension du dos avec saut

Les extensions du dos avec saut sont de simples extensions du dos, mais elles en diffèrent par le fait suivant : au lieu de basculer sur vos orteils droits (comme vous le faites quand vous marchez), vous sautez sur vos orteils. À pleine vitesse, les extensions du dos avec saut donnent l'impression que vous bondissez : remarquez le petit espace d'air entre la jambe en extension et le sol dans la figure 8-5. Répétez 20 fois ce mouvement (10 fois par jambe).

Figure 8-5: Extension du dos avec saut.

Extensions antérieures

Pour pratiquer des extensions antérieures (voir la figure 8-6), commencez par le mouvement qui précède l'extension postérieure, mais au lieu de ramener le pied gauche au sol après l'avoir soulevé, lancez votre jambe gauche afin qu'elle soit parallèle au sol (vous pratiquez une extension de la jambe en avant, d'où le nom d'extension antérieure. Vous mettez également la jambe arrière en extension, mais il serait trop étrange d'appeler ce mouvement « extension antérieure et postérieure »). Atterrissez sur les orteils du pied gauche et basculez immédiatement sur l'avant du pied droit. Pratiquez 20 mouvements (10 par jambe).

N'OUBLIEZ PAS !

Ne vous inquiétez pas trop si vous ne pouvez pas étendre complètement votre jambe. Soulevez la jambe, et redressez-la le plus possible, puis abaissez-la.

Figure 8-6 : Les extensions antérieures étendent la jambe en avant.

Extensions antérieures avec saut

Comme vous l'imaginez sans doute, les extensions frontales avec saut se contentent d'ajouter un saut sur l'avant du pied droit au moment où vous levez le pied gauche. Pratiquez 20 mouvements (10 par jambe).

Genoux en l'air

Quand vous courez sur vos orteils, levez haut les genoux vers votre poitrine, pour que votre cuisse soit parallèle au sol (voir la figure 8-7). Remuez les bras comme vous le faites normalement en courant. Totalisez 20 mouvements (10 par jambe).

Tape-cul

Le tape-cul, c'est le contraire du genou en l'air : au lieu de remonter les genoux vers la poitrine, vous lancez les talons vers les fesses en courant, comme le montre la figure 8-8. Essayez à nouveau de vous hausser sur les orteils, et ne cessez pas de remuer les bras. Faites 20 mouvements (10 par jambe).

Figure 8-7: Il est très simple de relever les genoux en courant.

Figure 8-8: Pratiquez le tape-cul comme pour vous donner du courage.

Pieds agiles

L'exercice des pieds agiles est très amusant. Pendant que vous courez – sans oublier de bouger les bras comme vous le feriez pendant une course de fond –, essayez de faire de tout petits pas. Vos bras et vos jambes vont remuer furieusement! Voyez la figure 8-9 (je sais bien qu'on a l'impression que je ne bouge pas, mais en fait, je fais de toutes petites foulées). Faites-en quarante.

Figure 8-9: Pratiquez les pieds agiles comme si vous étiez très pressé.

Le karaoké !

Le karaoké consiste, non pas à aller chanter dans un bar, mais à courir latéralement en croisant une jambe devant l'autre. Vos bras sont tendus pour vous donner de l'équilibre (voyez la figure 8-10), et vous courez sur le côté, toujours sur la pointe des pieds, en croisant une jambe devant l'autre pendant que vous êtes en l'air. Faites 20 mouvements de ce type dans une direction, puis, toujours dans la même position, 20 dans l'autre direction.

Figure 8-10 : Une façon de pratiquer le karaoké qui vous laissera sans voix.

ATTENTION !

Ne pratiquez pas cet exercice à l'excès. Vos hanches n'ont sans doute pas l'habitude de faire ce mouvement, usez donc du karaoké avec beaucoup de modération.

Courir à reculons

Courez à reculons sur le bout des pieds, en remuant les bras *loin* à chaque pas (voir la figure 8-11). Essayez d'aller vite, et pour cela, lancez vraiment les bras loin derrière pour accompagner le mouvement de la jambe.

Figure 8-11 : Courir à reculons, comme son nom l'indique.

ATTENTION !

Vérifiez qu'il n'y ait aucun obstacle derrière vous ! Il ne faut pas que vous soyez obligé de tourner la tête pour vérifier. Dégagez bien le chemin avant de commencer cet exercice et regardez droit devant vous. Faites 30 foulées (15 par jambe).

Les multibonds

Si vous êtes épuisé par les neuf exercices qui précèdent, ne pratiquez pas le multibonds. Si toutefois vous êtes un coureur expérimenté, rompu à l'entraînement, le multibonds est important pour améliorer la cadence de vos foulées (le temps que votre pied passe sur le sol). Mais faites ces exercices difficiles sur sol meuble, et surtout pas sur sol dur.

L'idée qui sous-tend les multibonds (voir la figure 8-12) est que vous rebondissiez sur un pied, que vous restiez suspendu en l'air pendant une fraction de seconde, et que vous atterrissiez sur l'autre pied. Toutefois, quand vous atterrissez, vous ne passez pratiquement pas de temps sur le sol, parce que vous rebondissez immédiatement.

Commencez doucement, afin que vos bonds soient tout petits. Basculez sur vos orteils droits et prenez votre élan. Vos bras remuent comme pour courir mais dans une position exagérée (voir la figure 8-12) parce qu'ils essaient de vous maintenir en l'air. Essayez de rester en l'air le plus longtemps possible. Dès que vous retombez, reprenez de l'élan. Il faut que vous parveniez, en fin de compte, à exécuter vingt de ces mouvements. Mais au départ, deux à quatre suffiront.

Figure 8-12: Le multibonds est, de loin, l'exercice le plus difficile de tous. À faire avec beaucoup de précautions !

N'OUBLIEZ PAS !

Après avoir fait vos exercices sur la vitesse et les foulées, marchez un peu pour vous reposer, puis étirez-vous bien (voir le chapitre 5).

Respirer sans contrainte

De toutes ces techniques, celles qui s'appliquent à la respiration sont considérées comme les plus bizarres. En effet, pourquoi faudrait-il apprendre à respirer ?

Les bonnes habitudes de respiration sont de deux natures : il s'agit de savoir comment vous respirez, et à quelle *fréquence*.

JARGON

Quand vous courez, vous respirez probablement de l'une des deux manières suivantes :

- **Respiration par la cage thoracique** : c'est la manière dont respirent la plupart des adultes. Quand vous inspirez, votre ventre reste assez plat et votre cage thoracique s'emplit d'air. C'est la moins efficace des deux manières de respirer.
- **Respiration abdominale** : c'est la manière dont les enfants respirent. Quand vous inspirez, votre cage thoracique reste relativement plate et votre *diaphragme*, un muscle situé au sommet du ventre, s'élargit.

Pour savoir si vous respirez par la cage thoracique ou par le ventre, placez une main sur votre diaphragme (qui se trouve juste sous votre sternum) et l'autre main sur votre poitrine, puis prenez une inspiration profonde. Si la main placée sur votre poitrine bouge beaucoup et que l'autre ne bouge pas, vous respirez par la cage thoracique. Si la main placée sur votre diaphragme se soulève tandis que celle qui est placée sur le haut de votre poitrine bouge à peine, vous ouvrez votre diaphragme en respirant, et vous pratiquez la respiration abdominale, qui est la plus efficace.

Bien que la respiration abdominale soit plus normale chez les humains que la respiration thoracique (c'est pourquoi les enfants la pratiquent naturellement), vous pouvez apprendre à pratiquer la respiration abdominale comme suit :

1. **Asseyez-vous sur une chaise et placez une main sur votre diaphragme, une autre sur votre poitrine.**
2. **Prenez lentement une inspiration profonde et essayez d'ouvrir votre diaphragme au maximum en soulevant la main devant le diaphragme, pour que le muscle s'en approche.**

   Considérez votre diaphragme comme un gros ballon que vous essayez de remplir d'air.

   Servez-vous de la main placée sur votre poitrine pour vérifier que vous ne pratiquez pas la respiration thoracique. Cette main doit bouger très peu pendant que vous respirez.

3. Expirez en aplatissant et en vidant votre diaphragme au maximum.

Le ballon devrait être vidé de son air.

4. Continuez à pratiquer cette respiration sur cinq à dix mouvements d'inspiration expiration.

Soyez prudent, car vous pouvez entrer en hyperventilation (si vous inhalez trop d'air, trop vite, ce qui provoquera un vertige ou un évanouissement) si vous pratiquez trop longtemps cette technique en restant assis.

Quand vous aurez pratiqué cette technique plusieurs jours ou plusieurs semaines de suite en position assise, commencez à l'appliquer quand vous courez. Pour vérifier vos progrès, placez de temps en temps votre main sur votre diaphragme en courant et vérifiez qu'il s'emplit à chaque inspiration et qu'il se vide à chaque expiration.

Vous pouvez mettre plusieurs semaines, voire plusieurs mois, à découvrir comment respirer différemment.

Respirer au rythme... de vos pieds

Le *mode de respiration* désigne souvent la façon dont vous inspirez et expirez pendant la séance. Pour déterminer votre mode de respiration, allez courir et respirez régulièrement. Ensuite, commencez à compter vos pas ou vos mouvements de bras – ils sont identiques à vos pas – pendant que vous inspirez, puis comptez vos pas ou vos mouvements de bras quand vous expirez.

- **Un pas par inspiration, un pas par expiration** : vous êtes sans doute proche de l'hyperventilation, parce que vous respirez beaucoup trop vite. Ralentissez votre respiration et essayez de faire au moins deux pas par inspiration et deux pas par expiration.
- **Deux à quatre pas par inspiration, deux à quatre pas par expiration** : voilà le point que vous voulez atteindre. La plupart des coureurs font trois pas par respiration, mais tout dépend de votre rythme (pendant les séances et les entraînements, vous constaterez peut-être que vous respirez à un rythme différent de celui de vos courses de fond).
- **Cinq pas par inspiration, cinq pas par expiration** : il est probable que vous respirez trop lentement et que vous cherchez à puiser trop d'énergie dans un seul mouvement respiratoire. Parce que vos muscles ont besoin d'oxygène pour travailler correctement, vous n'êtes pas au summum de votre efficacité. Essayez de redescendre à trois ou quatre pas par respiration.

N'OUBLIEZ PAS !

S'il faut que vous fassiez deux ou trois pas par respiration, il faut aussi que vos pas soient identiques pendant l'inspiration et l'expiration. Si vous constatez que vous expirez en faisant un pas mais que vous inspirez en faisant trois pas (ou le contraire), cela signifie que vous n'avez pas correctement développé votre mode de respiration, et que vous devez y travailler. L'idée qui préside au mode de respiration est celle de la régularité : si vous inspirez plus vite que vous n'expirez (ou le contraire), vous ne suivez aucun mode de respiration. Prenez l'habitude de compter vos mouvements respiratoires en courant et essayez d'habituer votre corps à suivre un mode établi.

Chapitre 9

Se nourrir et courir

Dans ce chapitre :

- Boire et manger avant de courir
- Apporter les bons éléments à votre organisme
- Savoir si vous avez des allergies alimentaires

Avant même de lire ce chapitre, vous le détestez, n'est-ce pas ? Après tout, un des aspects du marathon qui vous plaît le plus tient au fait que vous pensez pouvoir manger tout ce que vous voulez sans jamais prendre de poids. Pourquoi faut-il donc que je vienne tout gâcher en vous parlant de nourriture saine ?

Désolée de jouer les trouble-fête. En général, les marathoniens se soucient moins des calories que la plupart des gens, mais il faut que vous pensiez un peu plus que les autres à la qualité de votre nourriture, parce que vous dépendez davantage de votre corps que la plupart des gens… qui ne font pas de sport. Ce chapitre combat quelques mythes, présente quelques nouveaux concepts dont vous n'avez peut-être pas entendu parler, et souligne les règles du bon comportement alimentaire que vous connaissez de longue date.

N'OUBLIEZ PAS !

Usez de tout avec modération ! Ne vous souciez pas de ce que vous mangez et de la manière dont vous le mangez, au point de ne plus apprécier vos repas. Même au cœur d'une routine parfaitement saine, vous pouvez vous offrir, de temps à autre, une grande part de gâteau, ou un plat de côtelettes avec des frites. Certains athlètes de haut niveau qui ont remporté de nombreuses victoires et qui savent garder la ligne font tous les week-ends des « entorses » à leur régime alimentaire strict. Après avoir mangé et bu tout ce qui leur plaît, ils sont prêts à recommencer une nouvelle semaine de régime sain. Mais n'abusez quand même pas trop de ces errements alimentaires, évitez de vous en inspirer, d'autant que durant le week-end la course à pied est privilégiée.

Courir pour manger ou manger pour courir ?

L'une des raisons pour lesquelles vous vous intéressez au marathon ne tient sans doute pas au fait que vous pensez pouvoir manger n'importe quoi, en quantité illimitée, sans jamais prendre de poids. Quand vous voyez des marathoniens d'élite à la télévision ou dans des courses, la première chose que vous remarquez, c'est leur ligne extraordinaire. La constatation est la même pour les marathoniens plus âgés qui s'investissent dans ce sport depuis des décennies, même s'ils ne sont pas du niveau de l'élite. C'est sans doute que tous ces coureurs savent rester raisonnables en ce qui concerne leur alimentation.

Pourtant, si vous êtes plus attentif lors du prochain marathon dont vous serez le spectateur, vous remarquerez que la plupart des coureurs ne sont pas si maigres que cela. Sans doute les marathoniens ont-ils un poids inférieur, globalement, à celui de la population moyenne. Mais aux États-Unis par exemple, où 80 % de la population est en surpoids, vous verrez que certains marathoniens à New York comme dans d'autres villes sont juste un peu moins gros que les personnes qui ne courent pas. C'est, il est vrai, très significatif au marathon de New York notamment. C'est moins vrai, en revanche, au marathon de Paris où les coureurs en surpoids sont rares.

Que faut-il en penser ? Tous les marathoniens ne devraient-ils pas être minces comme un fil ? Pas nécessairement. Car beaucoup courent, y compris le marathon, pour maigrir. Mais les résultats ne sont pas immédiats. En outre, la façon dont votre corps réagit à l'entraînement au marathon dépend de deux facteurs inextricablement liés.

- **Votre kilométrage** : trois séances d'entraînement par semaine suffisent à vous mettre en forme si vous prêtez attention à ce que vous mangez et à la manière dont vous le mangez. Toutefois, ce rythme d'entraînement n'est pas suffisant pour vous permettre de manger ce que vous voulez en restant mince. En fait, les marathoniens qui pratiquent un kilométrage bas peuvent prendre du poids malgré leur entraînement, mais cela seulement parce qu'ils estiment pouvoir manger n'importe quoi.

  En revanche, si vous faites sept séances par semaine ou même plus, comme les champions, vous aurez du mal à manger *suffisamment* pour garder votre poids initial. Mais les champions, justement, malgré quelques excès le week-end et surtout après les grandes compétitions où ils se lâchent, ne mangent jamais n'importe quoi durant leur phase de préparation. *Idem* pour vous-même si votre objectif est de 4 heures, 4 h 30, 5 heures au marathon. Ou à plus forte raison 3 heures.

- **Votre alimentation** : croire que les coureurs d'élite, avec leur corps fin et musclé, peuvent manger ce qu'ils veulent sans prendre de poids est, on l'a compris, une illusion. Peut-être croyez-vous qu'ils passent leur temps à consommer des sucreries et des aliments très gras, trois ou quatre fois par jour, en parvenant à peine à ingurgiter assez de nourriture pour s'empêcher de maigrir. C'est un joli rêve, mais un rêve tout de même. La plupart des marathoniens d'élite surveillent la quantité et la nature des aliments qu'ils absorbent. Il est incroyablement difficile de rester mince dans une société qui installe des lieux de restauration rapide à tous les coins de rue, et où l'on trouve des supermarchés qui bourrent leurs rayons d'aliments de mal bouffe. Les marathoniens d'élite sont minces parce qu'ils veillent à ne pas se nourrir comme certaines personnes le font encore, malgré les conseils de diététique. Ils refusent les aliments rapides (en tout cas, ils évitent d'en consommer tous les jours) et certains produits contenant des sucres rapides (sauf pendant et après les courses, et après les exercices et les entraînements), mais en revanche ils consomment beaucoup de sucres lents, de protéines maigres et seulement des bonnes graisses.

Cette partie du livre vous donne les grandes lignes de l'alimentation type du marathonien. Donc votre alimentation. Elle est peut-être un peu différente de ce que vous aviez imaginé quand vous avez commencé à vous entraîner pour le marathon.

Faire le tri entre les hydrates de carbone

Les hydrates de carbone constituent l'essentiel du régime du marathonien, mais cette famille regroupe des aliments aussi divers que le brocoli et le sucre en poudre, les carottes et le pop-corn au caramel, ou les galettes de tortilla et les bonbons aux fruits. Les paragraphes qui suivent vous aident à faire le tri entre les bons et les mauvais hydrates de carbone.

Différencier les sucres simples et les sucres complexes

Les hydrates de carbone simples (également appelés sucres simples ou sucres rapides) se transforment rapidement en sucre dans votre corps. Cela les désigne comme de bons aliments pour apporter du glucose (le sucre dont ont besoin vos muscles et les autres tissus de votre organisme) pendant une activité courte et intense. Cependant, si vous consommez trop de sucre, votre corps perdra sa capacité à contrôler son taux de sucre sanguin, ce qui à terme peut mener au diabète, maladie très grave qui frappe de plus en plus nos sociétés.

Résultat de l'augmentation du diabète et de l'obésité, certains gourous du régime et de la nutrition ont décrété que tous les hydrates de carbone étaient mauvais pour la santé, et imposent leur limitation (c'est-à-dire qu'ils édictent des régimes à basse teneur en sucre). Ce qu'ils ne comprennent pas, c'est que tous les hydrates de carbone ne se ressemblent pas : les *hydrates de carbone complexes*, c'est-à-dire la plupart des légumes, les pâtes, le riz, les céréales complètes et certains fruits peu sucrés se transforment en sucre dans votre corps, mais de manière lente et bénéfique, ce qui est bon pour le coureur à pied que vous êtes, alors que les *hydrates de carbone simples* se transforment vite et ne sont pas bons pour votre organisme.

Le problème, c'est que la plupart des gens, du moins au départ, ont du mal à opérer la distinction. Il est donc plus facile d'interdire tous les sucres plutôt que d'expliquer comment faire le tri. À votre avis, où y a-t-il plus de sucre : dans une cuillerée à café de sucre en poudre ou dans une tartine de pain blanc ? Vous pensez qu'il y a sûrement plus de sucre simple dans le sucre, n'est-ce pas ? C'est faux. Ces deux aliments présentent une quantité équivalente de sucres simples. Les gâteaux de riz blanc très sucrés en contiennent encore plus ! Qu'en est-il des légumes ? Les pommes de terre, qui sont des légumes, sont-elles aussi bonnes pour la santé que les carottes et les brocolis ? Oui, car les pommes de terre, même si elles ont un taux plus élevé en sucre simple que les brocolis, les asperges, les courgettes, les carottes et la laitue, sont bonnes pour le coureur. Toutefois, pour découvrir un moyen simple de différencier les hydrates de carbone simples des hydrates de carbone complexes, voyez le paragraphe intitulé « Trouver l'index glycémique » un peu plus loin dans ce chapitre.

Optez pour les sucres complexes

En résumé, il faut que vous consommiez, au cours de votre journée et de votre semaine, des sucres complexes, et non des sucres simples. Cela suppose d'éviter les sucreries, les aliments raffinés qui sont blancs ou de couleur claire, et de leur préférer des céréales complètes de couleur brune. Vous pouvez aussi rechercher le mot « complet » dans les aliments que vous achetez. La liste du tableau 9-1 vous explique comment remplacer les sucres simples par des sucres complexes.

ASTUCE

Soixante à soixante-dix pour cent de nos calories proviennent des hydrates de carbone, et la majorité d'entre eux doivent être complexes. Chaque gramme d'hydrate de carbone représente 4 calories. Si vous consommez 3 000 calories par jour, il vous faut 450 à 525 grammes d'hydrates de carbone par jour. Si vous consommez 2 000 calories par jour, il vous en faut 300 à 350 grammes par jour.

Tableau 9-1 : Hydrates de carbone

Sucres simples à éviter	*Sucres complexes à consommer de préférence*
Cookies, gâteaux secs	Pommes, bananes et autres fruits peu sucrés
Gâteaux salés, chips	Céréales soufflées peu sucrées
Corn-flakes ou porridge tout prêt	Porridge à préparer soi-même
Frites	Pommes de terre, maïs, légumes verts à feuilles, carottes
Céréales sucrées	Céréales complètes sans sucres ajoutés
Riz blanc	Riz brun, riz complet, pâtes aux œufs
Farine blanche	Farine complète
Pain blanc, baguette	Pain complet, aux céréales

En ce qui concerne les pommes de terre, la purée, le riz blanc, le pain blanc, leur consommation se faisant non pas tellement de façon isolée, mais à l'occasion de repas, de collations ou en préparation du type riz au lait, le métabolisme de leurs glucides s'apparente plutôt à ceux dits lents.

Voici un exemple avec trois repas dans la semaine du marathon, voire en période de plein entraînement. Vous pourrez vous en inspirer pour composer des repas riches et bien équilibrés.

Petit déjeuner

- une boisson chaude, thé ou café sucré au miel,
- un jus de fruit frais,
- un morceau de pain aux céréales avec un peu de beurre,
- un morceau de fromage ou un œuf (coque, dur, mollet) ou du jambon blanc,
- un kiwi ou une clémentine.

Déjeuner

- crudités assaisonnées avec de l'huile de tournesol, de colza ou d'olive (tomates, carottes, concombre, laitue...),
- une viande maigre ou du poisson,
- une assiette de féculents (riz complet, ou pâtes aux œufs, ou pommes de terre au four, ou lentilles...),
- un morceau de fromage,
- un dessert, type riz, semoule ou tapioca au lait,
- un morceau de pain aux céréales.

Collation possible

- un à deux fruits (pomme, orange, banane),
- une barre de céréales ou une poignée de müesli dans un peu de lait ou un yaourt.

Dîner

- un potage,
- des œufs (omelette, œufs au plat, brouillés, pochés…) ou du jambon blanc ou une part de viande blanche (escalope de volaille, blanc de poulet, rôti de veau) ou un poisson, selon le repas de midi,
- une assiette avec légumes verts ou féculents,
- un yaourt ou fromage blanc sucré au miel,
- un fruit,
- un morceau de pain aux céréales.

Les gels énergétiques

Les gels énergétiques sont constitués des sucres les plus simples que vous puissiez trouver. Ils contiennent une pulpe de fruits sucrée et sont présentés en tubes ou en sachets un peu plus grands que les sachets de ketchup que l'on trouve dans les lieux de restauration rapide.

Ce que les sucres simples savent faire, c'est convertir rapidement un aliment en énergie. Même si vous n'avez pas toujours besoin de cette conversion rapide dans la vie quotidienne, c'est exactement ce qu'il vous faut quand vous courez. Si vous emportez une tête de brocoli pendant votre séance, il faudra plusieurs heures pour qu'elle se transforme en glucose, immédiatement converti en énergie, alors que le sucre et la pulpe de fruits sont assimilés presque instantanément.

La première fois que j'ai entendu parler des gels énergétiques, j'ai pensé que j'avais affaire à un gadget, à une sorte de gris-gris pour coureurs. Parce que je voulais prouver qu'ils ne servaient à rien, j'en ai acheté quelques-uns et j'en ai emporté au cours d'une course d'une trentaine de kilomètres. Jamais, sur ce parcours, je n'avais couru la deuxième partie de la course plus vite que la première (ce que l'on appelle un *negative split*, reportez-vous au chapitre 4). Cette fois, j'ai pris un gel énergétique à mi-parcours. Quand j'ai avalé le contenu du deuxième sachet (au bout de 29 km environ), j'ai remarqué que je venais de courir les 11 derniers kilomètres plus rapidement que les précédents. À la fin, je me suis aperçue que j'avais parcouru la deuxième moitié du chemin en *negative split*, donc plus vite que la première et que j'avais amélioré mon temps, pour cette partie, de près de cinq minutes. C'est alors que l'efficacité des gels énergétiques m'a convaincue. Pour autant, si tous les coureurs consomment régulièrement des gels énergétiques qui peuvent donner du punch en fin de course, n'oubliez quand même pas que c'est d'abord une bonne préparation qui vous conduira à la réussite de votre objectif mais qu'il ne vous fera pas immanquablement courir plus vite le deuxième semi de votre marathon. Sachez rester raisonnable dans la consommation des gels.

ASTUCE

Les vertus de la caféine, oui mais…

De nombreuses études associent la caféine, même absorbée à doses modérées, à l'amélioration de la performance. Une étude en particulier indique que les coureurs ayant bu trois tasses de café ont réussi à améliorer de 44 % la durée de leur effort. Dans d'autres études, 4 milligrammes de caféine par kilo de poids ont amélioré le temps à l'arrivée de 10 à 15 % (le café torréfié contient environ 135 mg de caféine). Plus récemment encore, des études menées par deux universités américaines du Minnesota ont montré que boire une ou deux tasses de café avant une course ou un entraînement dur favorisait la performance. Par ailleurs, selon une autre étude, australienne cette fois, une tasse de café après la course activerait la récupération. Précisons que le café le plus riche en caféine est le café filtre et non l'expresso, contrairement à ce que l'on pourrait penser.

Il existe de nombreuses explications à ce phénomène. La caféine peut conduire l'organisme à brûler les graisses plus vite qu'en temps normal, ce qui permet de commencer à économiser les réserves de glycogène pendant l'entraînement et de les utiliser plus tard. Ce stimulant fait fonctionner les nerfs et les muscles plus efficacement. Une troisième explication consiste à dire que vous avez l'impression de consentir moins d'efforts qu'en réalité.

Utiliser de la caféine pendant votre marathon ? On trouve du café à certains postes de ravitaillement de quelques marathons, mais si vous aimez le café, prenez plutôt un gel énergétique contenant de la caféine à peu près une heure avant la course et continuez à prendre du gel contenant de la caféine pendant la durée de l'épreuve. Veillez de toute façon, comme pour tout autre gel, à tester ce processus au cours de votre entraînement avant de l'appliquer à une course.

Le problème est que la caféine est très diurétique, et qu'elle peut stimuler aussi les mouvements intestinaux si vous la prenez juste avant de courir ou pendant la course. Sous certains climats humides et chauds, elle peut provoquer une déshydratation. Prendre de la caféine avant ou pendant un exercice physique peut s'avérer dangereux pour ceux qui souffrent d'hypertension (problème qui se déclare souvent sans aucun signe précurseur) parce qu'elle élève la pression sanguine et soumet le cœur à un régime accru. Demandez à une infirmière ou à un médecin de vérifier votre tension artérielle avant le départ. Si elle est élevée, ne consommez pas de caféine avant le départ. De même, n'abusez pas, en pensant que si une petite quantité de caféine est bénéfique, une grande quantité le sera plus encore. Quand vous ingérez plus que l'équivalent de deux ou trois tasses de café par jour, vous risquez de souffrir d'insomnies et d'avoir des problèmes de concentration. Par ailleurs, apprenez que la caféine peut empêcher votre organisme d'absorber le fer, peut donner des brûlures d'estomac et aggraver les ulcères. Bref, la caféine, pourquoi pas, mais à doses modérées. Surtout.

Vous pouvez acheter des gels énergétiques dans tous les magasins spécialisés dans la course, dans tout catalogue spécialisé, ainsi que dans les magasins consacrés aux sports et aux loisirs de grand air. De nouveaux fabricants de gels énergétiques peuvent surgir sur le marché juste avant que ce livre ne soit publié, renseignez-vous bien dans votre magasin de sport habituel. Mais vous trouverez aisément ce que vous cherchez.

Plusieurs types de gel contiennent de la caféine, ce qui est sympa, puisque la caféine peut optimiser l'entraînement (voyez l'encadré sur les vertus de la caféine). Rassurez-vous : ces gels ne contiennent pas assez de caféine pour se transformer en produit dopant au cours d'une analyse d'urine ou d'une analyse sanguine (croisez les doigts pour ne jamais avoir à vous soumettre à ce genre de test, mais les coureurs d'élite sont régulièrement obligés d'en passer par là). Néanmoins, si vous n'avez pas l'habitude de consommer de la caféine, il vaut mieux soit vous abstenir d'en consommer, soit vous créer une légère accoutumance avant d'en prendre en prévision d'une sortie longue.

Nous recommandons de prendre des gels énergétiques pour les longs entraînements, les sorties longues (15 km ou davantage) et toute course qui dure plus de 80 minutes. Vous pouvez en prendre un toutes les 40 minutes par exemple. Mais attention à l'écœurement ! Si bien que, concrètement, pour le marathon, un premier gel au 10e « kilo » un second au semi – moment très important de la course – et un troisième au 30e ou 35e « kilo » pour bien finir doivent suffire, surtout si vous êtes sensible aux produits très sucrés. Et surtout buvez après l'absorption de votre gel. Un gel pris au poste de ravitaillement en eau lors de votre course, c'est la formule idéale. En outre, n'oubliez pas que si vous avez oublié vos gels ou si vous ne les supportez pas, les classiques morceaux de sucre distribués sur toutes les tables de ravitaillement des courses sont irremplaçables pour leur haute valeur énergétique.

Vous pouvez également consommer un ou deux gels juste après une sortie longue, ou surtout après un marathon, toujours suivi d'eau, ce qui vous permettra de récupérer plus vite.

Le plus gros problème des gels énergétiques, c'est la nécessité de les emporter. Bien sûr, vous pouvez en tenir plusieurs à la main, mais c'est terriblement distrayant et inconfortable. Il vaut mieux trouver un moyen efficace de les transporter. Voici quelques idées :

- **Une pochette portée à la taille** : le grand classique. C'est la petite sacoche qui se ferme à l'aide d'une fermeture Éclair. Vous pouvez y transporter plusieurs sachets, même si le fait de fourrager pour trouver le curseur de la fermeture Éclair risque de vous ralentir et de vous énerver.

- **Une poche de sport** : chaque poche de sport s'attache à la ceinture de votre short et permet de transporter un ou deux sachets de gel. Si vous en attachez plus d'une à votre taille, le poids risque de les détacher.

- **Un porte-gel (ceinture)** : cette invention assez complexe s'enroule autour de la poitrine ou du bras, et présente de petites bouteilles en plastique qui se ferment par pression, ou qui s'attachent par Velcro ou fermeture Éclair à un étui. Vous devez faire couler le gel dans la bouteille, dont le poids s'ajoute à celui du gel. Et il n'est pas facile de remettre la bouteille sur son support, sauf si vous voulez la jeter et en acheter une neuve chaque fois.
- **Poche à clé cousue** : les concepteurs ont bien compris qu'il y avait un besoin et la plupart des shorts de course présentent désormais une poche intérieure servant à transporter des clés. Celle-ci est cousue dans la taille. Si votre poche est grande et que le sachet de gel est petit, vous pouvez en glisser un dedans.

ASTUCE

Comme la popularité des gels énergétiques ne fait que croître, il est possible que des supports plus pratiques apparaissent bientôt sur le marché. Regardez dans votre magasin de sport ou sur votre site Web favori, afin de surveiller l'offre.

ATTENTION !

Pendant vos entraînements ou vos séances de fond, ne jetez pas les sachets vides sur la voie publique, car vous dégradez l'environnement. Vous pouvez seulement le faire pendant les courses, où des bénévoles les ramassent, sauf si des conteneurs ont été spécialement prévus par l'organisation pour ce faire (de plus en plus fréquent). Pendant les entraînements, pliez les paquets vides et efforcez-vous de trouver une corbeille. C'est plus « écolo ».

Continuer à consommer des sucres simples après la course

Consommez des sucres simples dans les 20 minutes qui suivent la course. Parmi les aliments les plus conseillés après la course (n'oubliez pas de respecter cette fenêtre de 20 minutes) nous vous suggérons au choix :

- Des gâteaux secs (cookies par exemple)
- Des dattes, et autres fruits secs
- Une boisson énergétique, du jus de pomme, du jus d'ananas
- Un peu de miel sous forme de gâteau
- Un kiwi
- De l'ananas
- Un petit pain blanc ou une brioche

ASTUCE

Au cours des deux heures qui suivent la course, consommez un repas constitué d'hydrates de carbone complexes et de protéines maigres dans un rapport de 4 pour 1 environ. Voyez le paragraphe intitulé « faire le plein de protéines », un peu plus loin dans ce chapitre, pour vous informer. Les sucres complexes sont utilisés comme carburants de l'organisme, mais plus lentement (ce que vous souhaitez, car vos muscles ont absorbé les sucres simples que vous avez consommés pendant la course et aussitôt après), alors que les protéines réparent les tissus endommagés.

Un repas type d'après marathon :

- une assiette de crudités faiblement assaisonnées à l'huile de tournesol ou de pépin de raisin,
- une assiette de féculents (pâtes aux œufs, riz brun, pommes de terre) accompagnés d'un coulis de tomates et de fromage râpé (pour les protéines et le calcium),
- une part de fromage,
- un dessert, type flan, crème renversée, île flottante,
- un morceau de pain aux céréales,
- un fruit frais.

L'index glycémique

L'index glycémique permet de classer les différents aliments. Il vous indique à quelle vitesse ces aliments sont absorbés par le sang pendant une période de deux heures. Un aliment présentant un ratio de 60 fait augmenter le taux de sucre dans le sang à 60 % de la vitesse d'un aliment présentant un ratio de 100. Pendant des années, les diabétiques se sont servi de l'index glycémique pour déterminer l'effet des hydrates de carbone sur leur organisme. Désormais, en raison de la popularité relative des régimes à basses calories, cet index apparaît dans des livres récents.

L'index glycémique permet de déterminer quels sont les aliments riches ou pauvres en sucres simples (dans ce chapitre, le tableau 9-3 indique l'index glycémique de différents aliments). Les aliments riches en protéines, comme les cacahuètes et le yaourt, tendent à occuper une position basse dans le tableau, tout comme les aliments riches en hydrates de carbone complexes. Ce sont ceux que vous devez privilégier. Les aliments riches en sucres simples ont généralement un index glycémique élevé. Évitez-les en toutes circonstances, sauf pendant ou juste après les sorties longues, les entraînements ou les séances de fond. Toutefois, cet index que nous vous donnons ci-dessous n'est forcément pas complet. Menez votre propre travail de réflexion quand vous choisissez vos hydrates de carbone, demandez conseil à un entraîneur, un coureur expérimenté ou, mieux, à un diététicien que vous pouvez allez consulter une fois, avant votre préparation.

Tableau 9-3 Index glycémique de certains aliments pour avoir une idée…

Aliment	*Index glycémique*	*Aliment*	*Index glycémique*
Gâteau de riz blanc	110	Beignet	108
Petit pain à hamburger	85	Datte	95
Sucre blanc	100	Croissant	96
Barre de céréales	90	Bretzel	83
Rice Krispies	82	Pomme de terre bouillie	80
Bonbons à la gélatine	80	Pizza, pâte blanche	80
Gaufrette sucrée	70	Ananas	66
Porridge tout prêt (flacons d'avoine avec lait chaud)	65	Maïs	60
Pain blanc	75	Pain complet	60
Porridge, préparation traditionnelle	49	Lait chocolaté	45
Banane, pas trop mûre	30	Pâtes	32
Haricots noirs	20	Pommes	28
Pêche	28	Cerises	22
Yaourt maigre	14	Cacahuètes	14

Les barres énergétiques, oui mais…

Les barres énergétiques n'ont rien à voir avec les gels énergétiques. On se sert des gels énergétiques pendant ou après une séance, un entraînement ou une compétition pour apporter du glycogène (réserve d'hydrates de carbone) aux muscles. Les barres énergétiques sont censées être l'équivalent plus sain des barres chocolatées. Elles sont pratiques à transporter, mais souvent riches en calories et bourrées d'hydrates de carbone, même si elles sont peu grasses. Elles sont idéales pour les cyclistes et les coureurs de grand fond qui ont besoin d'une nourriture pratique qui leur apporte beaucoup de calories et calme leur appétit.

Toutefois, pour les coureurs à pied, les barres énergétiques ne sont pas forcément judicieuses. On ne mange pas en courant (à part du gel énergétique dans certaines courses) : il est bien sûr possible de consommer une barre énergétique à d'autres moments de la journée, en collation, mais pourquoi ne pas s'offrir, dans ce cas, une banane, une tranche de pain complet, un gâteau maison, des fruits secs (abricots) ou quelque chose d'équivalent ? Pour faire le bon choix, achetez des barres énergétiques de marque ayant des références dans la pratique sportive, celles, par exemple, qui sont bien équilibrées entre sucres simples et sucres d'absorption plus lente et demandez conseil au vendeur de votre magasin de sport.

Faire le plein de protéines

Dans tous leurs discours à propos des aliments pauvres en sucres ou en graisses, les experts en diététique oublient souvent les protéines. En vérité, vous avez besoin de protéines maigres dans votre alimentation afin de réparer la fatigue que vous infligez à vos muscles et autres tissus pendant vos sorties longues, vos entraînements et vos compétitions, afin d'accélérer le processus de récupération.

Vérifiez que vos sources de protéines sont maigres, c'est-à-dire qu'elles contiennent peu de graisses (voir le paragraphe « cibler les graisses »)

Voici quelques sources de protéines :

- Œufs, et surtout le blanc d'œuf
- Poissons
- Produits laitiers maigres, notamment le lait, le yaourt, et les fromages peu gras
- Viandes maigres, notamment les blancs de poulet et de dinde, les parties les plus maigres de la viande de bœuf et de porc.
- Les légumes secs, notamment les lentilles, les pois chiches et les haricots secs
- Les noix (et les amandes, qui sont une bonne source de fibres)
- Certains fruits secs (comparez les étiquettes)
- Le lait de soja

Idéalement, vous devriez consommer environ quatre fois plus d'hydrates de carbone complexes que de protéines : pour quatre grammes de sucre, il faut un gramme de protéines, surtout au cours des deux heures qui suivent la course (servez-vous des indications nutritionnelles qui figurent généralement sur les étiquettes pour connaître la proportion de protéines dans un aliment).

Vous n'avez pas besoin de boissons protéinées ni de barres protéinées. Un excès de protéines rallonge le temps dont vos muscles ont besoin pour se ressourcer en glycogène.

Il faut que 15 à 20 % de vos calories proviennent de protéines maigres. Chaque gramme de protéines contient 4 calories. Donc, si vous consommez 3 000 calories par jour, il vous faut 110 à 150 grammes de protéines par jour. Si vous consommez 2 000 calories, il faut 75 à 100 grammes de protéines par jour.

Le lien entre les anorexiques et les marathoniens

De nombreux marathoniens s'inquiètent à l'idée de prendre du poids, et ce n'est pas absurde. Après tout, il n'est pas pratique de transporter un boulet sur 42,195 km, et si vous traînez trois ou cinq kilos de trop, vous ne faites pas autre chose. Mais cet intérêt pour votre poids peut vite devenir une obsession, une tendance incontrôlable à perdre du poids et à contrôler votre alimentation. Vous pouvez commencer à croire que s'il est préférable d'être mince pour courir, il faut devenir de plus en plus mince.

Quand vous cessez de vouloir être en forme pour être maigre, même si vous êtes en bonne santé, vous pouvez vite glisser sur la pente dangereuse de l'*anorexie*, un trouble alimentaire qui peut entraîner un déséquilibre profond. L'anorexie ne frappe pas seulement les adolescentes ; en fait, les marathoniens hommes et femmes encourent ce risque. Outre que cette pratique est véritablement dangereuse pour votre santé, elle peut avoir les conséquences suivantes sur vous

L'épuisement. Même si l'idée de perdre du poids est conçue pour vous aider à mieux courir, l'anorexie vous fait courir plus lentement. Votre corps transforme la nourriture en énergie, et s'il ne reçoit pas sa dose, il n'a pas l'énergie suffisante pour courir vite et/ou longtemps.

Fractures de fatigue : les anorexiques sont plus susceptibles de souffrir de fractures de fatigue que les coureurs qui ont un poids normal. Voyez le chapitre 11 pour y trouver davantage d'informations sur les fractures de fatigue.

Voici quelques-uns des symptômes de l'anorexie :

si vous vous trouvez gros(se) alors que vous êtes déjà très mince ;

si vous pensez constamment à la nourriture, et tout spécialement à la nourriture que vous ne vous autorisez pas à manger ;

si vous comptez les calories plusieurs fois par jour ;

si vous faites la cuisine pour les autres, mais que vous ne mangez pas avec eux ;

si vous faites des séances « supplémentaires » pour vous débarrasser de calories que vous avez « indûment » consommées ;

si vous tirez du plaisir à vous interdire certains aliments ;

un autre symptôme de l'anorexie chez les femmes est l'aménorrhée (l'arrêt des règles), provoquée par une prise insuffisante de nourriture. Si vous pensez souffrir d'un ou plusieurs de ces symptômes, voyez immédiatement un médecin.

Cibler les graisses

Plusieurs années d'informations contradictoires – « haro sur les graisses » puis « n'ayez pas peur de grossir, mangez ce que vous voulez » – ont contribué à jeter l'anathème sur le mot « graisse ». Cependant, si certaines graisses sont bonnes, d'autres sont mauvaises. C'est logique.

Les bonnes graisses

Les bonnes graisses sont celles qui protègent votre cœur et que l'on trouve dans les produits suivants :

- Les avocats
- L'huile de colza et l'huile de lin
- Les poissons gras, tels le saumon, le thon et le maquereau
- Les morceaux maigres du poulet, de la dinde, du bœuf et du porc
- Les produits laitiers maigres
- Les noix
- Les olives et l'huile d'olive

Même s'il convient de consommer les graisses avec modération, elles sont nécessaires. Veillez à ce que 20 à 25 % de vos calories proviennent de bonnes graisses. Chaque gramme de graisses contient 9 calories. Si donc vous consommez 3 000 calories par jour, il vous faut 65 à 80 grammes de lipides par jour. Si vous consommez 2 000 calories, il vous faut 45 à 55 grammes de graisses quotidiennes.

Traquer les mauvaises graisses

Les mauvaises graisses proviennent des sources suivantes et sont à proscrire.

- **Graisses animales** : elles sont notamment présentes dans les hamburgers (sauf s'ils contiennent 5 % de graisses ou moins), les saucisses, l'agneau, les parties non blanches du poulet et de la dinde, les morceaux les plus gras du bœuf et du porc, le lard, les yaourts entiers et le beurre. Bref, autant d'aliments incompatibles avec votre pratique de la course à pied.
- **Les aliments frits** : tout ce qui est frit contient de mauvaises graisses, nous ne dirons jamais assez qu'il faut les éviter.
- **Les graisses transformées** : traquez les mots « hydrogéné(es) » ou « partiellement hydrogéné(es) » sur les étiquettes. Les chips, les gâteaux secs, les cookies (même s'ils sont allégés), les barres de céréales du commerce traditionnel, les pâtisseries, de nombreux pains industriels, de nombreuses céréales et la plupart des beurres de cacahuète contiennent des acides gras transformés. Le tableau 9-4 vous offre quelques solutions de rechange.

Tableau 9-4 : Solutions de rechange aux graisses transformées

Aliment contenant des graisses transformées	*Option saine*
Pains	Achetez, dans une bonne et vraie boulangerie, des pains ne contenant pas de graisses hydrogénées ou, si vous le pouvez, et cela se fait de plus en plus, fabriquez le vôtre avec de l'huile de colza au lieu de graisse de porc, de margarine ou de beurre.
Céréales	Cherchez des céréales ne contenant pas d'huiles hydrogénées.
Chips et gâteaux	Mangez des noix et des graines de sésame (traquez sur les étiquettes les graisses transformées et les huiles hydrogénées).
Gâteaux secs	Les gâteaux maison, préparés avec de la farine d'avoine, et de l'huile de sésame ou de colza, plutôt qu'avec du beurre et de la margarine.
Barres de céréales	Fruits
Pop corn micro-ondable	Le gâteau de Savoie
Pâtisseries	Les desserts à base de courge (le gâteau au potimarron sans la croûte) ou un cake à la banane préparé avec de l'huile de sésame ou de colza plutôt que du beurre ou de la margarine.
Beurre de cacahuète	Le beurre de cacahuète naturel n'est fait que de cacahuètes et de sel.

Prendre des compléments de vitamines et de minéraux

En comparaison du reste de la population, les marathoniens ont besoin d'un surcroît de certaines vitamines et de minéraux, notamment ceux qui figurent dans le tableau 9-5. Les quantités mentionnées ci-dessous conviennent à tout le monde, mais si vous êtes de petite taille, prenez la quantité la moins importante de la fourchette.

Pâtes, riz, légumes, les priorités

Vous avez décidé de perdre du poids, mais soyez prudent: si vous ne mangez pas assez pendant que vous vous entraînez pour un marathon, vous serez épuisé, déshydraté et blessé. Ne perdez pas plus de 500 g toutes les semaines ou tous les quinze jours.

Souvenez-vous que pour perdre du poids, vous devez brûler plus de calories que vous n'en consommez. Vous brûlez 100 calories si vous courez 1,6 km, plus 1 200 calories pour sortir du lit, respirer toute la journée et vaquer à vos occupations en marchant. Faites le calcul de vos kilomètres pour déterminer combien de calories vous consommez tous les jours, puis faites en sorte d'en absorber un peu moins. Les conseils suivants peuvent vous y aider.

Mangez beaucoup de légumes. Soyez raisonnable avec les pommes de terre et le maïs, qui sont placés haut dans l'index glycémique, mais mangez tous les légumes à volonté. S'ils doivent être cuits, préférez les manger grillés ou cuits à la vapeur plutôt que frits (ce qui ajoute beaucoup d'huile) ou encore bouillis (ce qui neutralise une grande partie des éléments nutritifs) et n'ajoutez aucune sauce. La plupart des légumes ont un goût délicieux quand ils sont consommés seuls, alors que nous avons tendance à rajouter trop de sel, de sauce et d'huile.

Vérifiez que vos hydrates de carbone sont complexes et riches en fibres. Préférez des pâtes complètes, aux œufs, des pains complets et aux céréales, des céréales complètes et du porridge, du riz brun plutôt que blanc, etc. C'est quand même préférable aux aliments présentant un index glycémique plus élevé, notamment le riz blanc, les pommes de terre et le pain blanc. Même si, nous l'avons dit, il faut nuancer pour le riz blanc, les pommes de terre, la purée qui ne sont pas consommés seuls, mais à l'occasion de repas ou de préparations. Conséquence : le métabolisme de leurs glucides s'apparente plutôt à ceux des… glucides lents.

Ne buvez pas vos calories : évitez les milk-shakes, l'excès de boissons gazeuses type sodas et de jus de fruits non faits maison. Si vous voulez boire autre chose que de l'eau, essayez le jus de tomates et les jus multilégumes, qui sont pauvres en calories et que vous pouvez consommer à volonté.

Pendant votre régime, prenez quotidiennement des comprimés multivitaminés. Comme vous réduisez votre consommation de certains aliments, vous ne trouverez pas les mêmes éléments nutritifs dans les aliments que vous mangez. Je recommande de prendre des multivitamines même si vous n'essayez pas de perdre du poids. Mais si vous êtes au régime, c'est encore plus important.

Tableau 9-5 : Vitamines et minéraux pour les coureurs

Vitamine/Minéral	*Quantité*	*Sources alimentaires*
Calcium	1 200 à 1 500 mg	Produits laitiers, fruits de mer, amandes, soja
Magnésium	600 à 900 mg	Légumes verts à feuilles, légumes secs, fruits de mer, noix
Potassium	435 mg par heure de sport	Bananes, beaucoup de fruits secs, avocats
Sélénium	200 mg	Légumes secs, champignons, ail, noix de macadamia
Sodium	100 à 200 mg par heure de sport	Boissons énergétiques, cornichons, olives, sel de table
Vitamine E	400 à 800 IU	Beaucoup de noix et de graines
Zinc	30 à 60 mg	Viande maigre de bœuf, poisson, jaunes d'œuf, huîtres, céréales riches en son.

ASTUCE

Même s'il faut puiser les vitamines et les minéraux dans les aliments que l'on consomme, je vous conseille, par mesure de prudence, de prendre en plus des comprimés multivitaminés conçus pour les sportifs.

Rassembler vos forces avant une course

La veille de votre marathon, il faut consommer des hydrates de carbone complets, des protéines maigres et certaines bonnes graisses. Il convient aussi d'avaler beaucoup d'eau et de boissons énergétiques type Isostar, Aptonia, Overstim, Powerade… ne contenant pas de gaz carbonique. Cessez de manger de préférence à 19 heures et ne surchargez pas votre estomac avant. Vous avez besoin de temps pour digérer votre nourriture avant la course qui aura lieu le lendemain matin. Reportez-vous au chapitre 13 pour trouver des informations sur le repas qui précède l'épreuve.

Boire à votre santé

Les gens ordinaires – c'est-à-dire les non-marathoniens – ont besoin de boire un peu plus de 30 cl de liquide par jour. Il vous en faut plus, un minimum quotidien de 1,5 à 2 litres de liquides (dont 40 cl de boisson énergétique pour sportifs), et davantage si vous pouvez le supporter. Vous avez absolument besoin de liquide pour chasser les toxines de votre corps et réhydrater vos muscles.

Pour économiser de l'argent, achetez une boisson énergétique en poudre et faites le mélange vous-même. Si vous achetez de grands bidons de poudre au prix de gros consenti aux membres d'un club, cela vous reviendra environ 80 % moins cher que si vous l'achetez tout prêt en bouteille. Et même si vous achetez un bidon classique de poudre à diluer dans votre magasin de sport, c'est plus pratique car vous l'utiliserez en plusieurs fois, ce qui n'est pas le cas avec les bouteilles toutes prêtes qui doivent être bues sans trop attendre.

La déshydratation est l'une des principales causes de blessures et de maladies chez les coureurs, surtout quand les températures sont basses. Par temps froid, vous avez besoin de la même quantité de liquide que par temps chaud, mais vous avez moins soif. Outre l'eau et les boissons pour sportifs, vous pouvez tirer vos liquides des sources suivantes :

- **Les jus** : optez pour les jus de fruits 100 % jus de fruits, mais vous pouvez vous limiter à un ou deux verres par jour. En revanche, le jus de légumes (jus de tomates ou de multilégumes) est pauvre en calories. Vous pouvez donc en boire plus.

- **Le lait** : un ou deux verres de lait écrémé ou demi-écrémé par jour contiennent beaucoup de calcium. Si vous êtes allergique au lait, évitez-le ou essayez le lait de soja.

- **Le café ou le thé** : il a été montré que la caféine contenue dans ces boissons pouvait améliorer la performance ; mais ne faites pas d'abus, restez raisonnable, n'entrez surtout pas dans une démarche de dopage, trois tasses de café par jour suffisent largement La température de ces boissons et la caféine qu'elles contiennent ont tendance à déshydrater l'organisme. Testez donc d'abord leurs effets.

- **Les boissons gazeuses et non gazeuses** : la plupart des entraîneurs et des diététiciens d'élite suggèrent de se passer complètement de boissons gazeuses (mais pas de l'eau gazeuse qui combat l'acidité), surtout lorsqu'elles sont sucrées, parce qu'elles sont riches en sucres simples qu'il vaut mieux éviter dans une journée normale. Les sodas contiennent également des phosphates qui peuvent interférer avec l'absorption de calcium et occasionner une décalcification osseuse. En dernier lieu, certains chercheurs font valoir que si vous buvez des boissons gazeuses sucrées, l'oxygène de votre sang est partiellement remplacé par du carbone, ce qui réduit la capacité de votre sang à se recharger en oxygène. Vous avez besoin d'oxygène pour courir. Ce sont des théories, certes, mais les coaches enregistrent de meilleurs résultats avec les coureurs qui abandonnent les sodas. Si vous le pouvez, supprimez-les.

Qu'est-ce que l'hyponatrémie ?

L'hyponatrémie a fait son entrée dans les titres des journaux quand une femme s'est écroulée, victime de ce mal, et qu'elle est morte pendant un marathon, celui de Boston aux États-Unis. Il s'agit, en bref, d'une surhydratation. Le corps absorbe trop d'eau, de sorte que les électrolytes (les bons éléments contenus dans les boissons sportives) sont trop dilués, ce qui crée un déséquilibre dans le corps.

Cela signifie-t-il qu'il faille cesser de boire de l'eau ? Certainement pas. Il suffit de ne pas exagérer. Buvez trois à quatre litres d'eau tous les jours et faites en sorte qu'environ 40 % de ce liquide provienne d'une boisson énergétique que vous ingurgiterez juste après la course.

Vous défendre contre les allergies alimentaires

Parfois, les marathoniens développent des allergies alimentaires (ou autres) qu'ils ignoraient lorsqu'ils ne s'entraînaient pas. Cela tient au fait que l'accumulation de kilomètres fatigue votre organisme. Si votre système immunitaire n'est pas « équipé » pour gérer tout ce stress – à cause de votre héritage génétique, de votre environnement, de votre mauvais régime alimentaire, de vos mauvaises habitudes de sommeil, de la fatigue générée par votre travail, etc. – il se peut que votre corps réagisse mal à certains aliments qu'il devrait être en mesure de tolérer. Toutefois pas de panique, nous sommes sûrs que vous allez bien vous entraîner, ni trop ni trop peu.

La même chose arrive à certaines femmes enceintes qui peuvent développer un diabète, le syndrome du canal carpien, certaines allergies alimentaires et d'autres problèmes de santé à cause du stress physique que représente le fait de porter un bébé. Peu de femmes souffrent de ce syndrome, mais presque tous les symptômes disparaissent après l'accouchement. L'entraînement en vue d'un marathon peut être aussi fatigant pour le corps qu'une grossesse.

Parmi les *allergènes* alimentaires courants (les substances alimentaires auxquelles le corps peut être allergique), citons les produits laitiers, les noix, le chocolat, les œufs, le maïs, le blé et le gluten (que l'on trouve dans beaucoup de produits à base de céréales). Si, après avoir consommé certains aliments, vous constatez que vous souffrez des symptômes suivants, envisagez de vous en passer complètement afin de vérifier si vos symptômes disparaissent :

- Asthme ou difficulté à inspirer à fond ; toux
- Épuisement ou sensation d'être « dans le brouillard »
- Hyperactivité
- Colon irritable : crampes (parfois très douloureuses), diarrhée, ventre dur
- Nez irrité ou qui coule, excès de mucus dans la gorge et la poitrine.

ASTUCE

Si vous n'arrivez pas à trouver quel est l'aliment allergène, vous avez deux possibilités.

- **Voir un allergologue qui vous fera passer un test**. Il piquera légèrement votre bras ou votre dos (ce n'est pas douloureux) et déposera une goutte d'allergène potentiel au point d'impact. Si vous êtes allergique à cette substance, ce point gonflera et vous démangera. C'est la partie douloureuse de l'opération. Si vous ne réagissez pas, c'est que vous n'êtes pas allergique à cet allergène.
- **Vous pouvez adopter un régime par élimination**. Pendant un jour ou deux, ne mangez que du riz biologique, auquel peu de gens sont allergiques, et ne buvez que de l'eau distillée. Tous les jours, ajoutez un aliment. Quand vous commencerez à ressentir des symptômes désagréables, vous saurez que vous avez repéré l'aliment responsable.

Si vous avez envie de vous entraîner pour un marathon précis, réduisez substantiellement votre kilométrage et courez pendant un temps pour rester en forme ou participer à des courses moins longues. Vous pouvez vous contenter d'éviter les aliments qui vous gênent pendant quelques mois. Veillez à prendre des multivitaminés pour ne pas avoir de carence d'éléments nutritifs.

Toutefois, si vous vous entraînez à plus long terme, il vous faut essayer de consolider votre système immunitaire pour qu'il intègre l'aliment allergène et ne le considère plus comme un problème. Cela suppose que, pendant plusieurs mois, vous ayez suffisamment de sommeil (huit à dix heures de sommeil par nuit), que vous développiez d'excellentes habitudes alimentaires, que vous réduisiez votre stress, éliminiez les allergènes potentiels chez vous et au bureau, etc. N'oubliez pas, toutefois, que vos symptômes peuvent persister. Vous devrez alors décider de vous accommoder de ces allergènes alimentaires (ou de les abandonner à vie), ou, encore, de changer votre entraînement.

ATTENTION !

Certaines personnes sont allergiques, non pas à un aliment particulier mais à certains pesticides, résidus de cire ou autres qui peuvent se trouver dans la nourriture. Si vous ne parvenez pas à trouver le coupable ou si vos symptômes apparaissent et disparaissent sans logique apparente, prenez de la nourriture biologique pendant deux ou trois jours pour voir si votre état général s'améliore.

ASTUCE

Si les aliments ou les résidus alimentaires ne sont pas en cause, vos symptômes peuvent être liés à certains allergènes de l'environnement, comme l'herbe, le pollen, les pesticides, les moisissures, la poussière, la fumée de cigarettes, etc. Si, par exemple, vous n'éprouvez les symptômes qu'après avoir passé plusieurs heures chez vous ou au bureau, ou seulement quand vous courez sur certaines pistes ou dans un parc, vous êtes probablement allergique à un élément de votre environnement. Parce que ces allergènes sont difficiles à éviter, vous devrez peut-être vous faire désensibiliser par un spécialiste afin de supprimer les symptômes.

Course et troubles intestinaux

Comme la course détourne le flux sanguin de votre système digestif pour le rediriger vers les bras et les jambes, elle est incompatible avec la digestion. Si vous mangez avant votre période d'entraînement, vous serez peut-être affecté de crampes ou de diarrhée. En outre, des facteurs psychologiques peuvent entraîner de véritables ennuis intestinaux au moment le moins opportun.

Pour toutes ces raisons, les coureurs tendent à souffrir plus souvent de diarrhée que la plupart des gens, surtout juste avant ou juste après les courses. Un ou deux voyages vers les toilettes ne doivent pas vous perturber plus que de raison, mais si la diarrhée persiste pendant une journée entière ou plus, vous risquez la déshydratation.

Pour stopper net une diarrhée, changez temporairement de régime alimentaire. Ne buvez plus que des boissons non gazeuses et mangez des bananes, du riz, des toasts ou des gâteaux secs, et pas grand-chose d'autre. Si votre corps les tolère, prenez des viandes maigres, par exemple du blanc de poulet ou de dinde, du rosbif, sans sauce ni marinade.

N'oubliez pas de vous laver les mains après avoir quitté les toilettes. Voyez immédiatement votre médecin si vous ne parvenez pas à uriner, si vous constatez la présence de sang ou de mucus dans vos selles, ou si vous remarquez que vous avez de la fièvre.

Matin, midi et soir : quand courir… et que manger ?

Endurance, seuil (ou résistance douce), résistance dure : trois séances qui ne se font pas à la même allure et qui s'accommodent mieux de certains moments de la journée et moins bien d'autres. Horaires d'entraînement et bonne alimentation sont étroitement liés. Examinons cela en détail.

Je m'entraîne tôt le matin

À jeun ou après un petit déjeuner léger, soit une tasse de café ou thé, une ou deux biscottes avec un peu de confiture et de miel. Voire en prenant une part de gâteau énergétique (vendu dans les magasins de sport et facile à préparer), ce qui permettra de bien courir dans l'heure qui suit le réveil. Mais pas dès le réveil, car il faudra assimiler et digérer son gâteau.

Le problème posé par cet horaire : sauf si l'on consomme du gâteau énergétique, il n'est pas facile, si l'on a couru à jeun, de prendre un petit déjeuner complet au retour de sa séance. Car il faudra se doucher et sans doute se préparer pour aller travailler. On peut donc se contenter du minimum avant d'aller courir et prendre un en-cas vers 10 heures avec une banane ou des fruits secs, voire une barre énergétique.

Sur le plan pratique : articulations et muscles étant encore bien engourdis tôt le matin, les risques de blessures (contractures, voire lésions plus graves) sont importants. La séance idéale est donc : échauffement en marchant, notamment pour les vétérans, puis environ 45 minutes à une heure en endurance entre 70 et 75 % de votre FCM. Ensuite, possibilité de faire cinq ou six lignes droites toniques, mais sans sprinter pour autant. À une allure confortable, voir la nature s'éveiller est cependant un moment qui n'a pas de prix.

Je m'entraîne à midi

À midi, tout est possible, c'est le créneau horaire idéal. En effet, on est parfaitement réveillé au point de vue neuromusculaire et la fatigue de la journée n'est pas encore arrivée. On a pris un en-cas vers 10 heures (banane, fruits secs…), c'est le bon moment pour faire une séance fractionnée en résistance dure (de 95 à 100 % de sa FCM). Mais cependant en prenant garde de trouver, à la belle saison, des parcours bien ombragés. Faire dix fois 400 m, ou même moins, en plein soleil, sur une piste d'athlétisme, c'est possible en hiver voire au printemps, mais en été, c'est pas terrible, il vaut mieux éviter. Cependant, si l'on n'a pas le choix, prévoir une casquette pour se protéger du soleil, un tee-shirt aéré (pas de coton) et un bidon d'eau pour s'hydrater régulièrement. Évitez, messieurs, de courir torse nu.

Difficile aussi de faire des séances très longues type deux heures à la pause déjeuner, car il faut prévoir le déjeuner qui suivra et la reprise du travail. Les séances dites longues sont de toute façon réservées au week-end. En revanche, une heure, une heure et quart en endurance, c'est bien sûr possible. Pour le déjeuner, un sandwich varié avec jambon ou thon et crudités plus un fruit pourra convenir. On prendra un repas plus équilibré le soir.

Je m'entraîne en soirée

C'est le moment préféré de beaucoup de coureurs libérés des obligations du travail. Encore plus à la belle saison quand les jours rallongent et que les parcs ferment plus tard. On est libre, les muscles sont bien chauffés, l'organisme démarre plus vite et pour peu que la journée n'ait pas été trop fatigante ou stressante Mais c'est un horaire qui ne s'accommode pas forcément de tous les types d'entraînement. Si l'endurance est une allure idéale pour préparer un sommeil de qualité, ce n'est pas le cas de la résistance dure (environ 95 % de votre FCM). En effet cette allure rapide peut entraîner des perturbations hormonales et physiologiques qui peuvent être contraires à un sommeil de qualité. Toutefois si vous n'avez pas le choix, si vous ne pouvez faire cette séance à 17 heures plutôt qu'à 19 heures ou 20 heures, voici deux parades pour diminuer les risques en cas d'entraînement nocturne difficile.

- À l'issue de votre séance, faites un retour au calme tranquille en « joggant » 10 à 15 minutes.
- Puis faites quelques exercices respiratoires en forçant lors de l'expiration.
- À la maison, prenez une douche ou un bain chaud suivi d'un dîner léger, sans café ni alcool Un peu de musique classique, votre livre de chevet plutôt qu'un match de foot ou un film stressant, et puis bonne nuit…

Troisième partie

Éviter et affronter les blessures

« Avoue que nous sommes mieux armés
pour courir un quadrathon de 4,2 km
qu'un marathon de 42 km et des poussières. »

Dans cette partie

Blessures : ce mot est synonyme de peur pour tous les marathoniens. Mais elles ne sont pas inévitables. Grâce aux informations qui suivent, vous allez savoir ce qui provoque les blessures du coureur (ce qui vous permettra de les éviter complètement), comment guérir vite et rester en forme pendant votre convalescence. Le chapitre 12 vous indique comment pratiquer un entraînement croisé, pour garder la pêche si vous êtes blessé.

Chapitre 10

Repérer les causes des blessures

Dans ce chapitre :

- Étirer bras et jambes
- Jeter les vieilles chaussures usées
- Se reposer, se relaxer, récupérer
- Boire suffisamment d'eau
- Corriger de mauvaises attitudes

Les blessures sont les événements les plus frustrants qui peuvent jalonner la vie d'un coureur. Mais trop souvent, ce qui a provoqué la blessure reste un mystère pour lui, comme s'il avait été frappé par une sorte de fatalité sans cause ni signe avant-coureur. Telle n'est pas la réalité. Les blessures sont toujours provoquées par un ou plusieurs facteurs de risque. Ce chapitre vous indique lesquels, afin que vous puissiez les éviter.

Vous lirez ce chapitre lorsque vous serez en pleine forme ou que vous commencerez seulement à sentir que vous pourriez bien être victime d'une blessure potentielle. Le chapitre 11 vous explique, si vous êtes déjà blessé, comment vous soigner.

Se concentrer sur la souplesse

Le meilleur moyen de se blesser consiste à se passer des étirements. Les étirements corrects avant et après l'entraînement vous permettent de courir plus vite et plus longtemps. Qu'il s'agisse de l'« Étirement Actif Isolé » (*Active Isolated Stretching*), ou des étirements plus traditionnels, vous optez pour la méthode qui vous convient le mieux. Pour en savoir davantage sur l'*Active Isolated Stretching* et les autres bons exercices d'étirement plus traditionnels, reportez-vous au chapitre 5. Si vous ne vous étirez pas, vos muscles, vos ligaments et vos tendons se raidiront, ce qui les fragilisera pour les déchirures et les muscles froissés.

N'OUBLIEZ PAS !

Un coureur peu souple se blesse souvent, ou souffre d'une douleur chronique qui revient année après année. Il ne réalise jamais vraiment son potentiel.

ANECDOTE

Pendant des années, j'ai joué le coureur pas souple, et je m'en suis glorifiée. « Un bon coureur, pensais-je, ne doit pas se baisser pour toucher ses doigts de pied. » Je me trompais sur toute la ligne. Les meilleurs coureurs du monde sont incroyablement souples et bénéficient, bien entendu, de l'aide de tous les kinésithérapeutes de leur équipe. Ils ont de longues et brillantes carrières, parce qu'ils savent entretenir cette souplesse. Pourquoi pas vous ?

ASTUCE

Si vous manquez de souplesse, achetez-vous une corde d'une longueur de 3,5 m et d'un diamètre de 3 cm. Ensuite, passez un peu de temps à lire le chapitre 5 où vous découvrirez le meilleur moyen d'étirer les zones de votre corps que vous utilisez le plus pour l'entraînement au marathon. Et si vous pouvez vous offrir une dépense en temps et en d'argent, envisagez de voir un kinésithérapeute, pourquoi pas une fois par mois. C'est une dépense, bien sûr, mais cela peut être utile.

Porter des chaussures usées ou mal adaptées

Vos chaussures de course sont le seul coussin qui s'intercale entre vos pieds sensibles et le sol dur et inégal. À la différence des athlètes qui pratiquent d'autres sports, vous n'avez pas à investir dans de coûteux équipements pour pouvoir courir un marathon, mais vous avez bel et bien besoin de bonnes chaussures (reportez-vous au chapitre 2 pour y trouver des informations sur les chaussures les mieux adaptées à votre course). Vous avez besoin de chaussures adaptées et vous devez les remplacer régulièrement.

Renouvelez vos chaussures

Vous vous souvenez que vos parents vous achetaient une nouvelle paire de chaussures à chaque rentrée scolaire, et que celles-ci devaient durer jusqu'au début de l'année scolaire suivante. Les chaussures de course ne suivent pas cette règle. Au lieu de durer un an, elles s'usent au bout d'environ 150 heures de course, nous l'avons vu, ce qui correspond à quelque six mois d'utilisation. C'est le rythme auquel vous devez remplacer vos runnings, l'aspect des chaussures n'étant toutefois pas à négliger car tous les coureurs ne font pas le même nombre de kilomètres, mais disons que l'achat de deux paires par un an est correct. Vous pouvez très bien demander conseil au vendeur de votre magasin de sport habituel, lequel peut aussi vous conseiller de retarder votre achat à la vue de l'état de vos chaussures.

Autre conseil avisé, recommandé même, celui de votre podologue si vous en consultez un. C'est un expert.

Le problème des chaussures de course, c'est, bien sûr qu'elles ne *paraissent* pas souvent usées, même si elles le sont. En fait, si vous comparez une chaussure qui a parcouru 600 km à une chaussure qui en a parcouru 160, vous ne serez probablement pas capable de faire la différence. On aperçoit un peu plus d'usure sur le talon de la chaussure ayant parcouru 640 km, et elle sera peut-être un peu plus sale, surtout si vous courez sur des routes de campagne ou des pistes, mais généralement, les chaussures ayant parcouru 640 km seront semblables à celles qui n'en ont parcouru que 160. C'est pourquoi les conseils d'un spécialiste sont toujours avisés.

Les chaussures de course se cassent à l'intérieur, et après plusieurs centaines de kilomètres elles ne vous offrent plus le support adéquat. C'est donc comme si vous couriez pieds nus, et cela peut provoquer quelques problèmes. Dès que vous ressentez un inconfort au niveau des articulations (chevilles, genoux, hanches) ou des tibias, envisagez de remplacer votre paire de chaussures.

Remplacez vos chaussures de manière régulière, nous l'avons dit. Puis consignez simplement l'achat d'une nouvelle paire dans votre carnet d'entraînement. Si vous ressentez un inconfort plus tôt, achetez de nouvelles chaussures. On peut toujours se dire que les 100 euros que vous dépenserez seront sans doute moins élevés que le traitement médical et la perte momentanée de votre santé.

Trouvez la pantoufle de Cendrillon

Que se passe-t-il si vous commencez à ressentir des sensations désagréables très vite, environ une semaine ou deux après avoir commencé à porter une nouvelle paire de chaussures ? Il se peut que vous portiez simplement un type de chaussures qui ne vous convient pas, ce qui est un problème assez fréquent. Vous pouvez être pronateur tout en portant une chaussure mieux adaptée à la supination, ou bien vous êtes un coureur léger qui porte une chaussure conçue pour une personne qui pèse plus lourd que vous ; ou l'inverse. Si ce vocabulaire vous étonne, passez au chapitre 2 pour trouver des informations relatives aux chaussures de course. Encore une fois, nous insistons, peut-être lourdement c'est vrai, mais demandez conseil à un vendeur spécialisé lors du premier achat ou allez consulter votre podologue avant de commencer à courir, la dépense ne sera vraiment pas inutile.

Ré-cu-pé-rer

La récupération désigne le temps de repos dont vous avez besoin pour être en forme. L'entraînement au marathon soumet votre organisme à un stress important, surtout si vous essayez d'augmenter assez vite votre kilométrage (voir le chapitre 6). De ce fait, vous avez besoin de beaucoup de sommeil qui réparera votre corps et le préparera à votre prochaine course. En outre, après chaque sortie longue ou difficile, il vous faut accorder à votre organisme assez de temps pour récupérer, en lui offrant un (bon) jour de repos ou une séance plus courte, plus légère, au petit trot.

En restant fatigué, vous ne permettez pas à votre corps de se réparer, et vous risquez davantage de trébucher et de tomber pendant vos entraînements. Vous ne levez plus suffisamment les pieds comme vous le faites quand vous êtes reposé. La moindre irrégularité sur le trottoir et la moindre racine apparente vous tendent des pièges.

Augmentez votre sommeil

Toutes les personnes qui s'entraînent en vue d'un marathon ont besoin d'un minimum de huit heures de sommeil, et si vous faites quatre ou cinq entraînements par semaine, dormir un peu plus n'est pas de trop. Bien sûr, il est difficile de trouver ces heures supplémentaires de sommeil si vous avez un travail, des enfants et de longs trajets à faire, mais si vous voulez éviter les blessures, vous devez donner à votre organisme les moyens de réparer les dommages que vous lui infligez pendant votre entraînement. Couchez-vous de bonne heure, c'est le plus simple !

Si vous ne pouvez pas dormir huit à dix heures par nuit, vous pouvez peut-être vous offrir une sieste pendant la journée ou juste après votre travail. Ou tout simplement des microsommeils de quelques secondes.

Par ailleurs, votre sommeil doit être régulier. Vous ne pouvez pas dormir six heures par nuit durant la semaine et tenter de « rattraper » le sommeil en retard les week-ends en vous en accordant douze, sinon vous serez fragilisé et risquerez des blessures toute la semaine.

On raconte l'histoire de Frank Shorter, champion olympique de marathon à Munich en 1972, donc l'un des meilleurs marathoniens américains des années 1970 et l'instigateur, d'abord dans son pays, de la pratique du jogging populaire pour la santé, la forme et contre l'obésité – fléau qui a commencé à toucher son pays dans les années 1970. Bref, au fil du temps, Frank avait remarqué que la qualité de ses performances baissait. Il n'arrivait pas à trouver l'origine de cette baisse de forme, et il a décidé de changer une seule de ses habitudes : au lieu de dormir huit heures par nuit, il s'est mis à dormir dix à douze heures. Le résultat n'a pas tardé à se faire sentir : il n'avait pas modifié son kilométrage, ses entraînements ni quoi que ce soit d'autre. Frank a gardé cette habitude pendant plusieurs mois, et très vite, il a de nouveau amélioré ses temps. Pensez au bénéfice de ces quelques heures supplémentaires de sommeil, si, encore une fois, vous pouvez vous les accorder. Car les années passant, c'est aussi de plus en plus difficile de dormir longtemps. Mais sans aller jusqu'à douze heures, huit heures constituent une bonne moyenne, plus accessible.

Si vous vous sentez fatigué pendant la journée, cela veut dire que vous n'avez pas votre dose de sommeil. Vous savez que votre sommeil a été suffisant et aussi de bonne qualité quand vous vous réveillez sans avoir forcément besoin du réveil, reposé, en forme, et que cette impression persiste toute la journée.

Ne pas outrepasser ses forces

Avez-vous jamais dégusté un aliment si délicieux – comme une pêche bien juteuse ou un fondant au chocolat – que vous avez rêvé de le manger tous les jours de votre vie, jusqu'à la fin de vos jours ? Si vous mettiez effectivement cette spécialité à votre menu de tous les jours, vous cesseriez vite de remarquer ce qu'elle a de si particulier. Ce qui était délicieux *parce que vous le mangiez rarement* deviendrait fade et ennuyeux comme un sandwich au jambon. Vous perdriez la sensation de ce qui le rendait spécial.

Si vous courez trop dur, vous risquez de connaître le même phénomène. Pour que vos sorties plus courtes et plus rapides (seuil, VMA) qui doivent vous permettre de gagner en vitesse et en puissance soient efficaces, elles doivent rester rares, se pratiquer deux fois par semaine, mais c'est un maximum. Vous seriez peut-être tenté de les pratiquer tous les jours, parce que vous vous sentez très bien après avoir couru fort, en superforme et que vous songez à la forme exceptionnelle que vous pourriez atteindre en renouvelant cette expérience. Mais les résultats seraient bien vite décevants. Si vous courez trop dur, trop souvent, vous finirez sans doute par vous blesser, parce que vous ne donnerez pas à votre corps l'occasion de se remettre de ses efforts. Le fondant au chocolat ne vous paraîtra plus bon. En bref, c'est l'allure d'endurance (70 à 75 % de votre FCM) qui est prioritaire pour vous et qui doit, rappelons-le, constituer 80 % de votre entraînement.

Planifiez bien toutes vos sorties courtes et longues que vous faites dans la semaine. Ne laissez pas votre partenaire d'entraînement (ou votre voix intérieure) vous convaincre de courir plus dur que prévu, d'en faire plus. Respectez votre programme hebdomadaire, faites ce que vous avez décidé et choisi, et récupérez les autres jours.

En faire trop, trop vite

Une autre façon d'empêcher votre organisme de récupérer consiste à vous surmener quand vous commencez à courir, quand vous vous remettez d'une blessure, ou quand vous commencez à construire votre kilométrage. Ne cherchez pas à dépasser vos limites, à en rajouter pour rattraper le temps que l'on croit perdu.

Observez la règle générale qui consiste à ne pas augmenter votre kilométrage de plus de 10 % par semaine.

Mais supposons que vous vous êtes blessé en janvier, que vous avez dû prendre trois semaines de repos, et que vous vouliez tout de même courir un marathon en avril. Vous serez alors tenté de ne pas trop respecter cette règle, et vous voudrez rattraper le temps perdu, passer de quatre à cinq séances hebdomadaires, augmenter la durée de vos sorties longues le dimanche, 3 heures plutôt que 2 h 30, etc. Même si cela vous paraît jouable, cela ne l'est pas, car c'est un facteur de blessure sur un organisme mal préparé. La meilleure solution est tout simplement de revoir vos objectifs à la baisse et d'envisager un temps supérieur à celui initialement prévu : par exemple 4 h 30 au lieu de 4 heures pour votre marathon.

Soyez patient. Si vous ne pouvez pas vous préparer en quelques semaines ou en quelques mois sans risquer de vous blesser, entraînez-vous pour un marathon qui aura lieu ultérieurement, à l'automne plutôt qu'au printemps, voire un an plus tard s'il s'agit du même marathon. Bien sûr, vous voudriez courir ce marathon qui a lieu le mois prochain et que vous aviez prévu, mais vous risquez de toute façon de ne pas le finir parce que vous serez épuisé. N'oubliez pas en vous inscrivant de souscrire, si c'est possible, une assurance annulation qui vous permettra de ne pas perdre vos frais d'inscription.

Être dans le déséquilibre

La course à pied semble être un exercice global parce que vous vous servez de vos bras et de vos jambes ; il paraît donc absurde de discuter des faiblesses et des déséquilibres de certains muscles. Mais en fait, la plupart des coureurs manquent de force dans certains muscles.

Le *déséquilibre musculaire* intervient quand un muscle est fort, et que le muscle antagoniste (celui qui se trouve en face du premier) est faible. Parce que le muscle fort travaille deux fois plus pour compenser la faiblesse du muscle antagoniste, il est susceptible de se blesser.

Prenons un exemple parlant, celui de l'estomac et du dos. La plupart des coureurs ont un dos solide et un estomac faible, ils se font donc souvent mal au dos. Voilà pourquoi je recommande de pratiquer les redressements assis plusieurs fois par semaine (voir le chapitre 7). Les *ischios* (qui passent en haut des jambes, à l'arrière) et les *quadriceps* (qui sont situés en haut des jambes, à l'avant) fournissent un autre exemple. Beaucoup de coureurs ont des ischios solides et des quadriceps faibles, ce qui rend les ischios particulièrement vulnérables. Quelques coureurs souffrent du problème inverse – des quadriceps forts et des ischios faibles –, ce qui les rend également sensibles à la blessure. Les mollets et les tibias tendent à être mal équilibrés : des mollets forts et des tibias faibles provoquent des blessures du mollet.

Parfois, vos muscles antagonistes ne sont pas faibles du tout. Ils sont plutôt durs et peu flexibles. Si vos muscles sont durs, votre corps ne les utilise pas aussi efficacement qu'il le pourrait. De bons étirements (voir le chapitre 5) et l'action d'un kinésithérapeute (voir le chapitre 11) peuvent vous aider à tirer meilleur parti de muscles antagonistes qui semblent faibles.

Un problème similaire à celui du déséquilibre musculaire est celui du manque de force dans certains muscles qui sont largement sollicités pendant l'entraînement, mais qui n'ont pas été assez développés. Un bon exemple en est fourni par les muscles du tibia, qui sont largement mis à contribution pendant l'entraînement de fond. À chaque foulée, vous prenez appui sur vos orteils et vous tirez sur les muscles situés autour du tibia. Quand vous commencez à vous entraîner ou que vous vous relevez d'une blessure ou d'un changement dans votre entraînement (notamment lorsque vous augmentez votre kilométrage, que vous travaillez votre vitesse, etc.), vous pouvez blesser vos tibias, parce qu'ils ne sont tout simplement pas préparés au travail que vous leur demandez Pour bien exercer vos tibias et vos mollets, voyez l'appui sur les orteils dans la partie réservée aux circuits, dans le chapitre 7.

De manière générale, si vous vous étirez après chaque séance, si vous portez de bonnes chaussures, si vous augmentez petit à petit votre kilométrage et si vous prenez de nombreux jours de récupération, les muscles que vous sollicitez pour la course deviendront de plus en plus puissants au fil de vos entraînements. Si vous constatez une faiblesse, rendez visite à votre médecin du sport pour savoir comment renforcer certains muscles spécifiques en pratiquant certains exercices répétitifs et peu contraignants.

Varier les surfaces

Parce que les marathons sont organisés dans les rues des villes, certains marathoniens pratiquent leur entraînement sur le même type de surface. Malheureusement, les chercheurs ont établi un lien entre les surfaces d'entraînement et les blessures : plus vous vous entraînez sur une surface dure, plus vous risquez de mettre en péril vos muscles, articulations, cartilages, etc. (voir le chapitre 11). Toutefois, il faut aussi courir sur sol dur pour habituer vos muscles et articulations à cette surface qui sera celle de votre marathon, il faut bien l'admettre. Le sol dur favorise la vitesse pour une dépense énergétique moindre et le rendement de votre foulée est meilleur. Mais ne faites pas tous vos entraînements sur sol dur, un peu seulement, un tiers par exemple.

Courez sur différents types de surfaces. Une route de campagne ou du moins tranquille pour vous habituer durant une heure à courir sur sol dur et courir plus vite. Mais pour les séances les plus longues de deux heures et plus, prenez les sentiers d'un parc, d'un bois. C'est la surface idéale pour éviter les blessures.

Mourir de soif

Comme nous l'avons expliqué dans le chapitre 9, il vous faut tous les jours un minimum de deux litres de liquide, de l'eau plate essentiellement. Si vous ne vous hydratez pas correctement, vous ne chasserez pas les toxines de votre corps, ce qui peut conduire, sans vouloir dramatiser, à diverses blessures et maladies. En fait, la déshydratation est l'une des principales causes de problèmes physiques chez les coureurs, surtout quand les températures sont basses. Dans ce cas de figure, vous ne vous hydratez pas aussi complètement que lorsqu'il fait chaud. Et c'est une erreur.

Les boissons chaudes et caféinées sont des liquides, bien sûr, mais la chaleur et la caféine associées tendent à vous déshydrater. Ne les comptez donc pas dans vos deux litres.

Prenez une bouteille d'un litre et demi et remplissez-la d'eau le matin. Buvez son contenu au fil de la journée et remplissez-la de nouveau en fin d'après-midi, pour la boire, du moins partiellement au cours de la soirée. En utilisant une grande bouteille que vous remplissez seulement deux fois par jour, vous boirez bien plus facilement que si vous preniez un verre et que vous le remplissiez huit à dix fois.

Aussitôt après la séance, buvez de l'eau, mais vous pouvez aussi boire une boisson énergétique contenant des électrolytes.

Faire le plein de bonnes ressources énergétiques

Vous l'avez déjà entendu, et vous l'entendrez encore: si vous absorbez de mauvais aliments, c'est comme si vous mettiez du sucre ou de la boue dans le réservoir de votre voiture. Un mauvais carburant encrasse votre système et entraîne de mauvais résultats.

Même si vous mangez mal en permanence, il ne vous faut que quelques jours pour changer vos habitudes alimentaires. Si vous pouvez remplacer vos pâtisseries bourrées de crème, votre pain blanc et vos plats surgelés tout prêts par des fruits frais, des légumes, des céréales complètes et des viandes maigres ou des fruits de mer pendant une semaine environ, vous constaterez que vous n'avez plus les mêmes envies.

La plupart des gens se nourrissent mal parce que les aliments les plus pratiques ne sont pas nutritifs. Faites en sorte que les aliments nutritifs deviennent pratiques en passant une heure par week-end à éplucher des légumes, à laver et à préparer des fruits, et à acheter des aliments sains, bio par exemple (voir le chapitre 9). Si vous avez encore au frigo des en-cas nutritifs et des repas tout prêts, ne les gaspillez pas, ce serait dommage, consommez-les, mais dites-vous qu'il faut absolument passer à autre chose de plus sain. Vous ne le regretterez pas et vous ne serez pas tenté de revenir à vos anciennes habitudes alimentaires. Votre forme vous aura définitivement convaincu de manger des produits frais, même s'il faut plus de temps pour les preparer.

Courir efficacement

Parce que la course semble venir naturellement aux enfants, peu de gens savent courir correctement (remarquez que personne ne s'attend à ce que les enfants sachent nager sans prendre de leçons). De mauvaises habitudes exercent des pressions sur les muscles et les articulations, qui répondent à ces pressions en se blessant. De petites corrections permettent d'éviter de nombreux accidents au fil des années. Mais pas d'obsession, il faut corriger ces mauvais positionnements en course, mais rester naturel aussi.

Jetez un coup d'œil au chapitre 8 qui vous donne des instructions détaillées pour améliorer votre attitude en course. Demandez à quelqu'un de vous photographier ou de vous filmer pendant que vous vous entraînez et que vous courez. Puis tenter de corriger en douceur et avec le temps ce qui ne va pas.

Hériter de mauvais gènes… et alors !

J'ai connu une coureuse qui avait souffert de nombreuses fractures de fatigue, alors qu'elle s'étirait bien, qu'elle portait de bonnes chaussures et les remplaçait souvent, qu'elle se reposait sans compter, etc. Toutefois, ses pieds avaient des mouvements étranges quand elle courait. Ils se relevaient à l'avant quand elle avait basculé son poids sur les orteils, puis ils se tordaient latéralement. La mère de cette coureuse avait ce même défaut. Malgré ses efforts pour corriger ce mauvais héritage génétique, la marathonienne n'a pas pu y parvenir. Assez vite, elle a abandonné la course parce qu'elle ne supportait pas les nombreuses fractures de fatigue.

Notre meilleur conseil est le suivant : si vous avez la malchance d'hériter de mauvais gènes, pas d'affolement, voyez d'abord un médecin du sport ou un chirurgien orthopédique pour qu'il vous dise si votre problème peut être corrigé. Dans le cas contraire, si vous avez l'intention de courir un marathon, il faut que tout votre entraînement soit conforme. Ne vous passez pas d'étirement un seul jour, remplacez vos chaussures *avant* qu'elles ne soient usées, dormez le plus possible, accordez-vous de nombreux jours de récupération entre les séances difficiles, mangez et buvez très bien, etc. Il est certain que vous surmonterez les défauts dont vous avez hérités et qui provoquent des blessures.

Les bienfaits du froid

La plupart des blessures à la suite d'entraînements résultent de problèmes mineurs qui, lorsqu'ils deviennent répétitifs, se transforment en problèmes plus graves. Mais parfois, vous vous prenez le pied dans une racine, vous vous cognez le genou ou la hanche. Même si vous avez tendance à tomber plus souvent lorsque vous êtes fatigué, vous ne pouvez éviter complètement les chutes, surtout si vous courez sur des sentiers.

Ce qui compte, c'est ce que vous faites après la chute. Pensez à la « glace », c'est le remède idéal pour soigner les bobos et les meurtrissures consécutifs à une chute ; ou à une torsion malencontreuse.

- **Bienfaits glacés** : Appliquez des glaçons, de la glace pilée dans une serviette, un gant de toilette, ou beaucoup, beaucoup mieux, procurez-vous une poche de glace (à mettre préalablement au congélateur) vendue en pharmacie ou dans votre magasin de sport sur l'endroit douloureux pendant 10 à 15 minutes. Vous pouvez aussi plonger le membre meurtri dans une eau froide à laquelle vous ajouterez un bac de glaçons. Mais comme votre peau est sensible au froid, n'oubliez jamais de placer un linge ou un gant entre la glace et votre peau, afin de ne pas la brûler. Pratiquez ce soin glacé tous les jours jusqu'à ce que la douleur et le gonflement s'atténuent. Si, après trois jours, la douleur et le gonflement persistent, voyez un médecin !

Ne réchauffez jamais, au grand jamais, un endroit meurtri après une chute. Quand vous vous blessez, votre corps cherche à protéger la partie contusionnée en lui apportant du sang, mais ce sang supplémentaire la fait gonfler, ce qui rallonge le temps de convalescence. La glace empêche le sang d'affluer, ce qui permet à la contusion de guérir plus vite.

- **C pour « compression »** : si vous enveloppez la partie blessée d'un bandage élastique, la compression fera diminuer le gonflement des tissus.
- **E pour « élévation »** : si possible, placez la partie contusionnée en extension, au-dessus du niveau du cœur, pendant que vous appliquez la glace. Cela empêchera le sang d'affluer.

Prenez éventuellement un antalgique si vous pouvez le supporter. Évitez le paracétamol et les autres produits contenant de l'acétaminophène. En effet, même s'ils atténuent la douleur, ils ne réduisent pas le gonflement des tissus comme d'autres produits antalgiques que vous pouvez acheter sans ordonnance.

C'est très beau, mais méfiez-vous des sentiers à la fin de l'automne quand ils sont couverts de feuilles mortes. Les feuilles masquent les ondulations du terrain et multiplient le risque de chutes. Restez aussi à l'écart des sentiers truffés de racines et des trottoirs trop abîmés. Soyez attentif à tous ces obstacles, mais courez quand même en décontraction, ne vous crispez pas, le danger est quand même rare.

Chapitre 11

Soigner les blessures

Dans ce chapitre :

- Stopper l'évolution du mal
- Savoir comment traiter des blessures courantes
- Décider quand vous devez voir un médecin

Si vous vous blessez ou si vous pensez que vous risquez de vous blesser, le fait de réagir rapidement et de changer votre entraînement contribuera à hâter votre guérison et vous permettra de garder la forme. Dans tous les cas de figure, réagissez vite. Cette vitesse de réaction peut vous permettre de participer au marathon prévu et de vous éviter la frustration de le regarder de loin.

Ce chapitre vous offre deux types de conseils : des considérations générales sur les traitements que vous pouvez appliquer vous-même, et des avis sur les traitements spécifiques correspondant à des blessures qui requièrent ou non un avis médical.

Choisir de vous soigner vous-même

Les méthodes indiquées dans cette partie restent générales. Elles ne s'appliquent pas particulièrement à un ensemble précis de symptômes. Cependant, elles représentent des moyens de réagir à toutes sortes de blessures avant de voir un médecin, et elles sont applicables à de nombreux problèmes qui interviennent dans le cadre des entraînements.

Vous débarrasser des sensations désagréables : pratiquer les étirements

Comme l'explique le chapitre 10, l'absence de souplesse est une source importante de blessures chez les coureurs de fond. Pour cette raison, les étirements constituent le principal moyen d'éviter les blessures. Si vous vous sentez courbatu, contracté et que vous ressentez des sensations désagréables dans un endroit particulier du corps, voyez si le chapitre 5 vous propose un étirement adapté. Parfois il suffit de passer quelques minutes supplémentaires, pendant deux ou trois jours, pour faire en sorte qu'une douleur se transforme rapidement en mauvais souvenir plutôt qu'en gros problème. Si vous trouvez que vous manquez de souplesse, envisagez de passer une ou deux heures par mois chez un kinésithérapeute. La fin de ce chapitre, intitulée « Tirer le meilleur parti des massages », vous explique comment trouver ce spécialiste.

Privilégiez les semelles orthopédiques

Les semelles orthopédiques sont des semelles adaptées à votre pied et qui sont à insérer dans les chaussures. Elles visent à améliorer votre confort. Si votre médecin vous en prescrit, vous allez vous demander si vous les porterez toujours dans vos chaussures de course. La réponse est oui, impérativement. Le podologue qui les façonnera pour votre pied vous le confirmera. Et outre la correction de la pronation et de la supination, ces semelles correctrices sont indispensables pour corriger un pied creux ou un pied-plat, source d'ennuis possibles, sous forme d'ampoules, de durillons qui empêchent de bien courir.

Certains coureurs refusent de porter des semelles orthopédiques parce que les inserts rigides rendent les chaussures moins souples : elles se plient moins facilement quand vous atterrissez et que vous faites rouler les orteils pour basculer à l'avant du pied. D'autres n'aiment pas les porter parce qu'ils ne trouvent pas de chaussures assez larges pour accueillir les inserts orthopédiques. Autant de mauvais arguments qui n'engagent que ces coureurs. Mais pas vous ! Semelles orthopédiques et chaussures de course ne présentent aucune incompatibilité. Il suffit d'enlever vos semelles de propreté et de les remplacer par les semelles correctrices. Rien de plus simple !

Si, à l'usage, vos semelles orthopédiques sont un peu inconfortables, retournez voir votre podologue qui apportera les corrections nécessaires gratuitement. Cela peut arriver, rien de grave à cela.

Appliquer de la glace

On peut ne pas aimer appliquer de la glace sur une blessure, mais il n'existe rien de plus efficace pour la traiter rapidement et efficacement.

Au premier signe de désagrément physique, appliquez des glaçons sur la partie qui souffre pendant 10 à 15 minutes. Bien que les sacs de glace pilée que vous gardez dans votre congélateur soient pratiques, la plupart n'épousent pas bien la forme des endroits contusionnés. Les blocs de glace ne conviennent pas davantage. Il vaut mieux utiliser de petits glaçons ou de la glace pilée que vous pourrez placer directement sur l'endroit malade, s'il n'y a pas de « trous » dans la couverture de glace. Mais le mieux, nous l'avons évoqué dans le chapitre précédent, c'est le pack de glace (à mettre au préalable dans votre congélateur) et qui est vendu chez votre pharmacien ou dans votre magasin de sport. Il est entouré d'une enveloppe protectrice et très pratique à utiliser. Car comme votre peau est très sensible au froid, il faut placer entre la glace et votre peau soit cette enveloppe, soit un gant de toilette d'eau froide.

Je ne vais pas vous raconter d'histoires : appliquer de la glace n'est pas toujours agréable. Même si votre corps s'habitue à la morsure (pas méchante) du froid au bout de 4 à 5 minutes, vous aurez tout oublié. D'un autre côté, ce ne sont que 10 à 15 minutes de froid, et les avantages sont réels. En même temps vous pouvez lire ou regarder la télévision, ainsi vous ne sentirez pas le froid…

ASTUCE

De plus en plus de champions le font, y compris pour récupérer après l'effort, mais rien ne vous oblige à les imiter. C'est seulement une proposition… osée. Si l'endroit douloureux est important, et s'il s'agit par exemple de toute la jambe, le pari consiste en effet à prendre un bain… glacé. Remplissez votre baignoire de l'eau la plus froide possible au robinet, puis ajoutez plusieurs bacs de glace sortis de votre congélateur ou achetez un sac ou deux de glace pilée dans le supermarché le plus proche. Installez-vous dans la baignoire et restez-y un quart d'heure. N'oubliez pas les conseils suivants :

- **N'entrez pas dans l'eau en y trempant d'abord un orteil**. Installez-vous et asseyez-vous dans le bain froid. L'expérience est particulièrement douloureuse, mais si vous commencez par ne glisser qu'un orteil dans l'eau, vous n'arriverez pas à vous décider.

- **Portez un tee-shirt ou un haut qui vous tienne chaud**, même s'il fait 30 degrés dans votre salle de bains. Vous allez avoir très froid, vous allez claquer des dents, le froid vous coupera le souffle quand vous allez vous asseoir dans la baignoire. Un pull (ou deux) empêchera que l'ensemble de votre corps ne se refroidisse.

- **Pensez à vous distraire**… Placez un livre passionnant ou un magazine à votre chevet dans la baignoire ou écoutez à la radio une émission ou des chansons que vous aimez beaucoup. Vous aurez besoin de vous distraire du froid intense qui règne dans votre bain.

- **Prenez une douche chaude juste après votre bain froid et passez des vêtements chauds et secs**. Il faut que vous chassiez l'impression de froid.

Chaussures usées, blessures assurées

Les chaussures usées sont souvent à l'origine de blessures. Dès le premier signe d'inconfort dans vos chevilles, vos genoux ou vos hanches, ou même autour des tibias, achetez-vous une nouvelle paire de chaussures (le jour même!) et commencez aussitôt à la porter. Vous pouvez éviter de graves blessures en remplaçant régulièrement vos runnings de course, et ce dès qu'elles occasionnent des douleurs, même légères.

ASTUCE

Gardez une paire de chaussures neuves au fond d'un placard. De cette manière, dès que vous sentez que vos chaussures sont usées, vous en aurez une toute prête à utiliser le jour même.

Les pilules miracles

Ne cherchez pas à vous passer à tout prix des antalgiques. Si vous les supportez bien, utilisez-les au premier signe de douleur, tant que vous restez en dessous des dosages maximums indiqués sur le paquet. Non seulement ces médicaments atténuent la douleur mais en outre ils contribuent à réduire le gonflement des tissus.

Changer de surface

Au chapitre 10, nous expliquons que les surfaces de course jouent un rôle essentiel dans les blessures d'impact, par exemple la survenue de fractures de fatigue. Pour éviter une blessure ou ne pas aggraver un problème existant, faites deux tiers de vos kilomètres sur des sentiers, dans des parcs, sur des chemins de terre et sur d'autres surfaces douces. Mais ne négligez tout de même pas le bitume pour habituer vos muscles et articulations à cette surface… de compétition.

Renforcer les muscles

Si vous pensez que l'un de vos muscles ou groupe de muscles est faible ou déséquilibré (voir le chapitre 10), et si vous ignorez comment le renforcer (notamment si vous ne parvenez pas à pratiquer les redressements assis), consultez un médecin du sport ou un kinésithérapeute qui vous conseilleront.

ASTUCE

N'oubliez pas que les médecins du sport sont de plus en plus nombreux et que les « kiné » connaissent bien le sujet. Aussi n'hésitez pas à les consulter en cas de souci, cela vaut largement la dépense occasionnée.

Vous accorder une pause

Parfois, surtout si vous avez forcé à l'entraînement, votre corps a besoin de quelques jours de repos pour se remettre d'une blessure (voyez le chapitre 16 pour y découvrir une liste de symptômes de l'excès d'entraînement). Toutefois, vous pouvez compléter cette pause en n'hésitant pas à pratiquer des étirements, apposer de la glace ou renforcer certains groupes de muscles.

Si vous vous accordez deux jours de repos ou plus, soyez prudent quand vous reprendrez votre entraînement. Pratiquez un échauffement lent et peu contraignant, ne soyez pas trop gourmand en kilomètres ce jour-là.

Surélever les jambes

Au premier signe de gêne dans les jambes, si vous avez déjà pratiqué l'étirement, mis de la glace et acheté de nouvelles chaussures, trouvez un objet pour reposer et surélever les jambes au-dessus du niveau du cœur. Placez un oreiller au pied de votre lit, sous les draps et les couvertures. Trouvez également un moyen de surélever vos jambes quand vous regardez la télévision ou que vous vous décontractez chez vous. En outre, si vos jambes reposent sur le sol pendant toute votre journée de travail, demandez à votre patron si vous pouvez commander (et éventuellement payer) un repose-pieds. Vos jambes ne seront pas surélevées au-dessus du niveau du cœur, mais elles s'en sentiront tout de même mieux.

Examiner les bobos de tous les jours

Les blessures dont il est question dans ce chapitre, et que j'ai classées en fonction de leur fréquence, constituent un problème certain pour les coureurs de fond. Faites en sorte de reconnaître les symptômes et de réagir rapidement pour traiter le problème ou consulter un professionnel.

Pour toute blessure, il existe un conseil accompagné des informations précises sur le moyen le plus courant de réduire la douleur. C'est ce que nous nous efforçons de vous proposer dans ce chapitre. Mais si vous sentez que la blessure est grave, ou du moins sérieuse, n'hésitez pas à voir rapidement un médecin du sport.

Affronter les ampoules

Les *ampoules* sont des cloques pleines d'un mélange d'eau et de sang qui se forment sous la peau. Elles sont provoquées par des frottements.

- **Causes probables** : c'est le frottement continuel d'un objet contre votre peau qui fait surgir l'ampoule : elles se forment fréquemment parce que vos chaussures (trop lâches ou trop serrées) vous vont mal. Les chaussures trop serrées créent des points de friction douloureux avec la peau ; les chaussures trop larges permettent à votre pied de glisser et de flotter, et c'est le glissement qui provoque l'ampoule. Les chaussettes trop épaisses ou trop longues peuvent elles aussi occasionner des ampoules, parce qu'elles tire-bouchonnent et créent des zones de frottement. Le fait de ne pas porter de chaussettes risque de provoquer des ampoules parce que votre peau frotte contre les coutures intérieures de la chaussure. Un short ou un tee-shirt peuvent entraîner les mêmes effets.
- **Erreur la plus courante** : ne rien faire, et laisser l'ampoule sécher toute seule.

Si vous ne faites rien et que vous laissez l'ampoule sécher d'elle-même, vous pouvez passer plusieurs jours à souffrir. Il faut se méfier des ampoules, car comme elles sont douloureuses, il se peut que vous changiez votre manière de courir pour moins en souffrir ; vous allez donc prendre de mauvaises positions, ce qui risque d'aggraver le mal. Suivez donc ces quelques conseils :

1. **Allez à la pharmacie et achetez des pansements hydrocolloïdes type Elastoplast ou Compeed.**

   Ils ne ressemblent pas aux pansements classiques : ceux-là ne possèdent pas de bande de gaze au milieu comme les pansements adhésifs, et la surface du pansement est tout à fait lisse, presque comme une peau. Ces pansements sont présentés en plusieurs tailles, choisissez celle qui couvre le mieux votre ampoule.

Enlever les cors

Un cor est un épaississement de la peau qui est généralement lié aux mêmes causes que l'ampoule : il résulte d'une friction contre la peau. Les ampoules peuvent se transformer en cor si le liquide n'est jamais drainé et si un cal se forme.

Les cors semblent utiles : après tout, une peau plus épaisse est plus dure, donc plus résistante qu'une peau mince, non ? Malheureusement c'est faux, car les cors qui se forment s'écorchent pendant les longues courses, laissant la chair à vif par-dessous, juste au moment où vous avez le plus besoin de vos pieds.

Pour vous débarrasser de vos cors, servez-vous d'une râpe spéciale qui ressemble un peu à une râpe à fromage (par la suite, vous ne parviendrez peut-être plus à râper votre fromage sans y penser !). Contentez-vous de passer cette râpe sur le cor, et en l'espace de quelques jours, vous en aurez éliminé une grande partie. Toutefois, l'instrument ne suffira peut-être pas à tout enlever, et vous ne pourrez l'utiliser dans certains endroits difficiles à atteindre. Il existe une option chimique et des abrasifs. Généralement, ces derniers se présentent sous la forme de petits disques que vous appliquez sur la zone et qui sont recouverts d'une autre épaisseur. Au bout de quelque temps, le cor sèche et la peau épaissie s'enlève.

2. **Stérilisez la zone blessée avec de l'alcool à 70 °C.**

3. **Ouvrez l'ampoule à l'aide de petits ciseaux à ongles ou d'un coupe-ongles préalablement trempés dans l'alcool.**

   Coupez la peau abîmée.

   Si vous prenez une douche à cet instant, vous allez hurler. Pour on ne sait quelle raison, l'eau chaude appliquée sur une ampoule fait l'effet de charbons ardents sur la plante de vos pieds.

4. **Tapotez la zone blessée à l'aide d'un tissu propre pour la sécher.**

   Séchez-la au maximum avant d'appliquer le pansement.

5. **Appliquez le pansement, placez la paume de votre main sur le pansement et appuyez pendant une minute.**

La chaleur de votre main permet au pansement de bien adhérer à la peau. Il restera en place pendant plusieurs jours en dépit des entraînements et des douches. Quand il commence à se détacher, enlevez-le et laissez sécher pendant quelque temps. Si l'ampoule n'est plus douloureuse, ne remettez pas de pansement. Dans le cas contraire, appliquez un nouveau pansement spécial ampoules.

Si votre ampoule se trouve dans un endroit peu accessible ou si elle est petite (les plus petites sont parfois les plus douloureuses), servez-vous de l'un des pansements liquides qui sont disponibles sur le marché. Après avoir stérilisé la zone blessée, ouvert l'ampoule et enlevé la peau morte, appliquez généreusement votre pansement liquide sur la plaie ouverte, en vous servant de l'applicateur fourni avec le produit. Préparez-vous encore à hurler (nous exagérons bien sûr), parce que, pendant deux minutes, le pansement liquide vous paraîtra plus horrible que l'ampoule elle-même. Ensuite, le pansement scelle l'ampoule et vous fait l'effet d'une seconde peau.

Surveiller les périostites

Les périostites peuvent être chroniques ou disparaître pendant l'entraînement.

- **Cause probable** : un manque de souplesse dans les tibias et les mollets ou un manque de puissance dans les tibias, et une trop grande hâte dans l'entraînement.
- **Traitement le plus courant** : le repos, et le tapotement des tibias.

Les périostites ne sont pas faciles à traiter. Il faut masser les zones périphériques sur un seul côté du tibia. Tâtez vos tibias, puis les zones situées à droite et à gauche de l'os pour trouver un creux profond. Massez ce creux avec les pouces et les doigts. C'est douloureux. Répétez l'opération sur l'autre tibia puis appliquez de la glace. Répétez ce processus deux fois par jour pendant trois à quatre jours, et la douleur disparaîtra vraisemblablement. Veillez à étirer soigneusement les mollets (reportez-vous au chapitre 5) car ils sont sans doute également contractés. Si vos voûtes plantaires sont très marquées (voir le chapitre 2), envisagez de vous acheter des chaussures conçues spécialement pour ce type de pied. Et pensez à ne pas trop augmenter votre kilométrage chaque semaine, afin d'éviter d'en faire trop, trop tôt (voir le chapitre 6).

Et aussi les crampes dans les jambes

Certains coureurs souffrent de crampes nocturnes ou de crampes au beau milieu de l'épreuve.

- **Cause probable** : manque de potassium, déshydratation.
- **Traitement le plus courant** : augmenter les prises de potassium ; boire assez d'eau, faire des massages.

S'agit-il d'une périostite ou d'une fracture de fatigue ?

Le seul moyen officiel de distinguer les périostites de la fracture de fatigue consiste à scanner l'os à l'aide d'une machine qui ressemble à un appareil à rayons X. Si les périostites ne cèdent pas aux massages et empirent au fur et à mesure de votre entraînement, voyez votre médecin pour qu'il examine vos tibias au scanner.

Mangez deux bananes par jour et buvez au moins deux litres d'eau. Les bananes sont bourrées de potassium. Par ailleurs, si vous vous entraînez pour un marathon en buvant seulement de l'eau, essayez de compléter avec au moins l'absorption quotidienne d'un litre et demi de boisson énergétique non gazeuse type Isostar ou Aptonia.

Corriger la fasciite plantaire

Vos faisceaux plantaires sont réunis sous une membrane qui va de vos orteils à vos talons. En cas de fasciite plantaire, cette membrane gonfle, et vous ressentez de vives douleurs dans les pieds.

- **Cause probable** : manque de souplesse dans le pied et le mollet ; chaussures inadéquates.
- **Traitement le plus courant** : confection par le podologue de semelles orthopédiques ; chirurgie.

Faites un tour dans votre boutique spécialisée et demandez des chaussures qui peuvent soulager la fasciite plantaire. Je parle sérieusement. La solution est peut-être là si vous avez affaire à un personnel bien formé (qui prendra le temps de se familiariser avec vos besoins et votre style de course) dans un magasin spécialisé (reportez-vous au chapitre 2). En même temps, étirez bien vos mollets, vos pieds et vos orteils deux fois par jour (consultez le chapitre 5) et massez votre voûte plantaire, le talon, les mollets et les orteils à la moindre occasion. Envisagez aussi de voir un kinésithérapeute.

Se fouler la cheville

Sans doute vous êtes-vous déjà foulé la cheville au moins une fois quand vous étiez enfant. En pratiquant la course, vous risquez d'infliger à nouveau ce traumatisme aux ligaments et aux tendons qui entourent votre cheville.

- **Cause probable** : vous vous êtes tordu le pied dans un trou, sur une racine ou sur un autre objet.
- **Traitement le plus courant** : bander la cheville, poser de la glace, cesser de courir quelques jours. Mais, par prudence, vous pouvez aussi consulter votre médecin qui, si c'est plus grave, vous prescrira des séances de « kiné ».

Si vous vous tordez la cheville en courant, gardez votre chaussure au pied et continuez à courir. Ça vous paraît idiot ? En fait, cette réaction est la plus utile. Vous devez essayer de faire en sorte qu'elle ne gonfle pas. En gardant votre chaussure et en continuant à courir, même si ce n'est pas longtemps et si vous allez très lentement, vous empêcherez votre pied de gonfler.

Une fois rentré chez vous, plongez votre cheville dans un bain d'eau glacée (voir le paragraphe consacré à la glace, un peu plus haut dans ce chapitre), puis étirez-la bien (voir le chapitre 5) et surélevez-la. Répétez ce traitement deux fois par jour pendant trois jours. Ne bandez pas votre cheville. Mais encore une fois, prenez rendez-vous chez votre médecin si la torsion est importante.

Éviter les douleurs dans les genoux

Les coureurs sont affligés de toutes sortes de douleurs dans les genoux.

- **Cause probable** : manque de force dans les muscles qui entourent le genou, mauvaises chaussures, torsion du genou en montant sur une racine ou sur un autre objet.
- **Traitement le plus courant** : visite chez votre médecin ; kinésithérapie ; arrêt de l'entraînement pendant quelques jours. Souvent, les médecins recommandent d'abandonner provisoirement la pratique de la course.

Rendez-vous directement dans votre magasin de sports spécialisé et achetez de nouvelles chaussures. Posez de la glace sur les genoux au moins une fois par jour et faites l'exercice suivant, au moins une fois par jour, pour renforcer vos genoux : la flexion sur une jambe (voir le chapitre 7), le haussement d'orteils (voir le chapitre 7) et les glissements contre le mur. Pour pratiquer les glissements contre le mur :

1. **Appuyez-vous contre un mur en écartant largement les pieds pour qu'ils soient au niveau des épaules, et à environ 70 cm du mur.**

   Vos cuisses reposent contre le mur à un angle d'environ 45 degrés, et votre dos touche le mur.

2. **Descendez le long du mur jusqu'à ce que vos genoux soient pliés et vos cuisses complètement horizontales, parallèles au sol.**

3. **Remontez le long du mur pour revenir dans votre position initiale.**

Faites chaque exercice 12 fois et pratiquez-en deux séries tous les jours. Vous noterez la différence au bout de cinq jours.

Oublier les douleurs de hanches

Après une séance spécialement longue ou dure, il se peut que vous ayez mal aux hanches. Toutefois, une douleur profonde dans la hanche ne peut être apaisée par la glace ni par d'autres mesures.

- **Cause probable** : manque de souplesse ; déséquilibre musculaire ; mauvaise technique de course.
- **Traitement le plus courant** : arrêt temporaire de la course.

ASTUCE

Avant de suspendre votre entraînement, pratiquez les étirements de hanches préconisés au chapitre 5 et faites-les régulièrement, deux fois par jour. En outre, voyez un kinésithérapeute ou un physiothérapeute pour qu'il vous enseigne des exercices de renforcement des hanches. En voici un qui est excellent :

1. **Couchez-vous sur le côté avec un poids léger (500 g) posé sur le haut de votre jambe.**

2. **Soulevez et abaissez le haut de la jambe dix fois ; reposez-vous et recommencez.**

En voici un autre :

1. **Restez couché du même côté mais placez le poids sur l'autre jambe.**

2. **Soulevez la jambe extérieure (celle qui n'est pas alourdie par le poids) et laissez-la suspendue en l'air.**

3. **Soulevez la jambe alourdie par le poids jusqu'à l'autre jambe puis abaissez-la de nouveau, dix fois. Reposez-vous et recommencez.**

Tourner le dos aux douleurs... dorsales

Souvent, les coureurs ont le bas du dos douloureux et tendu.

Cause probable : manque de force dans les muscles de l'estomac ; ces douleurs peuvent aussi résulter d'une mauvaise technique de course, d'une mauvaise literie et ou bien d'une mauvaise chaise de bureau.

Traitement le plus courant : visite chez votre médecin ; kinésithérapie ; arrêt momentané de l'entraînement.

Certains problèmes de dos sont très sérieux. Toutefois, avant d'envisager un traitement lourd, accordez-vous, si vous le pouvez, quelques semaines au cours desquelles vous ferez des redressements assis tous les jours (vous trouverez une description des exercices dans le chapitre 7). Finissez par pratiquer 100 à 200 redressements assis par jour. Envisagez aussi de changer de literie et demandez à votre patron de commander (même si vous devez la payer vous-même) une chaise de bureau plus ergonomique si vous passez la plus grande partie de votre temps de travail derrière un bureau.

Se soucier des fractures de fatigue

La plus courante des fractures de fatigue est une fêlure des tibias. Il se peut que vous éprouviez dans les tibias une douleur qui empire généralement pendant l'entraînement et ne réagit pas à l'application de glace.

- **Cause probable** : course sur des surfaces dures ; très faible quantité de graisse corporelle.
- **Traitement le plus courant** : arrêt momentané de l'entraînement.

Le seul moyen de guérir une fracture de fatigue consiste à s'arrêter complètement de courir pendant six semaines. Si votre médecin diagnostique une facture de fatigue, achetez-vous une paire de béquilles et ne posez plus le pied par terre pendant six semaines ! Beaucoup de médecins vous prescrivent un plâtre de marche pendant un mois, mais si vous continuez à soumettre l'os fracturé à la moindre pression, il ne guérira jamais complètement.

Au cours des six semaines d'utilisation des béquilles, courez régulièrement dans une piscine pour rester en forme (voir le chapitre 12). L'entraînement dans l'eau est extrêmement efficace. J'ai vu des coureurs ne rien faire d'autre que cet exercice pendant six semaines et, un mois plus tard, être en superforme.

Savoir quand consulter un médecin

Si vous êtes affligé d'une blessure plus ou moins grave qui vous tourmente, voyez le plus vite possible un médecin. C'est le plus sûr.

Si vous ne souhaitez pas consulter un professionnel de santé, n'oubliez pas le principe suivant : si une blessure continue d'empirer au bout de trois jours d'automédication intensive, prenez absolument rendez-vous avec un médecin. C'est impératif ! Si vous n'avez pas pris votre automédication au sérieux, par exemple si vous avez songé à prendre un bain froid sans le faire, envisagé de vous étirer sans le faire, accordez-vous trois jours d'automédication intensive, puis voyez si votre état s'améliore. Dans ce cas, le traitement fonctionne. Sinon, demandez de l'aide à un professionnel.

Trouver un médecin du sport

Le *médecin du sport* est un généraliste également spécialiste des blessures liées à la pratique d'un sport. Dans l'idéal, vous recherchez une personne qui est spécialisée dans les blessures liées à la course, mais si vous avez affaire à un médecin du sport, c'est déjà bien. Pour le trouver, consultez le site internet de votre ville, de votre quartier, renseignez-vous auprès de vos « confrères » coureurs ; l'un d'entre eux connaît forcément un médecin d'excellente réputation. En trouver un n'est pas un problème.

En revanche, n'allez pas voir votre médecin de famille s'il n'est pas aussi médecin du sport ! Les médecins qui ne se spécialisent pas dans le sport n'ont généralement qu'une réponse à vos questions : « Cessez de courir quelque temps et voyez ce qui se passe. » Ou pire : « Arrêtez la course à pied. » Cela constitue en tout cas un problème pour deux raisons.

- Si vous suspendez votre entraînement, vous ne pourrez sans doute pas courir, comme prévu, votre marathon. Ou toute autre course. C'est acceptable si votre blessure de course est grave, mais dans le cas contraire, vous avez perdu un temps précieux.

- La plupart des blessures ont une cause spécifique, et l'entraînement n'est *pas en cause*. Il peut s'agir de quelque chose que vous faites ou ne faites pas, par exemple, des étirements. Vous pouvez aussi porter de mauvaises chaussures ou ne pas développer suffisamment certains muscles en développant d'autres muscles à l'excès, mais la course à pied n'est pas mauvaise pour vous. Si donc vous prenez un temps de repos, il est probable que la blessure reviendra dès que vous recommencerez à courir. Cela vous fait également perdre un temps précieux. Il vaut mieux consulter un médecin du sport. Quand vous prendrez rendez-vous, vérifiez qu'il connaît bien la course de fond. Sinon, demandez à un ami qui court si vous pouvez trouver un(e) spécialiste de ce genre.

Tirer le meilleur parti des massages

Presque tous les coureurs professionnels ayant atteint un bon niveau font appel à un kinésithérapeute. C'est une décision assez vitale. Mais, allez-vous dire, les champions bénéficient d'un encadrement médical adapté à leur pratique qui est… leur métier. C'est vrai, la haute compétition ne peut être envisagée sans un encadrement médical haut de gamme et complet.

Mais vous aussi, et sans bénéficier d'un encadrement comparable, vous pouvez envisager de faire appel à un « kiné », avant ou après votre compétition pour effacer les séquelles de la course. Un bon « kiné », qui travaille régulièrement avec les sportifs, même amateurs comme vous, il y en a de plus en plus. C'est normal puisque la pratique sportive augmente. Vous paierez votre séance certes, mais vous investirez de manière intéressante pour optimiser votre entraînement.

L'idée de la kinésithérapie a l'air génial, non ? Vous vous voyez peut-être vous endormir, bercé par des mains bienfaisantes, en écoutant une musique douce et en sentant toute la fatigue de vos jambes qui s'envole. Euh… Si certains « kinés » sont plus doux que d'autres, ce n'est pas ce que vous cherchez (les kinésithérapeutes sont souvent d'avis que ce genre de traitement vous ramollit plus qu'autre chose). En revanche, le bon « kiné » va dénouer les nœuds dans vos jambes. C'est ce qu'il vous faut. Vous quittez son cabinet un peu moulu, et vous avez besoin d'un peu de volonté pour finir la journée. Mais pendant la séance du lendemain et les sept à dix jours suivants, vous n'en revenez pas de constater à quel point vos jambes sont déliées. Si vous demandez à votre « kiné » de se concentrer sur une zone spécifique qui vous fait souffrir, vous serez sans doute capable d'éviter une blessure. N'oubliez pas que vous devrez sans doute prendre plusieurs rendez-vous avec lui pour améliorer votre souplesse et soulager vos douleurs. Mais…

Pour trouver un kinésithérapeute proche de chez vous, consultez le site internet de votre ville, de votre quartier. Ensuite, appelez les cabinets que vous avez trouvés et demandez si l'on y pratique les massages profonds ou massages sportifs. Cherchez jusqu'à ce que vous trouviez. Vous pouvez aussi trouver quelqu'un qui a l'expérience des coureurs de fond. Beaucoup d'anciens champions, en effet, se sont reconvertis dans la kinésithérapie, il y en a peut-être un qui exerce près de chez vous. Un « kiné » qui connaît les pratiques sportives, ce n'est de toute façon pas très difficile à trouver.

Chapitre 12

Blessé ou pas, pratiquer l'entraînement croisé

Dans ce chapitre :

- Rester en forme quand on est blessé, améliorer sa forme quand on ne l'est pas
- Comment bien exploiter les sports complémentaires en vue de la course
- Comment revenir à l'entraînement après blessure

Ce chapitre sur l'entraînement croisé aborde les sports dits alternatifs, c'est-à-dire complémentaires à la course à pied, que vous pratiquerez que vous soyez blessé ou pas. Car l'aquajogging, la marche active, la marche nordique, le vélo, etc. sont des sports importants pour diversifier les plaisirs de l'entraînement, ne pas tomber dans la routine, éviter les blessures ou, justement en cas de blessure, pouvoir rester actif et ne pas perdre tout son potentiel. Outre que les blessures sont douloureuses et frustrantes, il est tout à fait désolant de se voir perdre la forme. Quand vous aurez passé quelques semaines sans courir, vous vous sentirez dans le même état que votre voisin de palier qui n'a jamais chaussé de runnings de course de sa vie.

Au lieu de rester passif, vous pourrez donc pratiquer certaines activités pendant que vous êtes blessé. Ce chapitre vous indique comment rester dans la meilleure forme possible pour reprendre l'entraînement, ce qui rendra la transition relativement facile et peu douloureuse. Si vous êtes sous surveillance médicale, demandez toutefois à votre médecin s'il vous autorise bien ces activités. Lesquelles sont en revanche vivement conseillées si vous n'êtes pas blessé.

Rester en forme ou l'améliorer

En cas de blessure d'abord. Pour rester en forme pendant votre convalescence, il vous faut trouver une activité qui allie les éléments suivants :

- **La zone blessée doit pouvoir guérir** : vérifiez surtout avec votre médecin que l'entraînement croisé envisagé ne soumet pas la zone lésée à une pression équivalente à celle de la course à pied. C'est vraiment très important de demander cet avis médical.
- **Vous pourrez vous servir des mêmes muscles** : beaucoup croient que tous les exercices se valent (pensée erronée qui est à l'origine du mythe selon lequel il est possible de courir trois jours par semaine, de pratiquer l'entraînement croisé deux jours par semaine, puis de s'arrêter deux jours, tout en espérant courir correctement le marathon). Tous les exercices ne se valent pas : pour acquérir une forme suffisante en vue d'une course, vous devez courir, ou trouver une activité qui fasse appel aux mêmes muscles, ou presque, que l'entraînement à la course.
- **Votre rythme cardiaque ne sera pas le même** : la course à pied fait mieux travailler le cœur que presque tous les autres sports. Il faut donc que votre entraînement croisé produise des résultats proches.
- **Cette activité vous empêchera de prendre du poids** : si vous devez amorcer une transition pour revenir à la course et que vous êtes obligé de perdre 2 à 3 kg ou davantage, votre retour à l'entraînement sera pénible et exaspérant. Si vous devez réduire votre consommation calorique pendant que vous êtes blessé, faites-le, mais trouvez également une activité qui vous permette de brûler beaucoup de calories.

Il y a des chances que vous trouviez une activité qui réponde à vos besoins. Voilà pourquoi les paragraphes suivants vous présentent une série de sports alternatifs qui prennent tous ces critères en considération.

Si vous êtes blessé, au début de votre entraînement croisé vous ne pourrez peut-être pas immédiatement lui consacrer autant de temps qu'à l'époque où vous pratiquiez la course à pied. Si vous pouvez le faire, cependant, essayez. N'oubliez pas que votre blessure stresse votre organisme, et que vous vous fatiguerez sans doute plus vite qu'avant.

Courir sur l'eau (ou plutôt dans l'eau)

Pour rester en forme alors qu'il fait froid dehors, que vos circuits habituels sont enneigés ou verglacés, ou si vous êtes blessé, un bon moyen, efficace, génial même pour certains : courir dans l'eau d'une piscine. La *course dans l'eau* n'a rien à voir avec la natation, et il n'est même pas nécessaire de savoir nager. Quand vous pratiquez cette course dans l'eau, vous portez en effet une ceinture de bouchons spéciale, comme celle qui s'appelle l'*Aqua-Jogger*, que l'on trouve dans tous les grands magasins de sports, ou même dans votre piscine, renseignez-vous. Cette ceinture maintient votre tête et vos épaules au-dessus du niveau de l'eau, de sorte que vos pieds ne touchent jamais le fond de la piscine. Ensuite, vous courez verticalement, en remuant les bras d'avant en arrière, exactement comme pendant la course, en soulevant un genou et en étendant complètement l'autre à chaque « foulée ». La figure 12-1 vous montre comment faire.

ASTUCE

Parce que vous courez en position verticale dans la piscine, avec une jambe complètement tendue à chaque foulée, il faut que vous couriez dans l'eau à environ 30 cm au-dessus du sol de la piscine. Même à cette profondeur, il se peut que vous touchiez le sol de temps en temps si vous êtes assez grand. Le meilleur endroit pour s'entraîner est le point le plus profond du bassin.

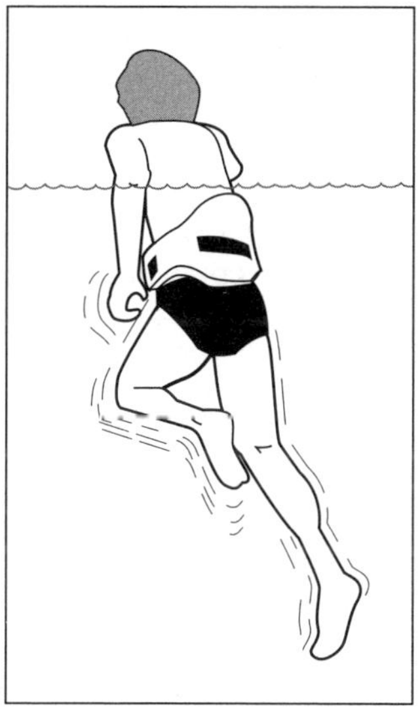

Figure 12-1 : La course dans l'eau est le moyen idéal de rester en forme pendant une convalescence ou quand les conditions météo extérieures sont très hostiles à l'entraînement.

La course dans l'eau est une activité croisée particulièrement efficace, parce que vous ne touchez pas le sol. La ceinture de bouchons vous permet de flotter. En outre, comme l'eau offre une résistance à votre mouvement de course, votre rythme cardiaque augmente presque autant que lorsque vous courez sur une piste en dur. Et comme vous faites exactement les mêmes mouvements, y compris en remuant les bras, vous vous servez des mêmes muscles.

En raison de la résistance de l'eau, vous commencerez sans doute par vous sentir plus fatigué par 40 minutes de course dans l'eau que par 40 minutes de course sur la terre ferme. En fait, vos bras seront peut-être tellement fatigués que vous aurez du mal à vous extraire du bassin à la fin de votre entraînement.

Pour rester en forme ou compléter votre entraînement, vous devrez courir dans l'eau un peu *plus longtemps* que si vous étiez sur la terre ferme. Dans la piscine, vos pieds ne heurtent pas le sol, et c'est le contact qui entretient les muscles de vos jambes. Pour compenser, il faut que vous allongiez votre séance d'environ une fois et demie. Après avoir passé plusieurs jours ou plusieurs semaines à prendre l'habitude de courir dans la piscine en allongeant progressivement votre entraînement, essayez de parvenir à une augmentation de 50 % du temps d'entraînement. Par exemple, une séance de 40 minutes sur la terre ferme deviendra une séance de 60 minutes dans la piscine. Cela vous permettra de revenir facilement à l'entraînement sur la terre ferme quand vous serez guéri.

Certains coureurs pratiquent un mélange de course à pied et de natation, que l'on pourrait peut-être baptiser *natacourse*. Ils se penchent en avant selon un angle de 45 degrés, et n'ont donc pas une position aussi verticale que celle de la course, sans toutefois prendre une position horizontale qui serait celle de la natation. Et au lieu de remuer les bras comme ils le font pendant un entraînement sur la terre ferme, ils réunissent les mains en coupe et écartent les bras d'un côté à l'autre, en une sorte de mouvement de natation modifié. Le problème est que cette activité ne vous fait aucun bien. Ce mélange de course et de natation est beaucoup plus facile que la natation, à cause de la ceinture de bouchons, et beaucoup plus facile que la course dans l'eau parce qu'elle ne vous confronte pas à la résistance de l'eau.

Pour que votre course dans l'eau soit efficace, restez en position verticale, avec le dos droit, et faites des mouvements de course avec vos bras. Ce faisant, vous vous pencherez certes légèrement en avant en courant, mais pas trop. Avez-vous jamais couru contre le vent en prenant conscience qu'il cherchait à vous renvoyer en arrière ? C'est exactement l'impression que doit vous donner la course dans l'eau : celle-ci vous permet de progresser légèrement, mais votre avancée n'est pas impressionnante. Toutefois, vous ne courez pas sur place. Vérifiez que vous parcourez bien la largeur ou la longueur du bassin.

Nager, c'est bon aussi

La natation, bien que de qualité inférieure à l'aquajogging, est aussi une activité croisée intéressante par rapport à la course à pied. Les groupes de muscles que vous utilisez pour la natation sont différents de ceux de l'entraînement à la course, votre rythme cardiaque ne grimpe pas aussi haut, et vous ne brûlez pas autant de calories, c'est sûr. Mais si vous avez l'occasion de pratiquer la natation en guise d'activité croisée (et le médecin vous l'autorisera sans doute en cas de blessure, à moins que vous n'ayez un plâtre), n'hésitez pas. Utilisez la natation au lendemain d'une séance éprouvante, elle constituera une excellente activité de récupération. Un autre exemple intéressant : nagez 200 à 300 m crawl en hypoxie (vous ne respirez que tous les trois, cinq, ou sept mouvements de bras au lieu de respirer tous les deux ou trois mouvements de bras). Un excellent exercice pour améliorer votre capacité cardio-respiratoire.

La marche active et... nordique

Notons que la marche rapide et la marche nordique sont deux autres options de qualité. D'abord la marche active classique. La différence entre la marche et la course, c'est uniquement le temps que vous ne passez pas « en l'air ». Un pied est toujours sur le sol pendant que l'autre est soulevé. Votre rythme cardiaque ne grimpe pas aussi haut, à moins que vous ne puissiez marcher assez vite en observant une vitesse de 8 ou 9 km à l'heure, et même à ce rythme, vous n'utilisez pas l'oxygène de la même manière que lorsque vous courez.

Si votre blessure est due à l'impact des pieds sur le sol, la marche vous permettra sans doute de guérir tout en mobilisant les mêmes muscles que la course.

ATTENTION !

Ne vous alourdissez pas !

Ne courez jamais avec des poids dans les mains ou attachés à vos chevilles ou aux poignets. Même des poids de 500 g exercent une pression énorme sur vos articulations et peuvent rapidement occasionner une blessure. Si vous décidez de vous entraîner avec des poids, gardez les deux activités séparées : courez d'abord, levez les poids ensuite.

ASTUCE

Blessé ou non, il se peut que vous soyez obligé de marcher plus longtemps pour retrouver votre ancien niveau de forme et brûler le même nombre de calories. Si vous mesurez votre parcours en kilomètres, parcourez le même nombre de kilomètres que pendant vos séances. Si vous le mesurez en minutes (voyez le chapitre 4), ajoutez 50 à 100 % à votre temps de parcours (ce qui fait qu'une séance de 40 minutes deviendra une marche de 60 ou 80 minutes) dès que vous vous serez adapté à votre nouvelle activité.

Vous pouvez aussi utiliser la marche rapide, y compris si vous n'êtes pas du tout blessé, pour remplacer votre séance de course en endurance prévue sur une durée de 1 h 15, 1 h 30. Il suffit d'emprunter un terrain naturel varié, avec quelques côtes qui feront monter votre fréquence cardiaque à 70 % de votre FCM, et parfois de trottiner un peu. C'est un excellent dérivatif qui peut très bien convenir pour remplacer une séance traditionnelle en endurance si vous vous sentez non pas blessé, mais tout simplement un peu fatigué, un peu las et pas trop disposé à courir. Cela peut arriver. La marche permet alors de compenser, de ne pas ressentir une frustration et aussi de varier les plaisirs. D'autant plus si vous n'êtes pas en période de préparation spécifique à une course.

Découvrez les vertus de la marche nordique

Discipline très populaire dans les pays de l'Europe du Nord, la marche nordique est, sous l'impulsion de la Fédération française d'athlétisme qui veut développer le sport santé, en train de gagner la France. La marche nordique est née en Finlande pour permettre à ses skieurs de fond d'entretenir leur forme durant les mois sans neige. Pour vous, ce sera une excellente activité complémentaire qui fait travailler tout le corps. Vous pourrez l'utiliser pendant une période de récupération, par exemple après un marathon.

De quoi s'agit-il ?

Il s'agit d'une marche dynamique faite, comme pour le ski de fond, à l'aide de deux bâtons. On utilise ces bâtons pour se propulser vers l'avant et aller plus vite.

Ses avantages physiologiques

L'avantage de la marche nordique est que tout le corps travaille, les bras, les épaules, le cou, les jambes, les abdominaux, donc le haut comme le bas avec, grâce aux bâtons, une excellente répartition des charges. Et une fatigue moindre finalement car tous les membres travaillent en harmonie. Moins traumatisante que le jogging, il faut bien le dire, la marche nordique peut être pratiquée par le coureur à pied en cas de blessure, mais aussi comme discipline complémentaire. Elle permettra alors de soulager muscles et articulations tout en entretenant les capacités aérobies du coureur.

Un apprentissage facile

Sa technique est relativement simple, encore plus si vous pratiquez déjà le ski de fond. Toutefois, pour acquérir une bonne technique il y a deux solutions : pratiquer avec un marcheur expérimenté ou bien prendre quelques cours dans un club affilié à la Fédération française d'athlétisme (FFA) et qui dispose de personnel qualifié, les coachs « athlé-santé ». Très souvent des journées d'initiation gratuites sont organisées par la FFA.

Comment bien choisir ses bâtons?

C'est très facile : allez dans un magasin de sport, demandez conseil au vendeur ou bien faites ce calcul tout simple pour connaître la taille de vos bâtons : taille moins 50 cm. Si vous mesurez 1,70 m, la taille de vos bâtons sera de 1,20 m.

Quand et combien de temps marcher

Entre une à deux heures. Nous l'avons dit : pour ménager vos articulations si vous êtes convalescent, mais aussi pour ajouter une séance d'entraînement à votre programme hebdomadaire. Ou encore pour remplacer, en cas de fatigue, une sortie de course à pied prévue.

Le vélo, c'est très complémentaire

S'il y a deux sports que l'on associe aisément, c'est bien la course à pied et le vélo. Il s'agit d'efforts aérobies (en équilibre d'oxygène) qui demandent les mêmes qualités physiques et psychologiques. On trouve d'ailleurs ces deux disciplines associées dans le triathlon (natation, cyclisme et course à pied) et dans le duathlon (course à pied, vélo et à nouveau course à pied).

Si la pratique du vélo n'a pas de vertus miraculeuses, il s'agit en revanche d'un moyen très intéressant pour diversifier son entraînement et en retirer de nombreux bienfaits. À condition, bien sûr, d'utiliser correctement sa « petite reine ».

Bon contre les traumatismes

Comme la natation, le vélo est un sport porté, c'est-à-dire que la progression se fait sans qu'il y ait d'impact entre le sol et le pied. On évite ainsi les traumatismes pouvant être liés aux chocs encaissés par les muscles et les tendons à chaque foulée (périostite, fractures de fatigue). La pratique du vélo permet de continuer à développer ses qualités aérobies, c'est-à-dire sa capacité à être endurant, sans pour autant prendre le risque de lésions.

En d'autres termes, cela permet d'augmenter le volume horaire d'entraînement sans danger ; on pourra ainsi rajouter facilement une séance à son programme.

Si le vélo développe davantage les quadriceps que la course, assurant du même coup un bon équilibre musculaire, vous devez bien entendu conserver une part majoritaire de course pure dans votre préparation, car les contraintes musculaires entraînées par le vélo et par la course sont assez différentes. Enfin il faut rappeler que le mouvement du pédalage se fait selon un axe régulier (dans le sens du pédalage) et que c'est là un mouvement qui pourra faciliter la récupération lors de certaines pathologies comme les entorses ou certaines tendinopathies.

Idéal pour se muscler

La puissance musculaire que requiert le « coup de pédale » constitue pour le coureur un excellent exercice de musculation des quadriceps sans charge. Il s'agit de travailler contre une résistance qui sera d'autant plus dure que le terrain est vallonné ou que les développements que vous utilisez seront importants (grand plateau). En outre, comme le pédalage sollicite plus intensément certains groupes comme les ischios-jambiers (à l'arrière des cuisses), cela permet ainsi un rééquilibrage musculaire.

Les fréquences cardiaques à respecter

Le coureur n'ayant pas à s'arracher à la pesanteur à chaque foulée, les fréquences cardiaques à respecter pour l'entraînement à vélo seront de dix pulsations inférieures à celles de la course à pied. Un coureur dont la fréquence en endurance est de 140 pulsations/min devra donc faire ses sorties à 130 pulsations maximum. Toutefois il convient de faire une différence selon le terrain. Ainsi, en côte ou en montagne, le rythme du fait du dénivelé et des fréquentes relances « en danseuse » sera identique à celui d'un entraînement de course classique. Il en sera de même pour une sortie en VTT sur un terrain accidenté et technique.

Intégrer le vélo dans son programme

- Le coureur de marathon utilisera le vélo pour augmenter la durée de certaines sorties tout en épargnant ses articulations.
- Tous les coureurs pourront enfourcher leur bicyclette au lendemain d'une séance intense afin de mieux récupérer et soulager tendons et muscles endoloris.
- Enfin, en période de coupure (après un marathon) ou de reprise après blessure, le vélo permettra de solliciter l'organisme en douceur.

Concrètement, prenons l'exemple d'un coureur qui fait trois séances hebdomadaires classiques (endurance, endurance active ou seuil et résistance dure).

En endurance

Une séance vélo en endurance de 1 h 15 min à 1 h 30 min, qui augmentera son volume d'entraînement, n'affectera pas sa récupération et lui permettra de se diversifier. Un ajout à son programme qui peut être fait chaque semaine selon ses disponibilités.

Rappelons que pour la durée de l'effort à vélo on ajoute 50 % en moyenne par rapport à la course à pied. Ainsi, une heure de course équivaut à une heure et demie de vélo, et deux heures de course valent trois heures de vélo

En résistance

Faire 40 minutes lentement en endurance sur son vélo ou VTT puis par exemple : 8, 10 ou 12 fois selon niveau 45 secondes vite (petit développement) suivies de 45 secondes lentes (si possible en légère montée). Puis 20 minutes de retour au calme en endurance.

Comment les placer dans son programme

En endurance, quatrième séance hebdomadaire possible à vélo en plus des trois de course à pied. C'est l'idéal en cas de blessure.

Pour la résistance dure, certains coureurs expérimentés ajoutent une cinquième séance hebdomadaire à leur programme : trois en course et deux à vélo (endurance et résistance). Pour les moins expérimentés, faire, par exemple une fois par mois, de la résistance vélo en remplacement de l'endurance vélo. Ou bien endurance et résistance vélo entre deux courses à pied majeures pour se diversifier et reposer ses articulations. Voire beaucoup de vélo durant les vacances.

Bien choisir son matériel

L'idéal, bien entendu, serait de posséder un vélo route et un VTT, mais si vous ne devez en choisir qu'un, faites-le en fonction de votre situation géographique.

- Si vous habitez à proximité d'un parcours sur route sans circulation et en milieu naturel, le vélo route est une bonne option : choisissez alors un double voire un triple plateau en région montagneuse et optez pour des pneus plutôt que pour des boyaux (plus résistants). Vous pourrez aussi utiliser des cale-pieds automatiques qui amélioreront votre rendement.
- Si, au contraire, vous habitez en zone urbaine où le vélo route pourrait se révéler dangereux ou si vous préférez rouler en pleine nature, le choix du VTT s'impose. Si vous n'utilisez que de belles pistes forestières peu accidentées, un VTT rigide sera parfait et vous apportera sécurité et rendement maximal.
- À l'inverse, si les circuits sont accidentés, optez pour un VTT demi-suspendu (c'est-à-dire avec une fourche avec amortisseur à l'avant uniquement). Vous aurez ainsi le meilleur compromis entre confort et efficacité. Enfin, on préférera un VTT rigide équipé de pneus « slick » (sans crampons) aux modèles hybrides, les VTC, maniables et confortables, mais pas du tout… sportifs. Ce type de vélo vous permettra en outre une pratique mixte : routes ou chemins.

Rappel important : en VTT comme à vélo, portez toujours un casque et des gants de cycliste sans oublier, si possible et selon la durée de vos sorties, une chambre à air de rechange, deux démonte-pneus et un téléphone portable. On va beaucoup plus loin à vélo qu'en courant à pied.

Ces quatre activités – course dans l'eau, marches rapide et nordique, vélo – peuvent préserver votre souplesse et vous tonifier suffisamment pendant le temps d'une convalescence, mais elles ne suffiront sans doute pas à vous donner la forme nécessaire pour courir le marathon si vous êtes blessé. En fait, tout dépend de votre blessure et de la durée de votre indisponibilité pour la course. En effet, si votre blessure n'est pas très grave et si votre convalescence est réduite, le caractère très complémentaire de ces activités vous permettra alors de revenir très vite à votre meilleur niveau… de coureur à pied.

Faire aussi du roller et du ski de fond

Le roller et le ski de fond sont aussi d'excellentes activités croisées, mais que l'on a moins souvent le loisir de pratiquer, surtout le ski de fond, qui toutefois peut et même doit être utilisé en sport de remplacement si l'on est en vacances à la neige… pendant sa préparation marathon. Lorsqu'il s'agit d'un marathon de printemps, en avril par exemple, un séjour à la neige en février est fréquent. N'hésitez pas alors à faire une sortie longue d'une heure et demie, voire plus sur vos skis. Et vous compléterez en station avec des sorties de course à pied plus courtes et plus rapides.

Ces activités renforcent votre condition physique, entretiennent votre rythme cardiaque et vous permettent de brûler beaucoup de calories. Alors n'hésitez pas, d'autant plus, pour le ski de fond, répétons-le, si vous êtes en train de préparer votre marathon.

Comme pour beaucoup d'activités croisées, passez davantage de temps à les pratiquer que lorsque vous pouviez courir. Augmentez d'environ 50 % le temps que vous leur consacrez par rapport au temps que vous consacriez à courir. En clair, une séance de 40 minutes en course à pied devient un parcours de 60 à 80 minutes à vélo, à rollers ou à skis.

Les machines, oui mais…

Les appareils conçus pour l'entraînement, notamment les machines Nordic Track, les rameurs, les machines qui font travailler les abdos, exercent un effet proche de celui du vélo, du roller et du ski. Bien sûr, d'un point de vue général, ils sont excellents. Toutefois, comme ils sont quand même, par leur nature, très différents de la course, ils ne constituent pas des activités croisées idéales pendant une convalescence ou hors convalescence, à moins que vous ne pensiez plus trop à votre marathon…

S'entraîner avec l'haltérophilie… légère

L'haltérophilie – soulever des poids légers de 1, 2, 5 kg – n'est pas l'activité croisée idéale. Votre rythme cardiaque augmente à peine, vous vous servez de muscles très différents de ceux qui sont sollicités pour la course, et vous ne brûlez pas beaucoup de calories. Même si vous pouvez soulever des poids pratiquement sans bouger (c'est-à-dire que vous pouvez vous exercer assis), préférez dans ce cas d'autres disciplines. Toutefois, si vous manquez de temps, quelques exercices avec haltères légers peuvent contribuer à entretenir votre forme et à assouvir votre besoin d'exercice.

ASTUCE

Si vous vous intéressez à ce que l'on appellera abusivement l'haltérophilie et que vous souhaitez l'intégrer, de temps en temps, à votre entraînement quotidien au marathon (du moins, quand vous n'êtes pas blessé), envisagez de faire des circuits qui combinent la course au lever de poids légers, la pratique de pompes, de redressements assis, etc. Le chapitre 7 vous apporte divers détails.

Mettre l'accent sur le physique, ou plutôt sur l'exercice physique

La kinésithérapie, qui est souvent associée à la rééducation après une blessure, ne peut remplacer l'exercice physique. Même si vous transpirez pendant les mouvements que vous impose le « kiné », cela ressemble si peu à la course que vous ne pouvez pas y voir une option de remplacement. Si vous devez voir le kinésithérapeute, faites-le en plus de votre plan d'entraînement quotidien. C'est bien entendu davantage un soin qu'un entraînement.

Amorcer la transition pour revenir à la course après une blessure

En cas de blessure et selon votre capacité à mimer les gestes de la course avant de la reprendre, la transition de retour sera facile ou plus difficile.

- **Course en piscine et natation** : parce que la course en piscine mime très bien les mouvements de la course sur la terre ferme, vous êtes sans doute resté suffisamment en forme pendant votre convalescence pour reprendre l'entraînement à la course. En revanche, la natation, intéressante, on l'a vu, pour récupérer lorsque l'on n'est pas blessé, ne fait pas appel aux mêmes muscles, et si, quand vous étiez blessé vous l'avez beaucoup pratiquée, vous aurez alors peut-être plus de mal à reprendre la course. Par ailleurs, quelle que soit votre activité en piscine, vous avez nagé dans un environnement chauffé, beaucoup plus protégé que l'extérieur. Vous risquez donc d'avoir quelques difficultés respiratoires pendant votre transition. Cela passe en une semaine environ.

- **Marche et marche nordique** : après la pratique de ces activités, la rapidité de la transition de retour à la course dépendra de l'intensité des exercices. Si vous avez marché lentement, vous constaterez peut-être que votre rythme cardiaque n'a pas augmenté suffisamment pour que vous soyez en bonne forme cardio-vasculaire, et que vos muscles n'ont pas été assez sollicités pour rester toniques. Toutefois, si vous avez marché vite ou si vous avez pratiqué la marche avec des bâtons (ce qui n'est généralement pas bénéfique pour la guérison d'une blessure mais très efficace sur le plan de la forme), vous vous sentirez sans doute à l'aise pour reprendre la course en l'espace d'une semaine environ, parce que ces activités font appel à beaucoup de muscles essentiels à la course.

- **Vélo, roller, ski de fond et machines d'entraînement en salle** : le vélo, le roller, le ski de fond, la pratique du rameur, etc. peuvent vous donner une excellente forme si vous les pratiquez assez intensément pendant une longue période. Le problème est que cette forme ne suffira pas *pour courir*, ce qui veut dire que vous passerez sans doute quelques jours ou quelques semaines à souffrir de courbatures quand vous reprendrez la course. Votre respiration (si vous avez pratiqué une activité en extérieur) et votre rythme cardiaque, toutefois, supporteront certainement mieux la transition.

- **Haltérophilie légère** : si vous avez régulièrement et uniquement pratiqué cette activité en alternance avec la course pendant plusieurs semaines – ce qui est sans doute improbable – préparez-vous à reprendre votre entraînement à la course de zéro. Soulever de petits haltères est un exercice qui n'augmente pas le rythme cardiaque de la même manière que la course et ne fait pas appel aux grands muscles qui interviennent dans la course. Faites comme si vous aviez totalement abandonné la course et repartez de la case départ (voir le chapitre 4).

Si vous n'avez pas marché pendant plus de quinze jours ou trois semaines et que vous n'avez pu pratiquer aucune activité croisée, comme c'est souvent le cas lorsque l'on est dans le plâtre ou que l'on a dû subir une opération importante, considérez-vous comme un débutant et repartez de zéro. Oubliez complètement l'entraînement que vous avez pu suivre avant votre arrêt et ne pensez plus au marathon que vous allez rater. Recommencez. Le chapitre 4 vous explique comment procéder pour votre premier retour à la course et vous présente un échantillon de programme pour les cinq premières semaines. Gardez également à l'esprit les conseils qui sont donnés au chapitre 10 pour éviter à l'avenir les blessures.

Comment procéder pour la transition de retour ? Suivez ces conseils :

1. **Le premier jour, courez pendant une durée égale à la moitié de celle que vous pratiquiez auparavant dans votre entraînement quotidien.**

   Par exemple, si vous faisiez des séances de 60 minutes, courez 30 minutes. Si vous devez vous arrêter et marcher, ce n'est pas grave, au contraire ; il ne s'agit pas de forcer, mais recommencez à courir dès que vous le pouvez.

2. **Pendant le reste de la semaine, courez moins que d'habitude, il faut être progressif ; si vous le pouvez, pendant l'un de vos jours de récupération pratiquez un entraînement croisé de votre choix. De la marche rapide tout simplement.**

   Accordez-vous bien sûr, comme en temps normal, plusieurs jours de repos dans la semaine. Ne courez surtout pas tous les jours pour essayer de rattraper le temps perdu ! C'est vraiment l'erreur à éviter.

3. **La deuxième semaine, passez de trois jours d'entraînement à quatre par exemple si vous avez le temps, et si cela rentre dans vos habitudes. Augmentez un peu votre kilométrage ou la durée de vos séances. Mais si trois séances « hebdo » constituaient votre rythme habituel, conservez ce rythme.**

   Continuez votre entraînement croisé soit en remplacement d'une séance de course, soit en plus. Mais restez prudent, nous insistons. Ne brûlez surtout pas les étapes !

4. **La troisième semaine, passez de quatre jours d'entraînement à cinq. À condition, encore une fois, que cinq séances fassent partie de votre entraînement traditionnel, de vos habitudes de coureur plutôt confirmé. Dans le cas contraire, restez à votre rythme hebdomadaire normal qui est souvent de trois ou quatre séances dans la semaine. Vous pouvez augmenter à nouveau un peu votre kilométrage, de 10 % environ, ou la durée de vos sorties.**

   Continuez votre entraînement croisé et accordez-vous du repos.

5. **La quatrième semaine, renoncez à votre entraînement croisé, si cela ne rentrait pas dans vos habitudes, tout en continuant à augmenter votre kilométrage de 10 % ou à rallonger la durée de vos séances, selon la façon dont vous fonctionnez.**

6. **Ensuite, en espérant que votre blessure n'est plus qu'un mauvais souvenir, vous reprenez un entraînement normal avec la durée… normale de vos sorties et vous n'oubliez pas de travailler à nouveau vos trois allures : endurance fondamentale de 70 à 75 % de votre FCM, seuil à 85 % et résistance dure à 95° de cette fréquence cardiaque maximale. Concernant cette dernière allure plus exigeante, ne forcez quand même pas trop. En clair, plutôt que 10 fois 400 m, faites en seulement 6 fois. Pour voir…**

Quatrième partie

À chacun sa stratégie de course !

« J'ai longtemps pensé que les endorphines étaient les femelles des dauphins ».

Dans cette partie...

Les stratégies de course ne sont pas innées, elles doivent être développées au fil du temps. Ce chapitre vous permet de prendre un raccourci dans la courbe d'apprentissage. Le chapitre 13 vous aide à choisir votre marathon, à vous inscrire aux courses préparatoires qui vous donneront de l'aisance, à vous fixer des objectifs et des programmes, à visualiser votre prestation. Le chapitre 14 vous dit quoi manger avant la course, comment vous préparer, vous échauffer et vous étirer, et comment trouver une place sur la ligne de départ.

Le chapitre 15 vous explique quoi faire après la course, comment vous relaxer et vous réhydrater, soigner les bobos, les douleurs et le blues d'après la course. Vous apprenez comment prévoir un autre marathon et améliorer vos prestations.

Chapitre 13

À l'approche du marathon...

Dans ce chapitre :

- Sélectionner le meilleur marathon pour vous
- 10 km ou semi-tests avant le marathon
- Se préparer mentalement
- Investir dans les équipements pour la course.

Si vous n'avez pas fait beaucoup de courses, vous avez besoin de plusieurs renseignements fondamentaux avant votre marathon. Ce chapitre vous les apporte et vous dit comment choisir votre marathon, comment vous y préparer en mettant au point une stratégie de course, par ailleurs nécessaire à toutes les courses. Si vous avez déjà participé à de nombreuses compétitions, ce chapitre ressemblera pour vous à une révision sans doute très utile. Et si vous êtes débutant, vous y trouverez des informations qui calmeront vos nerfs et vous familiariseront totalement avec le sujet. C'est bien entendu un moment important de votre progression.

Choisir son marathon

Peut-être est-il simple pour vous de choisir votre marathon, parce que c'est celui que votre ville organise tous les ans. Mais il faut noter que beaucoup de marathoniens traversent leur pays (et les frontières) pour aller participer à la course que leur ville n'offre pas, ou simplement parce que les autres courses proposent des aspects plus intéressants par certains côtés – la date, la réputation, la rapidité du parcours, et de plus en plus l'intérêt touristique du site.

Courir avec la foule ou avec les habitants du cru

Les marathons se répartissent en deux catégories :

- **Les grands marathons** : ceux-ci partagent un certain nombre de caractéristiques qui leur donnent un air plus sérieux, ou du moins plus complet, plus riche que les marathons plus locaux qui, bien naturellement, bénéficient de moins de moyens financiers que certains « géants ».

  - **Des postes de ravitaillement** : une manière sophistiquée d'apporter de l'eau et des boissons énergétiques. Vous pouvez trouver un poste de ravitaillement tous les 5 km le long du parcours du marathon et même tous les miles (1,609 km) à Londres et à New York. Il arrive que l'on y propose des gels énergétiques (voir le chapitre 9) et de toute façon en France des morceaux de sucre, des fruits secs et frais, des abricots, des oranges ou des bananes ; en bref, du solide et pas seulement du liquide, comme souvent hors de nos frontières.

  - **Une taille substantielle** : ces marathons rassemblent de 30 000 à près de 40 000 coureurs, même s'il y en a (forcément) un peu moins à l'arrivée.

  - **Des chronomètres** : il y a sur le parcours des chronos qui vous indiquent votre temps au kilomètre, ou des bénévoles qui peuvent aussi vous donner votre temps spécifique. Cela est très utile si vous cherchez à respecter une allure particulière.

  - **Des centres-villes** : ces marathons sont organisés dans de grandes villes dont les rues centrales sont fermées pour que vous puissiez y courir à l'aise et sans croiser des voitures.

  - **Des vedettes** : les organisateurs des grands marathons invitent de nombreux coureurs d'élite qui peuvent être fascinants à regarder avant, pendant et après la course. Les gagnants de l'élite (hommes et femmes) remportent des prix qui peuvent aller jusqu'à 250 000 euros, y compris parfois une prime pour le record du monde du marathon. Le marathon de Berlin, très plat, est spécialisé dans ce genre d'exercice. Ceux qui terminent parmi les dix ou quinze meilleurs (qui sont également des coureurs professionnels) gagnent très bien leur vie également. Mais vous n'en êtes pas là. Pas encore du moins…

  - **Des fanfares et des flonflons** : les organisateurs veillent à ce que l'ambiance soit festive, depuis le moment de votre arrivée au point de départ jusqu'à la fin du marathon et au-delà. Les marathons sont en général animés par des orchestres plus ou moins percutants, des chanteurs parfois et surtout par des milliers de spectateurs qui vous encouragent sur le parcours. New York, Londres, Berlin, Boston, Paris, etc., fonctionnent ainsi. Toute cette animation peut vous aider à continuer votre effort alors que vous faiblissiez, elle peut vous donner un coup de fouet – le marathon de New York est un des grands spécialistes dans le genre – et donc vous encourager à aller jusqu'au bout et à franchir la ligne d'arrivée.

- **La vitesse** : certains parcours comme ceux de Berlin, Londres, Rotterdam présentent beaucoup de lignes droites, peu de relances ; surtout ils sont plats et propices à la performance chronométrique. D'autres moins, comme New York qui est plus difficile dans sa deuxième partie vallonnée et faite de quelques longues lignes droites.

- **Une inscription à prendre rapidement** : ces marathons à succès ferment généralement leurs inscriptions tôt. De plus en plus tôt d'ailleurs, ce qui prouve le succès grandissant du marathon populaire, d'où la nécessité de ne pas perdre de temps pour commander son dossard sur Internet ou par l'intermédiaire d'une agence de voyages. Certaines ont en effet l'exclusivité des inscriptions pour les marathons de New York et de Londres, les inscriptions individuelles étant impossibles pour ces deux marathons. Il faut le savoir.

N'OUBLIEZ PAS !

Les organisateurs de grands marathons ouvrent désormais les inscriptions presque un an à l'avance. Pour le marathon de Paris, couru en avril, elles sont ouvertes dès septembre et le plein des inscriptions intervient dès le mois de décembre. Il faut donc consulter régulièrement le site internet de la course envisagée et ne pas vous laisser surprendre. En outre, l'avantage de s'inscrire tôt est que vous paierez moins cher votre dossard. Les prix sont en effet progressifs. Et pour éviter de perdre votre argent en cas d'annulation pour blessure par exemple, vous pouvez souscrire une assurance auprès de l'organisation. Les organisateurs en proposent désormais, car personne ne sait ce qui peut se passer dans un an ou presque…

- **Des distances fiables** : n'ayez aucune crainte, sauf pour certains marathons très touristiques, cela arrive encore, votre marathon mesurera bien 42,195 km. Des mesureurs officiels équipés de leur bicyclette avec roue calibrée auront été chargés de faire… les bonnes mesures. Une ligne bleue tracée sur le parcours vous indiquera même le chemin le plus court pour gagner la ligne d'arrivée.

N'OUBLIEZ PAS !

Le chapitre 19 vous indique dix des plus grands marathons du monde, qui sont également les plus réputés.

- **Les petits marathons** : dans les villes plus petites, la grande différence avec le marathon star de New York ou celui de Paris vient surtout de la densité du peloton. Beaucoup de marathons partent avec moins de 1 000 coureurs, parfois seulement 200 ou 300. Concernant l'organisation, en général il n'y a aucun problème, vous trouverez tout ce dont vous aurez besoin. En revanche, le problème est que ces marathons conviennent mieux à des coureurs un peu performants, car vous risquez rapidement de vous retrouver isolé. Or, courir seul un marathon n'est pas facile. Toutefois, beaucoup de marathons partent avec 5 000 ou 6 000 coureurs, ce qui est suffisant pour ne pas être isolé ni victime d'un embouteillage sur le parcours comme cela arrive au départ des grands marathons. En fait, c'est un très bon chiffre de participation.

Vous pouvez donc envisager de participer au marathon d'une ville plus petite si vous ne voulez pas trop vous éloigner de chez vous, si vous voulez vous inscrire peu de temps avant la date de la course, et si vous ne voulez pas affronter des milliers de personnes sur la ligne de départ, ni vous laisser bercer au son des flonflons. Les droits d'inscription sont aussi moins élevés, sans rapport avec ceux exigés pour un grand marathon. Le calendrier annuel publié en décembre par *Jogging International* vous donnera toutes les dates et toutes les adresses des marathons, grands comme petits.

Inscription le jour même, possible parfois…

La plupart des marathoniens s'inscrivent plusieurs mois avant la date de la course, il n'est donc pratiquement pas possible de s'inscrire le jour même. Toutefois, certains marathons permettent une inscription de dernière minute, mais vous prenez un risque. On peut le faire sur un coup de tête. Par ailleurs, tous les marathons, comme toutes les autres courses d'ailleurs, demandent des frais supplémentaires pour une inscription le jour même.

Le seul avantage d'une inscription de dernière minute est la possibilité que vous avez de participer ou non au marathon, jusqu'au jour dit. Mais en général on ne décide pas à la dernière minute de courir un marathon, sauf comme on l'a dit sur un coup de tête et sans objectif précis.

Dans l'idéal, il vaut mieux vous inscrire plusieurs mois à l'avance. En vous inscrivant tôt, vous vous assurez une place dans la course et, nous l'avons dit, vous payez moins que les candidats qui arrivent plus tard (parfois, la réduction est de près de 50 %). Vous ne vous donnez pas la possibilité de reculer au dernier moment à l'idée de courir 42,195 km.

La bonne fréquence pour vos courses

La plupart des entraîneurs et… des médecins du sport recommandent de ne pas courir plus de deux marathons par an, tout simplement à cause de la fatigue qu'ils entraînent. Et aussi en raison de l'investissement dans une préparation forcément longue. Les coureurs d'élite suivent aussi ce conseil, même s'ils participent entre les deux marathons à des courses moins longues. Comme vous, peut-être !

J'ai récemment entendu parler d'un coureur qui faisait trente marathons par an, un par quinzaine, et qui l'a fait pendant des années. Je viens aussi de lire l'histoire d'un gars qui a couru trois marathons en trois semaines, sur trois continents. Autre histoire plus raisonnable : pour ses 50 ans, Gérard Soulier, podologue à Clermont-Ferrand et collaborateur au magazine *Jogging International,* a fait, non pas cinquante marathons dans l'année, mais bien cinq dans son année. Pourquoi pas ? C'est plus raisonnable. Ces histoires, qui interviennent régulièrement, ne réduisent pas à néant le conseil standard qui veut que l'on ne fasse pas plus de deux marathons par an. Après tout, ces coureurs ont peut-être un emploi à mi-temps allégé, ce qui n'est pas le cas de notre ami podologue, ou bien ils vivent des situations peu courantes que nous ne pouvons pas reproduire. Ces exemples suggèrent toutefois que toute règle a ses exceptions. Mais bon, c'est une anecdote, rien de plus.

Après votre premier marathon, n'en courez pas d'autre avant six mois. Voire un an. Ensuite, décidez vous-même de votre rythme. Vous avez peut-être envie d'en faire trois ou quatre par an si vous êtes prêt à consentir des sacrifices dans votre vie personnelle, à ne pas craindre fatigue et… blessures. Ce sera votre choix, car vous pouvez aussi en courir simplement pour visiter une ville et terminer la course sans forcer. Marathon et tourisme sont de plus en plus associés par les coureurs qui n'ont pas d'objectif chronométrique. Reste qu'il faut quand même courir le marathon. Cependant nous vous conseillons vivement, si vous poursuivez un objectif, de vraiment vous limiter à un ou deux par an : le premier au printemps, l'autre à l'automne. Calendrier classique et raisonnable.

10 km et semi, des tests avant marathon

Une course d'entraînement permet de vous préparer à votre marathon. Il s'agit bien d'une compétition préalable au grand rendez-vous et que vous ferez avec un dossard. Cette course d'entraînement prévue dans nos plans de préparation en dix semaines est un test visant à répéter et affiner votre allure prévue le jour du marathon. Elle vous permettra aussi de savoir où vous en êtes de votre préparation selon vos sensations ressenties lors de cette course test. Et éventuellement ce qu'il faut rajouter, ou du moins consolider.

ASTUCE

Ces courses test d'avant marathon peuvent être des 10 km, 15 km ou semi-marathon selon votre niveau, le semi étant le plus classique. Ces courses constituent une excellente préparation pour le marathon, nous l'avons dit, mais elles ne doivent pas être trop proches de la date du marathon. C'est pourquoi elles interviennent dans nos plans en sixième semaine de votre préparation spécifique prévue en dix semaines. Vous n'aurez plus ensuite de compétition dans vos plans. Normal puisqu'il ne restera que quatre semaines avant le grand jour.

JARGON

« Tu l'as couru en combien ? »

Votre temps, c'est votre record personnel, la vitesse maximale que vous avez pu atteindre sur une distance donnée et sur marathon, notamment. Les coureurs échangent leur temps un peu comme des gamins d'école primaire échangent leurs images de champions. Quand vous avez terminé une course donnée, vous pouvez répondre à la question la plus fréquente dans le monde des coureurs : « Tu l'as couru en combien ton dernier marathon ? » Selon le temps réussi, la réponse sera plus ou moins spontanée. Mais bon…

Pour chaque course, suivez les suggestions du chapitre 14 afin de bien vous préparer la veille et le matin de l'épreuve. C'est très important, mais cela ne doit pas être stressant. Réfléchissez à ce que vous allez manger au dîner qui précédera la compétition. La fameuse *pasta party*. Préparez la veille tous vos vêtements pour la course, prévoyez une heure précise pour votre coucher et réveillez-vous bien en avance le jour de la course. Il faut prendre votre petit déjeuner trois bonnes heures avant le départ. Imposez-vous un rituel d'avant la course, et pensez bien à ce que vous prendrez au petit déjeuner. Sur place vous ferez une courte séance d'échauffement et d'étirements avant le départ. Commencez dès la veille à chasser les pensées parasites…

N'OUBLIEZ PAS !

Chaque course requiert une stratégie dont il est question dans le paragraphe suivant, intitulé « Maîtriser sa stratégie ». Encore plus s'il s'agit de votre toute première compétition, si vous manquez d'expérience, vous avez besoin de tout prévoir, de ne rien laisser au hasard.

Essayez de faire en sorte que vos courses d'entraînement dont nous venons de parler soient des préfigurations de votre marathon. Servez-vous-en pour créer une routine, de l'alimentation à la préparation de vos affaires, de votre dossard. Faites un bon plan dès la veille, plan qui vous semblera naturel au moment du marathon. Ce sera une vraie répétition. Le jour du marathon est vraiment mal choisi pour tenter quelque chose de nouveau ou pour improviser.

Maîtriser sa stratégie

Toutes les courses doivent s'organiser en fonction d'une stratégie qui inclura un objectif, déploiera un plan de course et vous permettra de visualiser son développement. De la même manière que vous ne partez pas en voyage sans emporter de carte, n'entamez pas de marathon sans stratégie.

Se fixer un objectif

La toute première étape d'une stratégie de course consiste à se fixer un objectif pour n'importe quelle épreuve, encore plus pour votre marathon. La plupart des objectifs tournent autour du temps à l'arrivée que vous voulez réaliser. Si vous ambitionnez de terminer premier ou parmi les dix premiers, vous mettez la barre trop haut. Cela dit avec humour, bien sûr. Si la course est particulièrement rapide, à savoir le parcours plat, les conditions météo excellentes, il se pourrait que vous fassiez un temps inespéré, surtout au début de votre carrière de marathonien. Mais si c'est votre premier marathon, le finir à l'aise, sans souffrir à la fin serait déjà la plus belle des récompenses.

Les objectifs qui se focalisent sur un temps à l'arrivée doivent être révisés à la baisse si les conditions météo sont mauvaises le jour *J*, surtout s'il y a beaucoup de vent. Toutefois, ne partez pas battu d'avance si la météo ne semble pas être de la partie. Un exemple qui vaut ce qu'il vaut et qui est sans le moindre rapport avec vos ambitions : la marathonienne anglaise Paula Radcliffe a établi en 2002 à Chicago son premier record du monde (2 h 17 min 18 s) avec une température de 5,5 °C, et des vents très violents sur le parcours, le pire pour le coureur. Comme quoi… Paula a ensuite fait mieux à Londres en 2003 et dans de bonnes conditions cette fois, en courant dans le temps extraordinaire de 2 h 15 min 25 s.

Nous partons du principe que vous voulez finir le marathon. Personne ne s'est jamais inscrit dans un marathon avec l'objectif d'abandonner avant la fin, sauf quelques athlètes d'élite à qui l'on demande dans les grands marathons populaires de jouer le rôle de « lièvre », de « pacemaker ». Ils sont chargés d'imprimer une allure pendant une partie de la course, généralement la moitié et même au-delà, allure qui mettra un ou deux coureurs sur les bases d'un temps record. À mi-parcours ou plus loin, selon, ils quittent donc la course. Nous considérons, vous, que votre but est bien de terminer, la récompense suprême, pour un premier marathon notamment.

Envisagez quelques objectifs :

- Finir absolument votre marathon, quel que soit le chrono et si besoin en alternant course et marche quand vous êtes trop fatigué.
- Franchir absolument la ligne d'arrivée avant la fermeture des contrôles, ce qui peut aller de six à huit heures et même plus à New York en alternant également course et marche le long du parcours.
- Finir en moins de cinq heures, en essayant de courir tout le long du parcours. Et sans marcher. Du moins si possible, car il ne faut pas dilapider ses forces, et de toute façon faire une courte pause aux tables de ravitaillement est toujours utile.
- Battre nettement votre dernier temps au marathon, par exemple 4 h 15 au lieu de 4 h 30, un écart important mais possible à ce niveau de progression. Ensuite la progression chronométrique est forcément beaucoup plus réduite.
- Descendre sous les trois heures, un objectif très courtisé à un certain niveau, une référence même. Vous y arriverez… un peu plus tard sans doute.

Si vous vous demandez à quelle vitesse vous allez devoir courir votre marathon, compulsez tout simplement nos plans d'entraînement en dix semaines qui vous disent tout sur votre vitesse et vos temps de passage.

Prévoir un plan de course

Un plan de course est une stratégie correspondant à chaque étape de votre parcours, qui comporte un objectif et explique comment vous avez l'intention d'y parvenir. Comme pour tout plan qui se respecte, soyez aussi précis que possible, détaillez la manière dont vous avez l'intention de courir, pour chaque portion du parcours.

Étudiez les quelques exemples de plan suivants, établis par toutes sortes de candidats au marathon.

- **Finir en cinq heures, en courant tout le temps et sans marcher**. Parcourez chaque kilomètre en 7 min 07 s (ce qui correspond bien à un temps à l'arrivée de cinq heures). Parvenez au 10e km kilomètre en 1 heure 11 mn et… 6 s et au semi en 2 h 29 mn 18 secondes. Puis au 30e en 3 h 33 mn 18 s (pour connaître votre temps de passage, reportez-vous à nos plans en dix semaines). Bien sûr, ce n'est pas aussi précis, car vous serez même peut-être en avance à certains points de la course. Et si vous êtes un peu en retard, vous pouvez finir un peu plus fort pour faire cinq heures.

- **Utiliser les meneurs d'allure.** Plutôt que de vous casser la tête à regarder votre chrono ou ceux de la course, une méthode infaillible pour atteindre votre objectif en 5 heures, 4 h 30 ou 4 heures, voire mieux : suivre les meneurs d'allure populaires mis à la disposition des coureurs dans de plus en plus de marathons et autres courses plus courtes. Nés aux États-Unis mais popularisés en France par l'ancien champion Dominique Chauvelier, aujourd'hui chroniqueur au magazine *Jogging International*, ces meneurs qui connaissent parfaitement les allures du marathon vous mèneront immanquablement à bon port. Il suffit de les suivre, de les accompagner, ils vous encouragent même sur le parcours, vous conseillent si besoin est et vous conduisent donc à l'arrivée dans le temps espéré. À condition bien sûr d'être bien préparé, car c'est quand même vous qui courrez et qui devrez emboîter leurs foulées. Le marathon de Paris comprend des meneurs d'allure pour des objectifs allant de 3 heures à 4 h 30 min.
- **Battre le temps de mon dernier marathon** de 5 minutes ou plus. C'est possible, mais il faut avoir choisi le bon plan de préparation et relire sur votre carnet d'entraînement où, la dernière fois, vous aviez faibli, connu des difficultés. Cela peut aider pour y remédier, ne pas commettre les mêmes erreurs – un départ trop rapide, par exemple.
- **Franchir la ligne d'arrivée avant que le marathon ne ferme, en alternant course et marche. Une tactique possible parmi d'autres :** courir jusqu'au panneau marquant la moitié du marathon, à savoir le passage au semi, et ensuite marcher 3 km. À partir du 24e km, courir jusqu'au panneau marquant le 32e km et marcher sur 5 km. À partir du 37e, finir en courant lentement le reste du parcours.

N'OUBLIEZ PAS !

La majorité des records établis par les champions le sont en *negative split*, c'est-à-dire que ces coureurs de haut niveau ont couru *plus vite* pendant la deuxième moitié du parcours que pendant la première. Lors de son record du monde 2008 à Berlin, le champion éthiopien Hailé Gebrselassie a ainsi couru son premier semi en 1 h 2 min 05 s et son deuxième en 1 h 1 min 54 s, finissant en 2 h 3 min et 59 s. Vous pouvez faire aussi un *negative split* dans votre propre marathon, pas dans le même temps bien sûr, et à condition d'avoir répété cette technique à l'entraînement, lors des sorties longues ou même des séances fractionnées. Ou bien encore à la sensation en courant d'une première moitié de parcours en sous-régime. Toutefois cette méthode reste essentiellement l'apanage des champions ou des coureurs de très bon niveau, ne vous faites pas trop d'illusion. En conséquence vous allez sans doute courir, vous en *positive split*, c'est-à-dire avec un deuxième semi couru plus lentement que le premier, car nous faiblissons tous au fil des kilomètres quand nous avons épuisé nos réserves de glucose (mis en réserve dans le muscle sous forme de glycogène) et que nous passons à l'utilisation des sucres rapides moins « performants ». Vous pouvez bien sûr essayer de pratiquer le *negative split*, nous l'avons dit, lors de vos séances d'entraînement, et organiser votre marathon autour de la même pratique. Mais bon, ça n'est pas facile. Avec l'expérience peut-être…

Visualiser votre course

Pour visualiser votre course, planifiez l'ensemble du parcours dans votre tête, comme si vous regardiez un film où vous seriez le héros de la course. Et cela avant que la course n'ait effectivement lieu. Beaucoup de coureurs d'élite visualisent leur course d'avance, parce que ça les aide à se préparer mentalement, beaucoup mieux que n'importe quelle autre pratique.

Pour visualiser la course, suivez ces étapes :

1. **Au cours des semaines qui précèdent la compétition, préparez, à l'aide du schéma du parcours, un véritable plan de course, avec vos principaux temps de passage : 10e km, semi, 30e.**

2. **Relisez régulièrement votre plan de course. Sans toutefois aller jusqu'à l'obsession.**

3. **Fermez les yeux et imaginez le rassemblement dans les différents sas de départ ou, s'il n'y en a pas, tout simplement sur l'aire de départ. Il fait beau, vous avez bien dormi, vous vous sentez en forme, vous n'êtes pas stressé, l'ambiance est excellente, ce qui ne vous empêche pas d'être concentré…**

4. **Imaginez la course qui démarre, et visualisez-vous en train de commencer à appliquer votre plan de course.**

   Essayez de vous imaginer ce que vous ressentez en parcourant les premiers kilomètres, les désagréments qui sont tolérables, une respiration régulière et efficace (voir le chapitre 8), des foulées lentes mais efficaces.

   Vous devez être prêt à supporter quelques sensations désagréables dans un marathon, et le fait de vous représenter mentalement ces sensations vous y prépare psychologiquement.

5. **Imaginez-vous en train de parvenir à certains points de la course dans les temps que vous vous êtes fixé.**

   Imaginez une horloge qui indiquerait les temps que vous avez fixés dans votre plan de course. Imaginez-vous en train de passer devant l'horloge, levant les yeux vers elle : vous prenez conscience que vous êtes exactement dans le rythme que vous vous êtes choisi. À tout moment, essayez de faire preuve de réalisme à propos de votre état physique.

6. **Imaginez-vous en train de parcourir les derniers kilomètres et en train de franchir la ligne d'arrivée au moment où l'horloge affiche votre temps final.**

7. **Répétez ce processus toutes les semaines.**

La visualisation n'est pas un exercice que l'on peut débuter la veille du marathon. C'est une habitude à prendre peu après avoir commencé l'entraînement. Chaque séance de visualisation peut prendre 5 à 10 minutes et elle peut être difficile au départ, mais plus on pratique, meilleurs sont les résultats. Et puis c'est tellement agréable de « positiver ».

Certains psychologues du sport aident à visualiser les courses. Bien sûr, c'est cher, c'est encore une fois surtout réservé aux champions, mais si vous voulez sérieusement pratiquer le marathon et si vous avez du mal à tenir vos objectifs (en partant du principe que votre condition physique vous permet de les concrétiser), un psychologue du sport peut vous aider à passer à la vitesse supérieure. Vous en trouverez en cherchant à la rubrique « psychologie du sport » sur Internet (dans certaines régions de tels psychologues ne sont pas nombreux). Avant de prendre un rendez-vous, vérifiez qu'il pratique bien la visualisation et qu'il connaît la course à pied.

Investir dans un équipement pour la course

Si vous avez déjà couru un marathon ou que vous vous êtes inscrit à une course plus courte comme nous vous le conseillons, vous avez sûrement remarqué que certains coureurs, mais pas tous, portent des tenues très recherchées, notamment des chaussures légères ou des supports de forme étrange pour emporter de l'eau et du gel énergétique (voir le chapitre 9). D'autres portent des lunettes de soleil parfaitement adaptées ou des ensembles short et tee-shirt coordonnés. Peut-être vous demanderez-vous si vous devez dépenser de l'argent pour acheter ce genre d'accessoires.

Pour votre première course, ne vous souciez pas de porter du matériel sophistiqué. Portez les chaussures – pas trop légères, elles sont réservées aux coureurs performants – qui vous ont servi à vous entraîner, même si vous pouvez en acheter une nouvelle paire, du même modèle et de la même marque que celles de votre entraînement, environ quinze jours avant l'épreuve. On ne sait jamais. Mais c'est une simple idée. Par ailleurs, adoptez un short ou un cuissard confortable et choisissez un tee-shirt respirant, surtout pas en coton, qui ne vous *cisaille* pas les bras (c'est-à-dire qu'il ne vous irrite pas la peau au bout de quelques kilomètres), à manches courtes ou longues selon le temps prévu, sans oublier la casquette en cas de pluie ou de soleil bien sûr. Et cela ira très bien ainsi.

Voici la liste des options dont vous disposez pour votre équipement :

- **Lunettes de soleil** : il n'est pas bon de cligner des yeux pendant 42,195 km, ni d'ailleurs pendant votre long entraînement. Cela entraîne des conséquences préjudiciables pour votre vue et aussi pour votre visage. Si vous choisissez de porter des lunettes de soleil, rendez-vous au chapitre 2 pour vérifier que vous achetez celles qui sont plutôt conçues pour la course.
- **Support pour les gels énergétiques** : vous avez effectivement besoin de ranger vos sachets de gel énergétique quelque part, par exemple dans une ceinture porte bidon avec poche ou tout simplement dans un sac banane tout simple. Le chapitre 9 vous fait quelques suggestions.
- **Ensemble tee-shirt et short coordonnés** : c'est une question strictement personnelle. Si vous vous sentez mieux dans un ensemble coordonné portant les couleurs d'une grande marque de vêtements de sport, allez-y. Mais fondamentalement, vous avez seulement besoin de vêtements légers, qui respirent et qui, surtout, évacuent la transpiration et sont donc confortables pendant l'effort. Le reste est très accessoire.

  Les coureurs d'élite ont toujours des ensembles coordonnés et ils ont l'air fringants dans leur tenue, mais ils ne les paient pas, ils sont sponsorisés. Immanquablement, ils le sont par des fabricants de chaussures, qui leur offrent leur équipement et prennent bien sûr en charge leurs frais de déplacement, leur versent un salaire et leur offrent un bonus pour leur prestation lorsqu'ils dépassent certains records. Les meilleurs coureurs du monde gagnent beaucoup d'argent. Jamais ils ne paient leurs chaussures, leurs tenues de course, leurs chambres d'hôtel, leurs billets d'avion ou leurs frais d'inscription aux courses. L'organisateur du marathon leur offre une prime de victoire. Les deux vainqueurs, homme et femme, du marathon de Paris reçoivent chacun 50 000 euros, à condition toutefois d'avoir respectivement couru en moins de 2 h 11 min 45 et moins de 2 h 23 min 15. Sinon la prime est divisée par deux. Les concurrents arrivés 10e du même marathon ne reçoivent, eux, que 1 000 euros… Mais tout cela est valable dans tous les sports : les footballeurs ne paient pas plus leurs équipements et ils sont encore plus fortunés que les coureurs à pied. Reste que c'est, vous l'avez compris, un très bon plan si vous pouvez parvenir au niveau requis : environ 2 h 10 chez les hommes et 2 h 25 chez les femmes. Le problème est que si les champions font rêver, ils sont peu nombreux…
- **Les chaussures de compétition :** parmi toutes les choses qu'il faut éviter d'acheter en vue d'une course et lorsque l'on débute, ce sont bien des chaussures très légères, de moins de 200 grammes, spécialement conçues pour la compétition mais qui maintiennent peu le pied. Bien plus légères que les chaussures conçues pour l'entraînement, elles sont tentantes car on a l'impression de voler, mais cela dure peu, elles

sont réservées aux champions ou aux coureurs performants bouclant le marathon en nettement moins de trois heures. Les chaussures dites de compétition peuvent convenir à la rigueur pour les courses moins longues, sur 5 ou 10 km, mais pour un marathon, l'amorti est primordial, vous n'avez pas le droit de souffrir d'un manque de soutien, d'amorti ; en bref, d'un manque de confort. Quand vous parcourez 42,195 km, vous avez besoin d'une chaussure qui protège au maximum votre pied. Cela ne veut pas dire qu'elle doive être très lourde, car si vous pesez 60 kg voire un peu moins, choisissez une chaussure de 315, 320 grammes. Et non 380. Chaussure qui amortira bien les chocs et vous protégera des blessures.

Les coureurs très performants portent en effet des chaussures de compétition très légères pour avoir moins de poids à soulever pendant la course. Plus la chaussure est légère, plus on économise de l'énergie. Si vous courez en trois heures et moins, vous pouvez donc acheter des chaussures de course plus légères, qui sont souvent portées par les coureurs performants qui attaquent le sol par l'avant du pied (voir le chapitre 2) et non, comme nous, par le talon. Ce type de chaussures est également plus léger que les chaussures d'entraînement, mais si elles offrent tout de même un bon soutien, l'amorti est en revanche moins important. Donc à éviter pour coureur qui terminera nettement au-dessus de trois heures.

Minishorts et jupes pour les dames

Les minishorts sont des shorts raccourcis qui cachent seulement le haut des fesses. On pourrait sans difficulté les faire passer pour le bas d'un bikini. Certaines coureuses (mais aucun coureur !) les portent. Pourquoi ?

Il s'agit surtout de confort. Les shorts ne sont pas très agréables à porter en public (de même qu'il n'est pas agréable de montrer ses sous-vêtements en public), mais la course fait transpirer, et quand la transpiration s'accumule dans les shorts classiques, ceux-ci s'alourdissent et collent au corps. Les minishorts sont si légers que la transpiration ne les alourdit pas. Pour la plupart des gens, cela ne fait pas une telle différence, mais quand on compte sur une poignée de secondes pour se qualifier dans une course ou pour battre un record, un petit moins de poids peut vraiment créer la différence.

Reste que pour les coureuses, ce sont bien les jupes, spéciales course à pied bien sûr, qui sont redevenues tendance dans les compétitions. Elles sont très décentes, comprennent une culotte, un short (cuissard court) ou un shorty. Demandez donc conseil à la vendeuse de votre magasin de sport qui saura vous conseiller. Responsable de la « Boutique Marathon » à Paris dans le 17e, Raymonde Cornou milite activement pour le retour de la jupe en compétition…

Chapitre 14

Derniers préparatifs avant le marathon : H – 24

Dans ce chapitre :

- Planifier ses repas d'avant course
- Aller chercher son dossard, sa puce chronométrique et son tee-shirt
- Préparer ses vêtements, ses chaussures, ses équipements annexes
- Dormir paisiblement la nuit d'avant la course
- Savoir comment s'échauffer
- Prendre place sur la ligne de départ

La veille et le matin de votre course, vos nerfs sont plutôt à vif. Avant ce grand jour, imposez-vous un rituel pour vos sorties longues, vos séances et vos exercices d'entraînement (voir le chapitre 7), puis poursuivez cette procédure de routine jusqu'au marathon.

ATTENTION !

Dans tous les cas de figure, ne changez pas votre routine. Continuez jusqu'au bout à observer les mêmes habitudes, pour vos repas, pour vos nuits, pour vos ultimes entraînements, encore plus la dernière semaine. Respectez votre rituel et ne changez aucun détail à la dernière minute.

Le dîner de la veille

Pendant toute la journée qui précède votre marathon, évitez de consommer de mauvais aliments, type gâteaux à la crème, plats en sauce, etc. (voir le chapitre 9). Buvez une grande quantité d'eau (pas d'alcool, ni même de bière) et consommez des pâtes (aux œufs) ou du riz (complet), des légumes, des céréales complètes, des protéines maigres ainsi que des fruits. Cessez de manger vers 19 heures si possible et ne surchargez pas inutilement votre estomac. Il vous faut beaucoup de temps pour digérer avant l'heure de la course le lendemain matin. Une *pasta party* trop lourde vous empêcherait d'abord de bien dormir.

Beaucoup de grands marathons organisent et offrent un dîner à base de pâtes la veille de la course, la fameuse *pasta party*. Je vous suggère de ne pas (forcément) céder à la tentation pour trois raisons :

- Parfois, les organisateurs proposent des pâtes trop cuites, elles doivent être consommées *al dente* ; c'est impératif car sinon elles se transforment en sucres rapides et ne vous seront d'aucune aide le lendemain sur le marathon.
- Généralement, le dîner en question ne commence qu'après 18 heures, ce qui est un peu tardif.
- Il s'agit parfois de buffet à volonté, ce qui augmente l'appétit. Vous mangerez tout ce que vous voudrez le lendemain, ou presque, juste après la course, mais avant la compétition, il vaut mieux être raisonnable et ne pas s'empiffrer.
- Reste que certaines *pasta party*, type marathon de La Rochelle, ou celle de New York, sont équilibrées, festives ; bref, remarquablement organisées.

Si vous voulez vous rendre à la *pasta party* parce que vous trouvez peu de restaurants près de votre hôtel ou parce que vous voulez participer à tous les événements organisés autour de la course, pour le plaisir de l'expérience et pour voir de quoi il retourne, essayez d'être parmi les premiers afin de limiter votre temps d'attente debout. Reportez-vous au chapitre 9 pour trouver des informations relatives aux aliments les mieux adaptés aux marathoniens et avec des exemples de menus. **Toutefois, voici une *pasta party* toute simple à faire chez vous** :

- **100 grammes de pâtes aux œufs** pesées crues et cuite *al dente* pour une meilleure qualité d'absorption des glucides lents. Trop cuites, ce sont des sucres rapides sans intérêt.
- **Accompagnement** : évitez surtout lardons, fromage râpé, crème fraîche et préférez un coulis de tomates plus quelques lamelles de jambon blanc découenné, dégraissé.
- **Dessert** : un riz au lait et un fruit frais bien mûr.
- **Boissons** : eau plate ou gazeuse puis, si vous en avez l'habitude, une infusion relaxante, mais pas de café.

Votre dossard et autres accessoires

Deux ou trois jours avant le marathon, les organisateurs vous invitent à venir retirer votre dossard au « village » – il est préférable de le faire le plus tôt possible afin d'éviter les files d'attente du samedi – dossard complété par plusieurs accessoires et produits et présenté le plus souvent dans un petit sac en tissu ou en plastique.

- **Votre dossard de coureur** est souvent remis avec plusieurs épingles de nourrice indispensables, bien sûr, pour l'accrocher à votre tee-shirt de course.

  Dans la plupart des grandes courses, vous ne pouvez pas aller chercher votre dossard avant de connaître votre numéro de coureur. Pour découvrir ce dernier, vous consulterez le site internet du marathon à « coureurs inscrits » et il apparaîtra. En général vous recevez aussi par courrier une attestation d'inscription qu'il faudra présenter le jour du retrait. Numéro qui, pour les épreuves comptant moins de coureurs, se trouve aussi, avec le nom correspondant, sur des listes affichées dans l'enceinte du village. Votre confirmation d'inscription ou votre nom et votre numéro de dossard en votre possession, vous passez ensuite devant la table où l'on vous distribuera le fameux dossard. Très important : n'oubliez surtout pas votre pièce d'identité, votre carte nationale tout simplement, qui vous sera normalement demandée par le bénévole.

- **Votre puce** : remise avec votre dossard, elle déclenche le chronomètre au départ, à l'arrivée, et indique si vous avez franchi certaines étapes dans des temps vraisemblables (cette info empêche certains coureurs de tricher en prenant des raccourcis). Vous fixez la puce sur l'une de vos chaussures en la glissant sous un lacet, ou en utilisant le système prévu avec. Les bénévoles récupèrent la puce à la fin de la course. Si vous ne finissiez pas et que vous ne rendiez pas la puce, vous pourriez payer une caution qui varie selon les organisations. À éviter, bien sûr.

- **Votre certificat médical** : ne pouvant être joint à votre inscription sur le site internet de la course, votre certificat médical devra être présenté au bénévole lors du retrait de votre dossard. Surtout ne l'oubliez pas ! Et un certificat médical de moins d'un an, rédigé par votre médecin avec, c'est impératif en France, la mention de non contre-indication à la pratique de « l'athlétisme en compétition ». Les licences délivrées pour la pratique d'autres sports (vélo, natation, triathlon) ne sont plus acceptées pour la course à pied.

  Dans les petites courses, la puce n'est pas toujours utilisée.

- **Instructions finales avant la course** : elles peuvent être contenues dans une jolie brochure en couleurs ou figurer sur une simple feuille de papier, mais vous y trouverez des informations importantes, notamment l'itinéraire, et toutes les instructions de dernière minute. Lisez soigneusement ce document. Si votre matériel ne contient aucune information, relisez les renseignements figurant sur la feuille d'inscription ou sur le site de la course que vous avez parcourus quand vous avez décidé de courir le marathon, pour être sûr de l'heure de départ et d'autres détails.
- **Tee-shirt** : certaines grandes courses ont cessé d'offrir des tee-shirts aux coureurs. Toutefois, dans de nombreux marathons, comme à Paris, il est encore possible de se rendre à un stand où l'on vous demande de montrer votre numéro de coureur, et où l'on vous donne un tee-shirt… à votre taille.

ASTUCE

Certains coureurs choisissent de porter le tee-shirt offert pour le marathon. Nous pensons que ce n'est pas forcément une bonne idée, car les nouveaux tee-shirts n'ont généralement pas été lavés (ils n'ont pas été « rétrécis » par le premier lavage), ils sont parfois, de moins en moins souvent toutefois, en coton. Il faut que vous soyez extrêmement à l'aise pendant votre marathon, et il vaut mieux que vous prévoyiez à l'avance ce que vous allez porter pendant la course. Gardez le tee-shirt offert pour vous changer après la course et portez-le lors du voyage de retour chez vous, en train ou en métro.

- **Des renseignements sur d'autres courses** : Faites le tri des documents donnés au village du marathon ; lisez et gardez ou non ces informations qui vous indiquent souvent d'autres petites courses locales ou d'autres marathons nationaux.
- **Des réductions dans certains magasins ou des échantillons gratuits sont souvent fournis par les sponsors** : ces produits ont généralement trait à la course (pansements pour les ampoules, crèmes anti-frottement, gels énergétiques, etc.) et sont des supports publicitaires comme des stylos, des broches, des lacets de chaussures et des bandeaux éponge.

ATTENTION !

Vous pouvez certes tester vos échantillons le jour du marathon, mais soyez prudent. Ne consommez pas une barre ni un gel énergétique que vous n'avez jamais testés avant et n'utilisez pas un produit lubrifiant que vous ne connaissez pas. Mieux vaut ne rien essayer de nouveau le jour du marathon, vous le ferez plus tard si vous pensez que ces produits peuvent vous être utiles.

ATTENTION !

Beaucoup de marathons ne vous permettent pas de prendre votre dossard le matin de l'épreuve, et ils ne l'envoient pas davantage par la poste. Si vous vivez loin du lieu du marathon et que vous prévoyez d'arriver au dernier moment, une organisation stricte est nécessaire, car votre dossard ne sera pas remis – on s'en doute – à une autre personne, même si c'est votre ami.

Il vaut donc mieux réserver une chambre d'hôtel près du lieu où est organisée la course, et aller chercher votre dossard et votre puce la veille du marathon. Il faut de toute façon éviter d'arriver au dernier moment sur le lieu de la course ; rien de tel pour développer un stress qui vous serait préjudiciable le jour *j*.

Préparez tout la veille au soir

Le soir qui précède votre course, fixez votre dossard à votre tee-shirt, à votre soutien-gorge de course ou à ce que vous avez l'intention de porter pour la compétition (sans avoir à l'enlever). N'attendez pas le matin pour le faire.

Ensuite, préparez vos vêtements de course pour qu'ils se présentent dans l'ordre où vous voulez les enfiler. Généralement, je me sers du dos d'une chaise. Déposez d'abord le sweat-shirt et le pantalon de jogging que vous mettrez pour vous réchauffer, une veste (si le temps est assez froid pour que vous ayez besoin d'une veste) et votre short ou cuissard ou… jupe de course. Ainsi, le lendemain matin, vous n'avez pas à vous précipiter pour trouver ce dont vous avez besoin, et vous pouvez calmement enfiler ces vêtements, tout en vous réveillant progressivement.

Faites en sorte que vos chaussures soient prêtes et, surtout, équipées de votre puce (voir le paragraphe précédent intitulé « Votre matériel »). Placez vos chaussettes sur le dessus des chaussures pour ne pas avoir à les chercher.

Placez dans un sac, celui remis au « village » par exemple, avec une étiquette portant votre nom et votre adresse, tous les accessoires dont vous aurez besoin juste avant la course. Si vous prévoyez de changer de tee-shirt après votre échauffement, ne l'oubliez pas et rangez-le avec vos lunettes de soleil (si vous en avez besoin), votre inhalateur (si vous avez de l'asthme), etc. Prenez toutefois seulement ce dont vous avez vraiment besoin, y compris un peu d'argent et vos clés d'appartement, car vous laisserez peut-être ce sac à la consigne de la course, où il sera gardé en toute sécurité.

ASTUCE

Si la course vous propose une consigne, un vestiaire, utilisez-les. Tout se déroulera comme suit : vous apportez le sac que vous avez préparé la veille, et vous le gardez jusqu'à ce que vous n'en ayez plus besoin (30 minutes avant le départ du marathon). Vous attendez ensuite au guichet de la consigne et vous confiez votre sac aux bénévoles. Ils le marquent d'une manière ou d'une autre, généralement avec votre numéro de coureur, et le tiennent à votre disposition pour que vous puissiez le récupérer après la course.

Ne restez pas coincé dans la file d'attente de la consigne quand le départ se rapproche! Faites en sorte de laisser votre sac à la consigne au moins trente (bonnes) minutes avant le début de la compétition. Encore une fois, évitez tout stress inutile.

Si l'organisation n'a pas prévu de consigne (c'est très rare) vous avez plusieurs recours:

- **Si vous êtes venu en voiture et si vous avez pu vous garer pas trop loin de la ligne de départ, gardez votre sac dans votre voiture**. Fermez, bien entendu, votre voiture à clé avant de prendre la direction de la ligne de départ. Accordez-vous assez de temps pour aller jusqu'à votre voiture et revenir avant le signal du départ.

  Si vous emportez votre clé de voiture, vous pouvez la ranger dans la pochette à clé qui est généralement aménagée dans les shorts et cuissards de course.

- **Si vous habitez dans un hôtel proche du lieu de la course, laissez votre sac dans votre chambre**. Mettez dedans ce dont vous n'avez pas besoin, allez vous échauffer puis revenez dans votre chambre d'hôtel pour pratiquer éventuellement vos étirements et surtout pour passer aux toilettes tranquillement sans avoir à utiliser les toilettes du site de la course, etc. Accordez-vous le temps nécessaire et sans stresser pour emprunter l'ascenseur, que vous pouvez attendre assez longtemps dans les hôtels de grande capacité.

- **Demandez à quelqu'un de vous aider**. C'est évidemment et de loin la solution la plus pratique. Vous emmenez un ami, votre femme, votre mari, à qui vous remettez vos équipements avant le début de la course, et qui vous les rapporte à la fin. Si personne de votre connaissance ne peut vous rendre ce service, passez à la consigne du marathon.

- **Prévoyez de jeter avant le départ vos vieux vêtements, ponchos antirefroidissement, etc.** Cela suppose que vous n'utilisiez pas vos pantalons de jogging les plus chers (voir le chapitre 2) mais des vêtements bon marché, usés, que vous ne regretterez pas d'abandonner. Vous porterez aussi pour ne pas prendre froid un vieux tee-shirt à manches longues. Ensuite, vous laissez tout ça près de la ligne de départ, en sachant que ces équipements seront jetés par les organisateurs de la course ou emportés par quelqu'un qui estimera en avoir besoin. Mais évitez de les jeter sur le parcours même, c'est dangereux pour les autres coureurs qui vous suivent et peuvent se prendre les pieds dans ces vieux vêtements. *Idem* pour vos… peaux de banane. De plus en plus de marathons sont « écologiques », ce n'est pas une mode, mais un besoin; pourquoi ne pas y apporter sa contribution?

Fermer les yeux…

Que vous dormiez chez vous ou à l'hôtel, couchez-vous tôt et essayez de profiter d'une bonne nuit de sommeil.

Si vos horaires de sommeil et d'entraînement traditionnels sont sans rapport avec l'horaire du marathon, essayez toutefois de les synchroniser au cours de la semaine qui précède la compétition. Supposons, par exemple, que vous couriez votre marathon à partir de 9 heures, heure de départ plutôt traditionnelle. Supposons que vous alliez généralement dormir à 23 heures parce que vous ne commencez pas votre travail avant 9 heures et que vous couriez le soir en sortant du bureau, soit après 18 heures. Au cours de la semaine ou des deux semaines qui précèdent le marathon, commencez à vous coucher plus tôt (disons vers 22 heures) et à vous lever plus tôt (disons à 6 h 30) pour vous habituer aux horaires qui seront imposés par la course. Au cours de cette période, vous pouvez aussi changer certains horaires d'entraînement et parfois courir le matin, afin de vous mettre dans les conditions matinales de votre course. Mais ne chamboulez pas votre programme si cela entraîne trop de contraintes.

Dormir assez longtemps

Si vous avez pratiqué la course de fond ou le cross surtout au collège ou au lycée, vous vous souvenez peut-être que votre professeur d'EPS vous recommandait de dormir beaucoup la nuit précédant vos compétitions. Eh bien, sur le plan technique, ce n'est pas si important.

En vérité, la quantité de sommeil que vous accumulez au cours des semaines et des mois qui précèdent le marathon compte beaucoup plus que le nombre d'heures de sommeil réunies au cours de la nuit qui précède la compétition. En fait, beaucoup de coureurs, y compris les champions, ne font rien d'autre que se retourner en tous sens dans leur lit, juste avant le début de la course. Mais ils sont si bien reposés, en règle générale, qu'une mauvaise nuit ne fait rien à l'affaire.

Même si vous pensez – souvent à tort – que vous ne fermerez pas l'œil, faites en sorte de rester huit heures dans votre lit la nuit précédant le marathon. De cette manière, même si vous dormez mal, vous aurez six à sept heures de repos au moins. Si vous êtes chez vous, demandez à tout le monde de se coucher tôt ou de ne pas vous déranger, de ne pas faire de bruit quand vous vous serez retiré. Si vous vous trouvez dans un hôtel bruyant (beaucoup d'hôtels sont des lieux de fête le samedi, soit le soir qui précède un marathon), mettez une grosse serviette au bas de votre porte de chambre avant d'aller dormir. Et surtout munissez-vous de bouchons d'oreille en mousse ou autres boules Quies, très efficaces pour atténuer le bruit. Mais si vous avez le sommeil très léger, demandez, au moment où vous réservez, si vous pouvez avoir une chambre au dernier étage, où vous n'entendrez pas de gens qui marchent (ou qui dansent) au-dessus de votre tête. Et plutôt une chambre sur cour et non sur… rue.

ASTUCE

Quand vous faites votre réservation, demandez à quel étage dorment les coureurs et si vous pouvez avoir une chambre à cet étage. C'est généralement l'endroit le plus calme.

Trois alarmes pour votre réveil

La nuit qui précède la course, prévoyez deux voire trois alarmes pour le matin suivant. Ce n'est pas exagéré, car l'une pourrait ne pas fonctionner et si vous ratiez le marathon pour lequel vous vous êtes entraîné pendant des mois parce que vous vous êtes rendormi en raison de l'absence de sonnerie, vous ne vous le pardonneriez pas.

Réglez une sonnerie sur votre montre de course ou votre réveil et une autre sur votre téléphone portable et placez tout cela sur votre table de chevet. Levez-vous dès que vous entendez l'alarme sonner : asseyez-vous et placez vos pieds sur le sol. Pour « régler » la troisième sonnerie, et si bien sûr vous êtes à l'hôtel, vous aurez demandé à l'accueil de votre hôtel un appel 5 ou 10 minutes après l'heure de votre réveil. Ce n'est qu'une précaution, pour le cas où vous rateriez les deux autres.

Levez-vous très tôt, selon le temps qu'il vous faut pour vous préparer le matin et prendre votre petit déjeuner, soit, rappelons-le, trois bonnes heures avant le départ. Cela vous donne le temps de d'abord mettre vos lentilles de contact, de vous laver le visage, de vous brosser les dents, de vous habiller, etc. tout en surveillant régulièrement votre montre. Ne vous levez surtout pas trop tard, car cela vous rendrait à coup sûr nerveux.

Petit déjeuner, deux options

Je vous recommande de bien manger (mais pas trop) au petit déjeuner avant la course. Vous aurez de nombreuses occasions de vous ressourcer pendant l'épreuve (voyez le paragraphe intitulé « boire et manger en route », un peu loin dans ce chapitre), mais le petit déjeuner s'impose néanmoins, car vous ne pouvez pas courir l'estomac vide. Vous serez réveillé plus de trois heures avant le départ et aurez donc le temps d'aller déguster un petit déjeuner qui vous mettra en forme. Et dans l'ambiance déjà. Mais ne mangez quand même pas trop, évitez les œufs au lard, les saucisses, surtout si vous êtes à l'hôtel ; beaucoup de coureurs sont malades pendant le marathon parce qu'ils ont mangé quelque chose qui ne leur a pas convenu.

Voici un exemple de petit déjeuner type :

- un bol de thé ou café selon préférence,
- un jus de fruit frais ou un fruit,
- du pain complet ou des biscottes avec un peu de miel, confiture ou compote,
- du riz au lait ou des céréales sans sucre ajouté avec lait ou yaourt,
- une tranche de jambon maigre ou un œuf mollet.

Autre option, le gâteau énergétique : réveillez-vous un peu plus tard, prenez un café ou un thé, un jus de fruit frais et consommez jusqu'à une heure avant le départ du marathon une part de gâteau énergétique vendu dans les magasins de sport et très facile à préparer. Avec une bonne recette, comme on en trouve parfois dans les magazines de course à pied, vous pourrez aussi le préparer vous-même. Mais ceux vendus dans le commerce sont bons et bien composés ; essayez néanmoins d'en déguster quelques-uns avant le jour *j*, avant une séance matinale d'entraînement, cela afin de ne pas être écœuré le matin de la course.

Même si vous avez besoin de boire beaucoup d'eau pendant vos mois d'entraînement et le jour qui précède la compétition, si vous buvez trop d'eau le matin de la course, vous devrez passer votre temps à aller aux toilettes avant ou pendant l'épreuve. Ne buvez quand même pas trop avant le départ, sans toutefois vous contenter de vous rincer la bouche. Si les organisateurs de la course proposent de l'eau près de la ligne de départ, prenez-en quelques gorgées. Mais ne buvez pas trop à ce moment-là.

S'échauffer et s'étirer

Avant chaque compétition, je m'échauffe en courant pendant 20 minutes, je m'étire pendant 5 minutes et je fais quelques exercices dans la foulée. Invariablement, quelqu'un dans me crie « te fatigue pas d'avance! », ce qui me fait un peu rire, encore que… Même s'il serait fatigant de trop courir avant une épreuve, notamment avant les 42 « bornes » du marathon, le fait de s'échauffer avant une compétition stabilise les muscles et les prépare à la tâche difficile qui les attend. L'étirement en douceur vous permet de localiser les points de tension et de les relaxer avant qu'ils ne posent un problème pendant la course.

Je recommande la routine suivante avant le marathon :

1. **Environ 50 minutes avant le début de la course, passez aux toilettes.**

   Les toilettes mobiles qui sont placées près de la ligne de départ sont généralement assiégées, et plus le début de l'épreuve approche, plus la file d'attente s'allonge. Si cette file d'attente a l'air longue avant votre échauffement, essayez de trouver des toilettes *pendant* votre échauffement. Si vous devez faire la queue, pratiquez des étirements en attendant. Ou bien repérez un café accueillant pour aller tranquillement aux toilettes. Escomptez 10 minutes pour cette étape.

2. **Faites du jogging pendant 10, 12 minutes.**

   Commencez au rythme qui vous convient, très, très lentement, sans aller jusqu'à adopter le rythme prévu pour votre marathon, mais bien pour vous déstresser au maximum.

Veillez à porter un pantalon de jogging ou un sweat-shirt et un tee-shirt à manches longues, voire une veste de course pour votre échauffement, surtout si le temps est frais. Si vous n'êtes pas convaincu que cet équipement est nécessaire et si vous êtes tenté de porter un short et un tee-shirt pour l'échauffement, jetez un coup d'œil en direction des coureurs d'élite. Ils portent tous des pantalons et un tee-shirt à manches longues, au minimum. C'est ainsi qu'ils parviennent à avoir chaud et à ne pas se refroidir jusqu'à l'heure du départ. Si vous vous échauffez, que vous transpirez et que vous prenez froid ensuite, vous ferez plus de mal que de bien à vos muscles.

1. **Évitez, sauf si c'est vraiment nécessaire, d'aller aux toilettes lorsque vous avez pratiqué votre échauffement et que vous avez enlevé vos vêtements chauds. Vous auriez froid en attendant votre tour et vos muscles se durciraient.**

2. **Trouvez un endroit un peu tranquille, un bon poteau, un bon mur pour faire quelques minutes d'étirements, toujours très doux.**

3. **Gardez toujours un œil sur votre montre, parce qu'il ne faut pas pousser l'étirement au point d'oublier l'heure du départ.**

4. **Débarrassez-vous de vos vieux vêtements usagés d'échauffement avant d'entrer dans le sas de départ s'il fait chaud ou du moins une température agréable. Faites-le dans le sas même si l'attente est longue et qu'il fait plutôt frais. Mais ne jetez rien sur le parcours, balancez tout à l'extérieur.**

   Reportez-vous au paragraphe intitulé « Préparez tout la veille au soir », un peu plus haut dans ce chapitre, pour savoir quels accessoires garder. Prévoyez de passer quelques minutes à vous débarrasser de vos objets inutiles pour courir. Si vous devez attendre pour vous présenter à une consigne, gardez sur vous la plupart de vos vêtements chauds jusqu'à ce que vous soyez presque devant le guichet, afin de ne pas vous refroidir.

5. **Prenez bien votre place dans le sas de départ prévu, en faisant quelques exercices de foulée, quelques sautillements sur place si vous voulez. Pas facile lorsqu'il y a 30 000 coureurs au départ. Mais on peut sautiller sur place quand même, c'est très possible.**

Arrivez tôt sur l'aire du marathon

Plus votre marathon est important, plus vous aurez de difficultés à bien vous placer près de la ligne de départ. Dans les plus grands marathons, les gens attendent souvent *de longues minutes*, 15, 20 minutes parfois, avant de commencer à courir et cela après le signal du départ. Généralement, plus vous avez prévu de courir lentement, plus vous devrez attendre après le coup de pistolet du départ. Cela tient au fait que vous devez vous placer en fonction de votre numéro de dossard et du temps objectif choisi. Les meilleures places, plus près de la ligne, sont attribuées aux coureurs plus rapides, preuves à l'appui lors de leur inscription. Pour ces coureurs performants qui sont très proches de la ligne de départ, on parle de dossards préférentiels. *A contrario* les plus gros numéros vont aux coureurs qui s'attendent à courir plus lentement, très éloignés, eux, de la ligne de départ. Des panneaux bien visibles vous indiquent votre sas (3 heures… 4 heures, 4 h 30, 5 heures) où vous pourrez retrouver vos meneurs d'allure si la course en a prévu.

Le problème, c'est que certains coureurs trichent un peu. Ils indiquent un temps fictif sur leurs formulaires d'inscription ou ignorent les sas de regroupement selon l'objectif visé. Ce qui toutefois est difficile car on entre dans le sas sous la surveillance des bénévoles qui contrôlent votre dossard et vérifient qu'il est en rapport avec l'objectif décliné lors de votre inscription. Les coureurs qui ont indiqué un temps fantaisiste vont malheureusement courir plus lentement que les gens qui sont derrière eux, ce qui provoque un surplus d'embouteillage. Les premiers sas sont en tout cas réservés aux marathoniens qui pensent faire 2 h 45 ou 3 heures. Ou moins… Si vous avez prévu de courir à 6 minutes au km, vous ne devez pas vous trouver dans ces sas. Devoir piétiner longtemps après le signal du départ est inévitable dans les grands marathons. C'est aussi ce qui fait leur charme. Un conseil possible : débutez dans un plus petit marathon ou un marathon moyen, où cette question ne se pose pas. Mais si vous choisissez de faire un grand marathon, respectez les règles et faites en sorte que chacun vive une expérience agréable. En général – il ne faut pas noircir le tableau, car tout se passe bien – on attend le temps qu'il faut avant de commencer à courir, c'est de toute façon notre « puce » qui nous donnera notre vrai « chrono », le temps réel, l'autre étant le temps officiel.

Votre *temps à l'arrivée* (le temps que vous voyez apparaître quand vous franchissez la ligne d'arrivée et le temps imprimé dans le journal du lendemain) ne tiendra sans doute pas compte de votre temps d'attente sur la ligne de départ. En revanche votre puce en tiendra compte. Le *temps réel* s'enregistre sur la puce que vous portez sur votre chaussure (pour vous remémorer les caractéristiques de la puce, consultez le paragraphe « Votre dossart et autres accessoires » un peu plus haut dans ce chapitre). La puce enregistre l'heure à laquelle vous franchissez la ligne de départ et la soustrait de celle à laquelle vous franchissez la ligne d'arrivée. De ce fait, cet enregistrement est extrêmement précis, et vous aurez bien votre vrai temps sur le marathon que vous venez de courir. Même si vous avez dû attendre 20 minutes avant de commencer à courir.

Boire et manger en route

Comme nous l'avons indiqué dans le chapitre 9, il est important de se ressourcer en boisson et en nourriture pendant le marathon. Vous disposez de plusieurs possibilités pendant votre course :

- **Eau** : la plupart des marathons offrent des postes de ravitaillement en eau, tous les 5 km ou encore mieux parfois, tous les miles (1,609 km) comme à Londres et à New York. Il faut boire à tous les postes ou, au pire, à un poste sur deux si les « ravito » sont très rapprochés. Consultez l'encadré intitulé « boire en courant », un peu plus loin dans ce chapitre pour savoir s'il y a loin de la coupe aux lèvres.

  Lors de ma première course longue (30 km), j'ai pensé avant le départ que je pouvais très bien me passer d'eau, puisque je n'en emportais pas pendant mes autres sorties longues d'entraînement. Rétrospectivement, c'est bien sûr totalement idiot, c'est surtout l'erreur à ne pas faire, car les séances longues d'entraînement sont courues en règle générale plus lentement que les compétitions. Et cela n'empêche pas que même pour l'entraînement il faut emporter de l'eau et en boire régulièrement. Reste que le jour de la compétition, il ne faisait certes pas extrêmement chaud, mais au bout de 13 km, j'ai pourtant commencé à souffrir de crampes dans les mollets. J'avais l'impression de ressentir de petites explosions dans les jambes, tous les deux mètres environ. Évidemment, vous vous en doutez, c'était très douloureux. J'ai commencé à boire de l'eau dès que j'ai ressenti ces crampes, mais il était trop tard, et j'ai dû finir la deuxième partie de la course dans ces conditions. En fait, j'aurais pu éviter totalement les crampes si j'avais juste avalé quelques gorgées d'eau à chaque poste de ravitaillement et ce dès les tout premiers kilomètres.

- **Boissons énergétiques non gazeuses** : personnellement, je ne prends pas de boisson énergétique du style Isostar, Aptonia, Overstim pendant les courses, mais j'en consomme *après* chaque épreuve pour faciliter la récupération. Toutefois, je connais beaucoup de gens qui en consomment quand ils courent et qui les apprécient. Ces boissons contiennent désormais des protéines en plus des glucides, ce qui permet de restaurer plus facilement les stocks de glycogène. Vérifiez sur l'étiquette qu'elles sont, de préférence, composées de glucose-maltodextrine-fructose. Les boissons énergétiques peuvent toutefois provoquer des crampes d'estomac. Si vous avez l'estomac sensible, préférez l'eau et les gels énergétiques. Si vous décidez de consommer des boissons énergétiques pendant une course, alternez de toute façon avec de l'eau. Et testez votre boisson à l'entraînement. *Idem* pour le gel. Mais surtout, surtout faites un choix : ne cumulez pas boisson énergétique et gel pendant votre marathon. Car sinon gare aux maux d'estomac et aux vomissements ! Le bon complément, c'est l'eau plate !

Boire et… manger en courant

L'une des raisons pour lesquelles il est recommandé de pratiquer des courses d'entraînement avant un marathon (voir les chapitres 13 et 19) tient au fait que vous pouvez apprendre à boire de l'eau en courant. Ce n'est pas facile, mais la technique suivante peut vous aider :

1. **Quand vous vous approchez du poste de ravitaillement, visez un bénévole et le gobelet d'eau qu'il tend, tendez la main à votre tour, et tenez-le fermement tout en courant.**
2. **Avec votre main, appuyez sur le haut du gobelet pour rétrécir l'orifice. Cela vous permettra de boire moins d'eau à la fois et plus calmement.**

   En effet, ce geste déforme le gobelet et lui donne une forme ovale qui vous aide à mieux boire.
3. **Ouvrez alors la bouche, renversez un peu la tête en arrière et versez l'eau à partir de cette petite ouverture ovale.**

   Ne projetez pas directement l'eau dans votre gorge, cela provoquerait un étouffement. Versez l'eau et avalez-la à petites goulées.
4. **Jetez le gobelet par terre, mais sur les côtés et sans (trop) vous soucier de polluer puisqu'il sera ramassé peu de temps après par les bénévoles qui ne manquent pas de travail et doivent être respectés, comme vous le savez. Ou mieux : jetez-le dans les conteneurs mis en place à cet effet par les organisateurs.**
5. **Si on vous propose une bouteille d'eau plutôt qu'un gobelet, prenez-la, continuez à courir et buvez régulièrement de petites gorgées.**
6. **Toutefois, si les coureurs les plus performants ne s'arrêtent pas aux tables et prennent leur boisson au vol, vous, si vous débutez, devez vous arrêter et boire tranquillement en marchant l'espace de trente secondes. Vous ne serez pas perdant à l'arrivée, bien au contraire.**
7. **Manger ou ne pas manger en courant si du « solide » est prévu aux tables, telle est la grande question.** Si vous courez en plus de quatre heures, ajoutez à la prise indispensable des morceaux de sucre présents sur les tables, quelques fruits secs par exemple, des raisins, des abricots notamment. Mais surtout, lorsque les tables sont bien remplies, comme dans beaucoup de marathons français, à Paris par exemple, ne faites pas un festin, car vous n'auriez pas le temps de digérer ce que vous absorbez aux « ravito » et votre estomac serait très lourd. Trop lourd pour courir et finir à l'aise.

ATTENTION !

Souvent, il est difficile de faire la différence entre les gobelets contenant l'eau et ceux qui contiennent les boissons énergétiques. Écoutez les bénévoles quand ils vous crient certaines informations du genre « l'eau devant, la boisson énergétique derrière ! ». Des pancartes le signalent aussi clairement. Mais quand on commence à fatiguer…

- Les **gels énergétiques** : ils sont constitués d'un mélange de pulpe de fruit et de sucre, contenu dans un sachet en plastique que vous pouvez emporter pendant votre marathon. Nous vous recommandons de vous entraîner à emporter ces gels énergétiques et à les consommer, à les tester pendant vos sorties longues d'entraînement, en vue des compétitions. Le chapitre 9 vous en dit plus sur les gels énergétiques dont la prise, c'est impératif, doit être suivie de quelques gorgées d'eau. Ingurgitez les gels aux tables de ravitaillement, c'est mieux, car vous pourrez ensuite avaler de l'eau.

À quoi penser, que regarder pendant le marathon ?

Les gens me demandent fréquemment : « À quoi tu penses pendant toutes ces heures où tu cours ? » La réponse est, « à rien ». Et c'est vrai : j'essaie d'avoir la tête vide pendant mes sorties longues, mes entraînements et mes compétitions. En fait, au début de chaque course, je dois souvent me répéter « ne pense pas, cours », et ce dès que les pensées commencent à ramper dans ma tête. Mais, c'est très personnel, car à défaut de penser, vous pouvez, si le chrono n'est pas votre obsession, regarder autour de vous le décor, les autres coureurs, car c'est très distrayant. Regardez par terre, autour de vous, lisez les panneaux de signalisation, les pubs le long du parcours, ou les affiches de cinéma, de théâtre. En revanche, ne préparez pas déjà ce que vous direz aux autres à la fin de la course, ne commencez pas à vous demander pourquoi vous devez ralentir ou pis ne vous demandez pas si finalement vous n'allez pas jeter l'éponge. Restez toujours très positif dans votre tête et les moments difficiles passeront mieux. Contentez-vous de courir, de vous distraire éventuellement avec le décor, l'ambiance, ce qui ne vous empêche pas de rester concentré sur votre effort, mais sans trop y penser. En revanche, si battre votre record est votre but, une concentration plus importante sur vos sensations, votre allure, vos temps de passage est alors nécessaire.

Il faut de la pratique pour bannir les mauvaises pensées de son esprit, et mieux vaut commencer tôt au cours de l'entraînement. Courir sans penser négativement, c'est un peu comme méditer : quand les pensées parasites commencent à envahir votre esprit, vous devez les reconnaître, les laisser passer, et vous concentrer à nouveau sur la tâche à accomplir. Si vous pratiquez l'absence de pensées négatives pendant vos sorties longues et vos courses d'entraînement, vous y arriverez tout naturellement pendant le marathon. Mental et course à pied, c'est un duo tout à fait indissociable.

Chapitre 15

Après le marathon

Dans ce chapitre :

- Savoir ce qu'il faut faire juste après la course
- Récupérer au cours de la première semaine qui suit le marathon
- Savoir quand reprendre l'entraînement
- Planifier le prochain marathon

Voici un chapitre sur lequel vous ne voulez pas passer trop de temps avant de courir votre marathon. Pourtant, il ne faut pas attendre le lendemain du marathon pour le lire, parce qu'il contient des informations que vous devez connaître dès que vous l'avez terminé.

ASTUCE

Je suggère que vous lisiez ce chapitre une à deux semaines avant le marathon, puis que vous le relisiez après le marathon. Vous vous rappellerez *grosso modo* ce qu'il convient de faire après la compétition. Ne vous embarrassez pas des détails au moment de vous concentrer sur la course.

Juste après la course

Sans doute aurez-vous envie de faire tout ou partie de ce qui suit :

- Rire ou du moins sourire
- Boire n'importe quoi, une bière par exemple plutôt qu'une boisson gazeuse
- Avaler tout ce qui vous tombera sous la main
- Vous coucher et faire une sieste, ce qui est vivement conseillé
- Renoncer à courir ; surtout pas !
- Vomir, cela arrive…
- Envelopper vos pieds dans une serviette glacée…

Se relaxer

À la fin de la plupart des courses courtes (5 ou 10 km), il faut s'accorder quelques minutes avant de boire ou de manger quoi que ce soit de substantiel. Toutefois, après un marathon, surtout le premier, buvez beaucoup, grignotez des quartiers de fruits (tout en marchant ou en restant debout), puis allez tranquillement aux vestiaires chercher vos affaires.

Après une course courte, on peut encore courir après, plus lentement, c'est ce que l'on appelle le retour au calme. Si vous venez de faire votre marathon, mieux vaut éviter de courir après. La tête pleine de souvenirs, vous allez revenir en marchant à votre voiture ou à votre hôtel. Mais si vous avez l'intention de rester dans les parages, de « traîner » pour encore mieux savourer et apprécier les festivités prévues après la course, changez-vous d'abord et enfilez des vêtements secs. Faites, si vous le pouvez, un peu d'étirements (reportez-vous au paragraphe intitulé « S'étirer », un peu plus loin dans ce chapitre), avant d'aller vous mêler à la foule.

Se réhydrater et reprendre des forces

Voici les premières choses à faire après la fin d'un marathon :

1. **Prenez un sachet de gel énergétique**

   Vous pouvez emporter un gel supplémentaire à cet effet, ou demander à quelqu'un de vous en apporter un sur la ligne d'arrivée. L'autre possibilité consiste à garder un sachet pour le prendre à l'arrivée ou le laisser dans votre voiture, mais cela n'est utile que si le parking est tout proche du lieu de l'épreuve : en effet, il vaut mieux avaler le gel énergétique juste après avoir terminé le marathon. Voyez le chapitre 9 pour en savoir plus sur les avantages du gel énergétique.

2. **Ingurgitez plusieurs verres d'une eau, gazeuse ou non**

   Les boissons énergétiques destinées aux sportifs réhydratent votre corps plus efficacement que l'eau après un marathon. Buvez votre boisson lentement par petites gorgées. Mais à défaut, prenez un ou deux verres d'eau (gazeuse ou non, c'est au choix) pour ne pas finir sous la tente d'aide d'urgence à cause d'un problème de déshydratation. Même si vous vous sentez très bien à la fin de la course, vous pourriez ressentir les effets de la déshydratation dans les 30 minutes qui suivent si vous ne buvez pas. Alors, buvez lentement la bouteille que l'on vous remettra une fois la ligne franchie.

3. **Consommez aussi des quartiers de fruits et un bon morceau de brioche si l'on vous en propose à la fin, ce qui est souvent le cas.**

   Même si vous n'en avez pas envie, mangez un peu ! Plus vous nourrirez vos muscles, moins vous souffrirez de crampes, de contractions et de fatigue dans les heures qui suivront. Pour ce qui concerne vos choix alimentaires, concentrez-vous sur les hydrates de carbone simples (voir le chapitre 9).

Continuez à marcher tout en mangeant. Si cela vous déplaît, appuyez-vous contre un mur en grignotant. En tout cas, ne vous asseyez pas, du moins essayez de l'éviter, avant d'avoir pu marcher et vous étirer un peu. Si vous restez assis longtemps juste après votre course, les muscles de vos jambes vont se raidir et se mettre à vivre leur vie de manière douloureuse.

S'étirer

Vous devez vous étirer un peu, très en douceur après votre marathon. Du moins essayer. Avant d'aller vous changer, de prendre une douche, de rejoindre les participants à la fête ou de rentrer chez vous, efforcez-vous de faire au moins une fois les exercices classiques d'étirements dits passifs (voir le chapitre 5). Si vous vous abstenez, vous aurez sans doute plus de courbatures le lendemain, si bien que vous ne pourrez plus sortir de votre lit. Ni descendre les escaliers…

D'ailleurs, je ne vais pas vous mentir : que vous vous soyez étiré ou non, vous allez souffrir de courbatures le lendemain du marathon. Mais les étirements limitent les dégâts et permettent à vos muscles de rester souples, ce qui peut vous éviter, sait-on jamais, une blessure.

Soigner ses ampoules

Il se peut que vous soyez affligé d'ampoules douloureuses après (et même pendant) votre marathon. Quel que soit leur degré de gravité, vous pourrez sans doute marcher pour aller vous chercher quelque chose à manger, rentrer à votre hôtel ou revenir vers votre voiture, avant de vous étirer un peu. Ensuite, il vous faudra vous occuper de ces bobos. Le chapitre 11 vous indique de manière détaillée comment soigner les ampoules en vous servant de produits que vous pouvez acheter dans n'importe quelle pharmacie. Ou tout simplement en allant consulter les podologues de l'organisation de la course qui vous attendront sous les tentes de secours. Ils sont très compétents.

Quand vous préparez votre sac avant un marathon, essayez d'y glisser des pansements spéciaux en plusieurs tailles, de l'alcool, de la gaze stérilisée, un coupe-ongles ou de petits ciseaux, ainsi qu'un pansement liquide. Le chapitre 11 vous indique quand et comment utiliser ces produits.

Planifier un jogging ou une marche de remise en forme

La séance *de récupération* est celle que vous pratiquerez l'après-midi ou le soir qui suit le marathon (il s'agira d'une *marche de remise en forme*, ou d'une marche un peu rapide). Il se peut que vos muscles se tendent quatre à six heures après la fin de la course, surtout si vous avez conduit une voiture ou si vous avez fait une sieste. La remise en forme ou retour au calme vous rend de la souplesse et vous empêche de trop souffrir de courbatures le lendemain. Courez très lentement bien sûr, mais seulement si vous le pouvez, ou du moins marchez entre 10 et 20 minutes, pas davantage. Ce que font aussi certains coureurs pour rentrer à l'hôtel après le marathon. Une marche qui n'est pas superflue.

S'il ne vous est pas possible de pratiquer un jogging ou une marche de remise en forme le jour du marathon, essayez de pratiquer une activité physique, *n'importe laquelle*, pendant 10 à 20 minutes. Enfourchez un vélo de plein air ou d'appartement, nagez, mais la marche reste néanmoins idéale car elle est plus pratique, plus exploitable.

La semaine après le marathon

La semaine qui suit le marathon et surtout le lendemain sont très importants pour votre processus de récupération. Ce paragraphe vous aide à traverser une semaine qui peut être pénible.

Si vous faites votre marathon un dimanche, je vous suggère de prendre, si vous le pouvez bien sûr, votre journée du lundi. Vous pouvez faire une grasse matinée, bricoler, faire une sieste, manger, tout cela sans être perturbé par votre travail.

Gérer les douleurs

Il est probable que vous souffriez de quelques courbatures, et peut-être même de nombreuses courbatures. Peut-être iront-elles se loger dans votre dos et vos bras, mais ce sont certainement vos jambes qui vous tourmenteront le plus. Beaucoup de coureurs éprouvent des difficultés à descendre les escaliers après un marathon, voire à sortir de leur lit le lendemain d'une épreuve. C'est très classique.

Pour gérer vos douleurs, voici quelques conseils :

- **Poursuivez les étirements** : même si vous restez plusieurs jours sans courir, continuez à vous étirer en douceur tous les jours. Voyez le chapitre 5 pour savoir comment faire.
- **Buvez beaucoup** : au cours de la semaine qui suit le marathon, n'allez nulle part sans emporter une bouteille d'eau (et de temps en temps, substituez une boisson énergétique non gazeuse à l'eau). Buvez autant, voire davantage qu'avant votre marathon.
- **Prenez des bains froids** : au début, les bains froids sont très désagréables – pires même que vos courbatures ! Mais parce qu'ils guérissent les petites déchirures de vos muscles, ils les soignent mieux que quoi que ce soit d'autre. Le chapitre 11 vous dit comment prendre votre bain froid. Ou, à défaut, alternez tout simplement chaud et froid sous la douche. C'est plus facile !

  ATTENTION !

  Quoi que vous fassiez, n'appliquez ni bouillotte ni source de chaleur sur vos jambes. La chaleur tend à figer le sang, ce qui provoque des meurtrissures microscopiques et encore plus de courbatures.
- **Courez, marchez, ou courez dans une piscine**. L'un des meilleurs moyens de soulager les courbatures consiste à rester en activité. Cela peut sembler bizarre, mais c'est la vérité. Plus vous bougerez, plus vite vos courbatures disparaîtront. S'il vous paraît trop difficile de courir, essayez la marche, nous l'avons dit. Mieux encore, courez dans une piscine, selon les modalités expliquées au chapitre 12.

Savoir s'il faut courir et à quelle dose

C'est vous qui déciderez s'il faut courir et à quelle dose, pendant la semaine qui suit votre marathon. En général, la pratique de la marche ou du vélo exceptée, il est conseillé de ne pas courir dans la semaine qui suit votre marathon. Toutefois, si vous souhaitez courir un peu, trottinez, cela peut entraîner des effets favorables :

- **Vous réduisez les courbatures**. Vos douleurs s'atténueront plus efficacement que si vous ne faites rien du tout.
- **Vous gardez (un peu) vos habitudes d'entraînement, à savoir que vous ne vous sentez pas frustré, tout en vous relaxant grâce à une allure sans rapport avec celle de votre préparation.**

- **Même si vous mangez trop, vous ne prendrez sans doute pas de poids.** Mais comme vous risquez de manger un peu trop au cours de la semaine qui suit votre marathon, si vous trottinez un peu, vous mangerez sans le moindre complexe…
- **Vous pouvez vous préparer beaucoup plus rapidement au marathon suivant.** Même si vous courez mollement au cours de la semaine qui suit le marathon, vous serez prêt à revenir à votre ancien kilométrage et à vos entraînements beaucoup plus vite que si vous vous accordiez du repos. Mais cela c'est un peu et même beaucoup de la provocation ! Car certains spécialistes de la question affirment qu'il faut vingt-six jours pour bien récupérer d'un marathon. Un délai très logique et très raisonnable. Dans ces conditions, trottinez, faites-vous plaisir, décontractez-vous. Mais ne faites rien de plus.

Toutefois, prendre un repos complet peut aussi présenter bien des avantages :

- Votre corps peut avoir besoin d'une pause pour guérir et récupérer, surtout si vous vous êtes infligé des ampoules ou autres bobos pendant le marathon. Alors pas de course, un peu de marche peut-être, mais du repos essentiellement.
- Vous vous accordez également une pause mentale qui vous coupe de votre entraînement continu, ce qui rendra vos prochains exercices plus agréables.
- Vous menez une vie normale pendant une semaine environ, et vous disposez de plus de temps pour vos amis, votre famille, vos loisirs. C'est important, ne l'oubliez pas.

Ce qui n'empêche pas de savourer au calme votre marathon, de vous le repasser dans votre tête, encore plus si vous avez connu le succès. Et vous serez d'excellente humeur pour votre entourage.

La vraie semaine de récupération active

Elle interviendra une semaine après votre marathon et suivra la semaine où vous aurez soit trottiné et marché pour réduire les courbatures, soit cédé à un repos total (voir ci-dessus) :

Mardi : 15 minutes de marche puis alternance de 5 minutes de footing lent sur pelouse avec 5 minutes de marche un peu active ;

Jeudi : 30 minutes en alternant footing lent et marche par tranches de 3 minutes Ou bien 45 minutes de vélo facile sans côtes ;

Samedi ou dimanche : 30 à 40 minutes de footing lent sur terrain souple ou pelouse.

Vous n'êtes pas obligé d'opter pour une solution au détriment de l'autre. Si vous n'avez pas envie de courir le lendemain ou deux jours après votre marathon, accordez-vous ce repos sans vraiment aucun état d'âme. Si, ensuite, vous avez envie de prendre l'air et de courir, faites-le. Le lendemain de la course, vous n'aurez sans doute pas envie de recommencer, et ce n'est vraiment pas un problème. Faites ce qui vous paraît le mieux, écoutez vos sensations sans perdre de vue les avantages des deux approches. Un peu ou pas du tout.

Se reposer sans compter

Le sommeil est essentiel pour récupérer des courbatures et pour vous remettre en forme avant de reprendre l'entraînement à la course. Je vous recommande de faire la sieste l'après-midi du marathon. Le lendemain, si vous pouvez prendre une journée de repos, dormez tout votre soûl et accordez-vous aussi une sieste.

Pendant la semaine qui suit votre marathon, vous aurez sans doute besoin de davantage de sommeil que lors des semaines qui ont précédé la compétition. Prévoyez un *minimum* de huit heures de sommeil par nuit, tout en sachant qu'il vous faut en réalité dix heures pendant un certain temps. Mais très vite, votre organisme s'adaptera et reviendra à un rythme plus normal.

Bien manger

En 2001, la marathonienne américaine Deena Kastor, vice-championne olympique à Athènes en 2004, a terminé son premier marathon en 2 h 26 min 58 secondes. Quand on lui a demandé ce qu'elle avait l'intention de faire ensuite, elle a répondu qu'elle voulait se vautrer sur son canapé et manger des « cochonneries » pendant un mois (la citation n'est pas tout à fait exacte, mais vous avez une idée de ce qu'elle voulait dire). Drossin est une coureuse qui n'a pas sa pareille aux États-Unis. Elle a toutefois traversé ce que connaissent tous les coureurs d'élite : l'envie de se goinfrer de sucreries, de charcuterie, au cours de la semaine qui suit le marathon. Sans doute est-ce un besoin plus psychologique que physiologique, mais il est tout à fait réel. Vous n'êtes surtout pas obligé de faire pareil. C'est un exemple issu de l'élite du marathon…

Accordez-vous un peu de temps pour avaler les sucreries et autres produits gras dont vous avez envie, mais de toute façon ne poussez pas trop loin le bouchon. Bien se nourrir est surtout une question d'habitude, et si vous cédez trop longtemps à l'envie de mal bouffe, vous pourriez avoir du mal à vous réadapter aux aliments qui sont bénéfiques pour vous. En outre, si vous marquez une pause physique tout en mangeant mal, vous allez peut-être prendre du poids, poids que vous aurez du mal à perdre au cours des mois qui suivent. Donnez-vous une limite de temps à ne pas dépasser, disons trois jours. Ensuite, revenez le plus vite possible à un régime sain, tel qu'il est décrit au chapitre 9.

Le mois suivant

Le programme du mois qui suit votre marathon dépend entièrement de vos objectifs : si vous n'avez plus l'intention de courir, vous pouvez passer votre temps à prendre des cours de tricot, à faire des mots croisés et surtout à éviter tous les magasins de sport et à abandonner tout projet de course. Mais si vous voulez participer à un autre marathon ou à d'autres compétitions plus courtes, ce mois d'entraînement sera celui de la reprise structurée avec des objectifs sur 10 km, par exemple, pour se dégourdir les jambes après beaucoup de kilométrage et donc refaire un peu de vitesse. Tous les champions reviennent aux 10 km plus rapides et éventuellement au cross, si c'est de saison, après leur marathon. Faites de même, encore une fois pour vous débrider.

Exemples de séances types hebdomadaires pour un 10 km de niveau moyen :

deux séances VMA (mardi et vendredi) à faire évoluer sur quatre semaines :

- 8 fois 30 secondes vite-30 s lent ; 8 fois 1 min 30 s à 95 % de votre FCM (récupération 1 min) ; 8 fois 2 min à 95 % FCM (récupération 1 mn) ; 8 fois 3 min toujours à 95 % FCM (récupération 1 min 15 s) ;
- 2 fois 6 minutes à 85 % FCM ; trois fois 8 min à 85 % ; 4 fois 4 min à 90 % et 3 fois 5 minutes à 90 % FCM.

deux sorties en endurance (jeudi et dimanche) :

- sortie courte de 45 à 50 minutes ;
- sortie longue du week-end de 1 h 15 min à 1 h 30 min.

N'OUBLIEZ PAS !

Si le marathon a été un projet unique, mais nous ne voulons pas le croire, pensez à pratiquer une activité physique pour rester en forme pendant le reste de votre vie. Vous avez observé un régime d'entraînement intensif, vous vous sentez bien, et vous en savez long sur la course à pied. Pourquoi ne pas garder la forme en continuant à pratiquer cette activité ? Bref, à courir d'autres marathons. Vous trouverez toujours le temps de faire autre chose.

Surmonter le blues d'après la course

Si vous n'avez pas d'autre projet de compétition, à court terme, il se peut que vous soyez atteint par un phénomène psychologique unique, le « marathon blues » (reportez-vous au paragraphe intitulé « Décider de la suite de votre calendrier », ci-dessous). L'entraînement au marathon repose tout entier sur le fait de se fixer un objectif et de travailler pour le concrétiser. Mais dès que l'objectif n'existe plus, il se peut que vous vous sentiez vide et déboussolé, surtout si le marathon ne s'est pas bien passé ou si vous vous êtes entraîné avec un groupe de gens qui se sont séparés.

Plus vous vous entraînez longtemps en vue de la compétition, plus vous risquez de souffrir du « marathon blues ». Peut-être aurez-vous seulement l'impression que vous ne savez plus comment vous entraîner sans viser un autre marathon, ou bien vous n'aurez plus l'énergie de surmonter la tristesse qui s'emparera de vous pendant plusieurs jours ou plusieurs semaines.

Pour éradiquer le « marathon blues », l'essentiel est de vous fixer un nouvel objectif, de reprendre contact avec vos anciens partenaires d'entraînement (si vous en aviez) et d'adopter un nouveau plan d'entraînement. Si votre prochain objectif n'est pas un autre marathon, vous pouvez cibler un semi-marathon ou mieux un 10 km – nous l'avons dit plus haut – pour retrouver des sensations de vitesse, pour vous débrider. Mais si vous visez un autre marathon, vous voudrez sans doute le courir 5, 10 ou 30 minutes plus vite! Possible selon votre premier « chrono ». Sans doute adopterez-vous pour votre entraînement certaines des idées présentées dans le chapitre 7 ou allez-vous augmenter votre kilométrage, ou encore améliorer votre technique (voir le chapitre 8). De toute façon nos plans en dix semaines qui vont de 2h30 à plus de 5 heures vous laissent un large choix de progression. Il vous suffira de choisir un nouveau plan et de le suivre. Mais soyez raisonnable pour le choix de votre nouvel objectif.

N'OUBLIEZ PAS !

Quelle que soit votre décision, souvenez-vous que votre entraînement ne doit pas nécessairement être organisé à court terme, même si votre objectif est ponctuel. Vous devez pouvoir pratiquer la course à pied pendant le reste de votre vie, même si vous avez 90 ans. Si vous continuez à vous étirer, si vous vous accordez un ou deux jours de récupération après chaque journée difficile (voir le chapitre 6), si vous vous hydratez et si vous mangez bien, vous pouvez en effet courir sans vous blesser pendant le reste de votre vie. Et cette vie sera sans doute longue, libérée de bien des maladies et des soucis liés à l'obésité.

Décider de la suite de votre calendrier

Si vous voulez courir un autre marathon, asseyez-vous, crayon à la main, devant un calendrier, étudiez une liste de marathons pareils à ceux qui sont décrits au chapitre 18, et choisissez-en un (rappelez-vous que certains marathons ferment leurs inscriptions un an avant la tenue de l'événement, comme Paris ou New York, et que d'autres comme celui de Boston requièrent un temps de qualification, obstacle qui peut être levé si vous vous inscrivez avec un voyagiste français). Notez cette course envisagée sur votre calendrier.

ASTUCE

Nous recommandons d'attendre six mois avant de courir un autre marathon. Même si certaines personnes attendent moins longtemps, ce laps de temps vous permet de reconstruire de bonnes bases, surtout si vous n'avez pas pu les constituer lors de votre dernier marathon (voir le chapitre 6). Essayez de travailler votre vitesse (la VMA) avec les séances fractionnées courtes et plus longues (consulter le chapitre 7), et de faire d'autres courses courtes et moyennes (se reporter aux chapitres 13 et 19), etc.

Après avoir opté pour un marathon auquel vous êtes sûr de pouvoir participer, explorez la liste des courses plus courtes accessibles avant votre marathon. Le calendrier annuel publié au mois de décembre par le magazine *Jogging International* vous dira tout sur toutes les courses de l'Hexagone. Et en dehors aussi. Notez-les sur votre calendrier. Ensuite, relisez les chapitres 6, 7 et 8 afin de déterminer quand et comment vous allez refaire, retravailler les bases nécessaires à votre progression : les allures rapides sur piste ou en nature, les côtes, les circuits et les exercices sur la foulée. Recommencez à zéro, ou presque, comme vous l'avez fait pour le marathon précédent, en veillant à enrichir vos atouts par rapport à votre entraînement ancien.

Repartir sur de bonnes bases

Même si vous ne savez pas exactement quand vous voulez courir à nouveau, commencez à reconstituer vos bases (voir le chapitre 6). Ce qui manque aux bataillons de marathoniens débutants, ce sont des bases solides (l'accumulation de semaines et de mois d'entraînement à une allure d'endurance). L'absence de bases solides n'est pas un défaut qui leur est forcément imputable, car lorsqu'ils décident de participer à la course, ils ne disposent pas souvent du temps nécessaire pour se préparer correctement. Mais cette fois la surprise ne peut plus jouer. Consacrez donc les quatre, six, huit, voire les douze mois précédant la prochaine course à parcourir des distances longues, à pratiquer des étirements et (si possible) des circuits, à faire des exercices sur la foulée. Pendant tout ce temps, voyez si vous pouvez augmenter progressivement votre vitesse au kilomètre, afin d'être plus performant.

Bref, n'attendez pas de préparer votre prochain marathon pour bien vous entraîner, il faut se préparer nettement en amont, consolider, renforcer les bases ; on y revient toujours.

Savoir quand mettre les gaz

Le travail pour améliorer sa vitesse (voir le chapitre 7) peut être entrepris peu de temps après votre marathon, pour vous débrider, nous l'avons dit. Mais dans le même temps remettez-vous à faire des sorties en endurance pour reconstituer et même étoffer votre base kilométrique. Elle est fondamentale pour le marathon.

Les exercices sur la foulée (voir le chapitre 8), les assouplissements, les étirements ne demandent pas beaucoup d'efforts et constituent un excellent complément à votre travail sur la base… kilométrique. Cette base kilométrique qui vous donne bien sûr l'assurance de mieux courir les 42,195 km avec un organisme bien préparé. Les circuits (voir aussi le chapitre 7) renforcent également votre organisme et le rendent capable de mieux supporter les moments difficiles de la course. Vous pouvez essayer cette méthode. Les exercices sur la foulée, de leur côté, améliorent votre technique et vous donnent aussi de la souplesse. Bien sûr, vous pouvez courir un excellent marathon sur la seule base du kilométrage et des exercices annexes cités plus haut sans jamais travailler la vitesse, les fractionnés, les côtes, le *fartlek* ; en bref, tous les aspects développés dans le chapitre 7. Mais en réalité tout dépend de vos objectifs, car s'ils sont ambitieux, si vous voulez progresser, vous devez augmenter votre vitesse de base, votre VMA (vitesse maximale aérobie), ce qui vous permettra de courir plus vite et plus longtemps en endurance. Donc lors de votre marathon. Et d'améliorer votre « chrono ». Tout simplement. L'entraînement au seuil à 85 % de votre FCM (fréquence cardiaque maximale) est également indispensable pour le marathon. Mais si terminer le marathon reste votre objectif numéro un, l'endurance avec quelques séquences au seuil, quelques accélérations pour se débrider, éviter la routine, l'endurance donc (de 70 à 80 % de votre FCM) reste l'allure très prioritaire. Mais encore une fois, elle l'est aussi pour le coureur plus performant. Votre entraînement, retenez cette formule, c'est 80 % d'endurance, 15 % de seuil ou endurance active et 5 % de résistance dure à 95 % de votre FCM et plus.

Chapitre 16

Les bonnes résolutions de l'après course

Dans ce chapitre :

- Tirer les enseignements de sa préparation
- S'entraîner un peu plus vite
- Changer le petit quelque chose qui fera toute la différence
- Toujours croire en sa progression

Vous êtes venu à bout de votre premier marathon. Bravo. Vous avez souffert mais surtout vous avez ressenti une intense satisfaction. Et même si vous avez juré que l'on ne vous y reprendrait plus, cela arrive régulièrement, vous vous posez bien entendu des questions pour la suite.

Peut-être la course s'est-elle passée aussi bien – voire mieux – que vous ne l'aviez prévu. Maintenant, au lieu de simplement vouloir finir un marathon, vous aimeriez travailler votre vitesse de base, votre VMA (vitesse maximale aérobie) pour faire mieux, améliorer votre « chrono ». L'immense majorité des coureurs raisonnent ainsi. Il se peut toutefois que vous envisagiez simplement de faire de votre marathon un événement annuel et de courir pour une cause avec une association : contre la mucoviscidose, le diabète, ou courir comme guide d'athlètes non-voyants ou avec des enfants handicapés. Ou bien votre marathon ne s'est pas passé aussi bien que vous l'espériez, et vous voulez vous donner une deuxième chance de mieux courir. C'est normal.

Quelles que soient vos raisons d'agir et d'envisager l'avenir, vous allez trouver dans ce chapitre des idées pour entamer votre deuxième, troisième, quatrième ou vingtième marathon, et pour en faire une expérience encore plus riche que la précédente.

Réfléchir à vos entraînements passés

Si vous voulez améliorer votre temps spécifique dans le prochain marathon, il faut tout d'abord vous demander si vous vous êtes assez entraîné au cours des semaines et des mois qui ont précédé votre dernier marathon. C'est important ; encore une fois, la seule préparation spécifique en dix semaines ne suffit pas, nous le répétons. Ne pas courir du tout ou si peu puis se mettre à une préparation en dix semaines, ça ne marchera pas. Il n'existe pas de préparation miracle ! Vérifiez donc si vous avez respecté tous les conseils suivants :

- Avez-vous commencé à vous préparer avec non pas plusieurs semaines mais bien plusieurs mois d'avance ?
- Avez-vous augmenté votre kilométrage ou la durée de vos séances d'entraînement régulièrement ?
- Avez-vous bien respecté vos jours de repos ?
- Avez-vous couru plus vite ou plus régulièrement pendant vos sorties longues ?
- Avez-vous allongé vos sorties longues ?
- Avez-vous régulièrement travaillé la vitesse et la puissance de votre foulée, en concentrant vos efforts sur ces aspects ?
- Avez-vous régulièrement intégré les exercices sur la foulée à votre plan d'entraînement ?
- Vous êtes-vous étiré après chaque séance ?

Comme vous n'avez certainement pas répondu « oui » à toutes ces questions, encore plus si c'était votre premier marathon, il est probable que vous pourrez travailler davantage en vue de votre prochain rendez-vous. Explorez les chapitres 6, 7 et 8 pour savoir comment « doper votre entraînement ». Regardez aussi les deux paragraphes qui suivent, « Mieux travailler la vitesse » et « Passer d'une heure à 1 h 10 tout simplement », qui reprennent brièvement les concepts développés dans ces chapitres.

Mieux travailler la vitesse

Si, pour vous entraîner en vue de votre premier marathon, vous vous êtes contenté de parcourir à peu près la même distance au même rythme, ou pas loin, pendant quatre jours par semaine, vous ne vous êtes sans doute pas vraiment préparé à un marathon plus rapide. C'est normal pour un début, il fallait d'abord (bien) finir.

ASTUCE

Cette fois, envisagez un programme d'entraînement varié du genre :

- Pratiquez des exercices sur la tonicité de votre foulée régulièrement, une fois par semaine, par exemple après une sortie moyenne d'une heure en endurance. Ou à un autre moment favorable, mais pas après une séance de fractionné.

  Une semaine, pratiquez une séance d'entraînement en résistance dure sur 400 m par exemple à 95 % de votre FCM, en alternance avec des 6, 8, 10 fois 30 secondes vite et 30 secondes lent mais sans sprinter, et aussi faites des séances de montée de petites côtes.

- La semaine suivante, faites des séances fractionnées plus longues, idéales pour le marathonien sur 800 ou 1 000 m à 90 % de votre FCM. Commencez par trois, quatre répétitions et augmentez un peu plus. Mais n'allez pas jusqu'à… 100 fois 400 m comme le faisait le grand coureur tchèque Emil Zatopek, triple champion olympique (5 000 m, 10 000 m et marathon à Helsinki en 1952) et qui est décédé en 2000.
- Une fois par semaine faites une séance au seuil, nous l'avons déjà expliqué en insérant par exemple trois séquences de 10 minutes à 85 % de votre FCM dans une séance d'une heure avec entame et final en endurance à 70-75 %. Vous pouvez aussi faire 4, 5 fois 5, 6 minutes toujours à 85 % FCM. Il faut varier ces séances.
- Enfin n'oubliez surtout pas votre sortie longue en endurance le dimanche d'une 1 h 15 à 1 h 30, hors préparation spécifique, sortie courue à environ 75 % de votre FCM.

Ce sont les fondamentaux de votre entraînement, à faire si possible chaque semaine.

Passer d'une heure à 1 h 10 tout simplement

Si vous avez un jour lu des articles sur l'entraînement des marathoniens d'élite, vous avez sans doute appris qu'ils parcouraient en général 200 km par semaine. Même si beaucoup de ces coureurs hors pair sont payés pour s'entraîner, ce sont des « pro » de la course à pied, et qu'ils n'ont pas à se soucier de ce qui se passe au bureau, ils ne feraient sans doute pas tous ces kilomètres s'ils n'en voyaient pas l'utilité. De votre côté, augmentez aussi votre kilométrage, passant par exemple et tout simplement d'une séance régulière d'une heure à 1 h 10 ou 1 h 15, ou de 1 h 15 à 1 h 30. Ajouter 10 à 15 minutes à votre séance habituelle, cela fera partie de votre progression. Mais pas d'excès kilométriques cependant ; ce qui compte surtout c'est la variété et la qualité de vos séances à différentes allures. Voyez un peu plus loin les dangers du « surentraînement ».

Se qualifier pour le marathon de Boston

Pourquoi pas après tout. Beaucoup de coureurs français et mondiaux veulent faire « New York », marathon et ville mythiques. C'est le *must*. Mais, comme celui de Londres ou de Berlin, le marathon de Boston couru chaque mois d'avril a aussi des adeptes en France. Toutefois, comme il faut se qualifier pour courir ce marathon (ou bien vous inscrire indirectement avec un voyagiste et sans temps qualificatif cette fois), ce pourrait être une belle motivation, y compris pour un Français. Si donc l'un de vos objectifs est de vous qualifier pour le marathon américain de Boston, doté d'un joli parcours (pas facile toutefois car il est vallonné) et qui réunit énormément de spectateurs, gardez les temps ci-dessous à l'esprit (un temps de qualification est le temps spécifique que vous avez atteint dans un marathon certifié, autre que le marathon de Boston). Le marathon avec lequel vous vous êtes qualifié doit être officiellement reconnu. Mais pas de problème avec les marathons français, entre autres celui de Paris, du moment que vous avez un temps certifié délivré par l'organisateur. Ce marathon ne doit donc pas avoir été organisé par votre cousin, avec vous comme unique participant ! Mais vous l'aviez bien compris. N'oubliez pas, toutefois, que ces temps peuvent varier, vérifiez-les périodiquement sur le site Web du marathon, `www.bostonmarathon.org`. Voici ces temps qualificatifs :

Âge	**Hommes**	**Femmes**
18-34*	3 :10 :00	3 :40 :00
35-39	3 :15 :00	3 :45 :00
40-44	3 :20 :00	3 :50 :00
45-49	3 :30 :00	4 :00 :00
50-54	3 :35 :00	4 :05 :00
55-59	3 :45 :00	4 :15 :00
60-64	4 :00 :00	4 :30 :00
65-69	4 :15 :00	4 :45 :00
70-74	4 :45 :00	5 :15 :00
80 et plus	5 :00 :00	5 :30 :00

* N'oubliez pas non plus que, comme pour tous les autres marathons du reste, vous devez avoir au moins 18 ans pour participer au marathon de Boston.

La plus grande différence entre les marathoniens de haut niveau (je ne parle pas seulement des champions qui établissent des records) et les débutants réside dans leur kilométrage hebdomadaire. Parfois, il paraît difficile d'imaginer que l'on puisse parcourir 200 km par semaine comme le font les champions, ainsi que nous l'avons dit plus haut. L'accroissement des kilomètres ou de la durée des séances, si vous ne comptez pas en kilomètres, ou en fatigue, vous force à dormir davantage et vous vole du temps avec votre famille et vos amis. Surtout que vous n'êtes pas payé pour courir. C'est pourquoi il faut quand même rester raisonnable, ne pas trop en faire, ne pas courir tous les jours et tomber dans le péril du surentraînement. Phénomène que nous allons analyser afin de l'éviter.

Évitez le surentraînement

Même s'ils sont moins courants que les symptômes du sous-entraînement, soyez vigilant si vous voyez apparaître les signes d'un excès d'entraînement. Ce que l'on appelle le surentraînement :

- Vos *quadriceps* (les muscles forts du devant de la cuisse) et vos *ischios* (les muscles situés à l'arrière des cuisses) sont *toujours* contractés et douloureux.
- Une blessure devient chronique, elle ne disparaît jamais vraiment.
- Même si vous avez l'impression que vous *devriez* courir, vous avez rarement *envie* de courir.
- Vos jambes remuent toute la nuit, vous empêchant de les garder tout le temps en position surélevée.
- Si vous aviez la permission de dormir toute la journée, vous vous sentez assez fatigué pour le faire.
- Vous vous enrhumez souvent, vous souffrez d'une toux persistante, ou de diarrhées fréquentes.
- Vous comptez, ressassez et recomptez vos kilomètres plus d'une fois par jour.
- Quand vous remplissez votre journal d'entraînement, vous n'avez pas beaucoup d'éléments positifs à ajouter.
- Quand vous faites vos exercices sur la foulée, vos séances de répétitions, vos côtes, ou quand vous essayez de dépasser quelqu'un dans une course, il vous paraît impossible d'accélérer.
- Vous en avez marre de courir.

Si vous ne présentez qu'un seul de ces symptômes, vous êtes simplement en train de connaître les difficultés – normales – de l'entraînement à la course à pied. Mais si vous êtes affecté de deux symptômes ou davantage, vous avez peut-être besoin de faire une pause. Essayez de pratiquer en douceur une activité dite croisée (vélo, marche, natation) qui vous plaît et qui stimule votre rythme cardiaque. Vous reviendrez à l'entraînement en vue d'un marathon quand vous aurez vraiment l'impression que ça vous manque.

Comprendre la théorie du 1 %

La théorie du 1 % est difficile à prouver, voilà pourquoi je ne l'appelle pas la « règle du 1 % », mais une anecdote vous montrera qu'elle semble vérifiée :

Pour chaque élément que vous ajoutez ou améliorez dans votre entraînement, vous améliorez votre temps de 1 %.

Voyez les aspects suivants de votre entraînement :

- Séances d'entraînement en endurance (la base) et séances plus soutenues par fractions courtes et plus longues (voir le chapitre 7)
- Étirements (voir le chapitre 5)
- Jours de récupération (voir le chapitre 6)
- Circuits (voir le chapitre 7)
- Application d'une bonne technique de course (voir le chapitre 8)
- Exercices sur la foulée (voir le chapitre 8)
- Bonne hydratation (voir le chapitre 9)
- Bonne alimentation (voir le chapitre 9)
- Recours aux gels et boissons énergétiques (voir le chapitre 9)
- Dose de sommeil suffisante (voir le chapitre 10)

Quand vous progressez sur ces plans (étirement, exercices sur la foulée, vitesse), vous pouvez améliorer vos temps de bien plus de 1 %, mais le principe repose sur le fait que tout s'additionne. Si vous travaillez les dix aspects, vous pouvez obtenir un gain de 10 % de temps pour votre marathon. Vous en doutez ? Eh bien, si vous avez couru votre dernier marathon en 4 h 30, une amélioration de 10 % correspond à 27 minutes ! C'est phénoménal. En réalité, si vous améliorez n'importe lequel des points mentionnés, vous ferez des progrès beaucoup plus spectaculaires encore, parce que certains de ces aspects sont fondamentaux dans l'entraînement au marathon.

Toujours croire en sa progression

De temps à autre, les coureurs de fond atteignent un *plateau*. Ils progressent, progressent, puis se mettent à stagner, de sorte que leurs temps restent sensiblement les mêmes et, parfois, ils descendent en dessous du niveau des précédents.

Que se passe-t-il ? Sans doute l'un des quatre facteurs suivants est-il en jeu :

- Parfois, les coureurs restent coincés, sans raison, à un certain niveau. Toutefois, avec un bon entraînement, une qualité constante du sommeil et de l'alimentation, ils finissent généralement par repartir. Si c'est votre cas, vous avez sans doute besoin d'un peu de patience et de concentration sur votre entraînement.

- Souvent, le plateau est imputable à un excès ou à un manque d'entraînement. Lisez les paragraphes précédents de ce chapitre, « Réfléchir à vos entraînements passés » et « L'excès d'entraînement », pour y détecter les symptômes de ces problèmes, et pour savoir ce que vous devez améliorer dans votre entraînement.

- Si vous perdez tout intérêt pour les séances de fond, c'est votre motivation qui flanche. Marquez une pause, impliquez-vous dans d'autres activités et revenez à la course à pied quand elle vous manque vraiment.

- Après un certain âge, différent pour chacun toutefois, vous constaterez peut-être que vous ne progressez plus. C'est inéluctable, encore que beaucoup de retraités constatent qu'ils progressent, ou du moins ne régressent plus tellement. C'est le second souffle de la retraite. Dans le cas de régression, vous devrez trouver d'autres intérêts à la course de fond, en dehors des records personnels qui vous motivaient. Il y en a : marathon et tourisme ou tout simplement plaisir de courir sans se faire mal, en profitant du décor, de l'ambiance. Envisagez peut-être d'ajouter des exercices à votre entraînement (voir nos circuits) afin de combattre la perte musculaire qui intervient avec l'âge.

Ne croyez pas que vos chronos vont baisser automatiquement quand vous arriverez à la quarantaine. Et surtout un peu au-delà. C'est souvent le contraire qui se produit, l'expérience de la course de fond aidant.

- Priscilla Welch, coureuse américaine qui a *commencé* à courir à l'âge de 34 ans, a remporté le marathon de New York à 42 ans. Pourquoi pas vous ? Même si ce n'est pas à New York.

- Le Portugais Carlos Lopes, qui a remporté la médaille d'or au marathon des jeux Olympiques de 1984 à Los Angeles, avait alors 39 ans.

L'âge de 40 ans est idéal pour courir, être performant. Mais 45 ans ne doit pas vous ralentir, freiner votre motivation. Au contraire, c'est aussi le bon âge pour courir et progresser. Il n'est pas inévitable de prendre du poids après 45 ans ni même à 50 ans si vous absorbez une quantité de calories adéquate (reportez-vous au chapitre 9) et si vous vous étirez bien. Vous n'allez pas non plus perdre excessivement votre souplesse (rendez-vous au chapitre 5). Mais souvent, les gens travaillent davantage quand ils arrivent à cet âge, ils se mettent à être moins stricts avec la nourriture, font moins de sport et d'étirements, etc. C'est alors qu'ils se persuadent qu'il est inévitable de régresser en atteignant l'âge mûr. Mais d'un autre côté, comme beaucoup d'entre vous ont commencé à courir sur le tard, une fois les enfants élevés, c'est donc à partir de 40, 45 ans même, que la vraie progression se fait sentir.

Chapitre 17

Courir… à tout âge de la vie !

Dans ce chapitre :

- À quel âge commencer à courir et comment
- Retraité, je progresse ou je débute
- Je tente le 100 km !

Enfants, ado… quoi de plus naturel ?!

Quoi de plus naturel pour un enfant que de courir ! Dès les premiers pas, un bambin court. Pour beaucoup d'enfants, il s'agira en fait de réussir la transition entre école ou collège et course à pied avec papa et maman. Car il faut savoir que dès la classe de 6e, les notions d'endurance et de VMA (vitesse maximum atteinte en aérobie c'est-à-dire avec apport d'oxygène) n'ont (presque) plus de secrets pour les enfants.

C'est dès la 6e que sont déterminés des groupes de niveau grâce à des tests simples proposés par les professeurs d'EPS. Par exemple : aller et retour entre deux repères distants de 20 m avec des paliers d'une minute. Au final, l'enfant connaît sa VMA. Mais s'ils aiment courir vite sur de courtes distances, courir 30 minutes lentement, en endurance, c'est en revanche monotone et ennuyeux pour beaucoup. Alors que peuvent faire les parents pour relayer et compléter l'école ?

Son entraînement

- Plutôt que 30 minutes, lui proposer de courir 3 fois 10 minutes ou 5 fois 5 minutes, avec une courte récupération marchée entre chaque fraction en finissant par des lignes droites plus rapides ou une autre fois des montées d'escaliers, de petites côtes. C'est tonique, il aimera. Et peu à peu il pourra courir 30 minutes sans s'arrêter, le cumul entre sport à l'école et en famille devant de toute façon porter ses fruits. Car il doit absolument développer son endurance avant de produire des efforts plus intenses.

- Autre possibilité : trouver un circuit bien sécurisé, ou proche de son domicile où l'on peut déposer ses affaires en confiance. Le faire une première fois avec lui en courant et en bavardant (ce que l'allure d'endurance permet) et le laisser refaire une boucle avec son vélo ou en rollers. C'est ludique, complémentaire et, ce qui est important, moins traumatisant pour ses articulations.

En compétition

S'il est licencié dans un club, pas de problème, il fera les compétitions prévues au calendrier. À surveiller toutefois, avec l'entraîneur, le nombre de compétitions proposées par le club et la quantité d'entraînement imposé à l'enfant. Surtout pas d'excès.

S'il n'est pas licencié, ou même s'il l'est, pourquoi pas des épreuves populaires, sur route ou en cross l'hiver ; de nombreuses organisations pédestres proposent des courses pour enfants et adolescents, sur 1,2 km voire un peu plus. Y prendre du plaisir, chercher aussi à bien se classer, c'est possible si l'enfant est motivé, mais pas d'abus non plus. Certainement pas une course chaque dimanche comme le font certains adultes.

Et le marathon, à quel âge ?

Courir un marathon avec sa femme, son mari, cela arrive régulièrement, pourvu, bien sûr, que le couple ait suivi la préparation adéquate. Courir un marathon avec son fils, sa fille, c'est tentant, c'est souvent l'enfant qui le demande, mais c'est risqué. Car si physiquement on peut très bien courir un marathon à 17 ou 18 ans, l'effort risque cependant de laisser une fatigue profonde sur l'organisme du jeune coureur qui aura du mal à récupérer. Le risque est aussi d'entraîner un écœurement pour la course à pied. En conséquence, mieux vaut attendre 25 ans pour faire son premier marathon. Avant, il est possible de faire des 10 km, et des semi-marathons. C'est beaucoup moins traumatisant.

Mais souvenez-vous que le plus mauvais « entraînement » pour un enfant, c'est de fixer pendant de longues heures son écran de « télé » ou encore davantage celui de son ordinateur tout en se gavant de sucreries solides et liquides. L'obésité étant devenue un problème mondial, une pratique sportive raisonnable en est l'antidote le plus efficace.

Á la retraite, je m'y mets !

C'est fait, pour vous l'heure de la retraite a sonné! Avoir enfin du temps pour soi qu'on va utiliser à bon escient pour se maintenir en forme ou, pourquoi pas, améliorer ses performances. Car la retraite c'est une aubaine pour le coureur à pied que vous êtes et qui voit de nouveaux horizons s'ouvrir devant lui avec davantage de temps pour s'entraîner et pour récupérer. Si beaucoup dépend bien sûr du niveau atteint, reste que pour la plupart d'entre vous progresser est plus que jamais un objectif réalisable.

Retraité ou en passe de le devenir, vous pouvez avoir le profil suivant :

- Je n'ai jamais couru ou du moins très peu et je vais profiter de mon temps libre pour m'y mettre.
- Je suis un coureur plutôt expérimenté (environ 3 h 30 au marathon, ou 1 h 40 au semi), mais n'ai jamais vraiment eu le temps nécessaire pour développer tout mon potentiel.

Nous allons donc vous donner tous les conseils d'entraînement et de suivi indispensables pour bien entrer dans votre nouvelle vie, en vous proposant une programmation hebdomadaire type que vous ferez évoluer dans le temps de manière à progresser avec régularité. Pour le coureur plus performant, il s'agira de ralentir une régression qui peut très bien être maîtrisée. Voire de tenter de courir un 100 km, la suite du marathon...

Je n'ai (presque) jamais couru et je vais m'y mettre

Je profite de ma retraite pour commencer à courir. Si débuter est plus facile lorsque l'on dispose de beaucoup de temps libre, il faut toutefois être patient, évoluer dans la durée, les progrès spectaculaires ne pouvant survenir en une semaine, ni même en un mois. Vous devrez donc vous fixer des objectifs raisonnables à long terme, et surtout constater, noter votre progression au fur et à mesure des semaines.

Mais avant de débuter votre programme de course à pied, vous devez :

- consulter votre médecin et lui demander un examen complet (voir à ce sujet notre encadré)
- vous procurer une paire de chaussures confortable pour vos entraînements et surtout ne pas démarrer avec une ancienne paire utilisée pour des balades. L'idéal est d'avoir deux paires de runnings que

vous pourrez chausser en alternance. Faites-vous bien conseiller, une paire de chaussures adaptée à votre profil s'impose.

- envisager l'achat d'un cardiofréquencemètre (le modèle de base avec affichage de votre fréquence cardiaque suffit) qui sera votre entraîneur personnel, vous permettant de mieux contrôler vos allures de course.
- nanti du « cardio », c'est le test d'effort, médicalement indispensable avant de débuter, qui vous donnera votre fréquence cardiaque maximale (FCM). Pour enrichir vos connaissances sur le sujet de la bonne utilisation des fréquences cardiaques, n'hésitez pas à vous reporter chapitre 4.

Fort de ces premières recommandations, il est possible, si vous avez quelques kilos à perdre, que vos premières foulées soient difficiles. En conséquence, pour maigrir, courez lentement en endurance à 65-70 % de votre fréquence cardiaque maximale déterminée (exemple : 65 % de 160 = 104 pulsations). Prenez ensuite votre temps pour récupérer, pas de fatigue inutile. C'est votre persévérance qui vous fera progresser, votre organisme se façonnant petit à petit et courir devenant bien plus aisé au fil des semaines. Six mois seront nécessaires à votre apprentissage, mais si vous restez à l'écoute de vos sensations, si vous contrôlez bien vos allures sur le cadran de votre « cardio », votre aisance évoluera au fil des jours et des semaines.

Votre semaine type de débutant (de quatre à cinq séances hebdomadaires)

ATTENTION !

En endurance, ne dépassez pas 70 % de votre fréquence cardiaque maximale. Même si, étant très motivé, vous constatez que votre allure de footing est très lente, c'est cependant la condition pour pouvoir bien suivre notre programme d'entraînement. L'important est la régularité.

Dimanche : endurance en nature. Les quatre premières semaines, de 30 à 45 minutes en alternant marche et course lente : 2 minutes de course, 2 minutes de marche.

Le deuxième mois, de 45 minutes à une heure avec 3 minutes de course, une minute de marche. Les troisième et quatrième mois, faites 6 minutes de course et 2 minutes de marche durant une heure. Les cinquième et sixième mois, 1 h 15 min de course avec 10 minutes de course suivies de 2 minutes de trot très lent.

Mardi : le premier mois, endurance 30 minutes avec, au milieu, cinq accélérations d'une minute et récupération une minute en marchant. Les deuxième et troisième mois, 45 minutes en endurance comprenant six accélérations de 2 minutes avec une minute de récupération en marchant. Les quatrième, cinquième et sixième mois, 45 minutes comprenant six accélérations de 3 minutes avec 2 minutes de footing très lent pour récupérer.

Jeudi : le premier mois, footing de 30 minutes en endurance fondamentale puis cinq fois 200 m sans forcer et avec une minute de récupération en marchant. Les deuxième, troisième et quatrième mois, 30 minutes en endurance puis six fois 400 m sans dépasser 90 % de votre FCM. Récupération 2 minutes très lentement. Les cinquième et sixième mois, 30 minutes en endurance puis 6 x 300 m à 95 % FCM. Récupération : 100 m en marchant.

Vendredi (séance facultative) : le premier mois, 30 minutes de footing en endurance, quarante minutes le deuxième et le troisième mois, puis 50 minutes du quatrième au sixième mois. Fréquence cardiaque : 170/175 pulsations maximum.

Samedi : le premier mois, 30 minutes en alternant 2 minutes de course et 2 minutes de marche. Le deuxième mois, 40 minutes en alternant 5 minutes d'endurance et 2 minutes de marche. Les troisième et quatrième mois, 50 minutes en alternant 5 minutes d'endurance à 75 % FCM et 2 minutes très lentement à 65 %. Les cinquième et sixième mois, 50 minutes dont 20 minutes à 65 % FCM, puis 20 minutes à 75 % puis 10 minutes de récupération à 70 % FCM.

Au bout de trois mois, si tout va bien, une sixième séance est possible. La placer le mercredi avec 30 à 45 minutes en endurance à 70 % FCM, dont 6 minutes à 80 %.

Nota : deux fois par semaine, les mardi et jeudi, après 15 minutes d'échauffement, accordez-vous 10 minutes pour faire des étirements et des mouvements d'assouplissement (pour la bonne conduite de ces séances d'étirements, voir chapitre 5).

Coureur avancé, je compte bien progresser

Votre expérience de la course à pied, votre valeur d'environ 3 h 30 au marathon et votre nouveau temps libre vont vous permettre de vous entraîner davantage. Il est néanmoins indispensable d'observer la plus grande prudence durant les deux premiers mois, l'augmentation de votre kilométrage hebdomadaire devant se faire progressivement. Cela implique donc un ralentissement de vos allures, afin de mieux assimiler vos kilomètres supplémentaires et surtout de bien récupérer. Vous retrouverez vos allures habituelles à l'issue de ces deux premiers mois de transition, ce qui vous permettra alors d'envisager une amélioration de vos performances avant la fin de vos six mois d'entraînement de retraité. Et si vous avez bien respecté votre programme, une progression d'environ un kilomètre par heure est envisageable. Cela constituerait un formidable résultat.

Votre semaine type (de quatre à six entraînements hebdomadaires)

Le premier mois: quatre entraînements par semaine

Dimanche: endurance, une heure en nature à 70/75 % de votre FCM.

Mardi: 30 minutes de footing d'échauffement, 10 minutes d'étirements actifs, puis 3 fois 6 minutes en endurance active (85 % FCM) avec récupération 2 minutes en footing.

Jeudi: une heure en endurance à 70/75 % FCM.

Samedi: 1 h 15 min en forêt avec côtes, cinq accélérations en côtes de 2 minutes (à 90 % FCM), récupération 2 minutes en descente.

Les deuxième et troisième mois: cinq entraînements

Ajoutez un entraînement le lundi: 45 minutes en endurance comprenant 15 minutes à 88-90 % FCM.

Les quatrième et cinquième mois: six entraînements

Ajoutez un entraînement le vendredi: 50 minutes en endurance comprenant deux fois 10 minutes à 88 %-90 % FCM (récupération 3 minutes au trot entre chaque fraction).

Le sixième mois

Vous conserverez vos six entraînements hebdomadaires, mais le mardi vous ferez trois fois 12 minutes à 85 % FCM, le samedi vous passerez à six accélérations de 3 minutes en côtes à 90 %, et le dimanche vous ferez entre 1 h 20 et 1 h 40 min en endurance.

Coureur experimenté, je veux rester compétitif

Coureur bien entraîné avec quatre à cinq entraînements par semaine, jusqu'à six en période de préparation spécifique pour le marathon, vos performances ont été acquises avec le travail effectué durant de longues années, et si vous avez constaté une légère régression ces derniers temps, la qualité de vos entraînements vous permet néanmoins de demeurer très compétitif. Désormais retraité, vous souhaitez poursuivre dans cette voie, en freinant au maximum ce phénomène de régression. Vous allez pouvoir vous consacrer davantage à votre préparation, tout en récupérant au maximum de vos efforts, car, à votre niveau, c'est bien la « récup » qui fera la différence. Faites donc des siestes régulièrement, reposez-vous davantage entre vos entraînements ; en bref, conjuguez harmonieusement entraînement et repos.

Votre semaine type (six entraînements hebdomadaires)

Dimanche : endurance, 1 h 30 min entre 70 et 80 % de votre FCM avec quelques côtes (de six à dix) de différentes longueurs et dénivelées.

Lundi : 30 minutes de footing d'échauffement puis deux fois 12 minutes en endurance active (85 à 88 % FCM), récupération 3 minutes de footing, puis 10 minutes de footing de récupération.

Mercredi : 30 minutes de footing d'échauffement puis 10 minutes d'étirements actifs puis quatre fois 1 000 m ou cinq fois 800 m ou trois fois 1 500 m (récupération 2 minutes de footing) à 90/95 % FCM.

Jeudi : footing de récupération une heure (65 à 70 % FCM).

Vendredi : 30 minutes de footing d'échauffement puis 10 minutes d'étirements, puis dix fois 400 m ou douze fois 200 m ou huit fois 300 m ou six fois 500 m (récupération 200 m de footing très lent) à 95 % FCM.

Samedi : une heure de footing de récupération en nature.

À partir du troisième mois, vous pourrez ajouter une septième séance, une semaine sur deux, le mardi, avec 50 minutes de footing en endurance comprenant des accélérations légères et variées de 75 à 85 % de votre FCM (exemple : deux ou trois fois 30 secondes suivies de 45 secondes, une minute, une minute et demie avec récupération identique au temps d'accélération).

Nota : à votre niveau et dès les premières semaines, vous devez faire un bilan de vos sensations, vous ne devez pas vous sentir fatigué et, si c'est le cas, ralentissez votre allure et récupérez davantage. L'endurance et l'entretien de votre VMA vous permettront certes de vous maintenir, mais n'en rajoutez pas, conservez un équilibre, reposez-vous, dormez bien (huit heures, si possible, par nuit).

Le 100 km, je le tente !

Et pourquoi pas à l'âge de la retraite ou avant, bien sûr, tenter l'aventure du 100 km. Un autre horizon s'ouvre devant vous. Bien sûr vous n'allez pas courir en huit heures ces 100 bornes, mais tranquillement, en alternant marche et course. Une grande randonnée, en fait ! Des plans pour vous aider à devenir « centbornard ».

Voici deux semaines type de préparation aux 100 km faites avec le concours de Serge Cottereau, un ancien champion de la distance qui, aujourd'hui, organise des stages de course à pied tous niveaux en Aveyron (`www.serge-cottereau.com`). Il faudra commencer cette préparation au moins dix semaines avant la course.

Vous voulez terminer entre quinze heures et vingt-quatre heures.

Votre semaine type avec quatre séances :

Mardi : une heure à 1 h 15 minutes de 60 à 75 % de votre fréquence cardiaque maximale.

Jeudi : une heure à 1 h 15 minutes de marche active.

Samedi : une heure à 1 h 15 minutes de 60 à 75 % de votre FCM.

Dimanche : 2 heures à 2 heures 30 de marche active ou de course et marche alternée selon sensations. S'hydrater avec de l'eau et une boisson énergétique ou bien une boisson composée d'un tiers de jus de fruit et de deux tiers d'eau. Comme pour le jour de la course.

Vous voulez terminer en douze heures

Votre semaine type avec quatre ou cinq séances par semaine

Mardi et mercredi : une heure à une heure et demie entre 60 et 75 % de sa fréquence cardiaque maximale (FCM).

Jeudi : une heure à une heure et demie entre 60 et 75 % FCM, mais avec une séquence de 15 minutes vers le milieu de la séance entre 75 et 85 % de sa FCM.

Samedi : une heure à une heure et demie entre 60 et 75 % FCM.

Dimanche : deux heures et demie entre 60 et 75 % de sa FCM avec quatre fois 10 minutes en marchant activement. S'hydrater durant cette séance avec de l'eau et une boisson énergétique ou bien avec une boisson faite d'un tiers de jus de fruit et de deux tiers d'eau. Comme pour le jour de la course.

En conclusion, il est tout à fait possible de progresser après 60 ans, surtout pour les coureurs qui n'ont pu bénéficier de conditions d'entraînement très favorables durant leur carrière professionnelle. L'entraînement régulier, bien dosé, permettra à votre organisme d'améliorer sa capacité d'absorption de l'oxygène, mais il importe surtout d'éviter de se blesser. À la moindre douleur, vous devez lever le pied, observer trois jours de récupération, ne plus fractionner et si nécessaire consulter votre médecin.

Il est évident que tous ceux qui ont obtenu d'excellentes performances par le passé, grâce à un entraînement assez poussé, ne pourront envisager d'améliorer leurs records personnels. Une possibilité toutefois : essayer d'autres distances comme le 100 km pour ceux qui n'en ont jamais fait. Nos plans vous y invitent. Dans le domaine de l'endurance, vous avez en effet encore de la marge ! Alors pourquoi pas, outre le 100 km proposé, les distances supérieures de l'ultra : six heures, douze heures, vingt-quatre heures...

Le suivi médical est nécessaire

Chez les retraités non sportifs

Le sujet jusque-là peu actif et désireux de se mettre à courir sérieusement à 60 ans est certainement la personne qui, médicalement, est la plus à risque, estime le Dr Jean-Frédéric Donati, médecin du sport, et collaborateur au magazine *Jogging International.* Toutefois la décision de commencer à courir est excellente en soi car un non sportif découvrant le sport à 60 ans peut espérer une amélioration de sa consommation maximale d'oxygène de 25 % ! La course à pied est idéale pour obtenir ce résultat avec un minimum de risques, si elle est effectuée en endurance, de façon très progressive, selon un plan d'entraînement adapté et après un examen médical approfondi tenant compte des facteurs de risques associés : obésité, tabac, etc. Ce bilan doit comprendre un examen clinique, un bilan biologique, un électrocardiogramme de repos et d'effort. L'autorisation médicale obtenue, le coureur de 60 ans doit respecter, outre son plan d'entraînement adapté, quelques principes de précautions de base :

- Ne pas dépasser 70 % de sa fréquence cardiaque maximale réelle déterminée lors de son test d'effort.
- Ne pas pratiquer trop tôt le matin (les accidents cardio-vasculaires d'effort y sont plus fréquents).
- Tenir compte des conditions météorologiques et ne pas courir par temps très froid (températures négatives) ou très chaud (températures supérieures à 25°).
- Veiller à son hydratation et pratiquer très régulièrement étirements et assouplissements.
- De préférence ne faire que trois ou quatre entraînements par semaine.

Chez les retraités amateurs

Le sujet actif, **régulièrement entraîné**, que l'on situera à environ 3 h 30 au marathon, et désireux de profiter de son temps libre pour accroître son entraînement, devra également se soumettre à un contrôle médical, mais le risque d'incident est moindre. La marge de progression est certes réduite, mais bien réelle et possible.

La consommation maximale d'oxygène est réduite d'un tiers à 60 ans chez un sujet sédentaire ; elle ne le sera que de un sixième chez un sportif entraîné. Un entraînement bien adapté va permettre d'améliorer ventilation et débit cardiaque et ainsi de grapiller quelques millilitres de consommation d'oxygène par minute et par kilo de poids. Cela va permettre à cette catégorie de sportifs de gagner 2 ou 3 minutes sur un semi, 5 minutes sur un marathon, sans prise de risque inconsidérée.

Un éventuel passage sur 100 km n'est pas un problème sur le plan cardiovasculaire, mais un problème sur les plans ostéo-articulaire et musculaire. Le bilan médical est indispensable à la recherche d'arthrose de la hanche et du genou qui, si elle a déjà évolué, contre-indique la pratique sur cette distance. La préparation et la prévention des lésions musculaires doivent être minutieuses, en respectant hydratation, étirements doux, assouplissements largement pratiqués et en évitant les entraînements sur sols trop durs. Les sous-bois représentent le terrain idéal pour ce type de préparation.

Chez les retraités sportifs confirmés

Le sujet déjà très entraîné n'échappe pas à la nécessité d'un suivi médical, car il n'est pas à l'abri d'une pathologie associée naissante qui viendrait rendre l'entraînement dangereux pour sa santé. Cette catégorie de sportifs ayant déjà limité au maximum la décroissance de leur consommation maximale d'oxygène, aucune progression chronométrique n'est raisonnablement envisageable, mais la poursuite du ralentissement maximum de cette donnée reste possible jusqu'à 75 ans ! Le temps libre sera mis à profit pour la récupération, qui est trop souvent négligée chez le sujet actif professionnellement.

L'âge avançant, la récupération de l'organisme est moins rapide. Le maintien d'un entraînement soutenu tant sur le plan qualitatif que quantitatif nécessite des temps de récupération plus longs qu'il sera possible désormais d'observer. Enfin, quelle que soit la catégorie à laquelle appartient le sportif retraité, une diététique adaptée à son activité s'impose. Car diététique et hygiène de vie font partie intégrante de l'entraînement, permettant d'atteindre des objectifs ou de limiter au maximum les effets de l'âge sur la physiologie du vieillissement.

Cinquième partie

La Partie des Dix

« Mais je respecte le programme ! Aujourd'hui, j'ai sauté la corde, puis j'ai sauté l'haltérophilie, j'ai sauté les pompes, j'ai sauté les abdos… »

Dans cette partie

Comme tous les livres pour les Nuls, celui-ci se termine par la Partie des Dix qui vous indique dix (ou plus) repères informatifs dans chaque chapitre. Vous apprendrez comment tirer plaisir de votre entraînement, où trouver les plus grands marathons et les courses qui vous offrent le plus d'avantages.

Chapitre 18

Dix façons de courir avec plaisir

Dans ce chapitre :

- Trouver des moyens de rendre l'entraînement plus intéressant
- Rester motivé en vous entraînant pour votre marathon

Eh bien, c'est vrai, je le reconnais : même s'il y a longtemps que je pratique la course, ça n'a pas toujours été une partie de plaisir. En fait, à certains moments l'idée de faire certaines compétitions dures fut même un peu pesante. Mais jamais, au grand jamais, je n'ai regretté mon entraînement. Une fois en piste, même si je me sentais mal, j'étais contente d'avoir l'occasion de courir. Et, sachant que pour vous courir rime avant tout avec plaisir et que ce n'est pas votre métier, la motivation a de grandes chances de toujours guider vos foulées.

Créer une association

Si vous ne voulez pas courir avec un seul partenaire, vous pouvez créer vous-même un club associatif de course, dans votre entreprise ou dans votre commune (reportez-vous au chapitre 4 pour en savoir plus long sur les clubs). Les clubs de course peuvent être ultra-compétitifs, revêtir une dimension professionnelle, ou simplement regrouper des gens qui veulent s'entraîner, se préparer pour des courses locales ou même internationales. Je suggère que vous vous contentiez, au départ, de la dimension associative. Y compris dans votre entreprise si celle-ci est importante et regroupe pas mal de salariés. Renseignez-vous aussi dans votre mairie pour savoir comment procéder.

ATTENTION !

Faites en sorte que les règles soient simples et peu nombreuses dans votre association. Dès que vous imposez une présence des membres, que vous exigez des frais annuels d'inscription… trop élevés et que vous forcez les inscrits à participer à des courses qui ne les intéressent pas, il n'est plus amusant de faire partie de ce club. Laissez les membres s'investir dans la mesure de leurs moyens tout en se faisant plaisir.

Et si vous voulez courir avec un, deux partenaires, en dehors de tout club, envisagez d'adopter des horaires qui conviennent bien à vos partenaires.

Vérifiez que votre (ou vos) partenaire habituel s'entraîne à peu près au même rythme que vous (reportez-vous au chapitre 6) et qu'il a des objectifs semblables ou proches des vôtres. Il n'est pas amusant de voir son partenaire caracoler tout seul devant ou manger la poussière derrière.

Ne vous entraînez peut-être pas toute la semaine avec votre partenaire, sinon vous aurez vite besoin d'air. Vous pouvez faire une séance en solitaire.

Courir avec votre chien

C'est une très bonne idée. Si vous avez un chien (ou si vous songez à en prendre un) et s'il aime courir, emmenez-le et découvrez de nouveaux horizons, de nouvelles sensations avec votre animal chéri. Regardez-le qui s'adonne au plaisir de courses folles, les yeux grand ouverts, la langue pendante, pattes et oreilles au vent : ça vous procurera un immense bonheur. Voilà exactement le très bon complément dont vous avez besoin pour votre entraînement. Vous pouvez courir avec lui une fois par semaine, et plus si vous faites ensemble des compétitions. Les « canicross », c'est fait pour cela.

Donnez en effet à votre chien l'occasion de faire des compétitions avec vous. Les courses dites « canicross » se développent de plus en plus en France et en Europe. Ces courses sont ouvertes aux chiens de toutes tailles, les grands, les élancés, comme les petits, les courts sur pattes. Toutes les races sont admises. Toutefois n'emmenez pas votre chiot courir avant qu'il n'ait atteint l'âge de 20 semaines ou plus. Les os des chiots sont souples et continuent de grandir. Si vous l'entraînez au cours de ses premiers mois de vie, vous modifierez la structure de ses os. De toute façon, avant de faire courir votre chien en loisir ou en compétition, demandez l'avis de votre vétérinaire, comme vous demandez, avant de vous y mettre, l'avis de votre médecin. *Idem* pour votre chien. C'est très important. Un site à consulter : `www.canicross.com`

Oublier votre montre

Le chapitre 4 vous suggère de mesurer votre temps plutôt que votre kilométrage, et de courir, par exemple, une heure plutôt que 10 km, même si la donne a un peu changé depuis l'apparition des GPS et autres compteurs de distance et de vitesse qui simplifient grandement la tâche aux coureurs. Le temps reste toutefois une orientation sage. Mais si vous perdez momentanément le plaisir de courir, retirez votre montre et allez courir n'importe où, sans repère aucun. Ne prêtez plus attention au temps ni à la distance, courez, explorez, sentez le soleil, le vent, la pluie ou la neige sur votre visage, songez à la chance que vous avez d'être en bonne santé et de pouvoir faire ce que vous faites. Beaucoup de marathoniens, y compris de haut niveau, procèdent ainsi après leur grande course. Relaxation oblige. Faites-le aussi.

Jouer à courir

Seul, avec vos partenaires ou avec votre chien, vous pouvez organiser des jeux qui vous feront aimer la course. Vous pouvez, par exemple, créer un itinéraire qui passera devant tous les monuments historiques de votre ville et qui vous permettra de lire les plaques d'information (en courant sur place, bien sûr), ou de faire ce que les collégiens américains appellent (sans souci du politiquement correct) la *course en file indienne*, où vous suivez au moins une personne. La première personne de la file jette un bâton sur le côté, le plus loin possible. La dernière personne de la file doit aller le chercher et reprendre sa place à la tête du groupe, juste avant de répéter le processus. Les joutes, les courses en relais pédestres sont innombrables, il faut juste un peu d'imagination pour en créer de nouvelles.

Courir sous la pluie

Rien n'est plus sympa que de courir sous la pluie. Pourquoi ? Parce que tout le monde vous prend (un peu) pour un fou, ce qui vous donne l'impression d'être spécial et différent. D'ailleurs, vous *êtes* spécial et différent. Combien connaissez-vous de doux dingues qui s'entraînent en vue d'un marathon ? Enfilez votre veste type Gore-Tex (voir le chapitre 2), mettez votre casquette de course à pied et (si vous ne voyez pas d'éclairs dans le ciel) sortez sous la pluie ! On s'y habitue très vite. Et puis sachez qu'en compétition, il peut aussi pleuvoir. Eh oui ! cela arrive aussi…

Se fixer un nouvel objectif

Si la course à pied finit par vous ennuyer, donnez-vous de nouveaux objectifs. Si vous avez cherché, ces dernières années, à terminer votre marathon en moins de six heures, envisagez de monter la barre : vous pouvez essayer de le faire en moins de 5 h 30 la prochaine fois (reportez-vous aux chapitres 6, 7 et 8 pour savoir comment améliorer votre entraînement et pour courir plus vite). Lorsque vous débutez, la progression chronométrique est très importante. Un peu moins à mesure des progrès, c'est normal, mais passer de 3 heures à 2 h 58, cela reste une sacrée motivation. Idem pour un peu moins de 4 heures.

Votre prochain objectif peut consister à parcourir davantage de kilomètres en une semaine, ou à vous inscrire à un marathon différent du précédent, à vous entraîner avec un ami qui court plus vite que vous. Mais un peu plus vite seulement et sans toujours chercher à le suivre. Toutefois, un coureur plus rapide vous force un peu à accélérer et à ne pas ronronner. C'est une expérience intéressante et enrichissante.

Plus vite sur 10 km, c'est plus vite… sur marathon

Le travail dit de vitesse ou de VMA (voir le chapitre 7) n'est pas seulement conçu pour vous permettre de mieux aimer la course. Il est là pour vous rendre plus productif, disons plus performant, mais le plaisir peut très bien être au rendez-vous. Encore plus quand vous avez amélioré votre temps sur marathon. Ou sur 10 km. Si vous n'avez fait que des séances de fond pendant des semaines d'affilée, le fait de pratiquer des répétitions en côtes, des séances rapides sur piste, des circuits ou tout autre type d'exercice spécifique peut vous apporter un agréable changement de régime. Et puis n'oubliez surtout pas qu'il y a un km/h d'écart entre chaque distance. En clair : si vous courez votre 10 km à 12 km/h, vous valez 11 km/h sur semi-marathon et 10 km/h sur marathon. Donc, continuez à progresser sur 10 km pour faire évoluer toutes les autres vitesses. C'est très simple.

N'OUBLIEZ PAS !

Les séances d'entraînement dur sont difficiles ! Vous serez fatigué à la fin de la séance et souffrirez peut-être de courbatures le lendemain. Mais ce n'est pas parce que ces séances sont difficiles qu'elles ne sont pas amusantes. Elles sont même variées, les répétitions ne sont pas toujours les mêmes et sachez que vous pouvez très bien les faire en pleine nature, plutôt que sur une piste de 400 m. Avec 30 secondes vite, 30 secondes lent ou 1 minute vite, 1 minute lent, c'est dans la nature que cela se passe. Et c'est facile à organiser.

« Resto » et « ciné » plutôt que course…

Si vous ne vous êtes pas accordé de vrais jours de repos depuis un bon bout de temps et que vous avez l'impression d'étouffer, de saturer, offrez-vous une pause (voyez le chapitre 6 pour savoir pourquoi il est utile de s'arrêter de temps en temps). Ne le faites pas aujourd'hui même sur un coup de tête, car vous pourriez ne pas apprécier cette idée. Mais décidez plutôt de ne pas courir dimanche prochain, et réjouissez-vous de la perspective d'aller au « resto » ou au « ciné » avec votre femme et vos enfants. Ce matin-là, réveillez-vous en vous disant que vous n'allez pas courir et que vous allez faire quelque chose dont vous avez envie. Le lendemain, vous verrez votre entraînement d'un œil différent.

Pour un jour sans course oui, mais pour la journée où vous avez décidé d'aller au « ciné », vous pouvez choisir de pratiquer une activité croisée. Le chapitre 12 vous apporte quelques idées : les activités indiquées dans ce chapitre vous permettent de rester en forme si vous êtes blessé, mais pas seulement en cas de blessure, car ces sports, complémentaires à la course, peuvent aussi être amusants à pratiquer. Par exemple en famille, si vous avez décidé de faire de la marche un peu longue et active.

Ne prenez quand même pas trop de jours de repos consécutifs, sauf évidemment en cas d'obligation professionnelle ou familiale. Si vous ne courez pas pendant trois jours, vous en perdrez vite l'habitude, et le troisième jour pourrait bien être suivi d'un quatrième, d'un cinquième et d'un sixième. N'oubliez pas, c'est l'exemple extrême, que si vous vous abstenez de courir pendant un mois, toute votre forme va disparaître.

Prendre la route panoramique

Si vous connaissez une belle route de campagne ou une piste agréable, même si cela suppose de prendre votre voiture pour vous y rendre, décidez d'y passer un samedi matin. Changez de décor, vous ne le regretterez pas.

Vérifiez sur Internet s'il existe des sentiers de randonnée, des routes ou des parcs intéressants proches de chez vous. Tapez le nom de votre zone géographique suivi des mots « sentiers de randonnée ». Un coureur proche a certainement dressé la liste des sites les plus intéressants.

Le fait de courir sur un beau sentier, une belle piste paisible, inhabituelle, peut supprimer en un clin d'œil tout l'ennui que vous avez pu accumuler par ailleurs.

Varier absolument vos itinéraires

Si vous faites tous vos entraînements sur le même parcours, jusqu'à ce que vous ne puissiez plus supporter l'idée d'emprunter la même rue, de dépasser la même maison, le même arbre où le même homme qui vous crie systématiquement la même phrase, « allez, courage », ne jetez pas l'éponge, changez seulement d'itinéraire ! Il faut absolument varier ses itinéraires, encore plus pour les sorties longues de plus de deux heures préparatoires au marathon. Halte à la routine !

Si vous aviez l'habitude de tourner à droite en sortant de chez vous, tournez à gauche cette fois. Ou rendez-vous dans une commune voisine et prenez la *piste de l'aventure*, sans savoir du tout où vous allez. Si vous craignez de vous perdre, emportez un téléphone portable. Les meilleures pistes de l'aventure se trouvent dans les quartiers historiques ou dans les coins où vous apercevrez des décors naturels étonnants. Ou du moins nouveaux. Changez de parc, allez courir dans un endroit un peu plus éloigné où vous vous rendrez en voiture ou en bus, c'est très possible. Il suffit de le chercher et de le vouloir. Au retour vous ne le regretterez certainement pas.

Chapitre 19

Les dix plus grands marathons du monde

Dans ce chapitre :

- Paris !
- Londres !
- New York !
- Tout un monde de marathons pour les coureurs globe-trotters.

Les amateurs de marathons les répartissent souvent en deux catégories : il y a les grands marathons et les plus petits. Un grand marathon est généralement rapide (il n'y a pas beaucoup de virages ni de boucles), plat (absence de côtes), certifié par une instance officielle, et très fréquenté. Toutefois, concernant la rapidité du parcours, ce n'est pas toujours le cas car si les marathons de Berlin, de Londres et aussi de Paris sont plats et rapides, d'autres comme ceux de New York ou de Boston le sont nettement moins. Reste que pour courir ces marathons mythiques, il faut accepter de payer un peu plus cher votre inscription, d'envisager des frais de déplacement, en avion souvent, et pour vous loger de réserver un hôtel, si possible placé pas trop loin de la ligne de départ, et par conséquent assez onéreux. Ce chapitre vous fournit une liste des dix plus grands marathons, dont la plupart ferment leurs inscriptions très tôt. Il faut donc faire son choix assez rapidement et s'inscrire sans tarder.

JARGON

Ce chapitre vous indique également d'autres marathons français dont l'entrée est plus facile, même si certains comme « La Rochelle » ou le « Médoc » attendent la dernière semaine pour boucler leurs engagements. Ce sont des marathons sans doute plus modestes sur le plan international, mais que vous pourrez aussi choisir parce qu'ils ont un caractère particulier : un site célèbre comme celui du Mont-Saint-Michel, ou un thème folklorique comme les déguisements quasi obligatoires pour courir le marathon du Médoc, début septembre. Sans oublier de beaux décors comme celui du port de La Rochelle ou celui enchanteur qui relie les villes de Nice et de

Cannes, pour un marathon qui pour sa première année en 2008 a attiré 10 000 coureurs. Ah, la Côte d'Azur en octobre ! Certains de ces marathons sont parfois lents et riches en côtes. Mais celui de New York est aussi riche en côtes ! Il y a toutefois beaucoup moins de coureurs pour ces marathons que pour les plus grands, les marathons internationaux. Ce qui veut dire aussi que vous ne serez pas bousculé sur la ligne de départ et que vous pourrez courir plus à l'aise. Il faut y penser, car souvent 4 000 ou 5 000 coureurs constituent un excellent chiffre de participation : vous courez à l'aise mais sans pour autant être isolé. Tout profit en quelque sorte. Bien sûr, pour ces marathons, peut-être moins de tralala, pas de grand concert à l'arrivée, ni des dizaines ou des centaines de milliers de spectateurs le long des trottoirs, ni, non plus, de chaleureuses festivités après la fin de l'épreuve. En bref, si vous avez besoin d'être soutenu dans vos efforts par un public nombreux, envisagez plutôt le grand marathon. Si vous voulez seulement pouvoir courir à l'aise, décontracté, vous rendre aisément sur le lieu de la compétition, courir puis rentrer chez vous assez rapidement, préférez le marathon plus petit. De toute façon, beaucoup de coureurs alternent entre le très grand marathon et le plus petit. Question de budget aussi, répétons-le. Car le prix n'est pas le même.

Le nombre de participants qui terminent la course (nous ne parlons pas du nombre d'inscrits annoncés par l'organisation et qui est parfois exagéré et sans rapport avec la réalité) détermine l'importance des dix grands marathons cités dans ce chapitre. Or, on a l'agréable surprise de constater que le nombre de participants enregistrés et qui terminent leur course est en constante augmentation chaque année. Cela signifie que la pratique de la course à pied et celle du marathon se portent vraiment très bien. Nous ne nous en plaindrons pas. Mais encore une fois, cela veut dire aussi qu'il faut vous inscrire sans trop tarder aux marathons à succès !

Le marathon de Paris

Né en 1976 avec 126 coureurs, le marathon de Paris, repris en 1999 par la société Amaury Sport Organisation, fait désormais partie du Top 5 des plus grands marathons du monde. Au départ, chaque année, début avril, quelque 30 000 coureurs empruntent un parcours magnifique, de l'avenue des Champs-Elysées en passant par la place de la Bastille et les quais de la Seine, sans doute le parcours le plus touristique de tous les marathons internationaux. C'est une des clés de son succès. Paris est la grande vedette du marathon n'hésite pas à dire son directeur, Joël Lainé.

www.parismarathon.com

Le marathon de New York

Qu'on le veuille ou non, le « New York City Marathon », organisé début novembre, est celui que l'on veut, que l'on doit faire au moins une fois dans sa vie de coureur. Si le parcours, au demeurant pas commode, n'est, pour sa beauté, en rien comparable à celui de Paris, l'exubérant public new yorkais massé tout au long des kilomètres est en revanche pour beaucoup dans le succès de cette épreuve qui arrive en plein cœur de Central Park, le paradis vert du quartier de Manhattan. Et puis New York reste New York…

www.nyrr.org

Attention : pas d'inscription individuelle possible, les dossards et séjours sont proposés par les voyagistes accrédités auprès de l'organisation de la course.

Le marathon de Londres

Autant de spectateurs qu'à New York, autant de coureurs aussi, une organisation sans la moindre faille et un passage inoubliable sur le Tower Bridge (pont de Londres) à mi-parcours : le marathon de Londres couru à la fin du mois d'avril n'a rien à envier à son homologue new yorkais. Mais question prestige et envie de le courir, il arriverait quand même en deuxième position derrière New York si l'on devait établir un classement.

Attention : pas d'inscription individuelle possible, les dossards et les séjours sont proposés par les voyagistes accrédités auprès de l'organisation de la course.

www.london-marathon.co.uk

Le marathon de Berlin

Comme « Londres », et même plus, et à la différence de « New York », « Berlin », organisé à la fin du mois de septembre, a un atout non négligeable à faire valoir : être tracé sur un parcours ultra-roulant, sans relances, propre aux records du monde, souvent battus ici, tout comme les records personnels. Mais Berlin c'est aussi la foule tout au long du parcours, une remarquable organisation et un final magique avec, juste avant de franchir la ligne, le passage sous la prestigieuse porte de Brandebourg. Un souvenir de choix.

www.real-berlin-marathon.com

Le marathon de Chicago

Organisé au début du mois d'octobre sur les bords du lac Michigan, le marathon de Chicago est, après quelques aléas, redevenu un des grands de la planète. Chaque année 30 000 coureurs sont au départ, son parcours est roulant et l'ambiance toujours chaleureuse. Un Américain passionné de littérature française, David Reithoffer, a beaucoup fait pour le populariser en France et faire venir à Chicago des coureurs de l'Hexagone, même si aujourd'hui ce marathon roule « tout » seul.

www.chicagomarathon.com

Le marathon de Rotterdam

Ce parcours plat est propice aux records mondiaux et personnels et a beaucoup servi à la popularité de ce marathon organisé début avril dans une ville qui n'est pas touristiquement très cotée. N'empêche : avec un départ plutôt inhabituel donné à midi, ce marathon, bien organisé et qui emprunte un parcours agréable mi-urbain, mi-nature reste l'un des plus prestigieux de la planète. Ce n'est pas sans raisons…

www.fortismarathonrotterdam.nl

Le marathon de Boston

Le plus vieux de la « planète marathon » qui a fêté ses 100 ans en 1996. Si, en avril, vous avez les moyens d'y aller, n'hésitez pas car la course qui part du village d'Hopkinton pour arriver à Boston est pleine de charme : parcours plutôt « casse-pattes », mais jamais ennuyeux et, comme à New York ou à Londres, engouement populaire tout au long des 42 « bornes ». Le succès de ce marathon réside dans le fait qu'il est nécessaire pour les Américains d'avoir réussi des temps qualificatifs dans sa catégorie d'âge pour y participer. Mais si vous achetez votre séjour à un voyagiste français, l'accès est libre.

www.baa.org

Le marathon de Venise

Si l'Italie organise de nombreux marathons, de Rome à Florence en passant par Pise, celui de Venise, couru au mois d'octobre, reste le plus populaire, prestige touristique de la ville aidant. Vous partez de la ville de Stra, vous traversez des petites communes qui rivalisent dans la décoration et arrivez sur la place Saint-Marc de Venise pour le final. Le marathon rêvé pour combiner course, tourisme et romantisme.

`www.venicemarathon.it`

Le marathon de Barcelone

Pourquoi plutôt Barcelone en mars que Madrid en avril ? Peut-être parce que le marathon de Barcelone, organisé avec la société Amaury Sport Organisation (responsable du marathon de Paris) s'est doté d'un parcours ultra-touristique qui va de la place d'Espagne à la Sagrada Familia en passant par les Ramblas et le Camp Nou, stade du FC Barcelone-football. En bref, visiter Barcelone en courant c'est (presque) possible avec ce marathon.

`www.maratobarcelona.com`

Le marathon du Médoc

Si les Américains et autres ressortissants d'autres pays viennent courir ce marathon, ce n'est pas par hasard. Car le marathon du Médoc qui part et arrive dans la commune de Pauillac début septembre propose un parcours qui traverse 59 châteaux viticoles avec ravitaillements en grands crus médocains. On peut toutefois privilégier l'eau et déguster après. Il est en tout cas devenu une institution en France et même au-delà, d'autant qu'il est (presque) obligatoire de le courir déguisé. Des déguisements qui, par leur recherche et l'investissement consenti pour les réaliser, étonnent et forcent l'admiration. Un grand spectacle.

`www.marathondumedoc.com`

Chapitre 20

Dix grandes courses françaises

Dans ce chapitre :

- Participer à diverses courses françaises réputées
- Et faire le tour de France des marathons à ne pas manquer !

Paris-Versailles

Créée en 1977, Paris-Versailles est la « classique » incontournable de la rentrée de septembre en Ile-de-France qui se partage entre coureurs performants, joggers et même marcheurs. Car malgré une côte des Gardes de 2 km qui a fait sa légende, cette course qui s'élance depuis la tour Eiffel sur 16,3 km est accessible aux plus grands nombres.

`www.parisversailles.com`

Les 20 km de Paris

Autre grande et ancienne classique d'Ile-de-France née en 1979, cette course s'élance également depuis le site de la tour Eiffel où elle arrive après 20 km courus dans l'ouest parisien et le bois de Boulogne. Un parcours très roulant qui favorise les débuts de beaucoup de coureurs sur la distance. C'est aussi la course pour le plaisir en couple ou entre copains.

`www.20kmparis.com`

La corrida d'Issy-les-Moulineaux

Beaucoup de corridas (que les amis des animaux se rassurent, rien à voir avec la tauromachie) au moment de Noël, celle de Sao Paulo, au Brésil, la plus célèbre, ayant inspiré tous les pays, dont le nôtre. La corrida de Noël organisée dans cette commune des Hauts-de-Seine est la plus dense de l'Hexagone avec quelque 7 000 coureurs pour sept courses dont un 6 km en costume de père Noël qui fait la joie des petits et des grands.

www.corrida-noel-issy.com

Marvejols-Mende

« Ici commence l'enfer », une inscription peinte sur le sol qui annonce la montée du col du Goudard perché à 1 023 m et qui est bien dans le ton d'une course longue de 22,4 km organisée en juillet en Lozère avec deux cols légendaires à gravir : le Goudard donc, puis dans la foulée le Chabrits. On ne s'en lasse pas ; de l'*aligot party* du dimanche soir, non plus.

www.marvejols-mende.org

Marseille-Cassis

Une grande « classique » provençale qui sur 20,3 km s'élance fin octobre du célèbre stade vélodrome où joue l'OM-foot et se dirige ensuite vers son « juge de paix », le col de la Gineste long de 9 km et haut de 327 m. Ensuite plongée vers Cassis où l'accueil sur le port est un autre grand moment. Un air de vacances en plein automne.

www.marseille-cassis.com

Sedan-Charleville

« Ambiance, ambiance », chante Yannick Noah, enfant de Sedan, ancien tennisman vainqueur à Rolland-Garros en 1983, et coureur à pied à ses moments de loisir. Cela pour dire que la plus ancienne « classique » française longue de 24 km est une course bourrée de chaleur humaine et de décors ardennais qui n'ont aucun complexe à avoir.

www.cap08.fr

Les 100 km de Millau

Millau, son désormais célèbre viaduc, mais aussi ses 100 km, la course d'ultra-fond, la plus populaire de l'Hexagone qui réunit chaque année en septembre dans cette ville d'Aveyron 1 500 mordus de grand fond ; 100 km en courant (et en marchant) : vous aussi, vous y viendrez peut-être après le marathon. Comme beaucoup.

www.100kmdeMillau.com

20 km de la Côte de granit rose

Un peu notre « coup de cœur » que cette superbe course de 20 km qui chaque mois de juillet part de Trébeurden et rejoint Perros-Guirec – quand ce n'est pas le contraire puisqu'on alterne d'une année sur l'autre la ville de départ et d'arrivée. Le granit rose des Côtes d'Armor dans toute sa splendeur, tout en traversant les communes de Penvern, Landrellec, Trégastel, Ploumanac'h – des noms qui sentent bon la Bretagne, n'est-ce pas ? On dit que certaines stars des médias et du cinéma ont leur maison dans le secteur, ce n'est pas un hasard.

www.20kmcotegranitrose.com

Les Gendarmes et les Voleurs de temps

Il n'y a pas que la route et le bitume dans la vie du coureur. La course dans la nature, venue, comme le jogging, des États-Unis, a fait une entrée en force dans la planète course à pied. Créée à Ambazac, près de Limoges par un ancien gendarme, la course des « Gendarmes et des voleurs de temps », longue de 32 km et sans difficultés insurmontables, illustre bien, en mai, cette tendance nouvelle. Avec beaucoup d'autres trails dans tout l'Hexagone.

www.gendarmes-et-voleurs.com

Tour de France des marathons à ne pas manquer !

Le marathon de La Rochelle

Couru en novembre, une valeur très sûre du marathon français. Il part du Vieux-Port et visite une ville chargée d'histoire maritime qui est à la fois touristique et accueillante. Accueillants, les organisateurs le sont aussi qui ont su créer une ambiance très conviviale autour de leur course avec une *pasta party* très réussie la veille et une bourriche d'huitres offertes à chaque coureur ayant terminé la course.

www.marathondelarochelle.com

Le marathon du Mont-Saint-Michel

Un marathon qui a une particularité singulière : depuis la ligne de départ à Cancale on voit l'arrivée : le Mont-Saint-Michel. Sauf quand il pleut, mais c'est rare, bien sûr ! Après avoir longé la côte bretonne, on traverse les polders et on arrive en Normandie. Tourisme et course à pied étroitement mêlés dans un lieu mondialement connu.

www.montsaintmichel-marathon.com

Le marathon Nice-Cannes

Nice, Saint-Laurent-du-Var, Cagnes-sur-Mer, Villeneuve-Loubet, Antibes Juan-les-Pins, Vallauris, Golfe-Juan et… Cannes. Le parcours, sans autres commentaires, d'un nouveau marathon azuréen né en 2008 et couru en novembre. Pourquoi n'y avait-on pas pensé plus tôt

www.marathon06.com

Le marathon de Reims

Un départ juste devant la célèbre cathédrale champenoise, ça n'a pas de prix. Et pourtant c'est bien ce qui arrive avec ce marathon à l'organisation impeccable et qui s'élance en octobre sur un parcours plat, et roulant de surcroît. Les champions le courent en 2 h 7. Sans compter que le marathon est complété par un semi-marathon, un 10 km et des courses pour les plus jeunes. On peut y aller en famille!

`www.ratj.fr`

Le marathon de Toulouse

La ville rose ne pouvait pas ne pas avoir son marathon. Elle l'a depuis novembre 2007, il s'appelle même « Le marathon du grand Toulouse » car il part du côté d'Aéroconstellation, comprend forcément dans son peloton des salariés coureurs d'Airbus-industrie, ce qui n'empêche pas la course de passer sur la place du Capitole, noire de monde.

`www.lemarathondugrandtoulouse.org`

Le marathon du Louvre

Non, ce marathon n'est pas tracé dans les rues de Paris, mais bien chez les Ch'tis, entre Lille et Lens. Vous savez en effet que Lens, qui oublie le charbon et opère une indispensable reconversion, abritera en 2010 une annexe du célèbre musée du Louvre. Associer sport et culture, c'est toujours un grand bonheur.

`www.laroutedulouvre.fr`

Chapitre 21

Les plus grands marathoniens

Dans ce chapitre :

- Ils et elles ont fait la légende de la course à pied
- Leurs exploits les ont fait entrer dans l'Histoire

Dans ce chapitre 21 de la Partie des Dix, parce que comme vous, nous en voulons toujours plus et qu'il nous est apparu définitivement impossible de nous restreindre nous ne vous proposerons non pas dix, mais vingt et un personnages de légende, hommes et femmes que leurs exploits ont fait entrer dans l'Histoire. Et qui nous font rêver aujourd'hui encore !

Les marathoniens célèbres

Michel Bréal

Michel Bréal n'est pas un marathonien tout à fait comme les autres Il n'est même pas du tout marathonien : il est universitaire, philologue même, c'est-à-dire spécialiste de l'étude des langues, mais c'est bien lui qui convainquit le baron Pierre de Coubertin, rénovateur des Jeux modernes, d'inscrire… la course du marathon dans le programme des Jeux de 1896 à Athènes. D'abord réticent, le baron accepta en souvenir de Philippidès, le soldat grec qui courut 40 km depuis la ville de Marathon jusqu'à Athènes pour annoncer la victoire des siens sur les Perses. Et qui mourut d'épuisement. C'était en 490 avant J.-C. Reste que l'inventeur, le découvreur du marathon, c'est bien lui, le Français Michel Bréal.

Spiridon Louys

Pauvre pâtre grec, Spiridon Louys est à jamais entré dans l'histoire de l'olympisme. C'est lui en effet qui remporta le premier marathon des Jeux rénovés à Athènes en 1896 dans le temps de 2 h 58 min 50 s pour 40 km de course (ce n'est qu'en 1908 aux Jeux de Londres que le marathon se courra sur 42,195 km, distance qui ne devait plus changer). Et même si Spiridon, relayeur de la flamme pour les Jeux de Berlin en 1936, eut l'infortune de transmettre un laurier sacré venant d'Olympe à Hitler.

Michel Théato

Drôlement « fortiche », Michel Théato, ouvrier ébéniste de son métier et premier athlète français en or olympique. Une date. De surcroît sur marathon, succédant ainsi au berger grec Spiridon Louys. Ce fut le 19 juillet 1900 aux Jeux de Paris, à l'occasion du « marathon des fortifs », car le parcours de la course suivait le tracé des fortifications de Paris décidées en 1840 par Adolphe Thiers.

Alain Mimoun

Couronné en 1956 aux Jeux de Melbourne en Australie avec son dossard porteur du chiffre 13, Alain Mimoun reste aujourd'hui encore le marathonien et l'athlète sans doute le plus connu et le plus populaire. Spécialiste du 5 000 m et du 10 000 m sur piste, à 36 ans il courait à Melbourne son premier marathon qu'il avait préparé en secret. Coup de maître pour un début sur la distance puisqu'on en parle aujourd'hui encore. Le général de Gaulle devait d'ailleurs lui dire: « Nous avons un point commun, nous durons. »

Emil Zatopek

Tchécoslovaque, il a réussi aux Jeux d'Helsinki en 1952 un exploit qui restera à jamais inégalé: médaille d'or sur 5 000 m, 10 000 m et sur marathon pour finir. Tout cela en l'espace d'une semaine. Ce véritable forçat de l'entraînement qui faisait jusqu'à cent fois 400 m sur une piste, sera d'abord promu colonel dans l'armée tchèque, puis… terrassier en 1968 pour avoir soutenu « le printemps de Prague ». Réhabilité après la chute du Mur, il décédera en 2000 à l'âge de 78 ans.

Abebe Bikila

Un autre coureur de légende qui remporta deux marathons olympiques, à Rome d'abord en 1960 puis à Tokyo quatre ans plus tard. À Rome il courut pieds nus, car cet ancien berger devenu soldat dans la garde impériale du négus Hailé Sélassié empereur d'Éthiopie, avait fait son apprentissage en courant derrière les moutons de sa famille. À Tokyo, les équipementiers passant par là, il gagna le marathon chaussé. Victime d'un accident au volant de sa Volkswagen offerte par le Négus, Abebe mourut paralysé en 1973.

Frank Shorter

Champion olympique du marathon à Munich en 1972, l'Américain Frank Shorter ne remporta pas une médaille d'or anodine. Elle ne fut pas sans conséquences. Et notamment pour les lecteurs de cet ouvrage. Car cet avocat de profession, très impliqué dans la lutte contre le dopage et artisan du sport santé fut pour beaucoup dans la naissance du jogging pour la forme – et contre l'obésité – aux États-Unis à la fin des années 1970. Jogging qui, on le sait, déferla ensuite sur l'Europe. Une excellente idée.

Waldemar Cierpinski

Comme Abebe Bikila, Waldemar Cierpinski réussit le doublé olympique sur marathon : Montréal en 1976 et Moscou en 1980. Un doublé suspect pour beaucoup, Waldemar étant citoyen de l'ex RDA, pays où la préparation chimique des sportifs était régulièrement dénoncée. Il n'empêche : aujourd'hui, Waldemar, 58 ans, commerçant en articles de sport, est régulièrement l'invité d'honneur du marathon de Berlin, dans une Allemagne réunifiée.

Carlos Lopes

Pas très grand (1,68 m), berger à Viseu, au nord du Portugal, Carlos Lopes deviendra célèbre en remportant le marathon des Jeux de Los Angeles en 1984 à bientôt 38 ans, un âge où la plupart des champions sont à la retraite. Et pourtant, à force de patience et de persévérance, c'est lui, Carlos, qui a donné au Portugal sa première médaille d'or olympique.

Gelindo Bordin

À 50 ans, il a couru le marathon de Turin 2008 en 3 h 05 min. Rien d'ébouriffant dans cette « info », si ce n'est que l'auteur de ce chrono, l'Italien Gelindo Bordin, fut champion olympique en 1988 à Séoul puis champion d'Europe en 1990 à Split en Croatie. À 50 ans, c'était le retour sur la route de l'un des derniers grands européens du marathon avant la mainmise des athlètes de l'Afrique de l'Est sur la spécialité. Et dire que Gelindo, peu rapide, mais très endurant et surtout très grand pour un marathonien (1,80 m), n'avait guère le profil de l'emploi…

Paul Tergat

L'un des plus grands coureurs de l'histoire de l'athlétisme qui n'aura jamais été champion olympique. Vice-champion à Atlanta en 1996 puis à Sydney en 2000 sur 10 000 m, mais devancé à chaque fois par l'Éthiopien Haile Gebrselassie, il battra le record du monde du marathon à Berlin en 2003 (2 h 04 min 55 s), mais devra se contenter d'une dixième place anonyme au marathon olympique d'Athènes en 2004.

Stefano Baldini

Il s'est faufilé entre les champions kenyan et éthiopien pour rafler la mise olympique au marathon d'Athènes en 2004. Une juste consécration pour cet Italien talentueux qui termina à 35 ans sa carrière internationale par un titre de champion d'Europe du marathon à Göteborg (Suède) en 2006.

Vanderlei de Lima

Ce marathonien brésilien est entré dans l'Histoire le 29 août 2004 aux Jeux d'Athènes. En tête du marathon à 6 km de l'arrivée au stade olympique, il fut alors agressé en plein parcours par un ancien prêtre irlandais abruti par l'alcool. Aidé par les spectateurs et les bénévoles, Vanderlei réussit à reprendre la course, mais pas son vrai rythme, ce qui ne l'empêcha pas, arrivé 3e, de décrocher le bronze. Et de devenir un héros pour toujours dans son pays.

Haile Gebrselassie

Sinon le plus grand, car toutes les spécialités athlétiques sont incomparables, mais du moins l'un des plus grands athlètes de l'Histoire en demi-fond et du fond. Champion olympique sur 10 000 m à Atlanta en 1996 puis à Sydney en 2000, ancien recordman du monde sur cette distance, l'Éthiopien termine en apothéose sa carrière sur marathon avec un record du monde battu deux fois par lui-même à Berlin en 2007 (2 h 4 min 26 s) et dans la même ville en 2008 : 2 h 3 min 59 s. En attendant peut-être encore mieux Un regret cependant : son forfait pour le marathon olympique de Pékin en 2008, avec comme argument… la pollution.

Samuel Wanjiru

Il a 21 ans seulement et il est déjà champion olympique sur marathon à Pékin en 2008. Le jeune Kenyan, qui, à l'âge de 15 ans a quitté son pays pauvre pour rejoindre le Japon, plus riche, a sans doute fait le bon choix puisqu'il a trouvé des conditions d'épanouissement qui lui ont déjà permis de décrocher le titre suprême. Avant « Pékin », le Kenya n'avait jamais remporté le titre olympique sur marathon.

Les marathoniennes célèbres

Kathy Switzer

Le marathon féminin lui doit sans doute beaucoup. Passant outre l'interdiction faite aux femmes de courir le marathon de Boston, l'Américaine Kathrine Switzer se glissa dans un peloton masculin à cent pour cent le 19 avril 1967. Porteuse du dossard 261, un juge tenta bien, dès le troisième kilomètre, de l'expulser de la course, mais grâce à l'intervention de son fiancé qui l'accompagnait, elle put néanmoins se dégager et finir le marathon en 2 h 40. La scène fit le tour du monde et contribua pour beaucoup à la féminisation progressive du marathon.

Joan Benoit-Samuelson

Ce n'est pourtant qu'en 1984, aux Jeux de Los Angeles, que le Comité international olympique ouvrit le marathon olympique aux femmes. Elles pouvaient cependant courir les autres marathons non officiels et, dès 1982, celui des Championnats d'Europe d'athlétisme. C'est en tout cas l'Américaine Joan Benoit-Samuelson qui décrocha, à domicile, cette médaille d'or historique. Âgée de 50 ans, Joan continue aujourd'hui, pour le plaisir, de participer tous les quatre ans au marathon de sélection olympique organisé par son pays pour désigner les trois athlètes qui feront les jeux Olympiques.

Rosa Mota

Fille d'un mécanicien de la banlieue de Porto, la petite Portugaise de 1,57 m pour 54 kilos va devenir la reine du marathon féminin en remportant trois titres européens à partir de 1982, un titre de championne du monde en 1987 et, couronnement suprême, en décrochant l'or olympique à Séoul en 1988. Sans compter ses succès dans les plus grands marathons internationaux. Un monument de persévérance que cette fille qui fit peu à peu son trou dans un univers sportif lusitanien alors plutôt « machiste » et qui, pour finir, fut élue députée de son pays en 1995!

Grete Waitz

Une figure du marathon féminin. Cette ancienne institutrice norvégienne arrive en fin de carrière en cross-country et sur la piste et s'aligne donc sur le marathon. Résultat: de 1978 à 1988 elle a remporté à neuf reprises le célèbre marathon de New York. Un exploit inégalé pour cette athlète âgée aujourd'hui de 55 ans et qui milite pour le sport santé avec encore plus de conviction depuis qu'elle a appris qu'elle était atteinte d'un cancer.

Tegla Loroupe

Ancienne recordwoman du marathon en 1998 et 1999, victorieuse deux fois du marathon de New York et de beaucoup d'autres marathons, Tegla Loroupe a toujours milité et continue de militer pour la promotion de la femme dans son pays, le Kenya, où la pratique du sport continue d'être une affaire d'hommes. Au-delà, elle milite également pour la paix dans un pays où un conflit entre ethnies rivales peut à tout moment exploser. Curiosité quand même: pour battre ses deux records mondiaux du marathon à Rotterdam puis à Berlin, Tegla a toujours bénéficié de l'aide de meneurs d'allure… masculine. La crédibilité de ses records en a un peu souffert

Paula Radcliffe

Sans conteste la plus grande du marathon. Paula a d'abord créé la sensation en abaissant le record mondial du marathon à 2 h 15 min 25 s à Londres en 2003. Un record féminin exceptionnel de la part d'une athlète très populaire dans son pays, l'Angleterre, mais ailleurs aussi en raison de sa très grande disponibilité. Une star, certes, mais jamais enfermée dans sa bulle. Dommage cependant pour son aura qu'elle ait échoué dans ses deux tentatives olympiques, à Athènes en 2004 puis à Pékin en 2008. Elle ne désespère pas de décrocher enfin l'or olympique chez elle à Londres en 2012. Elle aura 38 ans…

Annexe

Ressources (magazines et sites web)

Cette annexe vous indique les magazines et sites consacrés au marathon et à la pratique de la course à pied.

En plus des magazines traditionnels en vente dans les kiosques depuis de nombreuses années, la Toile offre aujourd'hui une manne de renseignements complémentaires sur les courses, avec de nombreuses informations de dernière minute. Revue de détail.

Jogging International

`www.jogging-international.net`

Apparu en 1983 au moment où la course à pied populaire, venue des États-Unis, débarquait en force sur le Vieux Continent et en France notamment, le créateur de la revue, Jean-Jacques Voisin, a réussi un coup de maître en lançant ce magazine qui, vingt-six ans plus tard et appartenant depuis 2001 à la société Motor Presse, est toujours le numéro un incontesté de la spécialité. Plusieurs de ses collaborateurs nous ont du reste aidé à adapter cet ouvrage. Mensuel, le magazine qui s'adresse aux coureurs de tous niveaux, de 5 heures à moins de 3 heures au marathon, est complété par son calendrier annuel de toutes les courses (parution avec le numéro de janvier du magazine), par de nombreux hors-série (marathon, diététique, médecine, forme…) et par son site internet, une mine d'informations complémentaires pour le coureur, et avec des plans de marathon proposés par l'ancien champion de France de la spécialité, aujourd'hui « consultant athlétisme » à France Télévisions, Bernard Faure. Le complément idéal à cet ouvrage pour aller encore plus loin…

Run in Live V02

www.runinlive.com

V02 Mag devenu *Run in Live* est un autre magazine bimestriel de course à pied qui développe également tous les thèmes de ce sport et propose des reportages. *Run in Live* consacre aussi de nombreux sujets à l'entraînement et à la vie des coureurs de haut niveau, français ou étrangers.

Running Attitude

www.running-attitude.com

Autre grand magazine mensuel de course à pied, lancé par les éditions Riva, *Running Attitude* décline également tous les thèmes importants de la course à pied, de l'entraînement à la diététique en passant par le textile et les reportages sur les courses.

Runner's world

http://runners-world.fr/

Une institution aux États-Unis, le magazine *Runner's world* qui aborde également tous les sujets de la course à pied populaire sans pour autant négliger l'élite américaine de ce sport, a décliné des versions adaptées à beaucoup de pays d'Europe, dont la France. Une version française de ce titre est en effet en vente depuis 2008.

Athlétisme Magazine

www.athle.com

Le magazine de la Fédération française d'athlétisme (FFA) qui propose chaque mois interviews et sujets sur l'entraînement et la vie des athlètes de haut niveau, mais pas seulement, la route, le trail et « l'athlé santé » faisant désormais partie des objectifs fédéraux, la FFA étant bien obligée d'épouser l'évolution des pratiques sportives.

Autres sites webs

D'autres sites web de course à pied valent le détour, comme par exemple :

- `www.lebipede.com`, *Le Bipède* étant par ailleurs un guide calendrier de toutes les courses en France qui paraît en fin d'année ;
- `www.runirina.com` avec Irina Kazakova, ex-athlète de haut niveau d'origine russe ;
- `www.courseapied.net`
- et bien d'autres sites que vous pourrez découvrir à l'aide des moteurs de recherche en ligne.

Index

U

V

W

Y

Z

Disponibles dans la collection « Pour les Nuls »

Culture générale

Histoire

Titre	*Auteur*	*Prix*	*ISBN*
Les Années 60	Stéphane Benhamou	22,90 €	978-2-7540-0610-1
La Mythologie illustrée	Collectif	29,90 €	978-2-7540-0989-8
Les Grandes Civilisations	Florence Braunstein, Jean-François Pépin	22,90 €	978-2-7540-0605-7
La Première Guerre mondiale	Jean-Yves Le Naour	22,90 €	978-2-7540-0616-3
La Ve République	Nicolas Charbonneau, Laurent Guimier	24,90 €	978-2-7540-0620-0
Le Moyen Âge	Pierre Langevin	22,90 €	978-2-7540-0563-0
La Culture générale illustrée	Florence Braunstein, Jean-François Pépin	29,90 €	978-2-7540-0503-6
L'Histoire de la Suisse	Georges Andrey	22,90 €	978-2-7540-0489-3
La Culture générale	Florence Braunstein, Jean-François Pépin	22,90 €	978-2-7540-0277-6
Paris	Danielle Chadych, Dominique Leborgne	22,90 €	978-2-7540-0168-7
L'Égypte ancienne	Florence Maruéjol	22,90 €	978-2-7540-0256-1
La Mythologie	Christopher W. Blackwell, Amy Hackney Blackwell	22,90 €	978-2-7540-0257-8
L'Histoire de France illustrée	Jean-Joseph Julaud	29,90 €	978-2-7540-0110-6
Léonard de Vinci	Jessica Teisch, Tracy Barr	22,90 €	978-2-7540-0037-6
L'Histoire de France	Jean-Joseph Julaud	22,90 €	978-2-8769-1941-9

Religion / Spiritualité

Titre	*Auteur*	*Prix*	*ISBN*
Le Christianisme	Richard Wagner, Père Denis Metzinger	22,90 €	978-2-7540-0991-1
Le Livre des religions	Collectif	39,90 €	978-2-7540-0987-4
L'Islam	Malcolm Clark, Malek Chebel	22,90 €	978-2-7540-0531-9
Le Judaïsme	Josy Eisenberg	22,90 €	978-2-7540-0596-8
La Bible illustrée	Éric Denimal	29,90 €	978-2-7540-0274-5
Le Catholicisme	John Trigilio, Père Pierre Lartigue	22,90 €	978-2-7540-0182-3
La Franc-Maçonnerie	Christopher Hodapp, Philippe Benhamou	22,90 €	978-2-7540-0150-2
Le Bouddhisme	Jonathan Landaw, Stephan Bodian	22,90 €	978-2-7540-0062-8

Titre	*Auteur*	*Prix*	*ISBN*
La Bible	Éric Denimal	21,90 €	978-2-8769-1800-9
Sagesse et Spiritualité	Sharon Janis	21,90 €	978-2-8769-1769-9

Société

Titre	*Auteur*	*Prix*	*ISBN*
L'Europe (2e édition)	Sylvie Goulard	22,90€	978-2-7540-1213-3
L'Écologie	Franck Courchamp	22,90 €	978-2-7540-0554-8
Le Socialisme	Alain Bergounioux, Denis Lefebvre	22,90 €	978-2-7540-0817-4
La Géopolitique	Philippe Moreau Defarges	22,90 €	978-2-7540-0623-1
La Justice	Emmanuel Pierrat	22,90 €	978-2-7540-0553-1
La Philosophie (2e édition)	Christian Godin	22,90 €	978-2-7540-0460-2
L'Économie	Michel Musolino	22,90 €	978-2-7540-0351-3
La Politique	Philippe Reinhard	22,90 €	978-2-7540-0335-3
La Géographie française	Jean-Joseph Julaud	22,90 €	978-2-7540-0245-5

Sciences

Titre	*Auteur*	*Prix*	*ISBN*
Le Corps humain	Dr Patrick Gepner	22,90 €	978-2-7540-1121-1
Les Maths	Jean-Louis Boursin	22,90 €	978-2-7540-0093-2
L'Astronomie	Stephen Maran, Pascal Bordé	21,90 €	978-2-8769-1634-0

Beaux-arts

Titre	*Auteur*	*Prix*	*ISBN*
L'Histoire du cinéma	Vincent Mirabel	22,90 €	978-2-7540-0609-5
L'Histoire de l'art illustrée	Jean-Jacques Breton, Philippe Cachau, Dominique Williatte	29,90 €	978-2-7540-0493-0
L'Histoire de l'art	Jean-Jacques Breton, Philippe Cachau, Dominique Wialatte	22,90 €	978-2-7540-0229-5

Musique

Titre	*Auteur*	*Prix*	*ISBN*
Le Jazz	Dirk Sutro, Stéphane Koechlin	22,90 €	978-2-7540-0779-5
La Musique classique	David Pogue, Claire Delamarche	22,90 €	978-2-7540-0151-9

Titre	*Auteur*	*Prix*	*ISBN*
L'Opéra	David Pogue, Claire Delamarche	22,90 €	978-2-7540-0244-8

Langue française

Titre	*Auteur*	*Prix*	*ISBN*
La Littérature française illustrée	Jean-Joseph Julaud	29,90 €	978-2-7540-0258-5
La Littérature française	Jean-Joseph Julaud	22,90 €	978-2-7540-0061-1
Le Français correct	Jean-Joseph Julaud	21,90 €	978-2-8769-1640-1

… en Poche

Titre	*Auteur*	*Prix*	*ISBN*
L'Histoire de France – tome 1 Des origines à 1789	Jean-Joseph Julaud	11,90 €	978-2-7540-0180-9
L'Histoire de France – tome 2 De 1789 à nos jours	Jean-Joseph Julaud	11,90 €	978-2-7540-0181-6
Paris Rive droite	Danielle Chadych, Dominique Leborgne	11,90 €	978-2-7540-0694-1
Paris Rive gauche	Danielle Chadych, Dominique Leborgne	11,90 €	978-2-7540-0695-8
La Culture générale – tome 1 Histoire, géographie, art et littérature	Florence Braunstein, Jean-François Pépin	11,90 €	978-2-7540-0798-6
La Culture générale – tome 2 Sciences, sports, loisirs et spiritualité	Florence Braunstein, Jean-François Pépin	11,90 €	978-2-7540-0799-3
La Franc-Maçonnerie	Philippe Benhamou	11,90 €	978-2-7540-0696-5
Le Bouddhisme	Jonathan Landraw, Stephan Bodian	11,90 €	978-2-7540-03148
La Philosophie – tome 1 Antiquité, Moyen Âge et Renaissance	Christian Godin	11,90 €	978-2-7540-0796-2
La Philosophie – tome 2 Du XVIIe siècle à nos jours	Christian Godin	11,90 €	978-2-7540-0797-9
L'Astrologie	Rae Orion	11,90 €	978-2-8769-1999-0
La Littérature française – tome 1 Du Moyen Âge au XVIIIe siècle	Jean-Joseph Julaud	11,90 €	978-2-7540-0611-8
La Littérature française – tome 2 Du XVIIIe siècle à nos jours	Jean-Joseph Julaud	11,90 €	978-2-7540-0612-5
Le Français correct	Jean-Joseph Julaud	11,90 €	978-2-8769-1924-2

Vie pratique

Cuisine

Titre	*Auteur*	*Prix*	*ISBN*
Les Cuisines du monde	Philippe Chavanne	22,90 €	978-2-7540-0103-8
Le Vin, 4e édition	Laure Liger, Ivan-Paul Cassetari	22,90 €	978-2-7540-0961-4
La Cuisine	Bryan Miller	21,90 €	978-2-8769-1683-8

Santé

Titre	*Auteur*	*Prix*	*ISBN*
La Maladie d'Alzheimer	Christian Derouesne, Jacques Selmes	22,90 €	978-2-7540-1058-0
Améliorer sa mémoire	John B. Arden	22,90 €	978-2-7540-0323-0
Maigrir	Jane Kirby, Dr Jocelyne Raison	22,90 €	978-2-7540-0005-5
Bien s'alimenter	Carol Ann Rinzler	21,90 €	978-2-8769-1897-9
Le Diabète	Dr Alan Rubin, Dr Martine André	21,90 €	978-2-8769-1869-6
Asthme et Allergies	W.E. Berger, Dr Pierrick Hordé	21,19 €	978-2-87691-604-3
Le Sexe	Dr Ruth	21,19 €	978-2-87691-615-9

Bien-être

Titre	*Auteur*	*Prix*	*ISBN*
Shiatsu et Réflexologie	Synthia Andrews, Bobbi Dempsey, Michel Odoul	22,90 €	978-2-7540-0981-2
Le Développement personnel	Collectif	29,90 €	978-2-7540-0865-5
Zen ! La Méditation, 2e édition	Stephan Bodian	22,90 €	978-2-7540-0322-3
Le Tai-Chi	Therèse Iknoian	22,90 €	978-2-7540-0137-3
Les Massages	Steve Capellini, Michel Van Welden	22,90 €	978-2-7540-0060-4
La Méthode Pilates	Ellie Herman	21,90 €	978-2-8769-1767-5
Le Yoga	Georg Feuerstein	21,90 €	978-2-8769-1752-1
Le Feng Shui	David Kennedy	21,90 €	978-2-8769-1687-6

Psychologie

Titre	*Auteur*	*Prix*	*ISBN*
La Confiance en soi	Kate Burton	22,90 €	978-2-7540-0647-7
Le Coaching	Jeni Mumford	22,90 €	978-2-7540-0353-7

Titre	Auteur	Prix	ISBN
L'Hypnothérapie	Mike Bryant, Peter Mabbutt	22,90 €	978-2-7540-0504-3
La PNL	Romilla Ready, Kate Burton	22,90 €	978-2-7540-0169-4
Les Thérapies comportementales et cognitives	Rob Willson, Rhena Branch	22,90 €	978-2-7540-0246-2
La Psychologie	Dr Adam Cash	21,90 €	978-2-8769-1802-3
Gérer votre stress	Dr Allen Elking	21,90 €	978-2-8769-1661-6

Puériculture

Titre	Auteur	Prix	ISBN
La Grossesse	Dr J. Stone, Dr K. Eddleman	21,90 €	978-2-8769-1915-0

Droit pratique

Titre	Auteur	Prix	ISBN
Préparer sa retraite	Laurence de Percin	22,90 €	978-2-7540-0792-4
L'Immobilier, 2e édition	Laurence Boccara, Catherine Sabbah	22,90 €	978 2754005302

Finances personnelles

Titre	Auteur	Prix	ISBN
Les Finances personnelles	Pascale Micoleau-Marcel	22,90 €	978-2-7540-0630-9
Payer moins d'impôts, 2e édition	Robert Matthieu	22,90 €	978-2-7540-1072-6

Maison

Titre	Auteur	Prix	ISBN
Vivre écolo	Liz Barclay, Michael Grosvenor, Franck Laval	22,90 €	978-2-7540-0707-8
Le Bricolage	Gene Hamilton, Katie Hamilton	21,19 €	978-2-8769-1702-6

… En Poche

Titre	Auteur	Prix	ISBN
Le Code de la route	DFC Production	14,90 €	978-2-7540-1093-1
Les Tests du Code de la route	Denis Mohr	14,90 €	978-2-7540-0751-1
Le Vin	Laure Liger, Yvan-Paul Cassetari	11,90 €	978-2-7540-0087-1
La Cuisine facile	Brian Miller, Alain Le Courtois	11,90 €	978-2-8769-1872-6

Titre	*Auteur*	*Prix*	*ISBN*
Le Sexe	Dr Ruth	11,90 €	978-2-8769-1956-3
Maigrir	Jane Kirby	11,90 €	978-2-8769-1870-2
Zen ! La Méditation	Stephan Bodian	11,90 €	978-2-7540-0000-0
Un bureau feng shui	Holly Ziegler, Jennifer Lawler	11,90 €	978-2-8769-1949-5
La Méthode Pilates	Ellie Herman	11,90 €	978-2-7540-0223-3
Le Yoga	Georg Feuerstein, Larry Pane	11,90 €	978-2-7540-0063-5
Guérir l'anxiété	Dr Martine André, Dr Charles Eliott, Dr Laura Smith	11,90 €	978-2-7540-1195-2
Les Thérapies comportementales et cognitives	Rob Willson, Rhena Branch	11,90 €	978-2-7540-1074-0
La PNL	Romilla Ready, Kate Burton	11,90 €	978-2-7540-0879-2
La Psychologie	Dr Adam Cash	11,90 €	978-2-8769-1957-0
Le Bricolage	Gene Hamilton, Katie Hamilton	11,90 €	978-2-7540-0373-5

Business

Titre	*Auteur*	*Prix*	*ISBN*
Le Marketing, 2e édition	Alexander Hiam	22,90 €	978-2-7540-0688-0
La Comptabilité	Laurence Le Gallo	22,90 €	978-2-7540-0617-0
Créer sa boîte	Laurence de Percin	22,90 €	978-2-7540-0492-3
Le Management	Bob Nelson	21,90 €	978-2-8769-1952-5
Business Plans	Paul Tifany, Steven D. Peterson	21,90 €	978-2-8769-1712-5
La Vente	Tom Hopkins	21,90 €	978-2-8769-1670-8

... en Poche

Titre	*Auteur*	*Prix*	*ISBN*
Trouver un job	Collectif	6,90 €	978-2-7540-1013-9
Le Management	Bob Nelson	11,90 €	978-2-7540-0454-1
Business Plans	Paul Tiffany, Steven D. Peterson	11,90 €	978-2-7540-0094-9
La Vente	Tom Hopkins	11,90 €	978-2-8769-1950-1

Titre	*Auteur*	*Prix*	*ISBN*
L'Hypnothérapie	Mike Bryant, Peter Mabbutt	22,90 €	978-2-7540-0504-3
La PNL	Romilla Ready, Kate Burton	22,90 €	978-2-7540-0169-4
Les Thérapies comportementales et cognitives	Rob Willson, Rhena Branch	22,90 €	978-2-7540-0246-2
La Psychologie	Dr Adam Cash	21,90 €	978-2-8769-1802-3
Gérer votre stress	Dr Allen Elking	21,90 €	978-2-8769-1661-6

Puériculture

Titre	*Auteur*	*Prix*	*ISBN*
La Grossesse	Dr J. Stone, Dr K. Eddleman	21,90 €	978-2-8769-1915-0

Droit pratique

Titre	*Auteur*	*Prix*	*ISBN*
Préparer sa retraite	Laurence de Percin	22,90 €	978-2-7540-0792-4
L'Immobilier, 2e édition	Laurence Boccara, Catherine Sabbah	22,90 €	978 2754005302

Finances personnelles

Titre	*Auteur*	*Prix*	*ISBN*
Les Finances personnelles	Pascale Micoleau-Marcel	22,90 €	978-2-7540-0630-9
Payer moins d'impôts, 2e édition	Robert Matthieu	22,90 €	978-2-7540-1072-6

Maison

Titre	*Auteur*	*Prix*	*ISBN*
Vivre écolo	Liz Barclay, Michael Grosvenor, Franck Laval	22,90 €	978-2-7540-0707-8
Le Bricolage	Gene Hamilton, Katie Hamilton	21,19 €	978-2-8769-1702-6

… En Poche

Titre	*Auteur*	*Prix*	*ISBN*
Le Code de la route	DFC Production	14,90 €	978-2-7540-1093-1
Les Tests du Code de la route	Denis Mohr	14,90 €	978-2-7540-0751-1
Le Vin	Laure Liger, Yvan-Paul Cassetari	11,90 €	978-2-7540-0087-1
La Cuisine facile	Brian Miller, Alain Le Courtois	11,90 €	978-2-8769-1872-6

Titre	*Auteur*	*Prix*	*ISBN*
Le Sexe	Dr Ruth	11,90 €	978-2-8769-1956-3
Maigrir	Jane Kirby	11,90 €	978-2-8769-1870-2
Zen ! La Méditation	Stephan Bodian	11,90 €	978-2-7540-0000-0
Un bureau feng shui	Holly Ziegler, Jennifer Lawler	11,90 €	978-2-8769-1949-5
La Méthode Pilates	Ellie Herman	11,90 €	978-2-7540-0223-3
Le Yoga	Georg Feuerstein, Larry Pane	11,90 €	978-2-7540-0063-5
Guérir l'anxiété	Dr Martine André, Dr Charles Eliott, Dr Laura Smith	11,90 €	978-2-7540-1195-2
Les Thérapies comportementales et cognitives	Rob Willson, Rhena Branch	11,90 €	978-2-7540-1074-0
La PNL	Romilla Ready, Kate Burton	11,90 €	978-2-7540-0879-2
La Psychologie	Dr Adam Cash	11,90 €	978-2-8769-1957-0
Le Bricolage	Gene Hamilton, Katie Hamilton	11,90 €	978-2-7540-0373-5

Business

Titre	*Auteur*	*Prix*	*ISBN*
Le Marketing, 2e édition	Alexander Hiam	22,90 €	978-2-7540-0688-0
La Comptabilité	Laurence Le Gallo	22,90 €	978-2-7540-0617-0
Créer sa boîte	Laurence de Percin	22,90 €	978-2-7540-0492-3
Le Management	Bob Nelson	21,90 €	978-2-8769-1952-5
Business Plans	Paul Tifany, Steven D. Peterson	21,90 €	978-2-8769-1712-5
La Vente	Tom Hopkins	21,90 €	978-2-8769-1670-8

… en Poche

Titre	*Auteur*	*Prix*	*ISBN*
Trouver un job	Collectif	6,90 €	978-2-7540-1013-9
Le Management	Bob Nelson	11,90 €	978-2-7540-0454-1
Business Plans	Paul Tiffany, Steven D. Peterson	11,90 €	978-2-7540-0094-9
La Vente	Tom Hopkins	11,90 €	978-2-8769-1950-1

Loisirs

Sports

Titre	*Auteur*	*Prix*	*ISBN*
Courir	Tere Stouffer Drenth, Philippe Maquat	22,90 €	978-2-7540-1044-3
Gym et Musculation	Cyndi Targosz, Jean-Pierre Clémenceau	22,90 €	978-2-7540-1059-7
L'Équitation	Audrey Pavia, Marie Martin	22,90 €	978-2-7540-0732-0
Le Rugby, 2e édition	François Duboisset, Frédéric Viard	22,90 €	978-2-7540-0459-6
Le Golf	Gary McCord	22,90 €	978-2-7540-0078-9
La Voile	J.-J. Isler, Peter Isler	22,90 €	978-2-7540-0059-8

Musique

Titre	*Auteur*	*Prix*	*ISBN*
L'Harmonica	Winslow Yerxa, Jean-Jacques Milteau	22,90 €	978-2-7540-1210-2
DJ	John Steventon, Nicolas Dambre	22,90 €	978-2-7540-1198-3
Le Pack Guitare	M and M Merchandisers	139 €	978-2-7540-1015-3
La Batterie	Jeff Strong, Laurent Bataille	22,90 €	978-2-7540-0352-0
Le Chant	Pamela S. Phillips, Mariette Jost	22,90 €	978-2-7540-0462-6
Le Solfège	Michael Pilhofer, Jean-Clément Jollet	22,90 €	978-2-7540-0586-9
La Guitare basse	Patrick Pfeiffer	22,90 €	978-2-7540-0288-2
Claviers et Synthétiseurs	Christophe Martin de Montagu	22,90 €	978-2-7540-0118-2
La Guitare, 2e édition	Mark Phillips, Jon Chappel	22,90 €	978-2-7540-0124-3
Le Piano	Blake Neely, Marc Rozenbaum	22,90 €	978-2-7540-0102-1
La Guitare électrique	John Chappell	22,90 €	978-2-8769-1983-9

Loisirs créatifs

Titre	*Auteur*	*Prix*	*ISBN*
L'Aquarelle	Colette Pitcher	24,90 €	978-2-7540-0934-8
La Peinture à l'huile	Anita Giddings, Cherry Stone Clifton	24,90 €	978-2-7540-0935-5
Dessiner des mangas	Kensuke Okabayashi, Nobuyuki Anzai	22,90 €	978-2-7540-0494-7
La Couture	Janice Saunders Maresh	22,90 €	978-2-7540-0193-9
Le Dessin	Brenda Hoddinot	22,90 €	978-2-7540-0185-4
Le Tricot	Pam Allen	21,90 €	978-2-8769-1705-7

Nature

Titre	*Auteur*	*Prix*	*ISBN*
Un aquarium	Maddy Hargrove, Mic Hargrove	22,90 €	978-2-7540-0917-1
Le Cheval	Audray Pavia, Marie Martin	22,90 €	978-2-7540-0367-4
Éduquer son chiot	Sarah Hodgson	22,90 €	978-2-7540-0372-8
Éduquer son chien	Jack Volahrd, Wendy Volahrd	22,90 €	978-2-7540-0152-6

Jeux

Titre	*Auteur*	*Prix*	*ISBN*
Le Casino	Kevin Blackwood, François Montmirel	22,90 €	978-2-7540-0447-3
Le Poker Texas Hold'em	Mark Harlan, François Montmirel	22,90 €	978-2-7540-0448-0
La Magie	David Pogue, Bernard Bilis	22,90 €	978-2-7540-0453-4
Le Bridge	Eddie Kantar, Dominique Portal, Patrice Marmion	22,90 €	978-2-7540-0276-9
Le Poker	Richard D. Harroch, Lou Krieger, François Montmirel	22,90 €	978-2-7540-0123-6
Les Échecs	J. Eade	21,90 €	978-2-8769-1824-5

... en Poche

Titre	*Auteur*	*Prix*	*ISBN*
Accords de guitare	Antoine Polin	11,90 €	978-2-7540-1009-2
Le Tricot	Pam Allen	11,90 €	978-2-7540-0135-9
Le Dessin	Brenda Hodinot	11,90 €	978-2-7540-0889-1

Langues

Méthodes de langues

Titre	*Auteur*	*Prix*	*ISBN*
Le Latin	Clifford Hull, Steven Perkins, Tracy Barr, Danièle Robert	22,90 €	978-2-7540-0881-5
La Grammaire anglaise	Géraldine Woods, Claude Raimond	22,90 €	978-2-7540-0564-7
Le Russe	Vincent Bénet, Oleg Chinkarouk, Serafima Gettys, Andrew Kaufman	22,90 €	978-2-7540-0813-6
Le Portugais	Karen Keller, Ricardo Rodrigues	22,90 €	978-2-7540-0831-0

Titre	*Auteur*	*Prix*	*ISBN*
L'Arabe	Amine Bouchentouf, Sylvie Chraibi, Aboubakar Chraibi	22,90 €	978-2-7540-0312-4
Le Japonais	Eriko Sato, Vincent Grépinet	22,90 €	978-2-7540-0495-4
Le Néerlandais	Margreet Kwakernaak, Michael Hofland, Annick Christiaens	22,90 €	978-2-7540-0313-1
Le Chinois	Wendy Abraham, Joël Bellassen	22,90 €	978-2-7540-0212-7
L'Allemand	Paulina Christensen, Claude Raimond	22,90 €	978-2-7540-0038-3
L'Anglais	Gail Brenner, Claude Raimond	22,90 €	978-2-8769-1973-0
L'Espagnol	Suzanna Wald, Anne-Carole Grillot	22,90 €	978-2-8769-1974-7
L'Italien	Francesca Onufri, Sylvie Le Bras	22,90 €	978-2-7540-0039-0

Guides de conversation

Titre	*Auteur*	*Prix*	*ISBN*
Le Basque	Charles Videgain	5,90 €	978-2-7540-1239-3
Le Breton	Hervé Le Bihan	5,90 €	978-2-7540-1240-9
Le Japonais	Eriko Sato, Vincent Grépinet	5,90 €	978-2-7540-0653-8
L'Arabe	Amine Bouchentouf, Sylvie Chraïbi, Aboubakr Chraïbi	5,90 €	978-2-7540-0839-6
Le Portugais	Karen Keller, Ricardo Rodrigues	5,90 €	978-2-7540-1016-0
Le Russe	Vincent Bénet, Oleg Chinkarouk, Serafima Gettys, Andrew Kaufman	5,90 €	978-2-7540-1010-8
L'Allemand	Paulina Christensen, Claude Raimond	5,90 €	978-2-7540-0324-7
L'Italien	Francesca Onofri, Sylvie Le Bras	5,90 €	978-2-7540-0325-4
Le Chinois	Wendy Abraham, Joël Bellassen	5,90 €	978-2-7540-0485-5
Le Néerlandais	Margreet Kwakernaak, Michael Hofland, Annick Christiaens	5,90 €	978-2-7540-0484-8
L'Espagnol	Suzanna Wald, Anne-Carole Grillot	5,90 €	978-2-7540-0178-6
L'Anglais	Gail Brenner, Claude Raimond	5,90 €	978-2-7540-0177-9

Kits audio

Titre	*Auteur*	*Prix*	*ISBN*
Kit audio Anglais	Gail Brenner	17,90 €	978-2-7540-0963-8
Kit audio Espagnol	Jessica Langemeier	17,90 €	978-2-7540-0964-5

… en Poche

Titre	*Auteur*	*Prix*	*ISBN*
L'Anglais correct	Claude Raimond	11,90 €	978-2-8769-1923-5

Parascolaire

Collège

Titre	*Auteur*	*Prix*	*ISBN*
Maths 6e	Cédric Bertone	7,95 €	978-2-7540-1176-1
Maths 5e	Yann Gélébart	7,95 €	978-2-7540-1178-5
Maths 4e	Jean-Charles Alvado	7,95 €	978-2-7540-1180-8
Maths 3e	Yann Gélébart	7,95 €	978-2-7540-1182-2
Français 6e	Dominique Rat, Anne Lavielle	7,95 €	978-2-7540-1175-4
Français 5e	Nathalie Soihet	7,95 €	978-2-7540-1177-8
Français 4e	Hélène Papiernick	7,95 €	978-2-7540-1179-2
Français 3e	Hélène Papiernick	7,95 €	978-2-7540-1181-5

Lycée

Titre	*Auteur*	*Prix*	*ISBN*
Le Bac Philosophie	Christian Godin	12,90 €	978-2-7540-1098-6
Le Bac Français	Gilles Guilleron	12,90 €	978-2-7540-1099-3
Le Bac Histoire-Géo	Nicolas Arnaud, Hugues Vessemont	12,90 €	978-2-7540-1100-6